駐英大使の見たヘンリ八世時代

ウスタシュ・シャピュイの肖像画
フランス，アヌシー城博物館所蔵　1711 年制作　制作者不詳

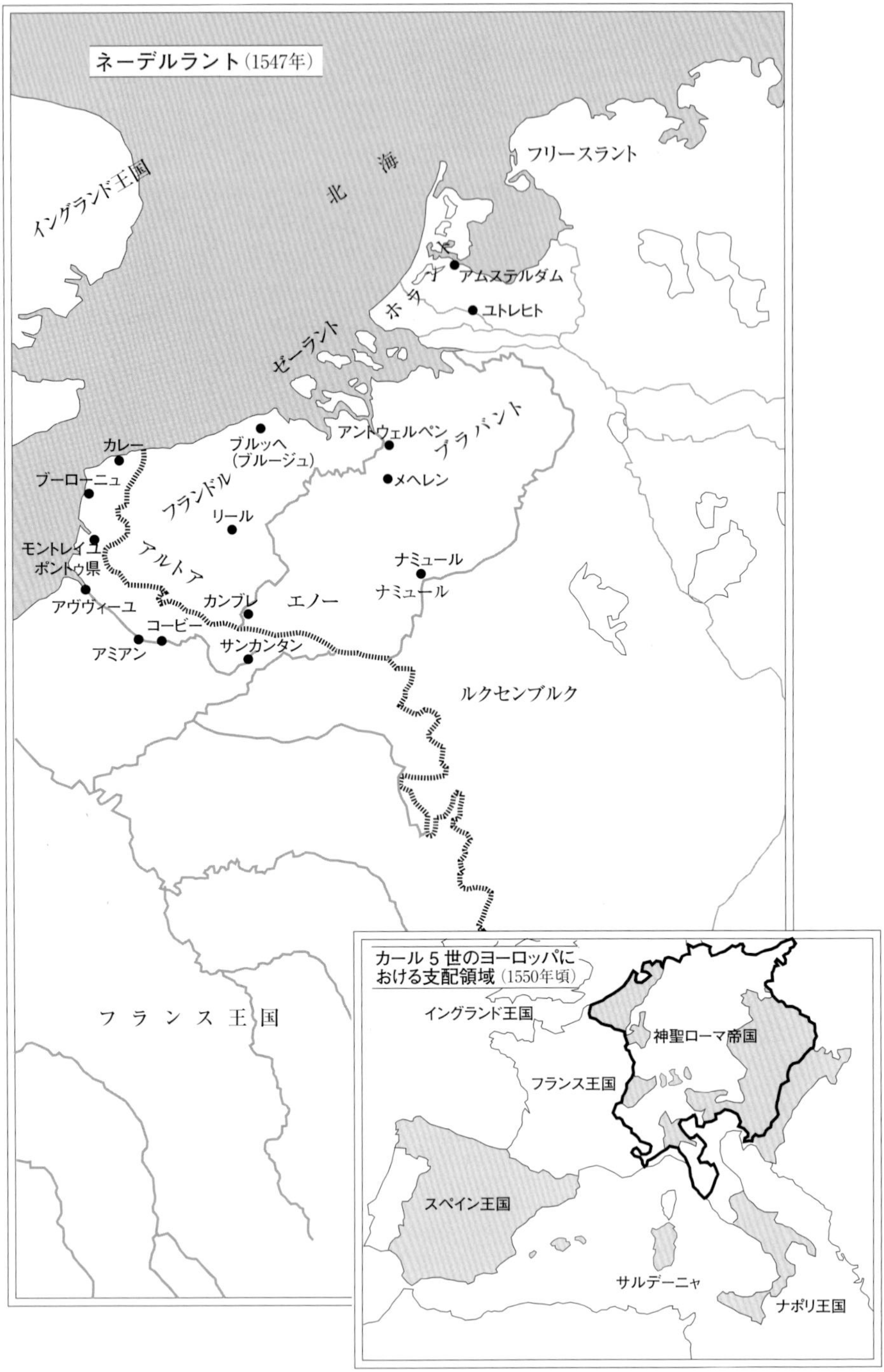
ネーデルラント（1547年）
北海
イングランド王国
フリースラント
ホラント
アムステルダム
ユトレヒト
ゼーラント
アントウェルペン
ブラバント
ブルッヘ
（ブルージュ）
カレー
ブーローニュ
フランドル
メヘレン
リール
モントレイユ
ポントゥ県
アルトア
ナミュール
ナミュール
カンブレ
エノー
アヴヴィーユ
コービー
アミアン
サンカンタン
ルクセンブルク
フランス王国
カール5世のヨーロッパにおける支配領域（1550年頃）
イングランド王国
神聖ローマ帝国
フランス王国
スペイン王国
サルデーニャ
ナポリ王国

駐英大使の見たヘンリ八世時代

——神聖ローマ皇帝大使シャピュイの書簡を中心に——

髙梨久美子

駐英大使の見たヘンリ八世時代　目次

目　次

凡例

一　本書の表題中の「駐英大使」は、イングランド駐在大使（駐イングランド大使）の略。英国とイングランドは異なるものであるが、簡略して表記した。

二　本書における引用文中においては、文書の理解を容易にするために筆者が原文に付け加えた補足部分を〔　〕を用いて示した。

三　引用文中の（　）は、原文の（　）を示す。

四　引用文中以外の（　）は筆者によるものである。

五　史料の訳出中ゴシック体で書かれているものは、史料の中では暗号で書かれた部分である。

六　史料の訳出中、下線を引いたものは、筆者による。

七　地名に関しては、主に『コンサイス外国地名事典（第三版）』三省堂、二〇〇五年を用いた。

八　人名に関しては、主に『岩波ケンブリッジ世界人名辞典』岩波書店、一九九七年を利用し、補完的に『岩波西洋人名辞典（増補版）』岩波書店、一九八八年を利用した。但し、地名・人名とも日本において慣用的な表現が定着しているものは一部それを用いて記した。

略語一覧

Add., MS. ：Additional Manuscript

B. L. : British Library, London

Cott. MS. ：Cotton Manuscript

Harl. MS. ：Harl Manuscript

Granvelle Papies, d'État : Papiers d'étas du Cardinal de Granvelle d'après les manuscripts de la bibliothèque de Besençon, publies sous la direction de C. H. Weiss,Impr. royale, Paris, 1841-1846.

K.u.K. Haus-Hof- u. Staats Arch. : Kaiserliches und Königliches Haus- Hof- und Staats Archiv.

Kaulek ：*Correspondance politique de M. M. de Castillon et de Marillac,* ed. by J. Kaulek.

L. & P. ：*Calendar of Letters and Papers, Foreign and Domestic, of the Reign of HenryVIII : Preserved in the Public Record Office, the British Museum, and Elsewhere in England,* vol. iv - vol. xviii, part i, eds. by J. S. Brewer, R. H. Brodie, J. Gardiner, London, 1882 -1932.

Spa. cal. : *Calendar of Letters, Dispatches, and State Papers relating to the Negotiations between England and Spain: Preserved in the Archives at Simancas and Elsewhere,* vol. i - vol. v. part ii, ed. by P. Gayanngos, London, 1895.

State Papers ：*State Papers during the Reign of Henry VIII*, published under the Authority of His Majesty's Commission, vols. i - ii, ed.by Her Majesty' Stationary Office, 1825 (1830).

Statutes of the Realm ：*Statutes of the Realm*, printed by command of His Majesty King George the Third, originally published in London, 1810 - 1828, Williams S. Hein & Co., New York, 1993.

T. N. A. : The National Archives United Kingdom

Ven. cal. ：*Calendar of State Papers and Manuscript, relating to English Affairs preserved in the Archives of Venice,* ed. by R. Brawne, London, 1864 -1882.

駐英大使の見たヘンリ八世時代

――神聖ローマ皇帝大使シャピュイの書簡を中心に――

序章

第一節　問題の所在

十六世紀前半、ヨーロッパは近代国家形成に歩み出していた。その時期、諸国家間の外交による国際政治が西ヨーロッパで出現し(1)、既に前世紀からイタリアで始まっていた常駐外交使節(2)派遣の慣行が定着し始めた。神聖ローマ皇帝カール五世（一五〇〇～一五五八、在位一五一九～一五五六）(3)が相続によって広大な支配領域を有し皇帝選挙に勝利したことは、フランス王フランソワ一世（一四九四～一五四七、在位一五一五～一五四七）や教皇を刺激し、結果としてカール五世は四度に亘りフランソワ一世と戦うこととなった。カール五世は先王アラゴンのフェルナンド二世（一四五二～一五一六、在位一四七九～一五一六）から常駐大使のネットワークを引き継ぎ、情報収集や君主間の連絡に有効なこのシステムを大いに活用したのであった。こうしてカール五世は常駐大使による外交を展開し、一五三〇年代までにおそらくヨーロッパの中でも特に情報に豊かな君主になっていたと考えられる。

イングランドも一五二〇年代からは積極的に大使の常駐システムを活用するようになったのであるが、イングランドではこの一五二〇年代後半、国王ヘンリ八世（一四九一～一五四七、在位一五〇九～一五四七）が王妃キャサリン（一四八五～一五三六）との離婚問題を進め、一五三〇年代には宗教改革政策を推進したのであった。ヘンリ八世期イングランドに駐在したカール五世の大使ウスタシュ・シャピュイ Eustache Chapuys(4)は一五二九年の赴任以来一六年という長きにわたって常駐大使を勤め、イングランド側と交渉を行い、イングランド情報を至急公文書(5)にしてカール五世に送付し続けていた(6)。シャピュイは、イングランドがローマ教会からの離反を宣言し、実際に離反し、カール五世と同盟を結んで対仏戦を行ったその全過程を自らの目で眺め、その間の情勢を詳細にカール五世に報告していた。

イギリス史研究においては、ヘンリ八世期の研究は従来この時期のイングランド国内の事実経過を可能な限り明らかにすることに力を注いできた。国外の史料は、国内の事実経過の確認手段として、副次的に用いられることが多かった。しかし、イングランドの宗教体制の変化はイングランド一国だけの問題ではない。関係する国々が、この問題をどのように受け止めて対処しようとしたのかを検討することは、イングランドをヨーロッパ史の枠組みで考える上で避けては通れない作業ではなかろうか。さらに国外の者が見て伝える情報には中から見たものとは異なる別のイングランドの姿が映し出されていると考えられる。それはハプスブルクとヴァロワというヨーロッパ二大勢力の覇権争いに関与せざるを得なかったこの時期のイングランドを考える上で、不可欠な事と考える。外から見る視点はこの時期のイングランド研究にとって必要であるばかりでなく、イングランドとの関わりを深めた国のイングランド政策に必ず影響を及ぼすものであろう。そのような視点を探ることは、実際の外交交渉を理解するときに必須であると考える。

本書ではこの時期のイングランドが抱えていた問題が、外国からどのように見られていたのかをカール五世の常駐大使の視点を重視して検討する。具体的には大使シャピュイがイングランド側と交渉する中で、イングランド内の出来事のどのような点に特に注目し本国に伝えることが重要だと思っていたのかを明らかにする。さらにその報告を受けて、カール五世はイングランドに対しどのような外交政策を施行したのかを考察したい。同時にこの時代のイングランドは何を目指していたのかを、常駐大使の目を通して理解してみたい。

以上の問題を検討するために本書では、ヘンリ八世の離婚問題解決に向けてイングランドで制定された上訴禁止法 Act in Restraint of Appeals(7)、ローマ教皇庁から離反後のイングランド情勢、一五四三年のヘンリ八世とカール五世との同盟に向けてのイングランドとの交渉というシャピュイが特に深く関わった三つの問題に絞って考察をすすめる。その際にシャピュイの視点とイングランド国内の視点の相違が何を意味するのかを常に念頭に置きつつ、検討を進めていきたいと考える。

第二節　研究史と本書の構成

ルネサンス時代の外交研究はマッティンリーによって着手された。マッティンリーは十五世紀にイタリア諸都市の中で常駐外交 resident diplomacy(8)が生じ、発達し、それが徐々に西ヨーロッパの諸政府によって広い範囲で受容された過程を辿った(9)。彼の主たるテーマは十五世紀からの二世紀間に亘る常駐外交の発達である。彼は「シャピュイの活動とイングランドの対スペイン外交について研究する中で、この時代の外交の背景を探ることが不可欠であることを悟り、外交制度の発展についての研究に着手した」と述べている(10)。他のルネサンスの新しい発見とともにこの常駐外交もイタリアで発し、その後の時代を通して発展し続けたが、この外交は新しい国際関係ができた暁には消滅するであろうとも語っている。一四二〇年にイタリアで始まり、一五三〇年までに他のヨーロッパの国々に広がったこの常駐外交をマッティンリーは近代外交(11)の始まりという意味で、他のルネサンスの発見にちなんで「ルネサンス外交」と命名した。このルネサンス外交は近代外交の極めて初期の外交で、未熟なものであるが、その後の外交の発展の基になったものであると、彼は位置付けている。しかしマッティンリー後、ルネサンス時代の外交研究はほとんど進んでいないのが現状である。

マッティンリーはそれに先立ち、彼の博士論文(12)の中で皇帝大使シャピュイの経歴またシャピュイの大使としての活動と五〇年間に亘るイングランドの対スペイン外交についての研究をしたが(13)、これはシャピュイの研究を行うに当たって、その基礎となる貴重な研究である。マッティンリーはシャピュイの至急公文書から、彼が常駐大使として果たした役割を初めて紹介した。シャピュイは前任者たちとは異なり自分で情報を得ようとし、得られた情報を分析しようとしたとマッティンリーは述べ、情報提供者としてのシャピュイの業績を高く評価している。マッティンリーは、シャピュイの書簡には日付や会見した人物、また人名を記す綴り等に多くの誤りがあるが、シャピュイはできる限り正確な情報を得ようと努力し、それを送付することで、カール五世に忠実な大使として仕えたと言う。マッティンリーはシャピュイの書簡から、この時期のイングランド側との交渉によって得られた事実を明らかにすることに重点を置いたのであった。但し彼の研究は、シャピュイが赴任してから一五三六年のキャサリンの死までのシャピュイの活動に関するものに限られている。マッティンリーはまたキャサリン・オブ・アラゴンの離婚史を、二つの史料（*Spa. cal.* と *L. & P.*）に収録されているシャピュイの書簡やベネチア大使から総督に宛てた書簡を用いて著した(14)。

シャピュイに関する研究をマッティンリー以来取り上げたのは、ランデルである。ランデルは彼の学位論文(15)で *Spa. cal.* を用いたが、ウィーンの皇宮・王宮及び国家文書館やリール Lille、アヌシー Annecy 等の文書館が所蔵するシャピュイのオリジナルの書簡(16)で確認しながら、シャピュイの書簡を分析したと述べている。ランデルはシャピュイの一五三六年から一五四五年までの常駐大使としての活動を分析する際に、書簡に表れたシャピュイの行動を、シャピュイの「外交上の仮面 mask」と「声 voice」を用いた外交テクニック dissimulation の面から考察することを目指した。シャピュイは外交官としての名声を高めるために、イングランド側にもカール五世側にも彼の外交テクニックを用いたとランデルは言う。シャピュイは「良識的な」行動をとって彼の外交活動を行ったのではなく、彼の外見、あいまいな表現、彼の演出力また説得力を動員して外交活動を行ったと論じる。

具体的な例を挙げると、シャピュイの書簡には、彼が病床に臥す王妃キャサリンを見舞う時の状況が詳しく書かれている(17)が、この箇所をめぐってランデルは独自の解釈を展開する。この書簡によると、シャピュイは見舞いの許可をヘンリ八世から得、キャサリンを見舞うが、ヘンリの側近のトマス・クロムウェル(18)はシャピュイを見張るために、自分の秘書をスパイとしてシャピュイに同行させた。その後シャピュイはキャサリンの病室に入るが、彼は建物の外で見張っているクロムウェルの秘書に聞こえるようにわざと大声で、キャサリンに対するイングランド側の待遇の悪さへの不満を述べた。ランデルはシャピュイの書簡のこの箇所の解釈で、二つの点を示している(19)。まず第一に、シャピュイはこの大声を発することで、カール五世がキャサリン王妃や王女メアリ（のちのメアリ一世〈一五一六～一五五八、在位一五五三～一五五八〉を心底から気遣っているという真摯な姿勢を示すとともに、それを「たまたま漏れ聞いた」イングランド側に、カール五世の処遇改善要求が本物であることを示し、圧力をかけようとしたという。第二に、またこの書簡を読むカール五世には、シャピュイは勤勉、忠実で完璧な外交官である姿を示しながら、キャサリンを無視するイングランドに対してそれまで何も反対行動を起こさなかったカール五世に暗に抗議しているのだという。第一の解釈に関しては、ランデルがシャピュイの書簡から、交渉内容だけでなく、その際のシャピュイの身振りや態度といった外交技術面にも合わせて着目することで導き出した解釈であり、わざわざ大声を出した理由に関する考察として十分な説得力を持つと考えられる。しかし第二の点に関しては、ランデルの解釈は興味深いものではあるが、傍証がないかぎり推測の域を出ない点で留意が必要であろう。またさらにランデルは、このようなシャピュイの書簡における記述には、シャピュイが自分の仕える主人であるカール五世や、自分を大使に推薦したグランヴェル(20)に自分の功を高く見せるために誇張されたあるいは事実と異なる内容も含ませているという。書簡内容をすべて真実であると鵜呑みにすることが危険であることは、ランデルの指摘を待たない。しかし書簡のどの部分が誇張あるいは事実でない可能性が高いかを、外交技術の視点のみから判断することには疑義がある。ランデルの指摘する外交技術の側面にも留意しつつ、本書では慎重に議論を進めたいと考える。さらにランデルは彼の恩師のジェフリー・パーカーに捧げる最近の論文集の中でも、シャピュイの外交技術について述べている(21)が、これは彼の学位論文で示したシャピュイの外交テクニックについての彼の見解をまとめ、発展させたものである。ランデルはシャピュイの外交テクニックを分析することで、外交技術の視点からルネサンス期の常駐大使の特徴を浮かび上がらせようとしている。

常駐外交の発達に関しプロソポグラフィカルな分析に基づく詳細な研究を行ったのは、マクマーホンである。マクマーホンは彼の博士論文のなかで、テューダー朝のイングランド外交職に関する研究をした(22)。彼はヘンリ八世期に書かれた外交公文書をオリジナルの写本とともに *L. & P.* を用いて分析したと述べている。そして当時の大使たちを派遣された地域別、年代順にリストアップし、ヘンリ八世即位後、大使職の重点が一時的な特使職から徐々に常駐大使職へと移っていった事を示した。マクマーホンの考察はヘンリ八世期のイングランドの外交の実態ばかりでなく、十六世紀の大使職に関する研究に多くの示唆を与えた。彼の研究は当時の常駐大使の研究を行う上で、基礎的な知識を与えるばかりでなく、イングランドで常駐大使職が重んじられるようになった経緯を示すものである。但し、マクマーホンの考察はイングランド大使に限られている。

皇帝大使たちの書簡を用いた考察について言えば、それは既に十九世紀にフルードが行っている(23)。フルードは主として *Spa. cal.* を用い、*L. & P.* で補いつつ、キャサリンの離婚史を著した。彼はイングランドで新しく公刊された皇帝大使たちの至急公文書を用いた。フルードはイングランド内の史料ではなくカール五世側の史料を用いてヘンリ八世の離婚の経過を明らかにし、イングランド宗教改革の真の歴史を発見したいと考えた。これは十九世紀当時、宗教的党派心でしか語られなかったヘンリ八世の離婚問題をイングランド外からの観点を踏まえて考察した貴重な試みであった。フルードの試みはカール五世側の史料を用いて、イングランド内のこの離婚問題の経過を辿ることであったが、十九世紀人であったフルードの描く離婚史は、彼自身語るようにイギリス帝国の礎を築いたイングランド宗教改革を賛美するといった歴史観のもとで編み出されたと見てよいだろう。

フルード以後、カール五世側の史料は多くのイギリス史研究者たちにより用いられるようになった。その代表的な研究者がワーナム、エルトン、スケアズブリックである。ワーナムは、一四八五年から一五八八年までのイングランド史を *L. & P.* や *Spa. cal.* を用いてイングランド外交政策を中心に論じた(24)。ワーナムはそれまでのように政治史や国制史や経済史の観点からではなく、外交問題からこの時期のイングランドを論じたのであった。ワーナムの観点は画期的なものであったが、彼は常駐大使による外交を特に考慮に入れて論じたのではなかった。エルトンは、テューダー朝のイングランド史(25)を *L. & P.* また *Spa. cal.* を用いて著し、スケアズブリックも同じ *L. & P.* や *Spa. cal.* を用いてヘンリ八世の伝記(26)を著した。エルトンもスケアズブリックもこれらの史料を用いて、イングランド宗教改革を分析している。

ここで宗教改革についての研究史を述べる前に、十六世紀イングランド史に関する学説史にふれておきたい(27)。イギリス史学では二十世紀にはいると、十九世紀以来長くテューダー史の正当学説とされてきたポラードに代表されるホイッグ史学の権威が揺らいだ。一九六〇年代から一九七〇年代にかけてホイッグ史学やプロテスタント中心史観に対する批判が進行し、修正主義的歴史観が登場してきた。ポラードの古典『ヘンリ八世』(28)に裏付けられる国王絶対また近代化をリードしたイギリスの近代史を絶対視するホイッグ史学に代表される歴史観が見直されたのである。この批判を提起したのは、エルトンである。一九五〇年代エルトンは「テューダー革命」論を展開し(29)、それまでの見解、つまりイギリス近代は一四八五年のヘンリ七世（一四五七〜一五〇九、在位一四八五〜一五〇九）の即位によって開始されたという見解を退け、近代の開始を一五三〇年代まで引き下げ、これを提唱したのは国王のヘンリ八世ではなく、ヘンリの首席秘書官であるトマス・クロムウェルであると主張した。徹底的な史料調査に基づいてエルトンは、行政の近代化はヘンリ八世の治世に始まり、クロムウェルがヘンリ八世のローマとの対立を機に、宗教改革を実現するための制定上の手段や行政上の処置を考案したと説いた。エルトンは、一五三〇年代の諸改革を通して枢密院を頂点とする国家官僚制的な行政機構が確立されたとし、以後枢密院がそれまで国王宮廷の制度的中心であった宮内府に代わる中央行政や統治の中核となる「行政革命」が行われたと論じた。そしてクロムウェルの改革は宗教改革の断行、議会主権、立憲君主制の確立、近代的国家官僚機構の整備や強化等広範囲に及び、以後四世紀間に及ぶイギリスの行政の近代化の道を開いたと、エルトンは主張したのである。エルトンの議論は伝統的な学説からかけ離れた革命的なものであったため、それに対する反動も大きかった。まずオックスフォードの学者たちから反論が上がり(30)、中世との連続性や非連続性を巡って議論が展開された。このエルトン学説に対して、その後新たな修正主義的傾向が一九七〇年代を過ぎても進展し、一九八〇年代になると、今度はエルトンの教えを受けた弟子たち(31)によってエルトン批判がなされ、十六世紀前半の行政史の再検討が行われた。この動向は今日でも終息していない。エルトンの研究に対する修正論は、宗教改革、政治行政機構、財務行政、議会史等幅広く展開されたのであったが、国王を頂点とする国教会の成立はイングランドという国家そのもののアイデンティティに関することであるし、本書のテーマがイングランドの宗教体制の変化に大きく関わるので、ここでは、エルトンの議論も含めた二十世紀以降のイングランド宗教改革に関する学説史を述べておきたい(32)。

イングランド宗教改革の原因に関しては、フルード以後も様々な観点から取り上げられてきたが、二十世紀以降研究者の意見は大きく言うと政治的要因、宗教的要因、王の個人的要因、複合的要因に分類されると思われる(33)。ポラードは、ヘンリ八世による宗教改革を教義上の問題ではなく、国家と教会との抗争から考えた。ヘンリ八世による宗教改革はヘンリ八世自身の発案によるもので、イングランドの人々の同意をもとに実現したものであるとし、国王が指導したものであるとする。ヘンリ八世の離婚問題はイングランド宗教改革の契機であり、原因ではないとして、*L. & P.* を用いて政治的要因を主張する(34)。そしてポラードのホイッグ史学を激しく批判したエルトンもこれを政治的観点から捉え、イングランド宗教改革をローマ教皇庁からの離反によるイングランドにおける主権国家の確立として主張する。しかしそれを立案し、実行したのは、ポラードのようにヘンリ八世ではなく、側近のトマス・クロムウェルであったとし、クロムウェルを重視する(35)。このように政治史として捉えるエルトンに対し、同じ頃ディケンズは、イングランド宗教改革の宗教的要因を説いた。彼は、ポラードやエルトンのようにイングランド宗教改革を国家の事業であってヘンリ八世やトマス・クロムウェルのような政治的主導者によって押し付けられた「上からの改革」としてではなく、イングランドの一般の人々のプロテスタント信仰による「下からの改革」と捉えた。ディケンズにとって宗教改革とは、十六世紀前半の出来事であった。彼は中央政府の公文書ばかりでなく主教区の記録やヨークシャー地方に残された史料を用いて研究し、イングランド宗教改革の宗教的要因を主張した。ディケンズによると、イングランドではヘンリ八世の離婚問題が生じる以前から、人々の間でロラード派以来の反カトリック感情、反聖職者感情が強く、一五三〇年代までにイングランドはプロテスタントの国として成熟し、イングランドには自発的に宗教改革を受け入れる素地ができていたという(36)。

　ところが一九七〇年代になると、ヘイグはディケンズの描いた宗教改革像に果敢に挑み、それまで定説とされていたディケンズ説に対する修正主義を展開し、地方に残された教区巡察記録や遺言書等の調査と綿密なる検討に基づいてイングランド宗教改革の複合的要因を説いた。ヘイグによると、ヘンリ八世期の一般の人々は急進的改革をほとんど求めなかったという。彼自身の調査した史料の分析によると、大多数の者は古来の教会との断絶よりも連続を求めていた。改革を望まなかった人たちが大混乱もなく宗教改革を受け入れたのは、プロテスタントの教義のためではなく、国王の権威への服従観念による。宗教改革がプロテスタンティズムをイングランドにもたらしたのであって、プロテスタンティズムが宗教改革をもたらしたのではない。ヘンリ八世の政治的要因を一般の人々が利用しようとしたから、イングランド宗教改革は成功したのであると説く。ヘンリ八世のもたらした強権政治とイングランド人が持つ功利主義的な傾向が合致したから宗教改革は実現したのであり、イングランド宗教改革は人々が宗教の変革を望んだためではなく、人々にとって都合がよかったから受け入れられたとヘイグは修正主義を展開する(37)。更にオデイもヘイグと同じようにイングランド宗教改革の複合的要因を説く。ポラードやエルトンのように政治的要因によるだけでも、そしてディケンズのように宗教的要因だけでもイングランド宗教改革は生じなかったとする。十六世紀において宗教の問題は、社会的、経済的、心理的な問題とも大きく関わっていたのであるから、それらを複合的に考察しなければいけないと、オデイは説く(38)。

またディケンズの「下からの改革」論に対して、スケアズブリックは既に一九六〇年代にカトリックの立場から著書『ヘンリ八世』で再び王の個人的要因を指摘し、「上からの改革」を主張し、ヘイグとは異なる修正主義の立場をとっていた。彼は一五八〇年代になると、『宗教改革とイングランドの民衆』で、宗教改革以前のイングランドにおけるカトリック教会の良好な状態を示した。彼は、この改革は変化を望まなかったイングランドの人々にヘンリ八世自身が押付けたものであるとする。イングランドの人々は宗教改革を望んでいたわけではなく、改革後もプロテスタンティズムの受け入れは、概して緩慢であり、長い期間を要するものであった、少なくともエリザベス一世の即位までは、一般の人々は古来の教会に対する不満はなかったし、プロテスタント運動の高まりもなかったと主張する(39)。

このようなイギリス人研究者に対し、マッティンリーは、イングランド教会のローマ教皇庁からの離反を専ら王の個人的要因によるものとみなし、*Spa. cal.* および *L. & P.* を用いてイングランド宗教改革をヘンリの離婚問題から述べた(40)。またスペイン人のブルンは、スペイン側に残されていた史料また *Spa. cal.* を用いてマッティンリーやスケアズブリックと同じく、イングランド教会のローマ教皇庁からの離反を王の個人的要因によるものとした。スペイン外交史研究者である彼は、ヘンリ八世の離婚問題によってイングランド宗教改革が行われたという立場で、イングランド宗教改革について論じる(41)。スペイン側に残されていた史料や*Spa. cal.*を用いた研究は、ヘンリ八世の個人的要因を重視する傾向がみられるともいえよう。

カール五世の外交研究に関しては、ブランディー、ラペール、ルーニッツ、コーラー、ブルン、サルガード等が行っている。ブランディーは『カール五世伝』(42)を書き、この伝記は「カール五世の完璧なる伝記」と高く評された(43)。ブランディーは、カール五世を偉大な皇帝であったと評価し、カール五世は彼の宰相ガティナーラ(44)の皇帝理念(45)に深く影響を受けたという観点で伝記を書いている。ブランディーはこの伝記の中でカール五世の外交にもふれ、ごくわずかではあるが、イングランドに関してもガティナーラとの関連で述べている(46)。ブランディーはカール五世の業績について幅広く研究し、カール五世研究の基本的知識を与えてくれたが、カール五世の外交については多くは語っていない。ラペールも『カール五世伝』を書いたが、彼は自ら述べるように、カール五世自身というよりもカール五世の諸国家を中心に論じた(47)。ラペールはカール五世の支配領域についての基本的な知識を与え、本書もラペールの研究に負うところが大きい。ラペールはカール五世のフランソワ一世との抗争の中で、ヘンリ八世にもふれているが、彼の抱くイングランドへの関心はごくわずかに留まっている。ブランディーやラペール等カール五世研究者の外交問題への関心は、主としてフランス、ローマ教皇庁、オスマン帝国等に向けられ、イングランドとの外交関係はこれまでほとんど注目されてこなかった。

このようにカール五世が取り組んだ問題全般に関する研究に対し、ルーニッツはカール五世の常駐大使の研究に的を絞り、常駐大使の出自や派遣国、給料に関する研究を初めて試みたのであった(48)。ルーニッツの研究は、カール五世が常駐大使を派遣する上で前提となる諸条件を明らかにした。ルーニッツは、ネーデルラントにあるブルゴーニュ関係の会計史料からこの時代のカール五世の外交組織を研究した。ルーニッツの常駐大使に関する研究は駐仏大使が主であるが、駐英大使に関しても大使の派遣時期、経歴と給料にふれている。本書でも、カール五世の外交組織や常駐大使の経歴等をルーニッツの研究に基づいて考察した。

コーラーは彼の論文(49)で、ヘンリ八世の離婚問題に関するカール五世の見解について論じている。その中でコーラーは *Spa. cal.* を用いて、カール五世がヘンリ八世の離婚を支持できなかった理由（ヘンリ八世を人間的に尊敬してはいなかった）等に関して述べている。カール五世のイングランドへの視点を論じる研究がほとんどなされていない中で、ヘンリ八世の離婚問題を特に取り上げてカール五世のヘンリ八世との関わりを論じたコーラーの研究は、貴重なものである。

スペイン側の研究者に関していえば、ブルンがカール五世の常駐大使の全派遣先を調べ、『スペイン外交史』(50)を著している。彼はカール五世の外交を包括的に研究した唯一の研究者である。イングランドについてもカール五世の常駐大使に関して述べ、特にシャピュイのイングランドでの活動に関しては、*Spa. cal.* を用いてヘンリ八世の離婚問題を中心に論じた。ブルンの考察はイングランドに送られた特使にも及んでいる。ブルンの研究は、カール五世の対イングランド外交を派遣された大使の活動から考察した画期的なものであり、それによりカール五世の大使たちの全体像を描くことができる。それでもブルンのシャピュイに関する研究はヘンリ八世の離婚問題が中心であり、一五四〇年からのシャピュイの活動に関してはほとんどふれていない。

サルガードは彼の論文(51)で、一五三〇年代のカール五世とヘンリ八世との交渉をフランスも考慮に入れて、簡潔に述べている。カール五世とヘンリ八世とは基本的には友好的で、同盟者であったと論じている。サルガードは一五三〇年代の両君主の関係についてフランスとの関係をも含めて考察した数少ない研究者であり、カール五世とヘンリ八世との交渉に関するサルガードの研究は、広い視野のもとに行われている。

イングランドと近隣諸国との関係については、ポターとリチャードソン等が研究をしている。ポターはヘンリ八世期のイングランド外交と対外政策を考察し、ヘンリ八世期の常駐大使の働きについて論じている(52)。ポターは、この時期イングランド外交はカール五世とフランソワ一世との間を行き来したと述べる(53)。ポターは十六世紀中期のイングランド外交についてフランスとの関係を軸に研究した(54)優れた研究者であり、本書もポターからイングランド外交の方向性を探った。リチャードソンもこの時代のイングランドをフランスとの関係から考察しており、またルネサンス君主としてのヘンリ八世、フランソワ一世そしてカール五世相互の人物像・君主理念・財政・政治等の比較も行っている(55)。これは今までにない新しい試みであり、人物像や君主理念という君主自身の問題から同時代の三君主を比較したリチャードソンの研究は、この当時の君主の様々な相違点を示すものであり、これらの君主の政策を理解するに当たり、欠かすことのできないものである。

以上の研究史を見ると、ルネサンス期の外交問題、十六世紀前半のイングランドの国制、ヘンリ八世の離婚問題や、ヘンリ八世のフランソワ一世やカール五世との関係に関して、多く論じられてきたことがわかる。マッティンリーはルネサンス期の外交全般についての枠組みと基本的知識を与え、シャピュイに関する研究への足掛かりを与えた。イングランド駐在大使の赴任期間、出自、大使の活用に注目した研究もあった。またフルード以来イングランド外の史料である *Spa. cal.* を用いた研究も行われた。それらの多くは、イングランド国内問題また対外問題の事実経過を明らかにすることに力を注いできた。カール五世の常駐大使の問題に関してもカール五世の外交組織や駐仏大使に関する研究がなされ、駐英大使の研究もマッティンリーやランデルやブルン、サルガードによって行われてはいるのであるが、ランデル以外はイングランドの事実経過を正確に明らかにすることを重視してきた。ただランデルもシャピュイの外交技術面に注目しているものの、カール五世やシャピュイの視点を特に取り上げてはいない。

このように今までは国外の視点から、この時期のイングランドが取り上げられることはなかった。しかし、十六世紀前半の複雑な国際社会の中でヨーロッパの君主たちが互いに覇権を競い合った時期、君主たちが他の国をどのような観点から眺めたのかを研究することは不可欠であると考える。他国に対する視点は、その国の対外政策を決定する際の前提になると確信するからである。覇権を求めるカール五世が常駐大使シャピュイの外交交渉によってイングランドの動きをどのように見ていたかを検討することは、イングランドに対するカール五世の姿勢の考察にもつながると考える。またそのような視点の考察は、この十六世紀前半の君主たちが何を求めていたかを探る上での大きな鍵になると判断する。それと同時にこのような外交史としての研究と併せて、同時代における外国からの視点を導入することは，イギリス史研究における通説に対して修正を提示し、ヘンリ八世時代の新たな解釈へとつながると考えるのである。十六世紀前半のイングランドはどのような国であったのか。エルトンは国内のテューダー革命論からこの時期のイングランドを捉えたが、国外からの視点から十六世紀前半のイングランドという国のありかたを捉えることが、今必要なのではないだろうか。本書は、エルトンが示した一五三〇年代におけるイングランドの主権国家の確立という学説に対する批判としての新たな修正論を提示するものとして、シャピュイの史料を見ていきたい。

そこで本書では、ヘンリ八世期のイングランドをカール五世の大使というシャピュイの視点またシャピュイを遣したカール五世の視点から眺めてみたい。本書で扱う時期は、シャピュイがイングランドに赴任した一五二九年から一五四三年のヘンリ八世とカール五世との同盟締結時までとしたい。マッティンリーの研究はヘンリ八世の離婚問題で終わっており、またランデルの研究も一五三六年以降に限られている。本研究ではシャピュイのイングランド滞在のほぼ全期間を対象にすることにより、シャピュイのイングランドとの外交交渉を長期的視野に立って考察したい。以上十九世紀から今までの研究史を述べてきたが、各章のテーマに直接関係する研究史に関しては、各章の初めの部分でも紹介する。

本書は七章によって構成される。序章では既に問題の所在・研究史・論文構成を述べたが、史料についても言及し、第一章では「十六世紀前半のヨーロッパと常駐外交使節制度の発展」として十六世紀の常駐大使の派遣、カール五世による常駐大使と外交制度の整備まで二節に分けて述べる。この章では、十六世紀前半の複雑なヨーロッパの国際情勢の中で、ヨーロッパの主たる君主たちが常駐外交使節制度を採用し、これを活用することによって他国の情報を得、自国の主権主張と勢力拡大に努めたことを考察する。第二章では「カール五世のイングランド駐在大使」として十六世紀初期のイングランドとハプスブルク宮廷との関係、カール五世によるイングランド駐在大使派遣、シャピュイの経歴・使命と活動・情報源・書簡を三節に分けて述べる。この章では十六世紀初期のイングランドとハプスブルクとの外交関係の中でシャピュイがイングランドで外交を行う際に前提とした諸条件を考察する。そのような背景のもと、第三章では「神聖ローマ皇帝大使の見たヘンリ八世の離婚問題」として、時代背景と研究史、皇帝大使の伝える上訴禁止法、カール五世の上訴禁止法に対する反応の三節に分けて述べる。この章ではシャピュイがカール五世に宛てた書簡またカール五世がシャピュイに宛てた書簡(56)を用いて、一五三三年春に議会を通過した上訴禁止法に焦点を当てる。王妃キャサリンの権利を護るという皇帝大使シャピュイの使命に直接関わる上訴禁止法を見ていくことで、イングランド側とカール五世側双方でどれだけこの法に対する見方が異なるかを考察し、イングランド情報提供者としてのシャピュイの働きを見ていく。第四章では、「神聖ローマ皇帝大使の見たヘンリ八世の宗教改革時代」として、時代背景と研究史、シャピュイのイングランド情勢についての報告、カール五世のイングランドへの要求、ヘンリ八世の書簡に見られる外交政策、シャピュイの見たヘンリ八世の宗教改革時代の五節に分けて述べる。シャピュイがカール五世に宛てた書簡やカール五世がシャピュイに宛てた書簡に加え、イングランド側の史料も用いて、一五三六年から一五三八年までのカール五世とヘンリ八世との対仏同盟交渉でシャピュイが見た宗教改革時代のイングランドを考察する。ここではローマ教皇庁からの離反後のイングランド情勢をシャピュイ、カール五世そしてヘンリ八世自身がどのように見ていたのかということを考察するため、それぞれの見解が述べられたほぼ全史料を示した。この章の中でも、イングランド情報提供者としてのシャピュイの働きを主に見ていく。そして第五章で「一五四三年のカール五世とヘンリ八世との対仏同盟交渉過程」として、時代背景と研究史、カール五世の代理人たちによるイングランドとの交渉文書（一　イングランドにおけるシャピュイとイングランド顧問官との交渉文書、二　スペインに赴くイングランド大使とシャピュイとの条約交渉文書、三　スペインでのカール五世宰相グランヴェルとイングランド大使ボナー及びサールビーとの交渉文書）、カール五世のシャピュイに対する指令（一）皇帝からシャピュイへの書簡（一五四二年八月一二日付）、（二）シャピュイのイングランドとの交渉、（三）皇帝からシャピュイへの書簡（一五四三年一月二三日付）、（四）イングランドにおけるヘンリ八世の代理人たちとシャピュイとの間の条約の合意文書、（五）イングランド側の同盟締結理由を五節に分けて述べる。イングランド側とスペイン側に残された史料を用いて、一五四三年のヘンリ八世とカール五世との間で成立した同盟に向けてのイングランドとスペインとの交渉過程を追い、両国の交渉の変化を考察する。それにより、双方の間で齟齬はないか、意図の変化がないかを見ていく。この章では交渉者としてのシャピュイの働きに焦点を当てる。そして終章では「シャピュイの見たヘンリ八世期のイングランド」としてまず「フランス、ベネチア、ミラノ大使の見たイングランド」を考察し、本書の結論と展望を述べたい。

第三節　史　料

本書で直接の史料として用いた *Spa. cal.*, vol. iv, part i - vol. vii, part ii はガヤンゴスにより一八六二年に編集されたものである。ガヤンゴスは彼の前任者ベルゲンロス G. A. Bergenroth の死により、カール五世時代のイングランドとスペインとの交渉に関わる史料の編纂を引き継いだ。ガヤンゴスはシマンカス Simancas、バルセロナ、マドリード、ブリュッセル、リールの文書館以外にウィーンのハプスブルグ関係の文書館にもカール五世の大使たちのオリジナル書簡があることを発見した。そしてそのオリジナルを調査し、暗号解読し、英語翻訳して活字化したと述べている。ガヤンゴスは自ら集め、編纂した大使たちの書簡の中で、「シャピュイの至急公文書に関する限り、その全内容に翻訳を施した」(57)と記している。

シャピュイのオリジナル書簡は、現在ウィーンの皇宮・王宮及び国家文書館 K. u. K. Haus- Hof- u. Staats Arch. に保管されている。シャピュイの至急公文書はフランス語で書かれているものが大部分である。ガヤンゴスによると(58)、シャピュイの書簡は非常に価値があり興味深いものではあるが、いくつかの欠陥を持っている。まず英語を理解したり話したり出来なかったシャピュイは、ヘンリ八世の廷臣たちや顧問官たちと話をする時にはラテン語を用い(59)、書簡をフランス語で書いた。シャピュイの至急公文書はほとんど自筆で書かれているが、暗号が非常に多く使われている。シャピュイはいつも正しいフランス語を用いたわけではないし、書簡の受け手であるブリュッセルの書記たちはしばしば暗号解読にミスを重ねたので、彼の文書は時には不明瞭なものになってしまった。フリュールス Fleurus の戦い（一七九四年）(60)の後、ウィーンに帝国国家文書が移されるに際し、文書館の書記たちによって保存のためシャピュイの書簡のコピーが取られ、そしてその未完のコピーはそのオリジナルと同様、今はウィーンに保存されている。コピーのみが保存されている場合もあるし、オリジナルに日付や裏書がなされていないものもいくつか見られると、ガヤンゴスは述べている。*Spa. cal.* のシリーズは補遺二巻を含める全十五巻からなっており、一八六二年から一九五四年にかけて出版されたものである。筆者が調査した限りでは、現在シャピュイのオリジナル書簡は、K. u. K. Haus- Hof- u. Staats Arch, England, Karton 3-9 に収められているが、すべてのオリジナル写本が収められているわけではない。その上このダンボール箱に収められているシャピュイの書簡は、きちんと分類されているわけではない(61)。筆者が入手したシャピュイの書簡のオリジナル写本（のコピー）は、ガヤンゴスの述べた通り、暗号で書かれているものが非常に多い。また日付が誤って裏書されているものもある。シャピュイのオリジナル写本は余白に書き込みが施されているが、それは暗号解読文であろうと思われる(62)。なお本書で用いたカール五世の書簡のコピーは、前述の K. u. K. Haus- Hof- u. Staats Arch., England, Karton3 - 9 に収められているものもあるが、そのコピーのいくつかは、現在は the British Library（以下 B. L. と略す）の Cotton MS. や Additional MS. に収められている。

本書で補助として用いた *L. & P.*, 11vols. は、ヘンリ八世の全統治期間である一五〇九年から一五四七年までに作成されたイングランド国内外の文書を集めたものである。これは一八六二年から一九三二年にかけて Her Majesty's Stationery Office から出版されたものである。そして The Public Record Office（現在の the National Archives United Kingdom）、the British Museum（以下 B. M. と略す。現在は the British Library に収められている）、オックスフォードとケンブリッジの大学図書館とカレッジの図書館そして他の公共図書館に所蔵されているヘンリ八世統治に関する全国家文書と通信文（書状）の要約を含んでおり、バーネット Burnet やストライプ Strype 等の手によって活字化されたものである。エルトンによると十九世紀イギリスでは、外国の第一級の文書保管所（特にベネチアの文書館、シマンカス城〈スペイン〉、ブリュッセル、ウィーンにある皇宮・王宮及び国家文書館）でイングランドに関する文書を探す努力がなされ、多くの書簡が発見された。それらは、国内篇と国外篇にわけることなく編纂されていた当時の *L. & P.* の中にとり入れられた(63)。

このL. & P. の基になったのは、*State Papers of the Reign of King Henry* Ⅷ（以下 *State Papers* と略す）であるが、まずこれについてエルトンを参考にして述べたい。*State Papers* には王の主な廷臣たちの諸々の通信と国内の統治、外国政策の実施についての言及がなされている。主にこれは書簡であり、当時の政治活動に包括的に関わる内容のものである。しかしこの *State Papers* はさまざまな欠陥を含んでいる。まず第一に、これは網羅的かつ体系的に蒐集されたものではない。これは編者の取捨選択の結果であり、この中に含まれていないものを我々は窺い知ることが出来ない。そして編集意図や史料の選択基準については不明である。第二に、これは偶然残されたものであり(64)、このような偶然による歴史史料は、字が途切れているという技術的な問題を抱えている。この *State Papers* 収集の文書は、ばらばらに保管されていたものを掲載したものであり、書簡の真の目的や著者の動機は何か、真の著者が誰なのかといった基本的で重要な問題を未解決のまま残している。特に日付の問題は重要であり、それが執筆された年が付されていない書簡も多く、また日付が間違っていることもある。さらには覚書や草稿は日付も署名もないことが多い。そして最後に最大の問題点として、ここでは着信書簡 in-letters のみが残されており、発送書簡 out-letters はただ偶然残されたもので、その数はごくわずかであるということが指摘しうる(65)。

State Papers はこのように諸々の欠陥を含んでいるわけだが、それを基にした *L. & P.* は更に多くの問題を抱えているといえよう。第一に、これは *State Papers* の抄録である。あるものは *State Papers* の四分の三位に、あるものは五分の一位に縮められ、その要約された中に編集者の意図が含まれている。第二に、これはカレンダー化されている。既に述べたようにこの当時の書簡には、年月日が記されていないか、誤っているものが多く、カレンダー化は編集者の判断によったものが少なくない。

しかしそのような欠陥や欠如を多く含んでいる *L. & P.* ではあるが、エルトンによると、他の記録や文書にはない利点もまた備えている。まず *State Papers* と同様、これは主として通信文であり、この中には非常に多くの人物が登場し、読者はこの *L. & P.* を通じて実際に生きた多くの者と向き合うことが出来るのである。我々は舞台の背後に行き、その出来事に関係する人々の動機、意図、具体的な行動を見ることが出来る。これは行政記録や裁判記録にはない解釈の幅を我々に与えてくれるのである。確かにそこには編集者のバイアスが含まれてはいるが、さまざまな史料の寄せ集めのため、記録以上に出来事の非常に多様な分析を可能にしてくれるのである。その上この *L. & P.* は、*State Papers* には含まれていない外国の文書館が保管するこの時代のイングランドに関する史料をも多く含んでいる。これは外国大使たちの本国への報告や、彼らに対する皇帝や王たちの指令等である。これもイングランドの *State Papers* 同様無批判に用いることが出来ないものであることはいうまでもないが、これが *State Papers* の欠陥や不足を補い、イングランドの当時の状況を知る手がかりとして用いることができるばかりではなく、イングランドに滞在した外国大使が何に注目したかといったことをも知る大きな手掛かりとなると思われる。*L. & P.* はこのように多くの欠陥を有し、抄録としての限界を持ってはいるが、*State Papers* に記されている順序等には変化を加えてはおらず、まだ史料として用いることができる(66)。エルトンは以上のように述べている。

このL. & P.は、実際に歴史家たちによって多く用いられてきた。イングランド宗教改革史研究者は数多いが、ここでは二十世紀のテューダー朝研究の基礎を築いたポラードとエルトンを取り上げ、彼らがこの *L. & P.* をどのように用いたかを述べたい。ポラードは、彼の著書 *Thomas Cranmer and the English Reformation 1489 - 1556* の序文の中で、*L. & P.* について語り、「十六世紀史についての膨大な史料を立派に整理したものであり、しばしば不正確に *State Papers* と称され、一八三〇年から一八五二年に The Record Commission から省略なしに出版された *State Papers* of HenryⅧ 全一一巻やその他の多くの史料を含んでいる」(67)と述べている。そして彼は実際、彼自身の著書 HenryⅧ その他多数の著作でも、この *L. & P.* に含まれている史料を駆使して彼の説を展開している。それに対して、エルトンの *L. & P.* についての意見は非常に厳しいものである。「歴史家は史料の正確なリストが得られるので、*L. & P.* をオリジナルへのインデックスとして用いることができる。確かに役に立つものではあるが、この *L. & P.* は不満足で危険に満ちているものである。そして *L. & P.* はまた編集者が選んだ史料を載せているのである」(68)と言い、また「これはさまざまな不足や欠点を含み他の記録に劣るものといえるが、十六・十七世紀に関する歴史のほとんどがこれに基づいて書かれたのである」(69)と述べている。しかし彼もまた *L. & P.* を常に批判を加えながらも用い、テューダー革命論その他を展開している。日本人の研究者でこの *L. & P.* を用いた者は一九八〇年代以降多い(70)が、自身の研究の事実確認や論証の根拠に用いており、史料そのものの分析という視点でこの史料を用いる研究は、これまでなされていない。

このL. & P. を新しい試みで用いたのは、ベル G. M. Bell(71)である。彼はこの *L. & P.* 自体からデータを作成し、ヘンリ八世治世開始期からの一七九年間に、イングランド外交に携わった者達の名の確認と外交官が任命を受けた地域、任命の開始日ならびに終了日についての情報を収集した。しかしマクマーホンによると、ベルの記した外交職の開始と終結についての情報は非常に不正確なものであるようだ。マクマーホンは、ヘンリ八世時代の大使たちをオリジナルの写本とともに *L. & P.* を用いて分析し、当時の政治運営におけるプロソポグラフィカルな研究をし、数量化したと述べている。彼はヘンリ八世治世期に書かれた全外交公文書を駆使して当時の大使たちを派遣された地域別、年代順にリストアップし、大使職の重要性がヘンリ八世登位後、一時的な特使から徐々に常駐大使へと移行していった事を示した(72)。エルトンやマクマーホンの手法、すなわち刊本だけでなくオリジナルの写本に戻って可能な限り対比して用いつつ、*L. & P.* を分析に使用することが必要不可欠であるということが以上から明らかとなった。そこでその手法を可能な限り用いつつ、皇帝大使の視点を明らかにするよう、本書では努めたいと考える。

[注]

(1) 近年の研究では G. Richardson, *Renaissance Monarchy*, London, 2002 ; S. Doran and G. Richardson (eds.), *Tudor England and its Neighbours*, Basingstoke, 2005 がある。

（2）本書では、常駐外交使節とは、特定の目的（他国での儀式参加や特別な交渉等）のために臨時に本国政府から他国に派遣される特命大使（以後特使と略す）とは異なり、本国を代表するものとして本国政府からの信任状を持ち、赴任国の政府代表にその信任状を奉呈し、通常一年間以上赴任国に駐在して赴任国の情報を本国に送付し、場合によっては赴任国側と外交交渉を行う外交使節を指す。そしてその使節団の長を、本書では歴史的意味をふまえて理解しやすくするため、常駐大使（resident ambassador）とする。また駐在場所と併せて表記する場合は、外交史研究の慣例に倣い、例えばフランス駐在大使または駐フランス大使や駐仏大使と表記する。外務省ではフランス駐箚大使と表記される。

（3）本書では慣例に倣ってカール五世 Karl V と表記したが、彼は神聖ローマ帝国の皇帝であるとともに、ハプスブルク家の家長で、スペイン王カルロス一世（在位一五一六～一五五六）でもあった。本書に引用された史料では皇帝と表記されており、本書も史料中はその表記に従った。神聖ローマ皇帝であった祖父マクシミリアン一世の死後、フランソワ一世と共に皇帝戦を争った結果、一五一九年六月に神聖ローマ皇帝（カール五世）に選出された。カール五世は一五二九年にはスペイン、オーストリア、ネーデルラント、ナポリ、シチリア、サルデーニャ、アメリカ大陸等を掌中に収めていた。しかし彼の支配領域は普遍的かつ一体的なものではなく、多くの領域がカールという一人の人物によって統合されていた。カール五世は皇帝という位を保持していたが、神聖ローマ帝国はカール五世の支配権に直属した領土ではなく、神聖ローマ帝国内では皇帝の権力は制限されていた。カール五世はまたキリスト教共同体の政治的守護者・カトリックの擁護者でもあった。この時期はオスマン帝国からの外圧を受け、帝国内ではプロテスタント勢力が力を強めていた。

（4）ウスタシュ・シャピュイ（一四八九?～一五五六）はカール五世の駐イングランド大使を一五二九年から一五四五年まで勤める。Eustace Chapuis, Chappuis や Chappuys と表記されることもある。シャピュイの経歴については本書第二章第三節参照。

（5）至急公文書は、短時間で送付される公的な文書を意味し、十六世紀においては、通常の場合、特別な急使によって運ばれた。英語では despatch あるいは dispatch と表記される。本書では、国外に赴任した大使から本国への迅速な報告文書を示す。

（6）シャピュイの書簡は主にフランス語で書かれている。

（7）上訴禁止法 24 Henry Ⅷ, c. 12. 本書書簡史料集史料一参照。

（8）本書では常駐外交とは、本国の代表者として本国政府からの信任を受けた外交使節が他国に一定期間（通常は一年以上）常駐して、他国の情報の収集や国家間の交渉等外交活動を行うことを示す。

（9） G. Mattingly, *Renaissance Diplomacy*, London, 1955（以下 G. Mattingly, *Renaissance Diplomacy* と略す）, pp. 24 - 27.

（10） G. Mattingly, *Renaissance Diplomacy,* p. 9.

（11） 近代外交とは、本書では、ヨーロッパにおいて十五・十六世紀以降現在に至るまで行われている組織的、恒常的な外交を示し、他国に外交使節を常駐させて、外交活動を行わせることを通常の形態とする。そのため外交組織が整備され、文書行政による外交が行われ、情報伝達手段が整えられ、常駐する外交使節の身体の保証や在外公館（外国にある外交に関する施設）への不可侵など外交使節が常駐するための一定の規範が定められていることが、近代外交が行われる前提となる。マッティンリー自身は近代外交に関する定義はしていないが、彼の *Renaissance Diplomacy* の中でルネサンス外交との関連で、近代外交にふれている。

（12） G. Mattingly, Eustache Chapuys and Spanish Diplomacy in England (1488-1536) : A Study in the development of Resident Embassies, Ph. D. thesis, Univ. of Harvard, 1935 (以下 G. Mattingly, Eustache Chapuys and Spanish Diplomacy と略す).

（13） マッティンリーの研究は以下の史料を基にして行われた。*Calendar of Letters, Dispatches, and State Papers relating to the Negotiations between England and Spain : Preserved in the Archives at Simancas and Elsewhere*（以下 *Spa. cal.* と略す） vol. i - vol. v, part ii, ed. by P. Gayanngos, London, 1895 や *Calendar of Letters and Papers, Foreign and Domestic, of the Reign of Henry* Ⅷ : *Preserved in the Public Record Office, the British Museum, and Elsewhere in England*（以下 *L. & P.* と略す） vol. iv - vol. viii, eds. by J. S. Brewer, R. H. Brodie, J. Gardiner, London, 1882 -1932. *Spa. cal.* と *L. & P.* に関しては、本書序章第三節参照。

（14） G. Mattingly, *Catherine of Aragon*, NewYork, 1960. マッティンリーは *Spa. cal.* に収録されていないイングランドとスペインとの外交史料を補足する *A Further Supplement to Letters, Dispatches, and State Papers relating to the Negotiations between England and Spain*, London, 1947 を出版した。

（15） R. E. Lundell, The Mask of Dissimulation : Eustache Chapuys and Modern Diplomatic Technique, 1536 - 1545, Ph. D. thesis, Univ. of Illinois at Urbana - Champaign, 2000（以下 R. E .Lundell, The Mask of Dissimulation と略す）.

（16） Kaiserliches und Königliches Haus- Hof- und Staats Archiv（以下 K. u. K. Haus- Hof- u. Staats Arch. と略す）, England, Karton 3 - 9 ; Archives Générales du Royaume, Brussels ; Archive municipale d'Annecy, France 等。

（17） *Spa. cal.,* vol. v, part ii, no. 3.（一五三六年二月一七日付）

(18) トマス・クロムウェル Thomas Cromwell（一四八五?～一五四〇）は大法官トマス・ウルジーの側近になり、ウルジー失脚後徐々に頭角を現し、首席秘書官になった。一五三五年には大主教代理として修道院解散を行った。ヘンリ八世とアン・オブ・クレーヴェとの結婚をまとめ、エセックス伯になったが、アン・オブ・クレーヴェへのヘンリ八世の不満が一因となって失脚し、処刑された。

(19) R. E. Lundell, The Mask of Dissimulation, pp. 62 - 67.

(20) グランヴェル（ニコラ・ペルノー Nicolas Perrenot de Granvelle〈一四八六～一五五〇〉はフランシュ・コンテのグランヴェル領主。一五三〇年、皇帝の首席顧問官になる。カール五世の腹心であったといわれる。以下グランヴェルと記す。

(21) R. E. Lundell, Renaissance Diplomacy and the Limits of Europe : Eustache Chapuys, Habsburg Imperialisms, and Dissimulation as Method, in *The Limits of Empire : European Imperial Formations in Early Modern World History, Essays in Honor of Geoffrey Parker*, ed. by T. Andrade, W. Reger, Farnham, 2012（以下 R. E. Lundell, Renaissance Diplomacy and the Limits of Europe と略す）, pp. 205 - 222.

(22) L. MacMahon, The Ambassador of Henry Ⅷ, Ph. D. thesis, Univ. of Kent, 1999.

(23) J. A. Froude, *The Divorce of Catherine of Aragon*, London, 1891（1970）(以下 J. A. Froude, *The Divorce of Catherine of Aragon* と略す).

(24) R. B. Wernham, *Before the Armada*, New York, 1966（以下 R. B. Wernham, *Before the Armada* と略す）.

(25) G. R. Elton, *England under theTudors*, London, 1956（1992）(以下 G. R. Elton, *England under the Tudors* と略す).

(26) J. J. Scarisbrick, *Henry* Ⅷ, London, 1968（以下 J. J. Scarisbrick, *Henry* Ⅷ と略す）

(27) 一六世紀前半のイギリス史学史に関しては、井内太郎「絶対王政と「行政革命」」（『イギリス史の新潮流――修正主義の近世史――』岩井淳・指昭博編、彩流社、二〇〇〇年）、二五～五〇頁、青山吉信『イギリス史研究入門』山川出版社、一九七三年、一〇六～一一九頁やジョン・ケニヨン／今井宏・大久保桂子訳『近代イギリスの歴史家たち――ルネサンスから現代へ――』ミネルヴァ書房、一九八八年、二四五～二六二頁も参考にした。また修正主義に関しては、近藤和彦「修正主義をこえて」史学会編『歴史学の最前線』東京大学出版会、二〇〇四年も参考にした。

(28) A. Pollard, *Henry* Ⅷ, London, 1905 (1951)（以下 A.Pollard, *Henry* Ⅷ と略す）.

(29) G. R. Elton, *Tudor Revolution in Government : Administrative Change in the Reign of Henry* Ⅷ, Cambridge, 1953.

(30) G. L. ハリス、P. ウィリアムズ、J. P. クーパー等。

(31) その代表者が、スターキーである。彼は、枢密院を宮廷の一部とみなし、この時期の統治とは、宮廷的統治であり、何ら革命的変化は生じなかったと主張した。井内太郎「絶対王政と「行政革命」」（『イギリス史の新潮流―修正主義の近世史―』）三四～三五頁。

(32) イングランド宗教改革に関わる研究史に関しては、指昭博「宗教改革」（『イギリス史の新潮流―修正主義の近世史―』）、五二～七三頁も参考にした。

(33) イングランド宗教改革の原因に関しては、矢代崇『イングランド宗教改革史研究』聖公会出版、一九九三年、一四～二三頁も参考にした。

(34) A. Pollard, *Henry VIII*.

(35) G. R. Elton, *England under the Tudors*; Idem, *Policy and Police: the Enforcement of the Reformation in the Age of Thomas Cromwell*, Cambridge, 1972（以下 *Policy and Police* と略す）.

(36) A. J. Dickens, *Thomas Cromwell and the English Reformation*, London, 1959（以下 A. J. Dickens, *Thomas Cromwell and the English Reformation* と略す）.

(37) C. Haigh, *The English Reformation*, Cambridge, 1983; Idem, *The English Reformation Revised*, Cambridge, 1987(以下 C. Haigh, *The English Reformation Revised* と略す).

(38) R.O'day, *The Debate on the English Reformation*, London, 1986（以下 R. O'day, *The Debate on the English Reformation* と略す）.

(39) J.J.Scarisbrick, *Henry VIII*; Idem, *The Reformation and the English People*, Oxford,1984（以下 J.J.Scarisbrick, *The Reformation and the English People* と略す）.

(40) G. Mattingly, Eustache Chapuys and Spanish Diplomacy.

(41) M. A. O. Brun, *Historia de la Diplomacia Espanõla*, Madrid, 1999（以下 M. A. O. Brun, *Historia de la Diplomacia Espanõla* と略す）.

(42) K. Brandi, *The Emperor CharlesV*, London, 1939（1965）.

(43) アンリ・ラペール／染田秀藤訳『カール五世』白水社、一九七五年（一九九六年）、二一一頁。

(44) ガティナーラ M. Gattinara（一四六五～一五三〇）に関しては、本書四八頁参照。

(45) ガティナーラの皇帝理念は「陛下、神は陛下に歴代の皇帝の中でもシャルルマーニュのみが持っておられたあの大権力を授けられ、また陛下がキリスト教世界のすべての国王や君主の上に君臨されるよう、測り知れない恩寵を与えられました。従いまして、陛下は今や、世界王国を建設されようとしておられ、その王国で陛下は全キリスト教世界をただ一つの笏のもとに統べ集められることになりましょう」（K. Brandi, *Charles Quint,* Paris,1939, p. 110, アンリ・ラペール『カール五世』、二二頁）と、このように表現されている。

(46) K. Brandi, *The Emperor CharlesV,* pp. 409 - 414.

(47) アンリ・ラペール『カール五世』、八頁。

(48) M. Lunitz, Diplomatie und Diplomaten im16. Jahrhundert, Studien zu den ständigen Gesandten Kaiser KarlsV in Frankreich, Ph.D. thesis, Univ. of Konstanz, 1987（以下 M. Lunitz, Diplomatie und Diplomaten と略す）.

(49) A. Kohler, *Die englische Reformation aus der Sicht KarlsV, und seines Hofes, Religion und Politik in Deutschland und Grossbritannien,* in *KarlV 1500 - 1558*, ed. by A. Kohler, Wien, 2002, pp. 43 - 49. この中でコーラーは、カール五世は自分の親族に対する責任からヘンリ八世の離婚を支持できなかったと、述べている。*Ibid.*, p. 44.

(50) M. A. O. Brun, *Historia de la Diplomacia Espanõla.*

(51) R. M. J. Salgado, Good Brothers and Perpetual Allies : CharlesV and Henry Ⅷ, in *Karl V 1500 - 1558*, ed. by A. Kohler, Wien（以下 R. M. J. Salgado, *Good Brothers and Perpetual Allies* と略す）, 2002, pp. 611 - 653.

(52) D. Potter, Foreign Policy, in *The Reign of Henry Ⅷ*, ed. by D. MacCulloch, London,1995（以下 D. Potter, Foreign Policy と略す）, pp.101-133.

(53) D. Potter, *Foreign Policy,* pp.115 - 118.

(54) Idem., Diplomacy in the mid16th Century : England and France, 1536 - 1550, Ph. D. thesis, Univ. of Cambridge, 1973.

(55) G. Richardson, *Renaissance Monarchy : The Reign of Henry Ⅷ,* Francis I *and Charles V,* London, 2002（以下 G. Richardson, *Renaissance Monarchy* と略す）.

(56) カール五世の母語はフランス語（宮廷フランス語〈アンリ・ラペール『カール五世』、一六頁〉であり、カール五世の書簡はフランス語で書かれている。

(57) P. Gayangos, *Spa. cal.,* vol. iv, part ii, p. 28.

(58) *Ibid.,* Introduction, pp. 26 - 27.

(59) シャピュイはヘンリ八世との会話でもラテン語やフランス語を用いた。

(60) フリュールスの戦いは一七九四年六月二六日、フランス革命戦争（一七九二～一八〇二）時にネーデルラントのフランドル地方（現在はベルギーに属す）のフリュールスで行われた戦いである。この戦いで何故シャピュイの書簡の移送が行われたかについては不明であるが、戦禍を被ったネーデルラントに残されていたハプスブルク関係の史料はウィーンに移されることになったと考えられる。

(61) K. u. K. Haus- Hof u. Staats Arch. の文書館職員でも、ある一通のシャピュイの書簡が本当にそのダンボール内に保管されているかどうかは、調査をしてみないと返答できない状態である。

(62) 誰が、何時書き加えたかは不明である。

(63) G. R. Elton, *The Practice of History*, London, 1987, p. 90.

(64) チャールズ一世以前のもので現存する *State Papers* は、すべて偶然保管されたものが残されたといわれる。G. R. Elton, *The Practice of History*, London, 1987, p. 90.

(65) *Ibid.*, p. 90.

(66) *Ibid.*

(67) A. Pollard, *Thomas Cranmer and the English Reformation, 1489 -1556*, London,1905, Preface, pp. 5 - 6.

(68) G. R. Elton, *The Sources of History ; Studies in the Uses of Historical Evidence, England 1200 - 1640*, Cambridge, 1969, p.70.

(69) *Ibid.*

(70) 例えば以下の研究者である。植村雅彦、大野真弓、越智武臣、熊田淳美、半田元夫、八代崇、栗山義信、澤田昭夫、佐藤哲典。

(71) G. M. Bell, *Handlist of British Diplomatic Representatives 1509 - 1688*, London, 1990.

(72) L. MacMahon, *The Ambassadors of Henry* Ⅷ, p.288.

第一章　十六世紀前半のヨーロッパと常駐外交使節制度の発展

第一節　十六世紀の常駐大使の派遣

一　西欧国家体系と近代外交の誕生

ヨーロッパではイタリア戦争(1)開始以来覇権争いが繰り広げられていたのであるが、この動きに伴って生じたのが、常駐外交使節制度である。シャピュイやカール五世の大使の位置づけを明らかにするために、当時の外交や大使の特徴を、研究史に基づきまとめたものを、まずここで述べることとしたい(2)。大使を常駐させる外交の歴史は比較的新しく、西ヨーロッパでは近世に入ってから始められた。特定の目的で臨時に外交使節を派遣したり接受したりすることは非常に古くから行われていた。古代から手紙を持たせた使者を派遣したり、戦場で停戦の交渉を行うため軍隊の指揮官が対面したりすることはあったし、中世においても使者の派遣は行われていた。皇帝や王はじめ封建領主、自由都市などが使節を派遣しあったが(3)、特定の目的のため、そしてしばしば儀礼的な目的で送った。中世ではさまざまな支配者や機関によって一定期間限定的に外交が行われており、恒常的な外交関係が保たれていたのではなかった。一国の君主が専門の部署を設けて、外交を独占的にそして組織的に運用するようになったのは、近世になってからである。今までの特使派遣とは異なり、他国の宮廷に大使を常駐させる慣行が西ヨーロッパで初めて定着したのは、十五世紀のイタリアであった。都市国家や教皇権力がひしめくイタリアでは、すでに十五世紀に、平和はただ力の均衡と外交手段によってしか達成されないと考えられていた。十五世紀末にはイタリア外で初めて常駐大使が誕生し、十六世紀中ごろまでに西ヨーロッパの諸国でこの慣行が取り入れられ(4)、常駐外交使節制度として今日まで続けられている。この常駐外交使節制度は、教皇や皇帝を中心とする中世の世界から近代の主権国家が形成される過渡期に成立したのであるが、この制度は並立する国家が対等の資格において一定の相互関係を形成し、「国際社会」というべき秩序が誕生したことに伴って生じたのである(5)。「西欧国家体系」Western state system と呼ばれるこの国家の関係は十五世紀末にその萌芽が現れ、十七世紀にほぼ形成されたと考えられる(6)。

全ヨーロッパを結びつけていたカトリック教会による宗教的イデオロギーが崩壊し始めた中世末から領域支配による個別国家の出現が相次いだが、十五世紀末に西欧国家体系への道を開く契機となったのは、既に述べたイタリア戦争である。一四九四年フランス王シャルル八世（一四七〇～一四九八、在位一四八三～一四九八）がイタリアを侵略すると、オーストリアをはじめとするハプスブルク家とフランスのヴァロワ家との対立が始まり、他のヨーロッパの諸国はその中でいかに自立し、勢力を拡大していくかを考えざるを得なくなった。このイタリア戦争の中で、近代的外交が誕生し、勢力均衡の考えに立って同盟関係を築こうとする国際政治が展開されるようになったのである(7)。中世末に出現した国家は内に対しては至高性、外に対しては独立性を主張して国内の諸階級の忠誠心を君主とその国に統合し(8)、外交権を君主に限定しようとしていた(9)。それぞれの国は互いに競合関係にあったから相手国の動きを常に監視し、相手国の軍事状況や政治、経済など国内情報を収集し、その情報に基づいて対外政策を考える必要が出てきた。そのためそれまでのような臨時の特使派遣だけではなく、相手国に長期間常駐する大使を置くことが自国にとって有益であると考えられるようになった。またこれらの国は次第に自国の防衛のみならず他国を攻撃するための同盟関係をも築くようになり、今まで以上に互いに外交関係を持つ必要が生じた。多くの随員を伴うそれ以前の特使派遣を増加することは経費がかかることであり、大使を相手国に常駐させることは経費節減にもつながると考えられた。交通や通信に多大な時間がかかった十六世紀当時、国家間の調整や条約の締結には常駐大使の仲介が欠かせなかったことも、大使を常駐させた理由である。近代外交がイタリアで誕生し、それが他の西ヨーロッパの国々に移植されていくのには一世紀以上の歳月を要したが、以下その過程を振り返ってみたい。

二　イタリアにおける近代外交のはじまりと常駐大使の誕生

ニコルソンによると、十五世紀にイタリアの諸都市、その後スペインさらには全ヨーロッパの外交の模範になったのはベネチアであり、このベネチアに外交を教えたのは、ビザンティン帝国であった(10)という。ビザンティン帝国では計略を尽くして相手国の内情を探り、得られた情報を分析しようとしたと、ニコルソンは語る。ビザンティン帝国の皇帝たちは、政府内に外事問題を扱う専門部門を設置し、外国の宮廷へ大使として派遣する外交交渉の専門家を養成した。一四五三年にコンスタンティノープルはオスマン帝国のスルタン、メフメット二世（一四三二～一四八一、在位一四四四～一四四六、一四五一～一四八一）によって征服されるが、ビザンティン帝国で出来上がった外交体系はイタリア半島に移されて発展したのであった。東方世界との長い緊密な交易関係に基づいて、ベネチア人たちはビザンティン帝国の外交理論を教え込まれており、このベネチアでビザンティンの外交体系は花開いたとされる。ベネチア人は組織的な外交機関を創設し、国家の記録を組織的に保管したのであった。ベネチア人たちの外交記録は八八三年から一七九七年まで及び、その中には外国に派遣した大使に与えた訓令や大使からの至急公文書も含まれていた(11)。しかしまだこの当時のベネチア大使は、三、四か月程度しか任国に留まらなかった(12)。しかもこの時代の外交には虚偽がつきもので、諜報活動が盛んであったためにあらゆる外国人、特に外国大使はすべてスパイであるというベネチア人の確信のもとでは、信頼できる外交活動は行われなかった(13)。

イタリア半島では大勢力とはいえない都市国家が林立していたが、これらの都市国家は不安定な傭兵に支えられていた。彼らは戦いではなく、外交上の団結によって国を防衛しようとした(14)。外交の発展が見られ、君主たちは積極的に使節(15)を派遣し合い、他国の情報を得ようとするようになった。その結果生じたのが、信任を受けた国の首都に自国の大使を長期間駐在させる常駐外交使節制度の確立であった。

常駐大使職の起源にはいくつかの説がある。コンスタンティノープルでのベネチアの商業上の代理人バイロBailoから発達してきたとされるもの、多くの君主たちから派遣されたambassador[16]の称号をもつ教皇庁での訴訟代理人から発達してきたというもの、中世に臨時に送られた特使が長く任国に滞在して常駐大使になったというものである[17]。本書の主題からそれるために、起源に関する議論にはこれ以上踏み込むことはしないが、十五世紀の中ごろ、イタリアでこの新しい制度が急速に出来上がっていった。最初の常駐大使は一四四六年にミラノ公国がフィレンツェのコジモ・デ・メディチ（一三八九～一四六四）のもとに送ったニコデムス・デ・ポントレモーリであったとされる[18]。

しかし、このような外交上の変化も、はじめはまだ不完全なものであった。この制度は二つの相反する問題を抱えていた。常駐大使を用いて他国の国内政治に関する情報をできるだけ知る必要があった反面、他国の常駐大使にはできるだけ自国の情報を知られないようにする必要もあったのである。君主たちは最初この制度を採用するのに躊躇した。それまでの外交は一人の君主から他の君主へ伝達事項を送ることが中心であったが、十五世紀の状況は君主たちに自分からの伝達に加えて、隣国の情報を知る必要を強く感じさせたのであった。そのため、相手の君主に対する自分からの伝達には従来の特使が派遣され、伝統的な厳かな儀式が繰り広げられた。そして情報収集のために、常駐大使が送られるようになったのである。常駐大使たちは情報を与えられる場に加えさせてもらい、それを安全に通信できる伝達手段を持たねばならなかった[19]。常駐大使がその地位を認められるにはかなりの時間がかかったし、特使と同じような社会的身分[20]から選ばれるのもかなり後になってからであった。とはいえ一四五〇年までには、フィレンツェ、ベネチア、ミラノ、ナポリ、ローマ教皇庁などの国々はお互い大使を常駐させ、権力拡大、領土拡張、安全、存続を求めて高度に発達した組織的な外交制度を整えていったのであった。

一四九四年シャルル八世がイタリア半島への侵攻を始めると、イタリアはヨーロッパの大勢力の戦場になった。イタリア諸国家はフランスによるイタリア侵攻前にフランスの脅威を感じてイタリア半島外に提携を求め、既に常駐大使を送り始めていたが、その必要性がますます高まってきた。ミラノ公ルドヴィーコ・スフォルツァ（一四五二～一五〇八、在位一四九四?～一五〇〇）(21)は一四九〇年にスペインとイングランドに、一四九二年にハプスブルク宮廷に、一四九三年にはフランスに常駐大使を置いており、ナポリは一四九三年にスペイン、イングランド、ハプスブルク宮廷に常駐大使を送っていた。ベネチアはそれまで特使派遣の独特のシステムを誇ってきたが、一四九五年から一四九六年の間に使節派遣の大半を常駐に切り替えた。フィレンツェも一四七四年以来フランスに大使を常駐させていたが、一四九六年にはスペインにも常駐大使を置いた。教皇庁もそれまではイタリア半島外から外交使節を接受しても派遣することはなかったが、一五一三年までにヨーロッパの大宮廷に教皇大使 nuncius を常駐させたのであった。

三　西ヨーロッパでの常駐外交使節制度の発展

(一) スペインによる常駐大使派遣

イタリア外でこの常駐外交使節制度が採用されるのには、しばらく時間がかかった。イタリア諸国からの常駐大使に対応するかたちで最初にこの制度を採用したのは、アラゴンのフェルナンド二世であった。フェルナンド二世はイタリアからフランス人を追放することを決意し、イタリア諸国とベネチアで神聖同盟 Lega Santa を結んだ(22)。フェルナンド二世は自国に派遣された常駐大使と接するうちに常駐大使が有用なことを認識するようになり、このイタリア戦争を機に常駐大使を置くことを決意した。フェルナンド二世の常駐大使職はその後多少見直されたが、一世紀もの間スペイン外交の中心的存在であり続けたと考えられる。フェルナンド二世は、フランスを取り囲むように常駐大使を置いた。ローマとベネチアをはじめとし、一四九五年にはイングランド、神聖ローマ皇帝の宮廷とネーデルラントに常駐大使を派遣した。その後フェルナンド二世はフランスにも常駐大使を置いたが、フランスとスペインとが平和な状態であったのはわずかであったため、フランスでの常駐大使の果たす役割はほとんどなかったと考えられる(23)。フェルナンド二世が派遣した常駐大使は、十五世紀のイタリアにおいてと同じように、儀礼的挨拶をするものでも、友情の印でも、通常の関係を維持したり、改善したりするものでもなく、同盟の仲介者であり、同盟の象徴であった。そしてフェルナンドの大使たちは、イタリア諸国の大使たちより任国に長期間滞在したと、マッティンリーは述べている(24)。

フェルナンド二世時代の常駐大使たちによる外交の発展は、イタリア外の他の国々と比べると目覚ましいものであったが、その成果はまだ十五世紀のイタリアには及ばなかったのである。宮廷は常に移動しており、組織的な外交機関も外務に関わる大臣もいなかった。常駐大使に書簡を送るために、その都度書記が雇われた。フェルナンド二世は生涯彼の祖先と同じように国事文書を皮のカバーのついた箱に入れて自分で運び、箱が一杯になるとその場に捨てたのであった。またフェルナンド二世は疑い深い性格であったため、組織というものを信頼することができなかったといわれる(25)。常駐大使はしばしば本国と連絡が取れなかった。フェルナンド二世が忙しかったり、その気がなかったりした時は、常駐大使の手紙に返事を出さなかった。常駐大使が王からの指示を受けたり、緊急の手紙への返事を得たりするために、数か月間も待たされなければならないということもしばしばあった。フェルナンド二世は彼自身の大使を欺いたり、騙したりもした。また必要な急派サービス(26)を用意しなかったにもかかわらず、大使には毎日手紙を書いて届けるように命じた。そして当時慣例であったように、自分のライバルの君主の家来に賄賂を送るために送金することもせず、給料もほとんど支払わず、その上大使を信頼しなかったために大使の行動を見張るスパイをつけたほどであった。常駐大使を一つの国に同時に二人も派遣したため、常駐大使同士の争いも生じた(27)。フェルナンド二世の常駐大使に対する処遇はこのようなものであったといわれる(28)が、フェルナンド二世は自分の外交が成果を上げているかどうかよく目を光らせており、その失敗の原因を探ろうとしたのであった。フェルナンドの常駐大使たちへの姿勢は、初めはこのように杜撰なものであったが、治世の終わりごろになると、フェルナンド二世は外交のための組織作りに取り組んだといわれる(29)。彼は急派サービスを整え、常駐大使たちには以前より高い給料を迅速に払うようになった。常駐大使たちにより多くの情報を与え、監視することもなくなり、より多くの責任を与えるようになった。常駐大使たちはフェルナンド二世とスペインのために、常駐外交使節制度を築いたものと考えられる。

しかし、他のヨーロッパの国の君主たちは、長い間自分の同盟者に常駐大使を送ろうとはしなかった(30)。一五〇五年までスペインにはイングランドの常駐大使はいなかった。フェルナンド二世の治世が終わるころようやくハプスブルク宮廷から常駐大使が派遣され、フランスからはフェルナンド二世の死後何年も、常駐大使は全く派遣されなかった。

(二)　イングランドによる常駐大使派遣

スペイン以外で常駐外交使節制度が採用されるのには、一〇〇年以上の年月がかかった。スペインに続いてこの制度を採用したのは、イングランドであった。ヘンリ七世はアラゴンのフェルナンド二世と気質も似ており、その上神聖ローマ皇帝マクシミリアン一世（一四五九～一五一九、在位一四九三～一五一九）より財力もあったといわれる。ヘンリ七世は政治的また商業的利害のための外交交渉を注意深くおこなった。しかし彼の目的は非常に限られ、彼はイタリアを侵略するよりもイングランドの通商拡大を望んだし、余分な出費は控えていた。その結果、ヘンリ七世の治世中は必要最小限の経費で外交活動が行われたようである(31)。しばらくはローマにのみ常駐大使が派遣されただけであった。ローマのイングランド大使職は重要視されていたようである(32)。通常二人の守護枢機卿が派遣され、同時に信任を受けた。一人はイングランド人であり、もう一人はイタリア人であった。両者ともローマ教皇庁の中で昇進し、そこで給料が支払われた。二重の代表による大使職はよく機能したようである。ロンドン駐在のミラノ大使ソンチーノ Soncino は「ヘンリ七世はローマから十分な情報を得ているので、イタリア情勢について自分が語る必要はない」(33)と言っている。ヘンリ七世は常駐大使をすぐに増員しようとはしなかった。一四九六年からロンドンにはスペイン大使デ・プエブラ de Puebla が駐在していたが、一五〇五年になってそれまでスペインに特使として派遣されていたジョン・スタイル John Stile が、ようやくスペイン駐在大使になった。彼の給料はデ・プエブラと同額であり、デ・プエブラより早く支給されたが、十分な額ではなかったという(34)。スタイルは裕福ではなく、良い家柄出身でもなく、宮廷風の優雅さを身に着けていたわけでもなかった。高い教育を受けていたわけでもなく、教養が高かったわけでもなかった。また彼は在任中それほどスペイン語に上達したわけでもなかったが、それでもヘンリ八世時代になってもそのまま常駐大使として用いられ、帰国後は他国への大使に採用されたのであった。ヘンリ七世は治世の終わりごろにたびたびオーストリアのハプスブルク宮廷に特使を派遣し、フィレンツェ人トマス・スピネリ Thomas Spinelly をネーデルラントに非公式な常駐大使(35)として派遣したのであった。

ヘンリ八世の登位とともにイングランド外交は促進された。若き王は野心に富み、ヨーロッパの君主としての名声を高めたかったため、大使には名誉ある王の代理としてふるまわせるために、駐スペイン大使スタイルの給料を上げたといわれる。それまでハプスブルク宮廷に派遣されていたスピネリの地位は上がり、ネーデルラントに正式な常駐大使として派遣された。また家柄の良いジェントリ出身のロバート・ウィングフィールド Robert Wingfield が、ハプスブルク宮廷に常駐大使として派遣された。彼は立派な身なりをし、マクシミリアン一世にも揺るがない自信を示し、自分のポケットマネーをマクシミリアン一世に貸すほどであったといわれる(36)。ローマ教皇庁にはヨーク大司教のクリストファー・ベインブリッジ Christopher Bainbridge を派遣した。彼はフランスを倒し、イタリアを再編し、キリスト教世界をまとめ上げるという大構想を持っていたようである。トマス・ウルジー(37)がイングランド外交の手綱を握ると、イングランド外交の質も上がり、外交活動も急速に向上したのであった。ウルジー枢機卿はフランスと和を結び、ヘンリ八世の妹メアリとフランス王ルイ十二世（一四六二〜一五一五、在位一四九八〜一五一五）(38)との結婚を整えた。当時のベネチア大使は「ヘンリ八世に手紙を出したいときは、ウルジー枢機卿にも出すべきであると、百回も本国の総督にアドヴァイスをした」と述べている(39)。実際当時、マクシミリアン一世やフランソワ一世からイングランドへの手紙は「ヘンリ八世」宛と同時に「ウルジー枢機卿」宛になっていることが多い。

ウルジー枢機卿は一五一八年、ローマ教皇レオ十世の要請を受けて、マクシミリアン一世やフランソワ一世、スペインのカルロス一世（のちのカール五世）を含むヨーロッパの君主にオスマン帝国に対するキリスト教世界の同盟を呼びかけ、同年十月にイングランドの仲介によるロンドン条約を成立させた。ロンドンは国際政治の舞台として、諸外国から脚光を浴びた。同じ日、ロンドンでは別の条約――イングランドとフランスとの条約――も成立した(40)。ヘンリ八世やウルジー枢機卿は、このロンドン条約締結のためトマス・ブーリン(41)をフランスに一七か月滞在させたのを機に、一五二〇年代から積極的に常駐大使を用い始めた。イングランドは既にローマ教皇庁、スペイン、ネーデルラント、ハプスブルク宮廷にも常駐大使を派遣していたが、一五二〇年代の初めまでにフランスとベネチアにも常駐大使を置き、常駐大使間の情報の交換を行わせたのである。その結果常駐大使には、家柄や富の他、高い技能や能力が求められるようになった。ヘンリ八世の常駐大使たちは、他国の常駐大使と同等の知力や教育レベルや技能を持つに至ったといわれる。ヘンリ八世は聖職者を更に大使に登用するようになり、フランスとは逆にイングランドではヘンリ八世の時代に聖職者が常駐大使になる割合が増えたと、ポターは述べている(42)。それはこれらの人々は聖職者であるとともに専門的な文官であったからであろう。一五三〇年代半ばまでに、常駐大使を用いる方式がイングランドで定着し、一五四〇年までに標準的な外交の形になった。地位向上に伴い、常駐大使の待遇も大いに改善され、大使の給料は上がった。大使の地位は非常に名誉あるものになり、常駐大使に任命されることは、君主に重んじられている証しとなった。常駐大使としての経験は王の官僚としてのその後の出世の大きな要素になり、政治の中枢にある者はほとんど大使経験者であった。ウィンチェスター主教(43)で顧問官のガードナー(44)(一五三五年十月〜一五三八年九月、フランス駐在)やカンタベリー大司(主)教クランマー(45)(一五三二年一月〜一五三三年一月、カール五世の宮廷に駐在)また海軍長官フィッツウィリアム(46)(一五二一年一月〜一五二二年二月、フランス駐在)も常駐大使を経験した。トマス・クロムウェル(47)が大使の経験なく王の宰相になったことは、異例といわれる。

(三) ハプスブルク宮廷による常駐大使派遣

神聖ローマ皇帝マクシミリアン一世は、フランスのイタリア侵攻の際、アラゴンのフェルナンド二世と同じように常駐外交使節制度を採用することに意欲を示したといわれる。他の君主たちと比べてもマクシミリアン一世は好奇心も旺盛であり、新しい制度や軍隊の編成や文化に深い関心を示したようである。彼の領土はフランスからの侵略の恐怖に晒されていたが、マクシミリアン一世は軍事力のみに頼らず、フェルナンド二世に倣い、一四九六年までに神聖同盟のほとんどの国、ローマ、ベネチア、ミラノそしてスペインに大使を送った。しかし彼が行った派遣はいずれも長くは続かなかった。二、三年のうちにマクシミリアン一世の外交のネットワークはすべて消えてしまったといわれる(48)。マッティンリーによると、マクシミリアンは同盟者たちと不仲になったし、大使に十分な財政的裏付けを与えなかった。大使たちは破産し、幻滅を感じて本国に戻ってきた。駐ベネチア大使は後任を見つけられなかったし、駐ミラノ大使は任地に残ったものの、ほとんど大使としての機能を果たさなかった。駐スペイン大使は帰国し、後任の大使は二〇年近く置かれなかった。駐ローマ大使だけが一五〇一年までローマに留まったが、彼はマクシミリアン一世の代理であるとともにマクシミリアンの長男ブルゴーニュ公フィリップ一世（一四七八～一五〇六、在位一四八二～一五〇六）(49)の代理であったため、給料がネーデルラントから支払われたのである。マクシミリアン一世は移り気で先見の明がなかったため、常駐外交使節制度を築くことができなかったといわれる(50)。何よりも彼の財政力と金銭感覚がそれを妨げたのだろう。

マクシミリアン一世はもう一度常駐大使を置くことに挑戦をした。息子の妻フアナ(51)の名においてカスティーリャを受け継ごうとしたので、カスティーリャの継承権を要求するためイングランド、ローマ、フランスそしてスペインに常駐大使を置いた。しかし彼は慎重さに欠けており、財政的に無責任であったらしい。イングランドに派遣された大使は、マクシミリアン一世から次々と新しい指示を受けたので、イングランド側と交渉ができなかった。他の大使たちの状況もこれと変わらなかったようである。彼らの我慢は限界に達し、大使たちは次々に離職したので、マクシミリアンは信用を失ってしまった。そのためマクシミリアン一世の晩年には、ローマ以外どこにも常駐大使を置くことはできなかった。マクシミリアン一世の孫のカール五世が彼のスペインの祖父の外交ネットワークを受け継ぐまで、ハプスブルクには信頼できる外交のネットワークはなかったのであった。

（四）フランスによる常駐大使派遣

フランスでは自ら外交体験をしたフィリップ・ド・コミーヌ(52)がルイ十一世（一四二三～一四八三、在位一四六一～一四八三）やシャルル八世に外交上の助言を行っていたが、国王たちは常駐大使を用いる必要をまだそれほど感じてはいなかったといわれる。シャルル八世はローマとベネチアに使節団を置いていた。フランス宮廷には他国の大使が駐在しており、常駐大使を派遣する機会があったにもかかわらず、シャルル八世は常駐大使のネットワークを構築しようとは思わなかったようである。フランスは他の君主たちに援助金を払って関係を維持しようとしていたが、これは高くつく外交であった。ハプスブルクとの戦いにより、フランスは他国と同盟を築くことに価値を見出すようになり、その後フランスの常駐大使のネットワークは広がったのであった。フランソワ一世は一五二一年フランス・スイス同盟樹立後、スイスに常駐大使を置いた。フランソワは、パヴィアの戦い(53)の後、外交システムの創設を急いだが、それはマドリード条約を覆すため、彼の同盟者を必要としたためと考えられる。フランソワ一世が王位を継いだ時はローマとベネチアにしか常駐大使が置かれていなかったが、彼の治世中にフランスは一〇か国に常駐大使を持つようになる(54)。イングランド、ハプスブルク宮廷、デンマーク、ドイツのルター派の諸侯、ベネチア、イタリア諸侯、教皇庁、オスマン帝国、スイス、ポルトガルに大使が置かれた。フランソワ一世の外交政策は新しいタイプのものであり、君主間に不和をもたらすものであったといわれる。フランソワ一世はカール五世の支配領域内外のカールに背を向ける勢力と同盟を結ぶことによって、利を得ることができると考えた。フランソワ一世はオスマン帝国のスレイマン一世（一四九四～一五六六、在位一五二〇～一五六六）と一五三五年にベオグラード条約を結んだ。フランソワ一世は教皇パウルス三世（一四六八～一五四九、在位一五三四～一五四九）宛の書簡の中で、自分の行動を正当化し、宗教を超えて人類が一体であることを主張した(55)。常駐大使を増員して多くの国と同盟関係を結ぼうとするフランソワ一世の努力はその後実を結び、十六世紀末にはフランスはヨーロッパで最も規模が大きく、また発達した常駐大使のシステムをもつようになったといわれる(56)。フランスは外交を駆使して国益を増していったと考えられる(57)。

このようにして十六世紀のヨーロッパではイタリア戦争をきっかけとして、諸国は主権国家体制を固めるとともに国際的外交関係が形成され、文書による外交や使節団の駐在のルール(58)が次第に形成されるようになった。

大使ambassadorという称号が一般的に用いられるようになったのも、十六世紀半ばごろからであるといわれる(59)。常駐大使は情報を収集し、重要な箇所は暗号を用いながら至急公文書の形にして本国に送付し続けた。そして次第に、国家間の交渉を行う任務も担うようになった。一五五〇年までには西ヨーロッパのほとんどの国で、十五世紀にイタリアで発達した常駐外交使節制度が採用され、常駐大使と外交交渉と情報機関が目に見える形で近代的になったと考えられる。もっとも外交の規範はまだ不確定であり、首尾一貫した原則はほとんどなかったようである。とはいえ外交に関する方式は発達し、対等の資格における外交が行われ、西ヨーロッパでは「外交団(60)のはしり」(61)ともいうべきものが出現し始めたことは確かである。この時代にはラテン語が共通言語として広く使用されており、このラテン語を用いてヨーロッパ中で常駐大使は意思疎通することができた(62)。外交官には家柄や富の他に技能が求められるようになり、ラテン語をはじめとする語学力、交渉力、教会法やローマ市民法の知識、行政手腕、鋭い財政感覚などが必要とされた。そのためこの当時の常駐大使は、聖職者、貴族、ジェントリ階層の中から選ばれ、聖職者が大使になる場合、通常、司教あるいは司教座聖堂参事会員であった。このようにしてヨーロッパでは常駐大使が重んじられるようになったが、特にイングランドでは、このような常駐大使職は一五二〇年以降、国家官僚の登竜門として重要視されるようになったのである。

本書で扱う時代の外交は「宮廷外交」(63)と呼ばれるものの初期の段階である。「宮廷外交」が盛んに行われたのは十七世紀であるといわれるが、この十六世紀前半においても常駐大使は主として宮廷で王や顧問官たちと接し、意見を交わし、時には条約の調印もしたのであった。この当時の外交の大権は君主が握っていたので、大使は他国にあっては君主の名代として接し、相手国の君主を動かしつつ交渉に当たるものとされた。そのため同盟の交渉には君主からの委任状を持参せねばならなかった。その上常駐大使は任国に礼儀を尽くすことが求められ、大使は儀礼の際に本国の君主の代理を務めなければならなかった。大使が他国の王や使節との交際において、自分の君主の尊厳を守らねばならなかったことは言うまでもない。このことは、席次に対する激しい執着心、任国の君主に謁見する機会を巡る競争を伴うこととなった。また大使は自国の君主の栄光と権力を誇示する者と期待されていたが、君主たちは大使たちに給料を支払わないか、あるいはほとんどの場合遅れて支払ったので、大使たちはしばしば借金しなければならなかった。さらに自国の君主の品位を保たなければならないため、大使たちは任国の王族や顧問官以外とは接触できないことが多く、大使たちの情報源や交際の機会は制限されていた。また外交官の身体の不可侵や裁判権からの免除などを定めた外交官特権も、まだこの頃には確立されていなかった(64)。その上この時代には秘密外交方式が行われたため、この頃の大使は「敬すべきスパイ」とみなされることが多かった。諜報活動は盛んに行われており、賄賂も盛んで、任国政府の顧問官やライバルの君主の大使の部下を買収することもしばしば行われた。任国の国内問題に極めて破壊的な方法で介入することもあった。反乱を教唆し、そのための資金を供給し、反対党派を煽動することも行われた。その反面、大使の中には外交公文書の管理を徹底していない者もあり、特に大使職を終えて帰国する際には、公文書を机の上に置きっぱなしにすることも行われたらしい。帰国時に任国の君主からプレゼントを受け取ることは通常行われており、本国からの安い給料を補っていたようである。

十六世紀後半には宗教改革に伴う宗派対立により、大使を常駐させる外交は後退した。カトリックによる対抗宗教改革に伴う対立によって、カトリック諸国とプロテスタント諸国間の外交使節の交換はほとんど断絶するが、十六世紀の末に再び常駐大使のネットワークが整えられた。十七世紀初めには常駐外交使節制度は再び普及し、常駐大使は外交を担う中心的存在に戻ったようである。ヨーロッパ諸国が参戦することになった三十年戦争では各国は常駐大使を交換して、条件を明示しながら和約や同盟を結ぶ外交慣行を形成していったといわれる。以前と同じように短期間の特定の外交目的のためには特使が派遣されていたが、特使の果たす役割は更に公的な儀礼的なものとなり、儀式における各国大使間の席次の優先順位は今まで以上に争われることになった。十七世紀中に常駐大使のネットワークは十六世紀よりもさらに広げられ、外交組織は整えられ、フランス様式と呼ばれる外交手法は宮廷中心の洗練されたものになり、外交官の待遇と品位は向上した(65)。こうして十六世紀に発展した西ヨーロッパの外交制度は、二十世紀はじめまでほとんど本質的に変わることなく維持され、旧外交とよばれる外交が、二十世紀における新外交誕生までヨーロッパで広く行われたのである(66)。

西ヨーロッパではこのようにして常駐外交使節制度が整えられるようになったのであるが、シャピュイを遣わしたカール五世は、どのように常駐大使による外交を展開したのであろうか。次にそれを見たい。

第二節　カール五世による常駐大使派遣と外交制度の整備

一　カール五世の常駐大使派遣

ブロックマンズは「カール五世の複雑な統治システムを支えていたのは、使節の派遣と書簡の遣り取りであった」(67)と述べている。カール五世は一五一六年スペイン王になると、祖父フェルナンド二世が築いたスペインの外交ネットワークを引き継いだ。スペインは既にローマ、ベネチア、イングランド、神聖ローマ皇帝の宮廷、ネーデルラント、フランスに常駐大使を置いていたが、カール五世が神聖ローマ皇帝になることにより、以前のようにオーストリアの皇帝の宮廷やネーデルラントに常駐大使が派遣される必要はなくなった。カール五世の弟オーストリアのフェルディナンド一世（一五〇三～一五六四、皇帝在位一五五八～一五六四）やネーデルラント総督であったカール五世の叔母マルガレーテ(68)や妹のマリア(69)は厳密な意味での常駐大使ではなかったが、カール五世の非公式な大使であった。彼らはカール五世の代理を務め、カール五世と頻繁に書簡を遣り取りして情報を交換した。カール五世が設けた新しい常駐外交使節のポストはポルトガルにおける常駐大使とサボアやジェノバやミラノの下級駐在職だけであったが、カール五世は情報収集や君主間の連絡に成果が期待できるこのシステムを重んじたといわれる。カール五世の外交政策は基本的に防衛的で、伝統的なものであったとされる(70)。フランソワ一世の外交が、宗教にとらわれない、「国家理性」(71)に基づいていたことと対比されることが多い(72)。カール五世はフランソワ一世とは異なり、自分の外交の影響力をそれ以上広げようとはせず、スコットランドやスウェーデン、ポーランドやペルシアに大使を駐在させようとはしなかった。カール五世の外交の成果を考えると、外交範囲を広げる必要はなかったのかもしれない。「特に一五二九年以降カール五世の最大の財産は慣性力であった。もし現状が維持されれば、ハプスブルクの支配領域は最終的に他の勢力を自分の軌道の中に吸いこむことができ、キリスト教世界を自分の伝統的な支配の中に引きこむことができるという自信がカール五世にはあった」とマッティンリーは述べている(73)。既にヨーロッパ外交において用いられていた祖父フェルナンド二世から引き継いだ外交業務の効率を上げること、そして複雑な関係にあった多言語からなる彼の支配領域にこの外交の仕組みを取り入れることこそが、カールにとって一番必要なことであったのかもしれない。ブローデルによれば、「フランスを網の目で包囲するハプスブルクの外交は遅々たるものであったが、その遅さを明らかに効率の良さが補っていた。その外交は先を見越すことができるもので、諸勢力の離反の動きを利用する術を知っており、それなりの仕方で「諜報機関」を形成していた」(74)。

カール五世は確かに、自ら直接行う個人外交（今日の首脳会談）を行っている。カール五世はフランソワ一世、ヘンリ八世、ローマ教皇クレメンス七世（一四七八～一五三四、在位一五二三～一五三四）(75)やパウルス三世と会見している。その上、新しい君主の即位を祝う場合や王家の結婚式に出席するなどの外交儀式また重要な外交交渉には、それ以前と同様、社会的身分が高い特使を派遣し続けた。しかしそのことは、カール五世の常駐大使による外交の重要性を減じるものではなかった。彼の常駐大使は、カール五世の利益を注意深く効率よく追及したといわれる(76)。そのためカール五世は、自分の大使たちに自発的な行動の自由を認めていたようである。カール五世は常駐大使を活用することにより、一五三〇年代までにおそらくヨーロッパの中でも特に情報に恵まれた君主になっていたと考えられる。しかし、既に序章の研究史で述べたように、カール五世の外交に関する研究はまだ初期段階にある。ここではカール五世のイングランド常駐大使の書簡(77)から、カール五世による常駐大使と外交制度の整備を彼の外交組織、登用された常駐大使の出自、常駐大使の使命、常駐大使の報酬、外交文書の送付方法の点で整理し、イングランド駐在大使書簡の分析の前提としたい。

二　カール五世の外交組織

カール五世即位後の数年間、彼がフェルナンドから引き継いだスペインの大使たちはカールによく仕えたといわれる(78)。側近たちによるカール五世の初期の政治教育にとって、諸大使からの政治情報は役立ったようである。ローマとベネチアでスペイン大使はイタリア人がフランスに与しないように気を配りながら、フェルナンド時代と同じ役割を果たしていた。若き皇帝カール五世は、ブルゴーニュ出身のシェーブル侯(79)に実務をとらせており、はっきりとした政策を持ってはいなかった。カールは一五二二年の二度目のスペイン滞在からはピエモンテ人の大法官メルクリーノ・ダ・ガティナーラ(80)に政務を任せるようになったが、ガティナーラはイタリア外交に携わった者であり、ヨーロッパ的視野を持った人物とされている。一五二二年から一五二九年の間に、カールの外交活動の枠組みは決まり、それは彼の治世中保持されたものと考えられる。外務大臣としてのガティナーラのもとで、大使館事務局ができた。カールは自ら政治的決断や外交的決断を下したが、日常的業務はすべてガティナーラの手を通して行われていた。またそれぞれの国の代表者と連絡を取るために、旅をする時はいつも秘書を同伴した。治世の最初からフランス語の秘書としてジャン・アナール Jean Hannart とジャン・ラルマン Jean Lallemand を、スペイン語の秘書としてコボス(81)を用いた。

ガティナーラの死後（一五三〇年）、カール五世はガティナーラと同じ権限を持つ大法官及び外務大臣を持たず、実務をアンダルシーア人コボスとフランシュ・コンテ出身のグランヴェルに分担させた。カールは一五三〇年以降、事実上この二人の外務大臣を持った。コボスは大書記官という肩書を得、一五三九年以降スペインに滞在し、財政問題に携わった。そしてスペインとイタリア、インディアス（中南米）問題を担当し、そこからの情報をカール五世に伝達した。グランヴェルは、肩書はなかったが、実際にフランス語の秘書課を監督し、ネーデルラントと神聖ローマ帝国の問題を担当して一五四七年までこの任務を果たした。カール五世の外交を支えていたのはこの二人の首席顧問官たちであったが、ガティナーラ時代以上に軍事と外交に関しては、カールは自分で決断を下すようになったといわれる(82)。「最も旅をする皇帝」とよばれたカール五世であったが(83)、大使たちからの書簡は必ずその時々の滞在地のカールのもとに届けられた。そのため、大使たちは長い間返事を待たされ、カールの決断や大使たちへの指示が遅くなったことも確かである。一五三〇年以降、カールはより一層自信を深め、行動力を身に着け、軍人・政治家として成長し、この状況は一五五五年まで続くといわれる(84)。カール五世は息子のフェリペ二世（一五二七～一五九八、在位一五五六～一五九八）のように官僚的ではなかったが、多くの書簡を残し、中には親族に宛てた自筆の書簡もかなりある(85)。しかし年を取るにつれて、痛風のため、筆不精になったようである。多くの書簡のうち、カール五世自ら筆を取ったのは、明らかにその一部にすぎない。特に重要な公文書や簡単な抜書きは秘書に書かせたといわれる(86)。カールの不在時に開催された国務会議の議決文は後にカールのもとに届けられ、カールがそれについていくつかの意見を述べ、それを秘書が欄外に記すということはよく行われた。カールが国務会議での議決に反対することもしばしばあったと考えられる(87)。文書作成に当たり、カールは時には口述し、時には概括的な指針を与えたが、治世の後半になると、カールは数々の心労から、次第に指導権を顧問官たちに任せるようになったようである。

三　カール五世の常駐大使の出自

二か国語に分けて秘書を用いる方法は、ガティナーラの死後一層盛んに採用されたといわれる(88)。外交業務において、この分離はガティナーラのもとで既に窺えた。治世の最後までイタリアに駐在したカール五世の外交使節は、サボアやジェノバやミラノの下級外交官ばかりではなく、ベネチア駐在大使や在ローマ大使館の中心的メンバーまでもスペイン人であったと、ルーニッツは言っている(89)。それに対して本書「資料二」の表に示されている通り、一五二六年以来、フランスにおける大使は、ネーデルラント出身者であれ、フランシュ・コンテ出身者であれ、常にブルゴーニュ人で占められていた(90)。ルイ・ド・プラート Louis de Praët やコーネリ・ド・シェパー Cornelli de Schepper はネーデルラント出身であり、ボンヴァロット F.Bonvalot やサン・モーリス Saint-Mauris やシモン・ルナール Simon Renard など大半はグランヴェルの家来であった。共通言語の問題がこの分離を促したことは明らかであるが、カール五世のフランス政策が常にブルゴーニュの問題と密接に絡んでいたことは確かである。フランス問題においてカール五世は常に彼の生地ブルゴーニュ（ネーデルラント地域）の利益を第一にし、ヴァロワ家との戦いはカール五世の親族の敵意と密接に絡まっていたと、マッティンリーは語っている(91)。駐ポルトガル大使は勿論スペイン人であったが、残る駐イングランド大使の人選はカール五世にとって難しいものであったといえよう。駐イングランド大使は重要かつ困難なポストであった。スペインやブルゴーニュ公国は古くから心情的にまた商業上イングランドと強く結びついていた。イングランドが商業上結びついているのはネーデルラントであるが、親族関係や同盟関係を築いているのはスペインとであった。カール五世にとってイングランドは戦略上特に重要な地であった。イングランドは彼の支配地スペインとネーデルラントを結ぶ位置にあった。何よりも対フランス戦が始まると、イングランドとの同盟はソンム川を越えての攻撃を可能にしたし、イングランドとの敵対はネーデルラントを危険なものにした。イングランドとの同盟はカール五世が手にできる最強のカードであったといわれる(92)。そしてまた「資料一」の表に示されている通り、カール五世の駐イングランド大使の大部分は、ネーデルラントの行政機関の国王役人であったことがわかる(93)。

ネーデルラントでは他のヨーロッパの国々に先駆けて、行政機関における分化が現れたとルーニッツは語っている(94)。カール五世の駐イングランド大使は当時のヨーロッパにおいて最も発達した行政機関の代表として現れたのである。フランシュ・コンテにおいても他のヨーロッパの国々においてと同様、既に中世末に行政機関が発達し始め、十五世紀にはその司法・行政・財政制度に基づく機関の中で自らの収入や出世を求める都市ブルジョワジーが存在したらしい。フランシュ・コンテは既にマクシミリアン帝によって娘のマルガレーテに与えられていたのであったが、マルガレーテがネーデルラント総督に任命されてからは、マルガレーテのメヘレン Mechelen への移転と総督制度の運営のためにフランシュ・コンテからの役人が益々登用された。カール五世の政治運営へのマルガレーテの役割を通して、新しい可能性がフランシュ・コンテ人に開けたのであった。彼らの中にはやがてカール五世の役職に採用されるものが出てきたが，その代表的な者が、前述したグランヴェルである。グランヴェルはこの方法でカール五世に採用され、まずフランス駐在大使になり、その後カール五世の最も重要な助言者になったのであった。カール五世の大使たちを見ると、イングランド大使やフランス大使一七人の常駐大使のうち、一二人が大学で学び、そのうち九人が法学部で学んでいる。この博士号を授与された法律家が大使に占める割合は非常に高く、ネーデルラントの国事評議会、内務評議会、財務評議会などそれぞれの評議会の編成における法律家の割合に匹敵するといわれる(95)。カール五世の大使にはネーデルラントやフランシュ・コンテ出身の評議員経験者が多数おり、大使離職後も評議員に戻っている者が多い。カール五世の時代には外交勤務職は経験豊かなキャリアの職員たちの独自の領域ではなかったが、ここでは高度の法律の専門知識が特別高く評価された。カール五世とフランス王やイングランド王との関係は条約に関わっていることが多いが、その条約の解釈を巡って、王の評議員たちとカール五世の大使が議論する機会が少なくなかったからであった。

四　カール五世の常駐大使の使命

カール五世の特使派遣はしばしば二人の外交官で構成されていたが、常駐大使に任命されるのは原則として一人であった。常駐大使のほとんどは任命される時カール五世の宮廷にいないことが多く、宮廷からの使者によって、大使任命の書状（訓令）を受け取った。訓令を受け取った後、即座に私的な用事を整理して(96)、大使の所帯を編成せねばならなかった。ルーニッツによると、大使の所帯は、一人か二人の秘書、館長 maître d'hôtel、礼拝堂付き司祭 chaplain、主馬頭（馬や輸送手段の世話をする者）marshal、大使の部下の職員、料理人、近従や召使たち、総勢二〇人から二五人で編成されることが多かった(97)。これらの者はすべて大使の個人的な使用人であり、大使から選び出され、大使によって賃金が支払われた。イタリア諸国家から派遣される使節の場合とは異なる(98)。秘書は大使についで重要な地位を占めており、大使の代理人として仕え、そして記述の仕事やコピーの仕事には、必要に応じてその場所で雇用契約を結んで書記を雇ったらしい(99)。大使の所帯の編成が完了すると、大使は直ちに任地に向かわなければならなかった。まず大使のやるべきことは仕事の引継ぎであり、新任大使は前任者のいる所に向かった。そのため前任者はまだ二、三日は、任国に留まらねばならなかった。その後大使は宮廷に赴き、厳かな儀式の後、任国の王たちの前で自己紹介し、ラテン語で演説して赴任の目的を説明し、王に大使としての信任状(100)を奉呈した。カール五世の常駐大使の仕事は、他の国の大使の仕事と特に変わることはなかったと考えられる。大使の仕事の第一は、宮廷や任地での出来事についての情報の収集であった。大使は情報のネットワークを作り、賄賂を用い、また諜報機関を利用して情報の収集に努めた。カール五世が一五二九年九月、ネーデルラント総督のマルガレーテに宛てた手紙の中で駐フランス大使に向けて語っている言葉は、カール五世そしてこの時代の君主たちの常駐大使に対する姿勢をよく表している。「必要なこと以外は相手に知らせるべきではない。相手からはあらゆる手段を用いて、情報を得るべし」(101)。そのための経費を厭うべきではないとカール五世は助言し、それに対するスパイ活動も黙認している。第二の仕事は、そのようにして集められた情報を調査、分析し、至急公文書の形に整えることであり、それは大使自らが行う仕事であった。カール五世は「できる限り頻繁にそして詳しく書け。これが最も重要なことである。これを余は、余に仕えている君たち大使に要求する」と駐フランス大使に何度も何度も厳しく言い聞かせた(102)。第三は、その至急公文書を本国に送付することであったが、これにはいくつかの困難が伴った。まず常に時間がかかること、経費がかかること、そして書簡の内容の秘密が保持されにくいことであった。常駐大使が情報収集活動を始めるやいなや、ウルジーやガティナーラはそれに対する対抗策をとった。ウルジーたちは他国の大使の行動に不信を抱き、そして大使が彼らの指示に従わない時は、至急公文書を運んでいる大使の急使を止めさせ、その文書を開封した。大使もそのようなリスクに対する防衛策をとることを本国から指示されていた。至急公文書の送付に最も安全であると思われる方法をその都度選択すること、また暗号を用いて通信文を作成することが、大使たちに委ねられていたのであった(103)。

以上のような任務の他にも、常駐大使の仕事は十六世紀中に増加した。常駐大使の仕事として国家間の交渉を行うことが加わったが、それは、かつては専ら特使に委ねられていたことであった。カール五世は特使に対する訓令と信任状において、特使派遣時の常駐大使の役割を示したが、その役割を常駐大使は、特使とともに果す義務を負った。そのため常駐大使と特使は意見を調整しなければならなかった。この特使はカール五世に最も近い人たちからあてがわれ、カール五世の最も信頼する高位の者であった。また場合によっては、常駐大使に交渉指導者また交渉者としての役割が与えられることもあった。そうして次第に常駐大使は特使と同等か、あるいはそれ以上に外交政策の立案に携わるようになったと考えられる。カール五世は常駐大使に派遣された国の情報提供ばかりでなく、その国の君主に関するアドヴァイスをもたびたび求めている(104)。

しかしカール五世は、フランス駐在大使には交渉の機会をほとんど与えていなかったようである(105)。ルーニッツは、フランス駐在大使としての仕事は、既に文書もしくは口頭で伝達されたカール五世の立場をフランス側に口頭で知らせ、外交文書を手渡し、そのあとフランス側からの回答文書を受け取り、それをカール五世に伝達することに限られたと述べている(106)。フランスに関しては、カール五世側からの実際の外交交渉は常駐大使にはほとんど任されず、特使によってなされ続けたと考えられる。特使は単にカール五世からのメッセージを伝達しただけではなく、具体的な政治問題を解決し、そのためフランス王と協力して事に当たらねばならなかったらしい。

五　カール五世の駐在大使の報酬

カール五世は新しい常駐大使を任命するとき、書状によって任命の通達を行ったのであるが、ルーニッツによると、その書簡の末尾には大使としての給料の支払いについての記載があり、一日分の定額が書かれている(107)。そして大使に給料に関する規定を明示するために、追加の勅許状が添えられていた。これは常駐大使の任命に際し、任務に適した給料を払うことを認めたもので、ネーデルラントの収入役長官 receveur general もしくはカール五世の宮廷の会計役 argentier に提示するため、用いられるものであった。一日の定額に基づく大使の給料の規定は、ネーデルラントの行政機関の評議員のための規定に合致していたといわれる。すでに十五世紀の間に海外への使節

（駐ローマ大使）の費用はブルゴーニュ公フィリップ一世の財政基金から拠出されており(108)、ネーデルラントの収入役によって管理されていた。決められた額が個々の使節への支払いのために確保されていたかどうかは、まだ正確には確かめられてはいない。ネーデルラントの収入役への請求書を再検討すると、「カール五世の治世全体にわたる大使及び主要な出張」の項目があると、ルーニッツは語っている。しかしこれにはカール五世の支配領域内外への全役人の出張が記載されており、外交官への支払いだけが記載されているわけではない(109)が、外交官派遣のための財源がどこにあるのかを突き止めることはできる。一五三〇年にネーデルラント総督からカール五世に宛てた書簡を見ると、外交官派遣のための財源は国有地収入からなる「通常財政」finances ordinaires(110)にあったことがわかる(111)。これらのわずかな史料から、カール五世の時代の前期にはネーデルラントに国家の財政部門があり、定額の収入による財源から外交に関する通常の支出が前もって計画、準備され、そして支出の配分がされていたことが明らかになった。カール五世の祖父マクシミリアン一世も常駐大使を用いたが、それが大貴族であろうと、高位聖職者であろうと、派遣される大使は派遣期間中必要な経費を自ら負担できる者たちであった。けれどもカール五世が常駐大使派遣の制度を採用したとき、カールはブルゴーニュの祖先の築いた財政制度を土台にしたのである。それには集権化された行政機関が整っていることが前提とされた。それぞれの行政機関において継続的に、そして効率よく職務遂行がなされるためには、支配者の様々な財源を有効的に利用し、恒常的に豊かな収入を自由に用いることができることが必要であった。カール五世の時代、ネーデルラントでは行政組織が良く機能するための基礎ができていたと考えるべきであろう。

それでもカール五世の常駐外交使節制度における構造上の変革は、中世末からの行政機関の発達の一部にすぎなかったと考えられる。カール五世の外交のシステムは、まだ独立した外交機関を生んではいなかった。カールのイングランド駐在大使やフランス駐在大使の大部分は、法律という専門の資格のおかげで中央の評議会で昇進し、外交官になったネーデルラントやブルゴーニュの行政機関の役人であることは前述したが、彼らはあくまでも行政機関の役人であり、外交にのみ奉仕するものではなかった。カールの常駐大使にはまだ古いタイプの外交官、つまり専門教育を受けていない貴族出身者や高位聖職者が残されていた。外交はそれまで貴族の宮廷役人の専門領域であり、個人的な縁故から支配者と結ばれていた。今や内部の行政機関とは異ならない外交上の奉仕が支配的になったのであるが、都市民からなる行政機関の役人はそれにふさわしい給料を期待するようになった。このような者たちが多数を占める常駐大使職は、高い出費を必要としたのであった。既に手形を用いる送金方法が常駐大使のために用意されており、もし大使が銀行や大きな商業地の近隣にいたなら、そこでは手形も現金化することができた。通常、給料の支払いを委託されていた場所へ大使は部下の一人を取りにいかせるか、あるいは街道で大使の急使に手渡してもらうかした。しかしカールの大使たちは次第に高い頻度で、決められた額の報酬を定期的に受け取ることができなくなったのであった。送金が遅れることが多くなり、全く送金されない時もあった。それはカール五世の治世中期から、スペインの金庫からの支払いの時にたびたび生じた(112)。ルーニッツによると、カール五世の大使の報酬は基本的に魅力的なものではなかったが、それでも初期の四人の駐フランス大使は自分の報酬に対する不満をほとんど漏らしていないのに対し、それ以降の大使は苦情を本国への通信の中でたびたび訴えている(113)。駐イングランド大使も同様に厳しい財政状況の中にあった(114)。大使たちは借金をするか、または私的財産を投入するか以外には手立てがなかったようである。

以上見てきたように、カール五世の新しい外交システムは制度面では整えられたが、財政面ではまだ整備されていなかったといえよう。十六世紀初めには、外交の報酬を要求する考え方が認められるようにはなったが、宮廷社会にとってはなじみの薄いものであり、その後も長い間報酬は十分には支払われなかったようである。このような常駐大使の厳しい財政状況は、彼らの外交活動の妨げにもなったし、中央政府にいる彼らの仲間より常駐大使を不利な立場においていたことは間違いないだろう。

六　外交公文書の送付方法

新聞や電子機器など情報の迅速な伝達手段がない十六世紀前半、常駐大使からの情報は君主とその国にとって何よりも重要で新しい公式な海外情報であり、また本国からの情報や指示は常駐大使にとって決定的に必要なものであった。至急公文書の送付方法としては次の五つが考えられた。①大使は本国政府また自分の急使をできるだけ用いること。これは一番迅速で安全性も確保できたが、経費がかかるという問題があった。②帰国の旅につく大使の従者に託すことである。これも迅速で安全性も確保できたが、人員不足の問題があった。③大使たちは任国政府の外交嚢 pouch を用いることができたが、それには安全面での問題があった。④商人たちによる送付サービスを用いること。これは任国の外交嚢より安全ではあるが、迅速性に欠けていた。⑤大使の本国に帰国する商人に送付を依頼すること。これも内密に送付するには良い方法であるが、人員不足の問題があった。しかし、以上のいかなる手段も絶対に安全といえるような方法ではなかったことは確かである。

外交公文書送付の手段としてとりわけ採用されたのは急使騎手であった。重要な書簡が確実にそして内密に送付されるためには、大使は自分自身の急使を用いなければならなかった。イングランド駐在大使シャピュイの書簡を見ると、シャピュイは重要な至急公文書を送付したり、カール五世からの返事をすぐに得る必要があったりしたときは、ジョージという使者をカールのもとに派遣していたことがわかる(115)。そのほかこの頃にはすでにマクシミリアン帝によって導入された駅逓制度が発達していた(116)。官庁の書簡の輸送の速度は十五世紀終わりには相当改善されたのであるが、それは最初の常駐大使の出現と同時代であった。カール五世の駅逓制度の起源はネーデルラントである。一四九〇年マクシミリアン一世はベネチア共和国のベルガモ出身のフランツ・フォン・タクシス

Franz von Taxis(117)と郵便契約を結んだ。この時の郵便事業契約は近代的とはいえないものであったが、その一五年後の一五〇五年にフィリップ一世は、タクシスと別の郵便契約を結び、これが近代郵便制度の雛形になったといわれる(118)。フィリップ一世はタクシスを通じて自分の領土内のみならず、ハプスブルク家との結びつきを持つ支配者の領内にも通信網を設定させた。その上ネーデルラントとスペインを結びつけるためにフランスを縦断する独自の通信コースを設定させ、フランス宮廷に使節を派遣するための通信コースをも作らせた(119)。カール五世もこの通信網を大いに活用し、定期郵便網の整備にとりかかった。一五一六年の郵便契約の際、速達便は公用郵便に限定することを条項の一つに書き加えている(120)。カールは一刻も早い情報を求めたのであった。しかし、フランスを縦断する通信コースは一五二〇年、遅くとも一五二一年には用いられなくなった。おそらくフランスとの関係悪化のためであろうが、第三国を経由するコースが設けられたのであった。大使からの至急公文書は暗号文を用いて書かれることが圧倒的に多かったが、イングランドから送られた暗号文はブリュッセルに待機している暗号解読官によって解読された。そして前述のタクシスによる駅逓制度を利用してカール五世のその時々の滞在地に送られたこともあったと考えられる。

このようにカール五世の外交システムの構築を見てみると、近代国家に向けての制度を整えることと常駐外交使節制度の確立とは一体となっていることが明らかになる。事実上の外務大臣の任命、大使館事務局の創設、外国語に優れた秘書の活用、法律知識豊かな官僚の登用、外交のための通常支出の準備、官庁の書簡の送付制度の整備などは、カール五世の支配領域内の行政制度の発展とともに生じてきた。これは、近代国家への歩みにとって常駐外交使節制度の確立が必要であることを示すものであった。それでもカール五世の常駐外交使節制度の発展は、中世末からの行政機関の発展の一部にすぎなかった。カール五世の外交システムは、まだ有効的かつ独立した外交機関を生んではいなかった。カール五世のイングランド駐在大使やフランス駐在大使の大部分は、ネーデルラントやブルゴーニュの行政機関の役人であり、外交専門職ではなく、大使離任後は中央政府の役人に戻った者であった。またカール五世の時代は常駐大使に対する待遇面においても、まだ初期段階であった。

［注］

(1) イタリア戦争（一四九四～一五五九）は、主としてイタリアを舞台に、その覇権を巡って主にフランス、スペイン、オーストリア間で行われた戦争である。一四九四年フランス王シャルル八世はナポリ王国を要求してイタリアに出兵し、イタリア戦争の契機となった。一五五九年のカトー・カンブレジ条約で終結した。

(2) 本節では主として、G. Mattingly, *Renaissance Diplomacy*, London, 1955 ; M. S. Anderson, *The Rise of Modern Diplomacy*, London, 1993 ; K. Hamilton, R. Langhorne, *The Practice of Diplomacy*, London, 1994（以下 K. Hamilton, R. Langhorne, *The Practice of Diplomacy* と略す）、H・ニコルソン／斎藤眞・深谷満雄訳『外交』東京大学出版会、UP選書、一九四九年（一九六四年）、H・ニコルソン／広井大三訳『外交方式の変遷』時事通信社、一九六七年を参考にした。

(3) 十三世紀から十五世紀にかけての外交に関しては、G. Mattingly, *Renaissance Diplomacy*, pp. 24 - 27. や M. S. Anderson, *The Rise of Modern Diplomacy*, pp.1 - 8. また杉田大輔「中世後期ヨーロッパと先進地域イタリア」（山影進編著『主権国家体系の生成』ミネルヴァ書房、二〇一二年）四二～六〇頁参照。

(4) G. Mattingly, *Renaissance Diplomacy*, pp.132 - 139.

(5) 斎藤孝「西欧国際体系の形成」（有賀貞他編『講座国際政治』I巻、東京大学出版会、一九八九年）一四頁。ヘーゲル G. W. F. Hegel は彼の『歴史哲学』の中で、「いわゆる国家系、または国家相互間の関係（国際関係）が現れてくる」と言ったが、それは十六世紀について語っていると考えられる。ヘーゲル／武市健人訳『歴史哲学（下）』岩波書店、一九五四年、二九〇頁、斎藤孝、前掲論文、一四頁。

(6) 光辻克馬「ヨーロッパ国際体系の始動」（山影進編著『主権国家体系の生成』）、九五頁。

(7) 拙著「外交」（指昭博編『ヘンリ八世の迷宮』昭和堂、二〇一二年）一五二～一五四頁参照。

(8) 国王の外交権に関しては、光辻は「国王に権力が集中するに従い、外交使節交換の権限も国王に集中する傾向をみせたが、国王以外の政治体の外交権限が完全に否定されることはなかった」と言っている。光辻克馬、前掲論文、九八頁。

（9）　斎藤孝、前掲論文、一五頁参照。
（10）　H・ニコルソン『外交方式の変遷』、四八頁参照。また ニコルソンによると、ビザンティンの使節は文書で指示を与えられ、常に外国では礼儀正しく振る舞い、決して外国人を批判せず、むしろ使節たちが見た外国の事情を称讃するように命じられていた。新しい皇帝が即位するときには、それを伝達するための特使が派遣されていた。ビザンティン帝国では外交儀礼や儀式が非常に重要視されていたが、儀式の華麗さとともに、そこでは諜報活動も行われていたのである。コンスタンティン・ボルフィロゲニッツ帝が後継者たちのために書いた便覧ともいえる大論文によると、ビザンティン帝国では外事関係文書室と呼ばれた特別部門が創設され、外事関係文書室は外国大使の接見を取り決めたり、外国大使が良い印象を抱くかどうか、外国大使に対する監視がよくおこなわれているかどうかの調査に当たった。コンスタンティノープルに外国大使が到着すると、大使たち一行はローマ人専用宿舎の特別施設に案内された。そこで秘密警察である儀仗兵によって、大使たちの行動や、訪問者、通信などが丁寧に調べられたのであった。
（11）　一七四〇年になっても、チェスタフィールド卿が、息子が海外に行くときは、ベネチア大使の所を頻繁に訪問するよう助言したほど、ベネチア外交団は最も洗練されたものとして尊重されていたのであった。H・ニコルソン、前掲書、五二頁参照。
（12）　ベネチア大使は任国では私有財産を所有することが禁じられ、贈与されたプレゼントは帰国時に共和国政府に渡さねばならず、休暇は与えられず、使命達成の際には遅くとも一五日以内には完了報告書を提出せねばならなかった。妻を同伴することも許されず、外国人の料理人に毒殺されないためお抱えの料理人を同行することを求められた。任国での滞在は多大の出費をもたらし、国内の政治的競争から外され、困難な旅や山賊また病気の危険にもさらされて、決して望んで行くようなポストではなかったのであった。H・ニコルソン、前掲書、五三頁参照。
（13）　H・ニコルソン、前掲書、五四頁参照。
（14）　イタリアにまず近代外交が誕生した理由は、先行研究によれば以下の通りにまとめることができる。第一にビザンティン帝国が崩壊したあとイタリア半島では一国による帝国支配が行われず、ほぼ同規模の都市国家がひしめき合っていた。第二にイタリア半島の都市国家はお互い比較的近距離にあり、コミュニケーションが取りやすかった。第三に言語が同じで、歴史的文化的背景を共有していたため、コミュニケーションが円滑に行われた。このようにイタリアでは外交体系が発展する下地が整い、近代外交が誕生したと思われる。K. Hamilton, R. Langhorne, *The Practice of Diplomacy*, p. 31.
（15）　ダンテ、ペトラルカ、ボッカッチョ、マキャヴェリや「イタリア史」で知られるフランチェスコ・グィッチャルディーニもフィレンツェの外交官として活躍したのであった。

(16) H・ニコルソンによると「大使」ambassadorという言葉は、ケルト語の「使用人」から派生した言葉であるという。H. Nicolson, *The Evolution of Diplomatic Method*, London, 1954, p. 33.

(17) 常駐大使の起源についてはM. S. Anderson, *The Origins of the Modern European State System, 1494 - 1613*, London, 1998, p. 53；H・ニコルソン、前掲書、六三頁参照

(18) H・ニコルソン、前掲書、六一頁。また「中世においては、外交代表は異なった名称――遣外使節（legates）、弁士（orators）、教皇使節（nuncios）、全権（commisars）、代理人（procurators）、代弁人（agents）、大使（ambassadors）等――でよばれていた」とニコルソンは述べている。H・ニコルソン『外交』、二一頁。

(19) K. Hamilton, R. Langhorne, *The Practice of Diplomacy*, p. 32.

(20) 特使には通常君主の宰相、首席顧問官、大司教等非常に身分の高い者が選ばれた。

(21) ルドビーコ・スフォルツァLudovico Sforzaはミラノ公であったが、ミラノがフランスからの攻撃を受けた際（一五〇〇年）捕えられ、一五〇八年に死亡した。

(22) フェルナンド二世の外交に関してはG. Mattingly, *Renaissance Diplomacy*, pp.138 - 144.を基にした。

(23) 駐仏スペイン大使は、フランスの軍事状況を探るのが目的であったので、それに気が付いたフランス王（シャルル八世）は、駐仏スペイン大使デ・シルバDe Silvaに帰国を命じ、デ・シルバはスペインに帰国した。G. Mattingly, *Renaissance Diplomacy*, p.136.

(24) *Ibid.*, p.142.

(25) *Ibid.*

(26) 急派サービスとは、君主と派遣された大使との間で書簡を遣り取りして迅速に連絡を取るために、使節を急いで派遣する便宜を図ることを本書では示す。

(27) 以上述べたことにもかかわらず、フェルナンド二世の大使たちはよく主人に仕えたようである。彼らはぬけ目のない報告をしたし、フェルナンド二世の失敗をも救ったといわれている。フェルナンド二世は家来の抜擢に優れていたのかもしれないと、マッティンリーは述べている。G. Mattingly, *Renaissance Diplomacy*, p.142.

(28) *Ibid.*

(29) ただしフェルナンド二世が外交の組織作りに取り組んだ理由は明らかではない。フェルナンド二世が常駐大使の働きを

十分評価したのかもしれない。また急派サービスを整えること以外、具体的にどのような組織作りをしたのかも定かではない。

(30) 他のヨーロッパの大国の君主たちが長い間自分の同盟者に常駐大使を送ろうとはしなかった理由は明らかではないが、おそらく、常駐大使の持つ利点を十分評価せず、従来の特使派遣を続けていたのであろう。フェルナンド二世が先見の明を持っていたのかもしれない。

(31) G. Mattingly, *Renaissance Diplomacy*, p.151.

(32) 十三世紀からヨーロッパの修道会、都市、国等から「守護枢機卿」Cardinal Protector とよばれる事実上の常駐大使がローマ教皇庁に派遣されていた。この派遣は教皇庁に自分たちのために便宜を図ってくれるよう懇願するためのものである。この伝統により、ローマ教皇庁における常駐大使職は重視されていたと思われる。これに関しては、W. Wilkie, *The Cardinal Protectors of England*, Cambridge, 1974, pp. 5 - 80 参照。

(33) H・ニコルソン『外交方式の変遷』、六二頁。G. Mattingly, *Renaissance Diplomacy*, p.143.

(34) G. Mattingly, *Renaissance Diplomacy*, p.143.

(35) 正式な信任状を与えられていない大使だが、信任状を与えられた大使が常駐していないので、事実上の常駐大使であった。駐在した国の情報を本国に送り、駐在国と交渉をする役割を担っていた。代理大使とその役割においては重なるが、代理大使は、大使が任地を留守にする場合に代理を務めることが原則であった。H・ニコルソン『外交』、二一頁、二二六～二二七頁。

(36) G. Mattingly, *Renaissance Diplomacy*, p.153.

(37) トマス・ウルジー Thomas Wolsey（一四七三～一五三〇）は聖職者で、ヘンリ八世から枢密顧問官、ヨーク大司教、一五一五年には枢機卿、大法官に任ぜられた。大法官になるとヘンリ八世の片腕として活躍し、イングランドの国際的地位の向上に貢献した。

(38) ルイ十二世 Louis Ⅻ はシャルル八世の死後即位した。ミラノを征服したが、一五一三年のノバルの敗北後、イタリアから撤退した。スイス、スペイン、イングランド、神聖ローマ帝国の侵略を受け、一五一四年にイングランドと和約を結んだ。

(39) Guistiniani's Dispatches, ii. 268 ; J. Ridley, *Henry Ⅷ*, London, 1984, p. 85.

(40) このロンドン条約では、二歳のイングランド王女メアリ Mary Tudor（一四九六～一五三三）と生後四か月のフランス王太子はともに一四歳になったら結婚することが決められた。

(41) トマス・ブーリン Thomas Boleyn, 1st Earl of Wiltshire & Ormond（一四七七？～一五三九）はアン・ブーリンの父であり、ロッチフォード子爵やウィルトシャー伯になったが、一五二〇年のヘンリ八世とフランソワ一世とのフランスでの会見（金襴の野）の準備のため一五一九年から一五二〇年までフランス駐在大使を勤めた。これを契機に、ヘンリ八世やウルジー枢機卿は積極的に常駐大使を派遣するようになったといわれる。また特使として一五二一年から一五三〇年まで三回神聖ローマ皇帝の宮廷に遣わされたほか、フランス、ネーデルラントにも遣わされた。

(42) D. Potter, Foreign Policy, in *The Reign of Henry VIII*, ed. by D. MacCulloch, London,1995（以後 D. Potter, *Foreign Policy* と略す）, p.103.

(43) 本書では、一五三四年の「国王至上法」制定を境に、Bishop をそれ以前は司教、それ以後を主教と訳す。

(44) スティーブン・ガードナー Stephen Gardiner（一四九三？～一五五五）は枢機卿ウルジーの秘書で、ヘンリ八世の離婚問題で外交官として活躍し、ウルジー没後はヘンリ八世の首席秘書官となった。ウィンチェスター主教になる。特使を多く（フランス、ローマ、ネーデルラント、ベネチア派遣）勤めたが、一五三五年一〇月から一五三八年九月まで常駐大使としてフランスに駐在した。

(45) トマス・クランマー Thomas Cranmer（一四八九～一五五六）はケンブリッジ大学教師であったが、ヘンリ八世の離婚にあたり、諸大学からの意見聴取を建議して、王の信任を得た。常駐大使として派遣されていたカール五世の宮廷から急遽戻され、カンタベリー大司教（のち大主教）になった。ヘンリ八世のアン・ブーリンとの結婚の合法性を宣言する。

(46) ノーサンプトン伯ウィリアム・フィッツウィリアム William Fitzwilliam（一四九〇～一五四二）はヘンリ八世の学友として育ち、ランカスター公領長官、海軍長官を勤めたが、一五二一年一月から一五二二年二月までフランス駐在大使を勤め、その後もフランスに五回、ネーデルラントやサボアに一回ずつ特使として派遣された。

(47) トマス・クロムウェルはヘンリ八世の首席顧問官、大主教代理その後エセックス伯に任ぜられたが、常駐大使や特使の経験はない。

(48) G. Mattingly, *Renaissance Diplomacy*, p.149.

(49) フィリップ一世 Philippe I は別名フィリップ美公で、オーストリア大公であり、カスティーリャのハプスブルク王家の開祖でもある。マクシミリアン一世の長男で、カール五世の父である。イサベル一世の死により、妻フアナがカスティーリャを相続したため、フィリップ一世（カスティーリャではフェリペ一世 FelipeⅠ、在位一五〇四～一五〇六）は一五〇四年フアナとともにカスティーリャを共同統治した。

(50)　マクシミリアン一世の外交に関しては、G. Mattingly, *Renaissance Diplomacy*, pp.149 - 150 参照。
(51)　ファナ Juana（一四七九～一五五五）はカスティーリャ女王（在位一五〇四～一五五五）で、アラゴン女王（在位一五一六～一五五五）であり、カール五世の母である。夫フィリップ一世の死後カスティーリャ、そして父フェルナンド二世の死後はアラゴンをも形式的にはカール五世と共同統治していたが、精神不安定のため、軟禁状態にあった。
(52)　G. R. Berridge, *Diplomacy : Theory and Practice*, Palgrave, 2005, pp.18 - 19, 細谷雄一『外交――多文明時代の対話と交渉――』有斐閣、二〇〇七年、五三頁。コミーヌ Philippe de Commines（一四四五?～一五〇九）はフランスの歴史家で政治家であり、シャルル勇胆公、ルイ十一世、シャルル八世に仕え、一時追放されたが、のち復帰し、ベネチアに遣わされた。年代記風の *Mémoires*（一四六四～一四九八、一五二四～一五二八出版）を書いた。
(53)　一五二五年二月二四日のパヴィア Pavia の戦いは十六世紀最大の激闘といわれる。ドイツ傭兵の援助を受けたカール五世軍が圧勝した。フランソワ一世自身が捕えられ、マドリードの獄につながれた。
(54)　フランソワ一世の常駐大使派遣に関しては、M. S. Anderson, *The Rise of Modern Diplomacy*, London,1993, p. 9 を参考にした。
(55)　斎藤孝、前掲論文、二〇頁。
(56)　M. S. Anderson, *The Rise of Modern Diplomacy*, p. 9, 細谷雄一『外交――多文明時代の対話と交渉――』四六頁。
(57)　フランスではイングランドとは異なり、高位聖職者のような高い身分の貴族よりも中流の身分の貴族階級が常駐大使になることが多かったと、ポターは述べている。D. Potter, Foreign policy, p.103 参照。そこから考えると、フランスの常駐大使職は専門職としての要素が強いと思われる。
(58)　二十世紀のウィーン条約で身体の保証等を定められた今日の外交官ほどではないが、使節団は他国の君主から信任を受けて派遣された代表者やそれを補佐する者達として、任国においては一定の保護が認められていた。そのため大使は赴任後任国の君主に謁見して、赴任の理由をラテン語で演説し、本国から渡された信任状を任国の君主に奉呈したのであった。
(59)　G.R. エルトン／越智武臣訳『宗教改革の時代』みすず書房、一九七三年、五一頁。
(60)　外交団とは、一定期間であれ、外交に関わる専門職に就いた集団を本書では指す。
(61)　「この時代の外交団として、特にカール五世に仕えたブルゴーニュの法律学者たち――ウスタッシュ・シャピュイやシモン・ルナールのような人々、あるいはまたすぐれた司教や貴族としてヴァロワ家に仕えたフランスの外交官たち（カスティリョンやマリヤックのような人々）がその中に数えられる」とエルトンは述べている。G.R. エルトン、前掲書、五二頁。

(62)　北ヨーロッパや東ヨーロッパ、オスマン帝国ではこの常駐外交使節制度はその後も長い間、採用されることはなかった。十六世紀にはスカンディナヴィア諸国、ポーランド、ロシア、スコットランド、ポルトガルでは外交はそれほど重要な問題ではなく、外交組織も西ヨーロッパに比べて未発達の段階のものであったと、アンダーソンは述べている。M. S. Anderson, *The Rise of Modern Diplomacy*, pp. 27 - 32 参照。

(63)　宮廷外交は絶対王政時代の君主相互間の外交の特色であり、この時代は宮廷を中心として外交が行われ、外交の技術は個人的な好感の獲得や買収、誘惑であった。外交使節は宮廷で君主や側近に接見して知遇を得、自国の利益のために相手国の君主を動かすことを任務とした。そのため外交使節には、相手の君主に気に入られる資質（容貌、立ち居振る舞い、教養、気品、飲酒の量）が要求された。時には男女の愛情関係を利用して交渉する閨房外交 boudoir diplomacy も行われた。フランス革命以後、外交の担い手、舞台は宮廷から内閣、外務省に移り、宮廷外交は影をひそめ、官僚外交に変わり始めたといわれる。宮廷外交に関しては『歴史学事典』第七巻（戦争と外交）弘文堂、一九九八年、一三三頁（宮廷外交、斎藤孝）参照。

(64)　外交官職の身分と規則が国際協定によって確立されたのは、一八一五年のウィーン会議によってであった。一八一五年までには諸国の外交官職は、どこの国においても、公職の歴とした一部門として認められるようになった。H・ニコルソン『外交』、二五頁。

(65)　フランス様式に関してはH・ニコルソン『外交様式の変遷』八二～一〇〇頁参照。十七、十八世紀の外交の模範を全ヨーロッパに示したものはフランス人であったといわれる。フランス様式はリシュリュー Richelieu, Armand Jean du Plessis（一五八五～一六四二）によって始められ、カリエール François de Callières によって分析されたが、殊にルイ十四世の治世に樹立された進歩的な外交様式であり、一九一九年までの三世紀間にわたってヨーロッパすべての国に採用されるようになったといわれる。「フランス様式は丁寧で、威厳があり、知識と経験とを重視したもので、健全な外交交渉にとっての不可欠な要件として、誠実、明晰、正確を明確にした」とニコルソンは述べている。

(66)　ヨーロッパにおいて第一次世界大戦終結までは、外交は貴族や国王などの一部の特権階級による外交が主流であり、軍事作戦を優位に推し進めるため、また戦争を優位に終結するために行われ、秘密外交が行われ、旧外交と呼ばれることが多い。第二次世界大戦後、国際連合の設立や国際協調主義、軍事力行使禁止の原則などを打ち立て、外交権は内閣に移り、選挙を通じた民主的な統制に基づく外交が行われるようになり、新外交が成立したと考えられている。『歴史学事典』第七巻（戦争と外交）、七一～七二頁（外交使節、斎藤孝）、H・ニコルソン『外交』、四〇～七三頁、K. Hamilton, R. Langhorne, *The Practice of Diplomacy*, pp. 89 - 182 参照。

(67) W. Blockmans, *Emperor CharlesV, 1500 - 1558*, London, 2002, p.133.

(68) マルガレーテ Margarete von Österreich（一四八〇～一五三〇）は神聖ローマ皇帝マクシミリアン一世とブルゴーニュのマリーの娘である。フランス王ルイ十一世の宮廷で育ち、フランス王太子妃、スペイン王太子妃、サボア公妃となったのち、父帝によりネーデルラント総督（在位一五〇七～一五一五、一五一九～一五三〇）に任命された。甥シャルル（後のカール五世）の後見人になっていたが、カール五世が皇帝になると再び総督を任ぜられた。カンブレー（カンブレ）の和約ではカール五世の代理としてフランスと条約を結んだ。マルガレータとも呼ばれる。

(69) マリア Maria, Queen of Hungary（一五〇五～一五五八）はハンガリー王ラヨシュ二世と結婚し、ハンガリーの王妃（一五一五～一五二六）となる。一五三一年、兄カール五世に忠誠を誓い、ネーデルラント総督に任命され、ネーデルラントの統治権を委ねられた。

(70) G. Mattingly, *Renaissance Diplomacy*, p.176.

(71) 国家理性レゾン・デタ raison d'État は国家の存続を維持し、強化するためにとるべき準則を言う。実際には国家目的のためには、一切の道徳ないし規準を無視して行動することをいう（ブリタニカ国際大百科事典）。

(72) フランソワ一世はカール五世に対抗するためなら、カール五世に攻撃を仕掛ける異教徒のオスマン帝国と同盟を結ぶことをも辞さなかった。フランソワ一世は単に防衛のためだけではなく、王国の勢力拡大のために宗教の違いを超えて外交上の提携を多方面に積極的に求めたといわれる。

(73) G. Mattingly, *Renaissance Diplomacy*, p.176.

(74) フェルナン・ブローデル／浜名優美監訳『ブローデル歴史集成――地中海を巡って』藤原書店、二〇〇四年、二四四頁。

(75) クレメンス七世 Clemens VII は本名ジュリオ・デ・メディチ。フィレンツェ出身の教皇。在位中にローマの劫掠、ヘンリ八世の離婚、イングランドのローマ教会からの離反等が生じた。

(76) G. Mattingly, *Renaissance Diplomacy*, p.176.

(77) *Spa. cal.*, vol. iv, part i - vol. vii, part ii ; *L.& P.*, vol. iii, part ii. - vol. xii, part ii, London, 1890.

(78) G. Mattingly, *Renaissance Diplomacy*, p.176.

(79) シェーブル侯ギョーム・ド・クロワ Guillaume de Croy（一四五八～一五二一）は一五〇九年、カール五世の私教師になった。彼は九三人の従者を従えていた王子カールの館で権力を握ったといわれている。親仏的なシェーブル侯は外交政策で、イングランドとの同盟を望むネーデルラント総督のマルガレーテと意見が合わなかったようである（アンリ・ラペール

『カール五世』、一六頁)。

(80)　ガティナーラ Mercurino da Gattinara（一四六五〜一五三〇）は神聖ローマ皇帝マクシミリアン一世とオーストリアのマルガレーテに重用され、一五一八年から「国王の統べるあらゆる国々と領土」（スペイン）の大法官となり、カール五世に仕えた。人文主義者であり、カール五世に皇帝理念を与えた人物といわれる。「皇帝という称号はカール五世に神聖ローマ帝国の範囲を超えた普遍的な使命を授けていると、ガティナーラは考えていた」とブランディーは述べている。（K. Brandi, *Kaiser KarlV.*, p.110.）ガティナーラは一五三〇年、アウクスブルク帝国議会開催中に他界する。

(81)　コボス High Commander of Leon, Francisco de los Cobos（一四八〇？〜一五四七）は一五一七年からカール五世の秘書となり、一五三〇年、ガティナーラの死後、皇帝の首席顧問官の一人となった。コボスは特に財政に通じていたといわれる。一五四三年には王太子フェリペの相談役になる。

(82)　アンリ・ラペール、前掲書、三〇頁。

(83)　カール五世は一五五六年一〇月二五日ブリュッセルでの譲位式で、「余はドイツへ九回、スペインへ六回、イタリアへ五回、フランスへ四回、イングランドへ二回、アフリカへ二回旅した」と回想している。カランデ Ramon Carande の計算によると、一五一七年以降のカール五世の旅行日数の総計は治世期の四分の一に当たり、約五〇〇日を戦場で、約二〇〇日を海上で過ごしたことになる。アンリ・ラペール、前掲書、一八頁。

(84)　アンリ・ラペール　前掲書、二〇頁。

(85)　M.Fernandez Alvares, *Corpus Documental de CarlosV,* Madrid, 1973 (2003) や K.Lanz, *Correspondenz des Kaisers Karl V,* Leipzig, 1844 -1846 にはカール五世が親族に宛てた書簡が数多く載せられている。

(86)　アンリ・ラペール、前掲書、三〇頁。

(87)　皇帝顧問会議の提案に対して 'No' が皇帝の自筆で記されている史料がある。例えば *Spa. cal.*, vol. iv, part ii, p. 658.

(88)　アンリ・ラペール、前掲書、二九〜三〇頁。カール五世にドイツ語の秘書がいたかどうかは不明である。

(89)　M. Lunitz, Diplomatie und Diplomaten, p. 225 - 241.

(90)　本書資料二参照。ルーニッツはカール五世のフランス大使とイングランド大使一人一人の簡単な解説をしている。*Ibid.*, pp. 225 - 253.

(91)　G. Mattingly, *Renaissance Diplomacy*, p. 177.

(92)　*Ibid.*, p.178.

(93) 本書資料一参照。

(94) M. Lunitz, Die Ständigen Gesandten KarlsV in Frankreich, zum Strukturwandel des Gesandtshaftswesen im 16. Jahrhundert, in *KarlV : Politik und politisches System, Berichte und Studien aus der Arbeit an der Politisches Korrespondenz des Kaiser*, ed. by Rabe, H., Konstanz, 1996（以下 M. Lunitz, Die Ständigen Gesandten KarlsV in Frankreich と略す）, p.118.

(95) *Ibid.*, p.119. ネーデルラント中央政府は一五三一年以来ブリュッセルにおかれ、総督が統治した。一五三一年以降、総督の下には外交・軍事を扱い民間人・聖職者への勲章を授与する大貴族からなる国事評議会、高等法院の役割を果たす立法委員会である内務評議会、領地と徴税並びに会計院を管理する財務評議会の三つの評議会が併設された。内務評議会、財務評議会は小貴族もしくは市民階級の出身の法律家から構成され、君主に忠実な人達であった（アンリ・ラペール、前掲書、一一三頁、アンリ・デュモン『ベルギー史』、三二頁）。

(96) カール五世はシャピュイへの訓令の中で、イングランド赴任への訓令を受け取ったシャピュイが最初にするべきことに関して述べている。*Spa . cal.*, vol, vi, part i, no.52.

(97) M. Lunitz, Die Ständigen Gesandten KarlsV in Frankreich, p.124.

(98) イタリア諸国家から派遣される使節の場合、大使の秘書は政府によって任命され、給料を支払われ、信任状を与えられたとルーニッツは述べている。*Ibid.*, p.124.

(99) G. Mattingly, *Renaissance Diplomacy*, p. 238.

(100) 信任状 Credencials は自国の元首から派遣国の元首に宛てた書状で、外交使節を信任する旨の意思表示をしたものである。使節はこれを携行し、派遣国の元首に呈出しなければならない。正式に信任状を呈出するまでその使節は公式には認められない。H・ニコルソン『外交』、二二九頁参照。

(101) G. de Boom, ed., *Correspondance de Marguérite d 'Autriche et de ses ambassadeurs à la cour de France concernant l'exécution du traité de Cambrai(1529 - 1530)*, Bruxelles, 1935, S. 2-3, Anm.1(Karl an Margarete, 1529. 9. 23); M. Lunitz, Die Ständigen Gesandten KarlsV in Frankreich, p.125.

(102) K. u. K.Haus- Hof- u. Staats Arch., Frankreich, Weisungen10, Konv. 8, fol. 3r - 4v (Karl an Marnoz, 1542. 2. 14), Valladolid; Lunitz, Die Ständigen Gesandten KarlsV in Frankreich, p.128.

(103) 駐在大使の仕事に関しては G. Mattingly, *Renaissance Diplomacy*, pp. 229 - 242 また拙稿「神聖ローマ帝国大使の見たヘンリー八世の離婚問題――Eustache Chapuys の書簡を用いて――」『お茶の水史学』、第四九号、四二～四三頁参照。

(104) 例えば、一五三六年二月二九日にナポリからカール五世がシャピュイに宛てた書簡の中で、カール五世はシャピュイにアドヴァイスを求めている。*L. & P.*, vol. x, no. 373.

(105) フランス問題はカール五世にとって最重要課題であったので、カール五世のそばで仕え、カールの意向を十分把握している側近を特使としてフランスとの交渉に当たらせたためと考えられる。

(106) M. Lunitz, Die Ständigen Gesandten KarlsV in Frankreich, p.125. またルーニッツによれば、カール五世はその時々の問題における高い関心とその問題の解決への願いを伝達するため、常駐大使ばかりではなく、特使を送ってカールの立場をフランス側に口頭で知らせ、覚書を渡させたのであるが、この伝達者はフランス滞在中、常駐大使に付属したのであった。

(107) M. Lunitz, Die Ständigen Gesandten KarlsV in Frankreich, p.130. カール五世のフランス大使やイングランド大使の日給はリーブル、ダカット、フラン、エキュ、ソル、グルテンなど様々な通貨で支払われ、また日給の不明な大使もいたため比較にならないが、年毎の支払い金を受け取っていたのは、シャピュイだけのようである。（本書資料一・二参照）M. Lunitz, Diplomatie und Diplomaten, pp. 225 - 253.

(108) M. Lunitz, Diplomatie und Diplomaten, pp.131 - 132.

(109) M. Lunitz, Die Ständigen Gesandten KarlsV in Frankreich, p.131.

(110) ネーデルラントにおける通常財政に関しては、詳しいことはわからない。ルーニッツも通常財政については、詳しく言及してはいない。

(111) K. u.K. Haus- Hof- u. Staats Arch., Belgien, PA21/1, fol. 386 - 388r.

(112) カール五世の財政は、治世前半はネーデルラントの財政によってほとんど支えられていたが、治世中期からはスペインの財政によって支えられる割合が大きくなったといわれている。神聖ローマ帝国からの財源確保は見込めなかったと思われる。対オスマン戦援助の場合は帝国議会の承認が得られることも多々あったが、それ以外のカール五世の政策への財政的援助は認められなかった。銀行家による融資によってもカール五世の財政は大きく支えられており、財政は彼の最大の関心事の一つで、カール五世の書簡で銀行家との取引についてふれられていないのはまれであると、アンリ・ラペールは述べている。カール五世の財政に関してはアンリ・ラペール『カール五世』三一〜三二頁参照。

(113) M. Lunitz, Die Ständigen Gesandten KarlsV in Frankreich, p.134.

(114) 本書資料一で示した通り、ルーニッツによると、シャピュイの俸給は、初めは日給四エキュ（一二リーブル）で、一五三二年一月からは一〇リーブルになったということであるが、このことは、日給が減俸されたということを意味していると考えられる。その理由は明らかではない。

(115)　シャピュイのカール五世への書簡を見ると、シャピュイの使者ジョージはシャピュイの特に重要な書簡をカール五世に届けるため派遣され、カール五世からの返事をシャピュイに届けたことがわかる。ジョージはシャピュイとカール五世の間をしばしば往復した。

(116)　マクシミリアン一世の採用した駅逓制度に関しては、菊池良生『ハプスブルク帝国の情報メディア革命――近代郵便制度の誕生』集英社新書、二〇〇八年、七六～八四頁、また渋谷聡「広域情報伝達システムの展開とトゥルン・ウント・タクシス家――十六、十七世紀における帝国駅逓の拡充を中心に――」（前川和也編著『コミュニケーションの社会史』ミネルヴァ書房、二〇〇一年）、四七～七二頁参照。

(117)　フランツ・フォン・タクシスはイタリア名ジャネット・デ・タッシスといい、マクシミリアン一世より、ブリュッセルからウィーンまでの郵便事業の総督に任ぜられた。一五一二年帝国騎士に叙せられ、タクシス家は十六世紀以降も皇帝の郵便行政を長い間独占した。

(118)　菊池良生、前掲書、八〇頁。

(119)　M. Lunitz, Die Ständigen Gesandten KarlsV in Frankreich, p.128.

(120)　菊池良生、前掲書、一〇三～一〇七頁。

第二章　カール五世のイングランド駐在大使

この章では、カール五世のイングランド駐在大使を考察するにあたり、まずイングランドとハプスブルク宮廷との関わりを十五世紀末からシャピュイがイングランドに赴任した一五二九年まで概観する。次にカール五世がスペイン王に即位した時からシャピュイが赴任するまでのイングランド大使について論じ、最後に常駐大使シャピュイについて論ずる。第一節で十六世紀初期のイングランドとハプスブルク宮廷との関係を、第二節でカール五世の駐イングランド大使の派遣を、第三節でシャピュイの経歴、使命と活動、情報源、書簡について述べたい。

第一節　十六世紀初期のイングランドとハプスブルク宮廷との関係

一　十五世紀末から一五二六年までのイングランドとハプスブルク宮廷との関係

イングランド王国とブルゴーニュ公国とはカール五世以前から関わりが深かった。イングランドのヨーク家とブルゴーニュ公家とは姻戚関係にあり、エドワード四世（一四四二〜一四八三、在位一四六一〜一四七〇、一四七一〜一四八三）の妹マーガレット Margaret of York はシャルル勇胆公妃になっていた（一四六八年に結婚）。そして一四七〇年にはランカスター派のクーデターにより、エドワード四世はしばらくシャルル勇胆公のブルゴーニュ公国内のブルッヘ（ブルージュ）へ亡命し、亡命中に宮内府改革の必要性、王の威厳を高める必要性を学び、宮廷の壮大さと洗練された文化、金羊毛騎士団(1)の騎士道精神、宮廷の布告等に深い影響を受けたと考えられる(2)。それにも増して、十五世紀末からイングランドとネーデルラントとは毛織物貿易で密接な関係にあった。イングランド王とネーデルラントの君主はお互いにこの毛織物貿易を保護しており、カール五世がネーデルラントの支配者になってからも、この関係は維持された。それはカール五世の父フィリップ一世が築いた通商関係によるものであったが、イングランドはカール五世（当時はブルゴーニュ公シャルル）と一五一六年にこの通商条約の更新に関する交渉を行った。またフランスに対する敵対関係においても立場を同じくしていた。一五一三年にはヘンリ八世はマクシミリアン一世と同盟を結び、フランス戦を開始した。マクシミリアン一世はフランソワ一世を阻止するため、次期神聖ローマ皇帝選挙にはヘンリ八世を候補者として立てたいと願っていたらしい。皇帝選挙後の一五二〇年五月末、カール五世はイングランドを訪問し、カンタベリーでブルゴーニュ公としてイングランドと五年間の通商条約を締結した(3)。カール五世はこの年の六月末にもヘンリ八世と会見している。一五二一年にヘンリ八世の宰相ウルジー枢機卿はカール五世と秘密条約を結び、一五二三年にはヘンリ八世はフランス侵略を行ったのであった。またルターの宗教改革では、ヘンリ八世はカール五世とともにカトリック教徒としてルターに立ち向かい、ルターの「教会のバビロニア虜囚」に対する反駁書「七秘跡の擁護」を一五二一年に書き、それによりヘンリ八世は教皇レオ十世により、「信仰の擁護者」Defensor fidei の称号を受けたのである(4)。十六世紀初め、ヘンリ八世とカール五世との関係は良好であったといってよいだろう。

二　一五二七年から一五二九年までのイングランドとハプスブルク宮廷との関係

一五二六年にカール五世はフランソワ一世とマドリード条約(5)を締結した。カール五世とヘンリ八世との関係はマドリード条約以降急速に悪化した。カール五世はフランソワ一世との関係を重視したため、イングランドはマドリード条約に介入することができず、この条約はイングランドにとって得るところのないものであった。マドリード条約では、カール五世はブルゴーニュ公領を獲得したが、イングランド側はこれに反発を覚えたのであった。ウルジーは次第にカール五世の権勢の拡大を恐れるようになり、一五二七年アミアンでフランス側と交渉し、フランスとの間で反ハプスブルク同盟を締結した。これは、イングランドとハプスブルク家との今までの良好な関係を打ち破る画期的なものであった。一五二八年一月には、イングランドとフランスはカール五世に宣戦布告する。この戦争はイングランド経済に衝撃的打撃を与える結果となった。カール五世側はイングランドの毛織物の最大の市場であったアントウェルペン市場を閉鎖し、海峡は危険な状態になったのである(6)。

このようにカール五世との対立が顕著になった矢先、ヘンリ八世と王妃キャサリンとの離婚問題が生じたのであった。ここでヘンリ八世の離婚訴訟に至る経緯を手短に述べておきたい。

ヘンリ七世は、ヘンリ八世の兄である王太子アーサー（一四九六〜一五〇二）とアラゴンのフェルナンド二世の末娘キャサリンとの結婚に賛成したが、テューダー朝の未来に明るい希望を与えた一五〇一年のこの結婚の翌年、アーサーは急死したのであった。ヘンリ七世はその死によって生じる親スペイン外交政策の破綻を恐れ、またキャサリンの未払いの持参金を得ようとする欲に駆られて、王位継承者となった二男ヘンリと寡婦キャサリンとの結婚を画策した。この結婚はカトリック教会法の婚姻無効支障 De impedimentis dirimentibus の規定により承認されえないものであったが、一五〇三年六月にヘンリ七世はスペインのフェルナンド二世とイサベル一世（一四五一〜一五〇四、在位一四七四〜一五〇四）との同意を得るとともに、フェルナンド二世と共同してローマ教皇庁にその結婚に関する特免 Dispensation を申請した。教皇ユリウス二世（一四四三〜一五一三、在位一五〇三〜一五一三）から特免を得て（一五〇三年一二月二六日）、ヘンリ八世は一五〇九年、即位の二か月後にキャサリンと正式に結婚した。初めは夫婦仲も悪くはなかったが、キャサリンの産んだ子供たちは夭折し、無事成人した子は後にメアリ一世となる王女メアリ一人であった。キャサリンが既に四〇歳を超え、以後ヘンリ八世が期待する男子後継者を出産する可能性が少なくなった一五二五年ごろ、ヘンリ八世はキャサリンとの離婚を考えたらしい。ヘンリ八世は翌一五二六年にキャサリンの侍女であったアン・ブーリンと恋愛関係に陥り、離婚の決意を固くしたようである。一五二七年五月にヘンリ八世はウルジーによる教皇特使法廷で、旧約聖書レビ記の一節(7)からキャサリンとの結婚に疑問を感じ、何よりも男子後継者がおらず、元来王位継承性の乏しいテューダー朝の将来を案じてキャサリンとの離婚（正式には婚姻解消）を決意したと、訴えている(8)。ヘンリ八世は、ユリウス二世による特免を無効にしてもらうことを切望した。イタリア戦争を通じて教皇に尽くしたと自負していたヘンリ八世は、教皇クレメンス七世からの承認も困難ではないと思っていた。しかしドイツで起きた宗教改革で教皇の権限に関する問題が提起され、この問題は教皇の特免発布の権限にも関わってくることになったし、なによりもこの一五二七年五月、ローマで皇帝軍二万が「ローマの劫掠 Sacco di Roma」(9)を行ったのであった。はじめカール五世の仕打ちに対する復讐をヘンリ八世に期待したクレメンス七世はヘンリ八世の離婚を許すつもりでいたが、教皇の立場が弱体化した今、キャサリンの甥であるカール五世に逆らうことを躊躇したのであった。クレメンス七世は、ウルジー枢機卿にこのヘンリ八世の離婚問題をイングランド国内で処理することを認め、教皇特使としてカンペッジョ(10)を派遣した。だが、カール五世の意に沿わない判決を下すことを教皇から禁じられていたカンペッジョは、長時間かけてイングランドに達した後も、判決を先延ばしにし、一五二九年七月には教皇特使法廷は休会を宣言した。クレメンス七世はこの訴訟をローマで審理することにし、ヘンリ八世をローマに召喚することを決意したのであった。ヘンリ八世の方は、ウルジーに内密に、ナイト William Knight をローマに送り、クレメンス七世に重婚の許可を求めさせたが、ローマでイングランド側の言い分は認められなかった。ヘンリ八世はイングランド国王をローマに召喚することを憤激するイングランドの人々の心に訴えようとし、議会を利用してこの問題を解決しようとめざし、一五二九年一一月に、後に「宗教改革議会」(11)と呼ばれる議会を招集したのであった。一方、修道院にはいることを促されたキャサリンは断固として離婚を拒否してローマ教皇庁に上訴し、数度にわたりカール五世に自分の離婚を阻止するよう協力を求めたのであった。

ヘンリの離婚問題はこのようにして始められたのであるが、カール五世との関係が悪化していたヘンリ八世にとってカール五世の叔母キャサリンとの政略結婚を維持する必要が失せたことが、この離婚問題を進めることと関係があったという見解もある(12)。しかし、ヘンリ八世は自分の離婚問題においても、カール五世との関係を維持したいという意欲が強かったと考えられる。離婚問題交渉失敗の責任を問われて失脚したウルジーに代わってヘンリ八世自身が離婚交渉を始めた頃、ヘンリ八世はカール五世を味方につけようと必死になっていたことがわかる。シャピュイは、ヘンリ八世から離婚に関するカール五世の同意を得るように頼まれる。またヘンリ八世はノーフォーク公（王の首席顧問官）を通じて、カール五世にこの離婚に賛成してくれるよう積極的に働きかけた(13)。ヘンリ八世はまた一五三〇年一月カール五世のボローニャでの戴冠式に特使を派遣し、この時派遣した特使のボローニャ到着が遅れていたことに気を揉んでいたが、特使たちがカール五世に暖かく歓迎され、和平が宣言されたというニュースがイングランドに伝えられると、ヘンリ八世は非常に喜んだと記されている(14)。一方、フランスと敵対関係にあるカール五世にとって、ヘンリ八世の離婚に反対することはヘンリ八世とフランソワ一世との結びつきを深める結果につながることを覚悟させるものであったが、カール五世は親族としての立場上、その離婚に反対せざるを得なかったのであった(15)。カール五世はローマ駐在大使に、ローマ教皇庁でのヘンリ八世の離婚訴訟で離婚に反対するよう強く働きかけることを命じた。期待を裏切られたヘンリ八世とカール五世との関係は悪化する一方となった。

第二節　カール五世によるイングランド駐在大使の派遣

第一章第二節で述べたように、カール五世は常駐大使を活用した外交(16)を展開していたが、イングランドへの常駐大使派遣はどのようなものであったのであろうか。カール五世がスペイン王になってからの一〇年間ほどは、イングランドではフェルナンド時代からのスペイン大使ベルナルディーノ・デ・メサ(17)やカール五世の叔母であるイングランド王妃キャサリン（フェルナンド二世の時と同じようにカール五世の非公式な大使であった）の妙策がなければ、カール五世はヘンリ八世の支持を失っていたことであろう(18)。カール五世の最初のイングランド大使はエルナ Elna 司教メサであり、メサはイングランドとの同盟(19)を確保するのに大いに尽力した。しかしこの同盟が締結されると、カール五世は年老いたメサをルイ・ド・プラートと交代したのであった。ブルゴーニュの高貴な若い軍人であったド・プラートは北フランス侵略の連絡官として有用であるとの判断からであった。しかし実際は、ド・プラートは辛抱強さに欠けており、またトマス・ウルジーとの交渉力においても劣っていたといわれている。ド・プラートはスペイン貴族ドン・イニゴ・デ・メンドサ Don Inigo de Mendoza と交代させられたが、交代に伴う常駐大使の不在期間には、大使職はネーデルラントからの特使によって補われていた。ヘンリ八世やウルジーは、ネーデルラントの人々との間で関税等を巡る通商上の問題を抱えていた。その上既にヘンリ八世の離婚問題が生じていたので、カール五世は、キャサリンの同国人であるスペイン人の方がブルゴーニュ人よりもイングランド大使として適していると判断したようである。しかし、メンドサは大使館に定住しないばかりか、キャサリンの助けになることもなく、激しやすい彼はカール五世にイングランドへの侵攻を促すばかりであった。スペイン人もブルゴーニュ人もイングランド大使として適格ではないと判断し、ガティナーラはカール五世の世襲地外の出身者であったシャピュイを大使に任命することを、カール五世に進言したのであった。

第三節　シャピュイの経歴・使命と活動・情報源・書簡

一　シャピュイの経歴

シャピュイの人物像に関する研究は、マッティンリー[20]、リッツJ.-G. Ritz[21]やブルン[22]によってなされている。特にマッティンリーは、シャピュイを十六世紀の外交官たちの中で重要な人物として評価した。三人の研究をもとにすると、シャピュイの経歴また大使として受けた使命は以下の通りである。

ウスタシュ・シャピュイは一四八九年頃サボア公国のアヌシーで、公証人であったルイ・シャピュイ Louis Chapuys の次男として生まれた。ウスタシュ・シャピュイは一五〇七年一一月一〇日にサボア唯一の大学トリノ大学に入学し、ローマ法と教会法の博士号を取得した。トリノ大学はヒューマニズム研究が盛んな大学で、シャピュイの後の友人となるエラスムスもこの大学で学位を得たし、シャピュイが人文主義者になったのもトリノ大学時代のようである。下級聖職位[23]を取得した後、一五一七年シャピュイはアヌシーに戻り、ジュネーヴ司教ジャン・ド・サボア Jean de Savoie からジュネーヴ司教区の役人に任命された。スイス諸州の公式言語であったラテン語に秀でていた彼は、司教代理としてジュネーヴの政治問題に関わるようになり、その後司教座聖堂参事会員に任命された。ジュネーヴ司教そしてサボア侯に仕えたのち、シャピュイはブルボン公（一四九〇～一五二七）[24]の大使としてグラナダにあるカール五世の宮廷に赴いた。一五二七年五月六日ローマの劫掠の際にブルボン公が死去した後、シャピュイは有給の顧問官としてカール五世に仕えるようになり、皇帝の国事評議会、フランドルにおける主任審査官兼評議員 Master of Requests and Councillor in Flanders, Couseil d'État[25]になった。そして一五二九年六月ガティナーラとグランヴェルの推薦のもと、王の離婚問題が生じていたイングランドに皇帝大使として遣わされた。イングランド途上のカンブレーでは、当時カール五世とフランソワ一世との間に結ばれた和約（「カンブレーの和約」別名「貴婦人の和」）[26]にカール五世側の一員として署名もした。シャピュイは一五二九年八月末にロンドンに到着し、九月一日からカール五世に書簡を送っている。その後常駐大使をイングランドから召還するという教皇の要請を受けて[27]一五三九年三月から一五四〇年七月まではネーデルラントに戻されていたが、約一六年間（イングランド在任は一五年間）は、駐イングランド大使を勤めたのであった。一五四〇年七月に二度目の常駐大使職としてシャピュイはイングランドに戻る。フランスからは新しい駐イングランド大使が赴任したのであるが、カール五世はシャピュイを引き続き駐イングランド大使として用いたのであった。一五四五年四月に大使を辞任する許可をカール五世から得たが、しばらくは後任のバンダー・デルフト Van der Delft を指導する役を命じられた。一五四五年七月の大使辞職後、短期間ネーデルラントのボーブルク Bourburg でイングランド通としてイングランド商人たちとの交渉を任されたり、バンダー・デルフトにアドヴァイスを送ることを命じられたりした。シャピュイはその後ルーバン Louvain に引退し、ルーバン大学で研究し、一五四九年アヌシーに中等学校を、そしてルーバンに大学学寮を創設した。一五五六年シャピュイはルーバンで死去した。

二 シャピュイの使命と活動

シャピュイがイングランドに大使として赴任する際、カール五世から与えられた使命は次のことであった。イングランドとの和平を可能な限り保ちつつ、イングランド王の離婚問題で王妃キャサリンの権利と利益を守ることである[28]。そのため、シャピュイに彼の法律的能力を駆使して離婚訴訟が行われているローマ在住のカール五世の代理人に情報を提供するとともに、キャサリンのよき相談相手となることが求められた。カール五世がシャピュイを大使に任命した理由は、彼の持つ法律的学識とともに、聖職者であり冷静な人物であったことによるらしい。カール五世はキャサリンの出身国スペインの者よりもサボア人の方が冷静にこの離婚問題に対処でき、また教会人とはいえ世俗問題にも明るいシャピュイはイングランドの問題に柔軟に対応できると判断したらしい(29)。一五二九年六月末、大使としての信任状と訓令(30)がバルセロナでカール五世から発せられ、シャピュイは八月末ロンドンに到着した。シャピュイは九月からイングランド大使としての活動を始めたのであるが、付録の「資料三」からもわかるように、彼がヘンリ八世に謁見したのは九月半ば過ぎであった。シャピュイは九月二一日にウィンザーで王に謁見した。厳かな儀式が行われ、シャピュイはラテン語で演説した後、王に大使としての信任状を奉呈した。ヘンリ八世は、「皇帝とイングランド王との友情と同盟が保たれることを期待する」と言い、また今後皇帝からのニュースを王に伝えるように要請した。「必要なときはいつでも訪ねるように」とも言った。そしてヘンリ八世は、「君主間の友情や敵対は、君主の派遣する大使によって左右されるものだ」(31)と語った。ヘンリ八世に謁見するときは、宮廷に使者を派遣し、予約をとってから行われた。シャピュイによると、ヘンリ八世は謁見の際、カール五世を攻撃してシャピュイを狼狽させることもあったが(32)、時には「外国の王としてではなく友として話がしたい」(33)と友好的な態度を示すこともあったらしい。シャピュイが赴任した当時のイングランド側の外務担当顧問官はノーフォーク公(34)であり、シャピュイはノーフォーク公と直接交渉していたが、一五三三年からは、トマス・クロムウェルと接することが多くなっている。トマス・クロムウェル処刑後の一五四一年からは、ヘンリ八世自ら、シャピュイと交渉を多く持つようになった。シャピュイの活動に関して本節では特に述べることはしないが、シャピュイの赴任当時（一五二九年九月～一二月）の活動を本書付録「資料三」の表の中に示した。

三　シャピュイの情報源

カール五世側がイングランドにおける最大の情報源と期待していたキャサリンとの自由な接触は、シャピュイにとって容易なことではなかった。またヘンリ八世の顧問官たちはカール五世の大使との交際に慎重であったため、宮廷から情報を得ることは当初ほとんど期待できなかった。しかしシャピュイは、今まで以上にイングランドの情報をカール五世に伝達することが重要であると考えたらしい。シャピュイはイングランド内での議会による決議、神学的議論を把握することが、宮廷での動き、対外政策、軍備の情報と並んで必須と考えたようである。シャピュイは情報システムを構築することに主眼を置き、二〇年以上の経歴を持つキャサリンのかつての式武官スペイン人モントーヤ Montoya をはじめ、キャサリンの以前の使用人たちを雇用した。シャピュイはフランドルやブルゴーニュ出身の青年たちを六人ほど雇用し、英語を学ばせ、彼の代わりに宮廷にしばしば赴かせ、情報収集にあたらせた。またシャピュイはモントーヤの他にも二人の英語に堪能な秘書を常に彼に同行させた。その上シャピュイは五、六人のスパイを雇い、彼らを用いて宿屋の主人からロンドンを通過する外国人よりの情報、トマス・クロムウェルの使用人から主人への訪問者名、またヘンリ八世の廷臣の馬丁から主人の馬の状態と、さまざまな情報を集めさせた。またシャピュイはロンドンにいるスペイン商人組合員たちと接触するばかりか、ネーデルラントからの商人たちとも連絡をとり、金や武器の動きまたアントウェルペンに出入りするイングランドの代理業者たちについての情報を得た。マッティンリーによれば、これら商人たちからの情報は、スパイからの情報以上にシャピュイにとって有益であったらしい(35)。

四　シャピュイの書簡

本書で直接の史料として用いた *Spa. cal.* については既に本書序章第三節で示したのであるが、シャピュイの書簡に表されたイングランド問題の内容に関していえば、その記述は非常に詳細で、イングランド情報を知る上で極めて貴重な史料であるといえよう。シャピュイのカール五世へのロンドンからの書簡は、シャピュイがロンドンに到着した直後の一五二九年九月一日から始まっている[36]。それは、教皇特使カンペッジョとウルジーよるロンドンの教皇特使法廷がヘンリ八世の婚姻解消の訴えを審理未了のまま閉廷し、案件がローマ教皇庁に移送された一月ほど後のことであった。それからシャピュイはヘンリ八世の死（一五四七年）の二年前までイングランドに滞在し、その間ヘンリ八世の数度の結婚、離婚やイングランド教会のローマ教皇庁からの離反、修道院解散といったイングランドにおける大事件を眺め、報告していったのであった。シャピュイが伝えるイングランド情報の主な事項を時系列に沿って記すならば、王の離婚に関するイングランドとローマとの交渉、イングランド議会での離婚問題についての討論、ウルジーの失脚、キャサリンの置かれた悲惨な状態、初年度収入税禁止法の制定、聖職者服従法制定、カンタベリー大司教ウォーラム[37]の死、ヘンリ八世とフランソワ一世とのブーローニュ（ブローニュ）Boulogne 会談[38]、トマス・クランマーのカンタベリー大司教就任、上訴禁止法制定、ヘンリ八世のキャサリンとの離婚、ヘンリとアン・ブーリンとの結婚、王女エリザベスの誕生、王位継承法の発布、イングランドにおけるルター主義の浸透、国王至上法の発布、ロチェスター司教ジョン・フィッシャー[39]とトマス・モア[40]の処刑、キャサリンの死と埋葬、イングランドとカール五世との同盟締結交渉、ヘンリ八世自身の宗教改革に対する執着、王女メアリの処遇とメアリの父ヘンリ八世への服従、イングランドのドイツ・ルター派諸侯への接近、アン・ブーリンの処刑、ヘンリ八世のジェーン・シーモア[41]との結婚、修道院解散[42]、恩寵の巡礼[43]、王太子エドワードの誕生、イングランドとカール五世との再度の同盟締結交渉、ヘンリ八世のアン・オブ・クレーヴェ[44]との結婚と離婚、トマス・クロムウェルの処刑、ヘンリ八世のキャサリン・ハワード[45]との結婚とキャサリン・ハワードの処刑、イングランドとスコットランドとの戦争、イングランドとカール五世との同盟締結、ヘンリ八世のキャサリン・パー[46]との結婚、ヘンリ八世のフランス攻撃等であり、ヘンリ八世の治世後半期の出来事のほとんど全般に関わることである。

このようにシャピュイは、ヘンリ八世の離婚問題でキャサリン・オブ・アラゴンの権利を守るようにカール五世からイングランドに遣わされ、その後一六年間に亘ってイングランド駐在大使を勤め、イングランド情報を報告したのであるが、次章では上訴禁止法に絞って、シャピュイが見聞きし、報告したことを具体的に見ていくことにしたい。

[注]

(1) 金羊毛騎士団 Ordre de la Toison d'or は、ブルゴーニュ公フィリップ善良公（一三九六～一四六七、在位一四一九～一四六七）により一四二九年に作られた世俗騎士団である。聖アンデレを守護聖人とし、カトリックを守護することを目的としている。シャルル勇胆公の死後、騎士団はハプスブルク家に継承された。

(2) エドワード四世とブルゴーニュ公国との関係については、井内太郎『十六世紀イングランドと行財政史研究』広島大学出版会、二〇〇六年、一五三～一六四頁参照。

(3) A. Kohler, Die Englische Reformation aus der Sicht KarlsV und seines Hofes, in *Karl V*, ed. by A. Kohler, pp. 43 - 49.

(4) これに関しては矢代崇『イギリス宗教改革史研究』創文社、一九七九年、七七頁参照。

(5) マドリードの講和条約は一五二六年一二月に締結された。カール五世はパヴィアでの勝利によりブルゴーニュに対するフランスの支配権放棄を要求し、フランソワもその要求を条件付で受け入れた。しかしフランスはパヴィア、マドリードでの敗北に関わらず、母后なるルイーズ・ド・サボアのもとに動揺することなく国力を強化した。フランソワ一世がこの過酷な条約の調印によって解放されるや否や、ブルゴーニュの州三部会はただちに、強制のもとで王が結んだ同州割譲の約束は無効であると宣言し、またフランソワもこの調印は「強制下の条約」だからと、この約束を反古にした。

(6) アントウェルペン市場の閉鎖に関しては、今井宏編『イギリス史　二　近世』山川出版社、一九九〇年、三〇頁参照。

(7) レビ記一八章一六節には「あなたの兄弟の妻を犯してはならない。それはあなたの兄弟を辱めることである」と書かれている。

(8) 一般には離婚とされるが、教会は離婚を認めていなかったので、正式には婚姻解消となる。教皇の特免による婚姻解消は、当時行われていなかったわけではなかった。またイングランドでは女性の王位継承権が認められていたので、メアリがヘンリ八世の後継者になることは法的には問題はなかった。しかしテューダー朝はまだヘンリ七世によって始められたばかりで、王位継承権が乏しいうえに、ヨーク家やランカスター家の血を引きヘンリ八世後に王位を主張しうる男子も複数おり、ヘンリ八世死後はイングランド国内での政治的混乱を招きかねなかった。これに関しては指昭博編『ヘンリ八世の迷宮』昭和堂、二〇一二年、一三頁参照。

(9) 一五二七年五月六日の「ローマの劫掠」はヨーロッパ中を震撼させるものであった。これはカールの知らぬ間に皇帝側の兵士たちがローマに突然侵入して教皇を幽閉し、略奪を尽くした事件であるといわれる。

(10) 教皇特使カンペッジョ Lorenzo Campeggio（一四七四～一五三九）はイタリア人で、枢機卿であり、クレメンス七世からヘンリ八世の離婚問題解決のためイングランドに遣わされた。カンペッジョはウルジーとともに「イングランドの守護枢機卿」Cardinal Protector of England であり、（イタリア人ではあるが）ソールズベリー司教でもあった。一五二八年六月二五日にローマを出発して九月末にイングランドにようやく到着したが、半年間この離婚問題を審理する法廷を開かず、ヘンリ八世には離婚を思い留まるよう説得を試み、キャサリンには修道院にはいるように勧めた。この法廷は四回開かれたが、一五二九年の七月の第四回法廷で、カンペッジョは一〇月までの休会を宣言した。七月二二日に教皇特使法廷はヘンリ八世の婚姻解消の訴えを審理未了のまま閉廷し、この法廷がローマ教皇庁に引き上げられることを宣言した。

(11) 宗教改革議会は一五二九年一一月四日から一五三六年四月一四日まで続いた長期議会であった。宗教改革議会に関しては、栗山義信「ヘンリ八世と議会」（『トマス・モアとその時代』澤田昭夫、田村秀夫、ミルワード・P、研究社、一九七八年）、三三八～三五五頁参照。

(12) 今井宏編、前掲書、三四頁参照。

(13) *Spa. cal.*, vol. iv, part i. no. 228 また本書付録資料三参照。

(14) この間のヘンリ八世とカール五世との関係については拙著「外交」（指昭博編『ヘンリ八世の迷宮』）、一五九頁参照。

(15) カール五世はこの問題に関して、弟フェルディナンド一世に宛てて書簡を送っている。K. Lanz, *Correspondenz des Kaisers KarlV*, Leipzig, 1844 - 46, vol. i, no.131, p.131 (Der Kaiser an Ferdinand).

(16) カール五世のイングランド大使に関しては本書付録資料一参照。

(17) メサ Bernardino de Mesa（?～一五二四）はドミニコ会士で、エルナ司教。一五一四年一二月二二日アラゴン王フェルナンド二世からイングランド駐在大使として派遣され、引き続きカール五世の大使として一五二三年三月一七日までロンドンに駐在する。

(18) G. Mattingly, Eustache Chapuys and Spanish Diplomacy, pp. 351-565を参考にした。

(19) 一五二一年の一一月に調印されたブルージュBruges協定。

(20) G. Mattingly, Eustache Chapuys and Spanish Diplomacy, pp. 2 - 91; Idem, "A Humanist Ambassador", in *Journal of Modern History*, vol. 4, 1932, pp.176 - 185. マッティンリーはこの後の論文の中でヒューマニストとしてのシャピュイを論じ、シャピュイの情報源をも明らかにしている。

(21) J. -G. Ritz, "Le Savoyard Eustache Chapuis", in *Cahier d'Histoire*, vol.11, 1966, pp. 163 - 175. リッツはシャピュイの経歴、皇帝から受けた使命またシャピュイの大使としての役割の概略を示している。リッツは彼の属するリヨン大学の図書館に残されていたシャピュイから皇帝に宛てた八四通の書簡（一五二九年から一五三三年まで）の写しを偶然見つけたことにより、シャピュイの研究を始めたと述べている。なおシャピュイの生年に関する史料は現存していないが、十九世紀末まで残されていた墓碑から推定すると、シャピュイの生年は一四八九年らしい。

(22) M. A. O. Brun, *Historia de la Diplomacia Española*, vol. 5, Madrid, 1999, pp. 262 - 263.

(23) シャピュイは叙階されている。このことにより、シャピュイを聖職者であり、法学者であると理解するべきであると考える。

(24) ブルボン公duc de Bourbonシャルル三世Charles Ⅲは、ブルボン家の相続人であるシュザンヌと結婚してブルボン家の家長となり、一五一五年のマリニャーノの戦いでの功績によりフランス元帥、ミラノ総督となるが、一五二一年にフランソワ一世の母の主張によりブルボン公領を没収された。その後カール五世側に寝返るが、ローマ劫掠の際、ローマを包囲したときに落命した。

(25) この役職がどのようなものであったのかはわからない。マッティンリーによると、皇帝の宮内府に属し、かなり重要な地位であったらしい。シャピュイはこの役職で六二五リーブルの年俸を受けていたといわれている。G. Mattingly, Eustache Chapuys and Spanish Diplomacy, p. 96. なおこの主任審査官兼評議員はフランスの制度における訴願審査官兼国務評定官（臣民の請願を受理、審査し、君主に報告する職務で、重要な国王役人）に近い役職であろうと思われる。

(26) カンブレーの和約は、一五二九年八月三日、カール五世の叔母マルガレーテとフランソワ一世の母ルイーズ・ド・サボアの間で結ばれた。フランソワ一世はイタリアやフランドル、アルトアの支配権を放棄すること、カール五世は以後ブルゴーニュに対する支配権を要求しないということ等が決められた。イングランドも第三条で、カンブレーの和約に加わっている。カンブレーの和約の全文は *Corps universel diplomatique du droit des gens*, vol. vi, part ii, ed. by J. du Mont, Amsterdam and Den Haag, 1726 に載せられている。

(27) 教皇パウルス三世は、ヘンリ八世に対する破門措置の一環として、カール五世とフランソワ一世に常駐大使をイングランドから召還することを要求している。

(28) *Spa.cal.*, vol. iv, part i, nos18, 25, 27, 54 ; *L. & P.*, vol. iv, no. 351, p.165. シャピュイの大使としての信任状の日付は不明だが、訓令は一五二九年六月二五日（*Spa. cal.*, vol. iv, part i, no. 52）にバルセロナで発布された。

(29) しかしマッティンリーによれば、イングランド駐在二年を経ずして、シャピュイはイングランドとの和平の困難を痛感し、それ以後キャサリンの利益を守ることを赴任目的の中心に置いたといわれる。G. Mattingly, *Renaissance Diplomacy*, p.179.

(30) シャピュイの信任状に関しては、*Spa. cal.*, vol. iv, part i, no.19 そしてシャピュイの訓令に関しては、*Spa. cal.*, vol. iv, part i, no. 52 を参照。シャピュイの信任状の日付はつけられていないが、*Spa. cal.* の編者ガヤンゴスは、おそらく五月末日であろうと述べている。訓令は六月二五日付になっている。シャピュイはイングランドでヘンリ八世にカンブレーの和約の批准を求めることも、カール五世から託された。信任状はカール五世からヘンリ八世に宛てたもので、「私の愛すべき主任審査官兼評議員ウスタシュ・シャピュイがイングランドに大使として赴任するので、よろしく頼む」と書かれている。

(31) *Spa. cal.*, vol. iv, part i, no.160.

(32) *Spa. cal.*, vol. v, part ii, no. 43A.

(33) *Spa. cal.*, vol. vi, part ii, no.13.

(34) ノーフォーク公 3rd Duke of Norfolk, Thomas Howard（一四七三〜一五五四）は軍人であり、この当時はヘンリ八世の首席顧問官である。彼は特使としてフランスに三度派遣された。

(35) G. Mattingly, *Renaissance Diplomacy*, p. 234. 但しマッティンリーは、商人たちからの情報がシャピュイにとってより有益であった理由には言及していない。

(36) *Spa. cal.*, vol. iv, part ii, p.189, K.u.K. Haus- Hof- u. Staats Arch. Wien. Rep. P.,Fasc., c. 225, no.16.

(37) ウォーラム Warham（一四五〇？〜一五一二）はカンタベリー大司教で、テューダー朝の高官であった。一五二〇年の「金襴の野」での会談のため、ヘンリ八世に同行してフランスに行くなど、外交活動を担った。ヘンリ八世と王妃キャサリンとの離婚問題のため、教皇クレメンス七世との仲介を王から頼まれる。ウォーラムはキャサリンに味方し、ヘンリ八世の離婚に反対しようとしたが、高齢のため、死去する。そのため、キャサリンは強力な味方を失った。
(38) ブーローニュ会談は、一五三二年四月のヘンリ八世とフランソワ一世とのフランスでの会談。この会談にはアン・ブーリンも同行し、フランソワ一世はヘンリ八世の王妃キャサリンとの離婚に向けて協力することを約し、ヘンリ八世との間に同盟を締結した。
(39) ロチェスター Rochester 司教フィッシャー John Fisher（一四六九～一五三五）はケンブリッジ大学総長で、王妃キャサリンの聴罪司祭であった。ヘンリ八世の離婚、王位継承法、国王至上法に反対して刑死したが、獄中で枢機卿に任ぜられた。
(40) トマス・モア Thomas More（一四七八～一五三五）はヘンリ八世の友人であり、人文主義者であった。一五二九年大法官になったが、フィッシャーと同じくヘンリ八世の離婚、王位継承法、国王至上法に反対して刑死した。
(41) ジェーン・シーモア Jane Seymour（一五〇九？～一五三七）はヘンリ八世の第三王妃。第二王妃アン・ブーリンの侍女を務めたのち一五三六年五月にヘンリ八世と結婚し、翌年王太子エドワードを出産したが、間もなく病没した。長兄エドワードは後にサマセット公になり、エドワード六世の摂政になった。
(42) ヘンリ八世は一五三六年小修道院解散法を制定して年収二〇〇ポンド以下の修道院三七六、一五三九年には大修道院解散法を適用して残る二〇二の大修道院を解散し、修道院領を没収した。
(43) 一五三六年一〇月にイングランド北部で生じたテューダー朝最大規模の反政府運動で、修道院解散に反対した一揆から始まったといわれる。リンカーンシャーで生じ、ヨークシャーを中心にロバート・アスクを指導者とした大反乱であったが、一五三七年一月には国王軍によって完全に鎮圧され、アスク以下首謀者は捕えられて処刑された。
(44) アン・オブ・クレーヴェ Anne of Cleves（一五一五～一五五七）はヘンリ八世の第四王妃である。ドイツのクレーヴェ公ヨハンの娘である。一五四〇年トマス・クロムウェルの仲介によりアン・オブ・クレーヴェはヘンリ八世と結婚したが、半年後に離婚した。
(45) キャサリン・ハワード Catherine Haward（一五二一～一五四二）はヘンリ八世の第五王妃である。ノーフォーク公の姪にあたる。アン・オブ・クレーヴェの侍女であったが、一五四〇年七月にヘンリ八世と結婚する。結婚前の不品行を理由に処刑された。
(46) キャサリン・パー Catherine Parr（一五一二～一五四八）はヘンリ八世の第六王妃である。二度の結婚の後、一五四三年にヘンリ八世と結婚した。

第三章　神聖ローマ皇帝大使の見たヘンリ八世の離婚問題

この章は駐イングランド皇帝大使であるシャピュイが見たヘンリ八世の離婚問題を考察するため、一五三三年春に制定された上訴禁止法に焦点をあてる。期間は一五三三年一月から一五三三年六月に限定したい。具体的には①シャピュイは上訴禁止法をどのように受け止めて、カール五世にイングランドの情報として報告したのか、②シャピュイの報告を受けたカール五世側の反応はいかなるものであったのかを探りたい。

第一節　時代背景と研究史

ヘンリ八世の離婚訴訟は既に述べたように一五二九年にローマに移管されることになったのであるが、このローマでの離婚訴訟において、ヘンリ八世の離婚前年にあたる一五三二年当時、ヘンリ側は不利な立場に置かれていた。この訴訟は一五三〇年一〇月からは教皇庁控訴院 Rota で審理されるようになっていたが、控訴院はあくまでもこの訴訟はローマで審理されるべきであると主張し、それ以外の地での審理を認めようとはしなかった。そしてヘンリ八世の弁護人は、王からの正式な委任状なしには王がローマに出頭しない理由を釈明するために入廷することすら許されない状態であった。ヘンリの離婚訴訟の相手側であるキャサリン・オブ・アラゴンを擁護する駐ローマ神聖ローマ皇帝大使は、この訴訟に迅速に判決を下すことを教皇クレメンス七世に常に要求していた。教皇はカール五世側に強く脅されていたのであった。カール五世側はヘンリ八世が委任状を出さない以上、教皇が最終判決を下す以外にこの離婚問題の解決はないと主張していた。しかしメディチ家出身のクレメンス七世は、カール五世の権力拡大を嫌い、フランスとの関係をも重視したいと望み、当時フランス王と良好関係にあったイングランド王の離婚訴訟に判決を出すことを躊躇し、この訴訟はローマで膠着状態に陥っていた。ローマでの離婚訴訟がこのような状態にあった一五三二年一一月、ヘンリ八世はアン・ブーリンと密かに結婚し、翌年一五三三年一月には懐妊が判明した。ヘンリ八世はこの待望された後継者は正嫡であらねばならないと思い、アン・ブーリンとの結婚が正当なものであることを早く立証する必要を感じた。前年から政治的発言力を増し、急速に頭角を現してきたトマス・クロムウェルの発案により、いかなる訴訟も外国法廷に訴えることを禁じる上訴禁止法が、一五三三年の四月議会を通過した。四月二日にはトマス・クランマーがカンタベリー大司教に叙階され、クランマーはヘンリ八世の離婚訴訟の判決を自分に委ねるようヘンリ八世に上申した。制定されたばかりの上訴禁止法により、カンタベリー大司教法廷が、教会法廷で扱われるイングランド国内の訴訟を審理する最高法廷にされたのである。四月一二日にはカンタベリー大司教法廷でヘンリ八世とキャサリンとの結婚は無効であると決定され、そしてついに六月一日、アン・ブーリンはカンタベリー大司教により聖別され、王妃となったのである。

これまでのヘンリ八世の離婚問題に関する研究を見ると、ローマでヘンリ八世の離婚訴訟が審理される中、イングランド国内ではどのような動きがあったのか、またどのような政策が王や顧問官たちによって遂行されたのかという研究は数多くなされている(1)。しかしこのキャサリンを支持する側の大使がこの訴訟に関するイングランドの政策をどのように受け止め、本国に伝えたのかということに関する研究は、マッティンリー(2)とブルン(3)のみである。ヘンリの離婚問題をイングランド教会のローマ教皇庁からの離反の契機として考えるとき、この離婚訴訟に及ぼした相手側の作用を見ることは、イングランド宗教改革を考える上でまた別の新しい視点を示すものと思われる。ローマでの離婚訴訟に進展がみられなかった間、イングランド駐在の皇帝大使がキャサリンの甥であるカール五世に伝えたイングランドの情報は、カール五世や皇帝の顧問官たちが対イングランド政策を決定する際に少なからぬ影響を与えたものと考えられる。そしてそれはまたローマでの離婚訴訟の行方にも作用を及ぼしたことであろう。

既に第二章で述べたように、シャピュイはイングランドがローマ教会から離反する以前からイングランドに滞在し、ヘンリ八世やクロムウェルたちが王の離婚問題を機に独自の国家教会を作っていく過程を見てきた。自らの離婚問題を解決するためヘンリ八世が議会の承認という手段をとったことも、宗教改革実現のため議会で多数の法が制定されたことも見てきた(4)。その中でもヘンリ八世とキャサリンとの離婚の実現に直接関わる上訴禁止法は、キャサリンの利益を守るというシャピュイの使命と深く結びつくものであると考えられる。上訴禁止法制定をシャピュイがどのように見てカール五世に伝えたかは、シャピュイの見たイングランドを考察するという本書の趣旨に適するし、常駐大使としてのシャピュイの働きを考察する上でも意義があることと考えられる。更にイギリス近世史研究において、特に二十世紀後半からは上訴禁止法の重要性が取り上げられ、議論されてきていることも注目に値する。

イングランド宗教改革史における一五三四年の国王至上法 Act of Royal Supremacy の持つ重要性は周知のことである。国王至上法は「わが元首である国王およびこの国王を相続し、かつ継承する本王国の諸王は、アングリカーナ・エクレシアとよばれるイングランドの教会の地上における唯一最高の首長 the only Supreme Head in Earth of the Church of England called Anglicana Ecclesia と解され、認められ、見なされるものとする」(5)と述べている。けれども現在ではその前年春に議会を通過した上訴禁止法の方が、イングランドの主権国家理念を最も早く明確に定義したものとして注目されるようになり、国王至上法はそれの確認として理解されることが多い。上訴禁止法は「そもそも種々さまざまな古い権威ある歴史書や年代記によって明らかに宣言され、そして述べられたことであるが、このイングランド王国はインパイア（エンパイア）であり this Realm of Englond is an Impire、そのように世界の中で受け入れられてきたのである。このインパイアは至上の長である国王によって統治され、その国王は帝冠 Imperiall

Crowne の尊厳と王の威容を有するものである」（私訳）という有名な書き出しで始まる(6)。しばしば指摘されるようにこの上訴禁止法の中で特に注目されるものはその序文の「このイングランド王国が Impire（Empire）である」(7)という表現である。それにより「イギリス憲政史上殊に十六世紀中最も重要な法令である」(8)とまで言われた。上訴禁止法はイングランド王国を帝国であると明示し、世俗の裁判ばかりでなく教会裁判においても最終的な決定権は国王にあることを定めた。具体的には死罪をも含む罰則規定を設けてイングランド国外の法廷（具体的には教皇庁）に直接上訴することを禁じたもので、ヘンリ八世が離婚訴訟を進めていく過程で、またそれに対するローマ側の対応の中で生じてきた制定法である。

上訴禁止法の意義を強調したのはエルトンである。エルトンは上訴禁止法の序文で用いられている Empire という語に注目し「この Empire は一つの政治的単位、外国の勢力から解放された自由な自主独立の国家、つまり主権国家を意味する」(9)と主張する。またディケンズは「イングランド宗教改革の全法の中で、一五三三年二月から三月にかけて通過したこの上訴禁止法は最も画期的なもの、その原則の提示において最も明確なもの、ヘンリの宗教改革において最も中心的なもの、そしてそれはクロムウェルが王の民を連れてルビコン川を渡ろうとした時、彼が掲げた幟であった」(10)としてこの法を評価している。しかし中世史家であるハリスは、この Empire という語は中世でも使われていたが、限界を持ち続けたものであることを強調し、中世との連続性を主張する(11)。ハリスは Empire という語の解釈を巡ってエルトンと論戦を繰り広げた(12)。スケアズブリックも「この Empire という語はここで登場し、重要な語としてイングランドの政治語彙に加わったが、その後のどの公文書にも現れてこないので、ほとんど消えてしまうために出てきたようなものである。そしてこの法はローマに対するイングランドの政策に直接の影響をほとんど及ぼすことはなかった」(13)と述べ、特にこの法のその後に与えた意義を評価しない。

またシャピュイの書簡研究関係でいえば、フルードとマッティンリーとブルンがおり、フルードは上訴禁止法に関して以下のように述べている。「上訴禁止法や国王至上法はイングランド国家の独立を宣言し、イングランド帝国内での外国の司教、君主、権力者の干渉を排したものである。……この力強い革命は議会の行為、法の断固たる強制により市民革命なしに成し遂げられたものである」(14)。一方マッティンリーは上訴禁止法制定をキャサリンの離婚問題の経過の中のひとつの出来事として述べており、特に上訴禁止法に注目しているわけではない(15)。彼は、上訴禁止法の最初の草稿は既に一五三〇年一〇月には出来上がっており、ヘンリ八世は貴族院また庶民院の法律家や聖職者からなる委員たちの前でこの草案を示したと語る(16)。そして一五三三年三月三〇日に、ローマへの上訴を全く禁止する法が議会に提出されたと記す(17)。ブルンは彼の『スペイン外交史』の中で上訴禁止法には全くふれていない(18)。

日本ではほとんどの研究者がこの上訴禁止法を革新的なものとして受け止めてきた。大野真弓は「イギリス宗教改革と絶対主義──ヘンリー八世の国王至上法」で「ローマとの断絶の志向性、もしくは兆候は、既に一五三二年の「初年度収入税禁止法」「聖職者の服従」の中に読み取れ、ヘンリー八世がローマ教会からの自立への方向に踏み切ったのは一五三二年頃」(19)としており、特に上訴禁止法の意義を強調してはいない。しかし栗山義信は「上訴禁止法に関する一考察」の中で「ローマとの断絶が初めて決定的になり、ヘンリー八世が「信仰の擁護者」の称号を教皇から与えられたあの両者の友好関係の終止符を打つに至ったのは一五三三年の「上訴禁止法」によるのではないだろうか」(20)と述べており、熊田淳美は「イギリス初期絶対王政下の議会と官僚」で「上告禁止令〔上訴禁止法〕は正しく中世的な国家観とローマ教会の支配の脱却の上に立っており、それが国王を唯一の支配の頂点とする国民国家の宣言を意図したことは明らかである」(21)と語っている。越智武臣は『近代英国の起源』で「いったいローマとの決裂は、正確にはいつ訪れたのであろうか。越えて三三年春、我々はここに重要な法令を持つことになる。史上「上告禁止法」と言われるものがそれである」(22)と述べ、川本宏夫は「十六世紀イギリス宗教改革における上訴禁止法について」で、「この〔上訴禁止法の〕法令の発布はイギリス宗教改革の過程にあっては、教皇権の徹底的消滅への議会でとられた第一段階であって、その序文には、イギリス宗教改革の基本原則が含まれている」(23)と記している。佐藤哲典は「ヘンリー八世治下におけるイングランド国教会の成立過程とその特質について(1)」で「本法〔上訴禁止法〕序文は、中世以来用いられてきた極めて伝統的な用語(24)を用いてはいるが、その用語の意味内容を変更することによって、中世のカトリック教会的、普遍的エンパイア理念そのものを否定し、イングランドの新しい国家体制を明示したといい得る」(25)と述べている。

今までの学説を見てみると、ハリスやスケアズブリックのようにこの上訴禁止法の革新性や意義を認めないか、あるいはマッティンリーやブルンのように特に注目しない研究者もいたが、海外ではエルトン以来、上訴禁止法をイングランドのローマ教皇庁からの独立宣言を明確に示すものとして取り上げられることが多かった。日本では政治史の研究者である大野真弓がイングランドのローマ教会からの独立について紹介したが、その後法制史や宗教史の研究者は、海外の動向を受けて上訴禁止法の意義を認知するようになった。それら研究者の議論の中心になったものは、この前文で示されている Empire という語である。この Empire という語は、過去にも使われていると主張する研究者もいるが、このようなローマ教会への上訴を禁じる法の前文で示されている「イングランド王国は Empire である」という文の意味を問う議論が多かった。一五三〇年代の一連の宗教改革法では、各制定法の前文にその法が実現しようとしている基本理念が明示されており、前文は重要な役割を果たしているのであるが、ここで登場する Empire は何を意味しているのであろうか。Empire という語が使われているがゆえに、Empire の理念を巡って議論がなされたのであった。そして上訴禁止法をイギリス史上非常に重要な意味を持つ制定法として受け止める意見が大半を占めたのである。現在ではイギリスの学会でも上訴禁止法の意義を認めることで落ち着いてはいるが、この Empire を「帝国」としてそのまま受け止めるというよりも、あくまでもイングランド国内での主権国家宣言を示すものとして理解される傾向が強い(26)。

このように上訴禁止法に関するこれまでの議論は、いずれにしても国制史的観点からなされることが多かった。上訴禁止法はイングランド宗教改革の契機となったヘンリ八世の離婚問題（イギリスでは「国王の大問題」と表現されることが多い）の次元をはるかに超えて、極めて重要な制定法として議論されてきた。しかし、この法はあくまでもヘンリ八世が自分の離婚問題を解決しようと奮闘する中で生じてきたものであることを忘れてはならない。この主権宣言は、ヘンリ八世が自分の離婚を認めようとしないローマ教会に対する非常に強い挑戦を示している。それまでにもなされたローマ教会への反発とは異なり、ローマとの決裂をも辞さないヘンリ八世の固い決意が示されているのである。またこの法はヘンリ八世の決意を示すものであるとともに、この訴訟の相手側である王妃キャサリンに直接関わる法であるが、このようなイングランド側の措置によりローマ教会に上訴をしているキャサリンの立場が変化することに注意が向けられることは少なかったのである。さらにキャサリンを擁護し、ヘンリ八世の離婚を阻止しようと奔走するカール五世側が、死罪の罰をも科してローマへの上訴を禁じるこの法をどのように受け止めたのかというイングランド外からの視点は、これまで研究されてはこなかった。しかし、大陸側に多くの議論と影響を与え、国際問題にもなったヘンリ八世の離婚問題を考えるとき、イングランド内ばかりでなく、イングランドの外から見たヘンリ八世の離婚問題を考察する必要があると考える。イングランド自身もそのような外からの視点を常に意識せずにはいられなかったと考えざるを得ない。

本書ではシャピュイが皇帝に宛てた書簡を用いて、皇帝大使が見たヘンリ八世の離婚問題を考察する。シャピュイが、イングランドの国制史研究上重視されているこの上訴禁止法制定についてどのような面で注目しながら、それを情報として本国に伝えたのかを特に取り上げて考察したい。またその情報を受けた後のカール五世側の対イングランド政策はいかなるものであったのかを見たい。時期は上訴禁止法制定前後六か月間に限定し（一五三三年一月から一五三三年六月まで）、この間シャピュイがカール五世に宛てた書簡（全一七通）並びに、カール五世が皇帝大使たちに与えた指令の書簡（全四通）から探ることにしたい(27)。

以下では上訴禁止法に関して大使が見聞きし報告したことを具体的に見ていきたい。

第二節　皇帝大使の伝える上訴禁止法

Spa. cal. に収録されているシャピュイからカール五世に宛てた書簡の中で、上訴禁止法を扱っている書簡はこの時期（一五五三年一月から六月）の全書簡一七通中七通である。本章では上訴禁止法に関する記述が多い五通をまず紹介する。この法に最初にふれているのは一五三三年三月一五日の書簡である。ヘンリの離婚問題に関する一五三三年一月から同年三月一五日までのイングランド内の動きについては既に述べたが、一五三三年二月四日から開始された議会の第五会期で上訴禁止法案が議会に提出され、四月はじめにこの法案が議決されたのであった。

（一）シャピュイから皇帝に宛てた書簡　一五三三年三月一五日(28)

昨日と今日、議会で制定法に関する議論がなされました。その法はこの王国では教皇がいかなる権利も権威も司法権も持ってはいないことを宣言するものであります。非常に妙なことと思った者も何人かおりました。それでも、誰もがこの法案は成立するだろうと考えています。**というのは王がそれを強く望んでおり、王は議会でこの法案を成立させる手段を既に講じています。もしも教皇がそれを阻止しようと願っているなら、私が〔以前送った書簡の中で〕陛下に申し上げているように、それには〔教皇が〕王妃の問題に早急に判決を出すこと、またスコットランド王に金銭的援助をすること、そして教会の懲戒罰 censures(29)で〔イングランドの〕**

通商を妨害することしか道はないでしょう。そうでなければ、事態は本当に悪くなってしまうでしょう。

この部分は一三段落中一〇段落目に書かれている。この書簡に記された内容は、順に以下の一一項目である。①王がある司祭に王とアンとの結婚を支持する説教を行わせている話。②スコットランド問題のため（アンの兄弟である）ロッチフォード卿(30)がフランスに派遣された話。③王とフランス王とが親密であること。④カール五世のボローニャからの出発やドイツ国内の混乱状態についての王の意見。⑤王の離婚問題に対するカール五世の態度への王の非難。⑥離婚訴訟に対する教皇の態度への王の不満。またかつての教皇たちのイングランド王に対する態度への不満。⑦フランスの富と権力への王の賞讃。⑧上訴禁止法の問題。⑨ルター派ドイツ諸侯からのイングランド王への支持を伝えるため、ドイツから使者が来英した話。⑩スコットランドの持つ戦艦の数。⑪教皇の姪とフランスのオルレアン公(31)との結婚問題。

この書簡には上訴禁止法案が議会に提出されたことが示されてはいるが、上訴禁止法に関してはわずかしか記載されておらず、名称も出てこない。この書簡においては⑤と⑥の部分の記載が多く（全体の半分以上）王の離婚問題についての話題が中心であり、上訴禁止法に関する記述（⑧）もこの関連で述べられている。この法に関してシャピュイが注目しているのは、教皇がこのイングランドで権威や司法権を失うということであり、そういった結果を伴うことになるこの法の成立を王が強く望んでいることである。シャピュイはこの法の趣旨を既に把握していたと思われるが、まだこの時点ではこの法案の実効をイングランド王が本気で狙っているわけではない、むしろイングランド王と取引することにより成立を阻止することが可能なものとして捉えていた。シャピュイは教皇がまず王妃の訴訟に判決を与えることで、この王側が企てた政策を回避できると考えていた。やはりシャピュイはこの法を王の離婚との関係で見ていたといえよう。しかしシャピュイがイングランドの通商の妨害というカール五世にとっても経済的損失になるであろう手段をも考慮にいれていたことは、彼が当初からこの問題を軽視してはいなかったことを示すものとして興味深い。

（二）シャピュイから皇帝に宛てた書簡　一五三三年三月三一日(32)

ここではっきりと上訴禁止法案が議会に提出されたことが述べられている。

アン・ブーリンとの結婚式がイースター前かその直後に厳かに挙行されるだろうと言われています。……イングランドの宮廷では王側であれ王妃側であれ、教皇は皇帝陛下を裏切るだろうとどの廷臣も公言しますが、特に〔王の側近たちである〕ノーフォーク公(33)とサフォーク公(34)は確信を持って断言しています。……教皇は何よりもまずこのこと〔教皇が今まで王の離婚訴訟に判決を出さずにきたこと〕、またイングランド王が教皇の指示に従わず、イングランド国内で新しいカンタベリー大司教により王の離婚問題を終結させてしまうだろうという危険を警告されていたにも拘らず、カンタベリー大司教任命の教皇大勅書 bull をイングランドに急送したことを悔悟すべきであります。教皇はイングランドで自らの権威を確実に失うことになるでしょうから。そのことはキリスト教界にとってはスキャンダルに、そして王妃の訴訟にとっては損になりましょう。というのは議会に提出された法案の中には教皇の権威に反することも含まれており、それは次のような内容のものであります。「いかなる者もそれが世俗のことであれ、宗教的なことであれ、結婚に関するものであれ、どのような問題に関してもここイングランドからローマに上訴すべきではない」と。そしてそれは財産没収の罰や反乱罪による投獄の罰をもって禁じられているのです。またこの法は将来のことに対して適用されるだけではなく、既に始められている訴訟に対してさえ効力を発揮するということであり、すぐにわかることなのですが、**この法の条項は王妃の問題に直接当てはまるのであります。**信じがたいことですが、**「もし王妃が王**

妃の上訴に執着し、その法令に従うことを拒むならば、王は王妃から寡婦産を奪ってしまう〔だろう〕」と私は聞かされています。今までのところ庶民院議員たちは王の要請に応じることはなく、教皇の権威に反するような法に同意することを拒み、諸々の確固たる理由を述べてそれに勇ましく反対しています。最大の反対理由は、「もし教皇が自らに対してなされた侮辱に憤り、この王国を教会から分離しようとしている schismatic と宣言し、この王国を破門してイングランド人の生活の糧である毛織物貿易を妨害させようものなら、〔イングランドで〕何よりも恐ろしい暴動が生じ、内乱が起こるに違いない」ということです。このような判断に対し、王の問題を議会にけしかけた議員たちは「そのような危険はない。近隣のキリスト教徒の君主たちも喜んで王が〔教皇に対してする〕脅しや行いに倣い、これを支持するだろうから」と主張しています。

この部分はこの書簡の七段落中一段落目と二段落目に属し、分量も前より多くなっている。シャピュイがカール五世に宛てた多くの書簡から判断すると、外交官としての使命感の強かったシャピュイはカール五世に第一に報告すべきことと思っている内容を書簡の最初に書き、また量も多く記載する傾向があった。またシャピュイは大使の職にあった一六年間のうち、はじめの一二年間は同一の暗号を用いていた(35)ことからしても、秘密保持のためシャピュイが送付のたびに記載方法を変えたとは考えにくい。つまり書簡が、重要な事項から順に記されていると考えるならば、前の書簡と比して位置〔順番〕が上がったことは、分量の増加とあわせてシャピュイが上訴禁止法問題をより重視することになったことのあらわれと理解できる。この書簡に記された内容は、順に以下の通りである。①王はアン・ブーリンとの結婚を公式に認めてもらうためカンタベリー大司教宛の教皇大勅書を待っているということ。また結婚に反対しているのはただロチェスター司教〔のちに国王至上権を否認して処刑されたジョン・フィッシャー〕だけであるということ。②上訴禁止法の問題。③来英しているスコットランド人にシャピュイが接触し、皇帝への協力を促した話。④ロッチフォード卿が成果を上げることなくフランス宮廷から帰国したこと。⑤王がハンブルクとデンマーク(36)に送った使節たちが帰英したこと。⑥スコットランドが商品を積んだイングランド船を攻撃したこと。⑦シャピュイが未払いの給料の支払いをカール五世に要請したこと。

この書簡で注目すべきことは、議会で上訴禁止法案を通過させようというイングランド王やその側近たちの動向をシャピュイがよく把握していることである。また上訴禁止法の内容、そして法案通過に反対するイングランド側の議員の態度や反対理由、それに対する王の説得内容もシャピュイがこの時期にはかなり把握していたことがここから読み取れる。シャピュイはもうこの時点においては上訴禁止法を王妃の処遇に直接関わる問題としてかなり警戒していた。またイングランドでは教皇の権威失墜の危険性があるということ、そしてこれはキリスト教界にスキャンダルを生じさせるものであるということをシャピュイは教皇に対し警告を発しているのである。

（三）シャピュイから皇帝に宛てた書簡　一五三三年四月一〇日(37)

私が陛下にお知らせしたように、今の議会に出席している議員たちは、王が王自身や王国を危険に晒すようなことをしていることを重く受け止めて、王に対しこれを辞めるように迫り、その後もさらにしつこく迫ったのですが、その甲斐はありません。既に陛下にお知らせしたのですが、王は議員たちに教皇の権威に反する提議に同意させ、〔そのような法案を議会で〕通過させるようにと、断固たる決意で強いています。この法案の内容は、「どのような訴訟手続きも、たとえそれが結婚の訴訟であろうともイングランド内で審理されるべし。いかなる者も決して教皇に上訴してはならず、もし敢えて上訴しようとするならば大逆罪に問われるべし。また誰か王国外へ上訴をした者がこの王国に〔教皇からの〕破門や聖務執行禁止令を招くような事があれば、その者は直ちに捕らえられ、恥ずべき死へと送られるべし」というものであります。〔考えられるように〕

この計略は専ら王妃に向けられているのであります。

この部分はこの書簡の筆頭に置かれており、書簡に記された内容は、順に以下の通りである。①上訴禁止法について。②王とアンとの結婚がイースター(38)直後に行われるとのこと。それを王妃に知らせるということ。王妃は王妃の称号を剝奪され王の監視下に置かれること。③王妃の利益を守ろうとしているロチェスター司教が収監されたこと。④（こうなった以上は）イングランドに対する戦争をおこすようにとシャピュイがカール五世に懇願していること。⑤シャピュイによるアンへの批判。（カール五世にとっての）最大の困難はフランス王のカール五世に対する（軍事的）攻撃であろうが、現在のところフランス王にはその意志はなさそうだということ。またイングランド王はスイス(39)の援助なくしては何も行動できないだろうということ。⑥（何にもまして）王妃の利益を守るべきであるというシャピュイの意見。⑦スコットランドから帰英した教皇大使の話。スコットランドはイングランドとの和戦両方に備えていること。

イングランドにおけるヘンリ八世の離婚問題は急速に進展し、四月の第一週には上訴禁止法案が可決された。四月一二日ヘンリとキャサリンとの結婚は無効であることが決定され、一三日にアンは宮廷で王妃として公に宣言されたのであった。

このように事態が進展する中でこの書簡（**写真1参照**）が書かれたのであるが、この書簡には既にシャピュイが上訴禁止法案の議会通過、そして上訴禁止法が死罪をも含む罰則規定を伴う内容のものであることを、法制定後数日を経ずして承知していたことが示されている。この書簡では、上訴禁止法に関する記述のすぐ後に王とアンとの結婚や王妃に対する苛酷な扱いが述べられている（②）。またこの書簡全体は、王妃の利益をなんとしても守るべきであるという考えに貫かれている。このようなコンテクストから考えると、王妃の置かれた状況を大きく転換させ

写真１　シャピュイのカール５世に宛てた至急公文書（1533 年 4 月 10 日付）

K. u. K. Haus- Hof- u. Staats Arch., Wien, Rep. P., Fasc., c. 228, no. 21.（*Spa., cal.,* vol. iv, part ii, no. 1058）冒頭部分（暗号文で書かれている）

る事態として上訴禁止法を重視したシャピュイは、上訴禁止法成立をトップニュースに持ってきたと理解できる。王妃がローマに上訴することを禁じられ、今までの王妃の上訴も王国の法を犯す行為としてみなされる恐れを何にもまして最初にカール五世に伝えるため、この部分が書簡の筆頭に置かれたのであろう。そして④で示したようにこの書簡の中で、シャピュイはいまやカール五世にイングランドに対する戦争をおこすよう懇願している。これはそれが記されているコンテクストからみると、上訴禁止法案可決に直接対応してとるべき行動というよりも、王側の王妃に対する諸々の厳しい措置や王のアンとの結婚という事態に対応してシャピュイが具申している方策であると考えられる。シャピュイのそのような心情から判断しても、この時期シャピュイはこの上訴禁止法を専ら王妃の処遇に関するものとして捉えていたといえよう。

(四) シャピュイから皇帝に宛てた書簡　一五三三年四月一五日(40)

この書簡には上訴禁止法に関する記述が二箇所見られる。

〔四－一〕私〔シャピュイ〕が王〔ヘンリ〕を訪ねてきた理由、また皇帝大使ばかりでなく世のいと弱き者の意見を聞くのが王の義務であるということを私が述べると……王はしぶしぶそれまでの態度を改め、答え始めました。「二人の枢機卿〔教皇特使カンペッジョやヨーク大司教である枢機卿ウルジー〕に〔王の離婚訴訟に関する〕任務が〔ローマに移管される前に〕委託されたことは余自らが申し出たことではあるが、教皇がかつて余にした約束に基づくものである。教皇は余にその訴訟をここ〔イングランド〕から決して〔ローマに〕戻すことはしないと約束していたのである(41)。しかし教皇はかつての委託を取り下げたのである。双方にとって公平な場所でその訴訟を審理させ、判決を下させたらどうかという提案についても同意しない。というのは、余はイングランドで判決を下させるつもりだからである。王妃の上訴はそれがこの王国の法に基づく場合にのみ、余はそれに同意する。最近上訴禁止法案が議会に提出されており、それに王妃も一臣民として従う義務があるからである」。これに対して私は言いました。「法は将来のことに関するものであり、遡及するものではありません。そして王妃に関しては、もし王妃が王の正式な妻であるとすれば、確かに臣民であります。この前提に立てば法また上訴に関しては議論の余地はありません。しかし、王が主張されるようにもし王妃〔キャサリン〕が王の妻でないのならば、王妃は臣民とは呼ばれません。というのは、王妃はただ結婚されたためにここ〔イングランド〕に住んでおられるのだからです。その上イングランドの慣習法は、「原告は被告の出身国の法廷に提訴すべし」と規定しています。そうなればイングランドの慣習法に基づいて、王妃は王妃の訴訟を故国スペインで行う権利を主張されることでしょう」(42)。

この部分は、この書簡の一五段落中五段落目に属し、比較的長い記述であり、王とのやり取りを正確に伝えるために長くなっていると考えられる。この部分からはシャピュイが法的知識を駆使して、王妃のための議論を王と戦わせていたことが生々しく窺えて、興味深い。

この書簡に記された内容は、順に以下の通りである。①シャピュイが王妃に対する扱いについて抗議をするため王を訪ねたときの状況。②シャピュイによる王への抗議。王の離婚に対する非難。③王との（後継者問題について）議論。王がシャピュイはカール五世からの特命を受けて訪ねたのかどうか知りたがったこと。それに対しシャピュイが自分はカール五世からカール五世と王との友好関係を保つという任務、なによりも王妃の利益を守るという任務を与えられていると回答したこと。また王がカール五世は王に干渉する権利はない、王の権威でその法（上訴禁止法）を通すつもりであると述べたこと。シャピュイがイングランドでの訴訟終結は困難であると述べたこと。王妃が上訴禁止法の適用を受けるかどうかを巡る両者の議論。王がフランス王の助力を求めるつもりであると述べたこと。

またスペイン人とフランドル人との通商について尋ねたこと。④ノーフォーク公が王妃キャサリンを訪ね、これ以上上訴をしないように説得したこと。王がキャサリンに対し王妃を称することを禁止したと告げたこと。そして王妃の収入が減らされたと説明したこと。⑤アンが既に王妃のように振る舞っていること。⑥王が既に結婚の準備を整えていること。カンタベリー大司教を密かに任命したこと。⑦フランドル在のイングランド商人が王に戦争の可能性を尋ねたこと。フランドルではカール五世の傘下にある商人たちが戦争に対する備えをしていること。⑧スコットランドとイングランドとの和平に関してフランスの果している役割が少ないこと。⑨フランス王がヘンリとアンとの結婚を祝福していること。⑩王妃の称号が the Old Widow Princess に変えられたが、王女メアリの称号は Princess のままであること。⑪イングランドの人々が、この結婚に対するカール五世の意見を知りたがっていること。⑫王がローマに急使を送ったこと。

この書簡では、王妃に対する処遇についてシャピュイが王に抗議をしたことが筆頭に述べられており、また王の離婚問題に関する記述が九割以上を占めている。この上訴禁止法に関する記載もシャピュイの王への非難に続く議論（3）の中で取り上げられているが新しい情報はなく、このようなコンテクストからするとこの時期シャピュイの関心は専ら王妃の問題であったといえよう。但し皇帝大使はこの時点においてはこの離婚問題がスペインの通商またイングランドとフランスやスコットランドとの関係に及ぼす影響にも神経を配っていたことがここから読み取れる。

（四－二）王はまさに今日ローマに急使を送りました。それは次のことを教皇に〔弁明し〕ほのめかすためでありましょう。議会で教皇や教皇の権威に反対して行われたことは人々の懇願に基づくものであり王の本意ではないということ、そしてもし教皇が王の新しい結婚を承認されるのならば、王はそれを全て取り消すつもりであるということを。王はその急使に自分の手紙以外を運ばせることを禁じました。本当のことがわかってしまうためです。しかしながら、皇帝陛下はこのような〔イングランドの〕事態を教皇に知らせ、〔王の訴訟に〕判決を下すように、また他のなすべき対策すべてを講じるよう促して下さい(43)。

この部分は書簡の最後に追伸の形で書かれたものである(⑫)。シャピュイのこのような推測が正しければ、王が教皇に対して、また王の（ローマでの離婚）訴訟の行方に対して上訴禁止法がもたらす影響を憂慮するという表向きの姿勢を示していたことがわかる。王にはまだこの時期、教皇と全面対決する意志はなかったようである。

（五）シャピュイから皇帝に宛てた書簡　一五三三年五月一〇日(44)

この書簡には上訴禁止法に関する記載が五箇所ある。

まずこの書簡の内容は、順に以下の通りである。①王妃のカンタベリー大司教法廷への召喚を巡り、王妃にも上訴禁止法が適用される恐れがあるだろうというシャピュイの懸念。②王妃が出頭しない理由。③シャピュイがイングランド内でカール五世に対する（軍事的）攻撃の気配を感じていること。④王妃の権利維持のためシャピュイが自らの意志で王に手紙を出したこと。⑤王の腹心クロムウェルを通してその手紙に対する王からの回答。⑥王の重臣たちとシャピュイとの王の離婚訴訟を巡る議論。王の重臣たちがカール五世のイングランドに対する姿勢を知りたがったこと。それに対してシャピュイが、カール五世は常にイングランド王や王国に友情を抱いており、王や王国の利益や名誉また安寧のため王の離婚問題に介入していると答えたこと。カンタベリー大司教によるヘンリ八世の離婚訴訟の終結に対するシャピュイの反対論。王国内でその訴訟が終結されるべきであり上訴禁止法に逆らうべきではないとするフォックス博士(45)による反論。カール五世がイングランド征服を計画しているという王国内で流布している噂。⑦王の結婚が行われたこと。⑧ノーフォーク公がフランスに派遣されたのは、〔教皇とフランス王との間で行われる〕ニース会談のためであろうというシャピュイの予測。⑨王がアンとの結婚に際し、イングランドの人民に財政的援助をするよう命令しているということ。アンの評判の低さ。⑩王がローマに人を派遣し、ローマからも〔キリスト教界全体の〕公会議〔教会総会議〕のことでイングランドに人が送られたこと。

五月に入ると、五日にヘンリ八世はキャサリンのもとに王の代理人を遣わし、キャサリン自身の権利を守るため、カンタベリー大司教法廷の前にキャサリンを召喚した。しかしキャサリンは教皇以外の者による判決を拒否し、出廷しようとはしなかった。

（五―一）先月二七日にお手紙を差し上げてから、八日付の陛下の手紙を受け取り、私は間違いなくすぐに王妃に〔皇帝からの手紙の〕内容をお伝えしました。皇帝が自分の惨めなこと〔離婚問題〕に愛情深く関心を払ってくれているだけではなく、王妃自身の心の平安のもとであるとともにキリスト教界の幸がかかっている陛下の繁栄のご様子を知って、王妃は非常に喜び、慰められたようでありました。王妃がカンタベリー大司教に上訴したり、主張したり、抗議したり、あるいは嘆願したりすることは、議会を通過した先の法のために反乱罪となるのであり、大逆罪を犯した罰を科されるのであります。そして〔誰かが〕王妃に味方して意見を述べたり、〔根拠を〕示したり、主張したとしても、そのようなことは昇天祭(46)の翌日に離婚の判決を出すというカンタベリー大司教の決意を阻止したり、遅らせたりすることはできないことを悟られ、……王妃はカンタベリー大司教の〔法廷への〕召集に出席せず、全く無視することを決意されたのであります(47)。

この記載は、一〇段落に分かれているこの書簡の筆頭に置かれているものである。シャピュイが王妃の置かれた状態を第一にカール五世に知らせようとしていることがここからいえる。そして上訴禁止法に関する記述も王妃についての報告の中で簡単にふれられているだけであり（①）、シャピュイはここでも王妃にどんな影響があるかという視点を中心に上訴禁止法を見ていたと言えよう。

（五―二）私〔シャピュイ〕が見る限り、もし王妃が何らかの形で議会のこの法に違反すれば、王は**非常に喜び〔それを〕王妃につらく当たる口実にするでしょう。のみならずそのような〔王妃が違反するような〕折には王妃を裁くことになるこの王国の貴族たちに王は王妃を糾弾させ、前述の法で決められた罰を王妃に科さざるを得ないようにするかもしれません。そして貴族たちは巧みな企てに乗せられてカンタベリー大司教の判決を支持するのではないか、それにより王の要求を是認してしまうのではないかと心配します。**またこのような理由及び配慮の結果、王妃はそのような判決に関与しないよう私に求めるに違いないと思ってしまいます[48]。

これは三段落目から四段落目にかけて記載されているものである。王妃がカンタベリー大司教法廷に出頭しないため、裁判に訴える権利を取り上げられ、王妃の（既になされている）上訴が取り消される恐れがあるということを述べた後（②）に記されている。シャピュイが王妃の（ローマへの）上訴また王妃の今後の処遇にとって、この上訴禁止法が障害となることを懸念していることが読み取られよう。

（五―三）枢密院 King's Privy Council[49] に集まった王の重臣たちに対して、私は〔王妃の権利を守るため自らの判断で王に宛てて書いた〕手紙の内容をかいつまんで話し、また王や王の重臣たちすべてを破門するという教皇教書の趣旨を説明しました。これを聞くと〔アン・ブーリンの父である〕ウィルトシャー伯 the Earl of Wiltshire は大変驚いて立ち上がり、苛立ち、つぎのように言いました。「この手紙は非常におかしい。この王国内の誰か、いかに高位の重要人物であろうと〔キャサリンを暗示していると思われる〕、この〔様な内容の〕手紙を書いた者は必ず財産を没収され、投獄されることになるだろう。議会で最近通された先の法に逆らうこととなるからだ」。その法のことを伯は王の命令で私に知らせていました(50)。

この記載は九段落目の終わりから一〇段落目にかけてのもの（⑥）である。これは王妃のカンタベリー大司教法廷への召喚に対するシャピュイによる非難に対して、またシャピュイが王妃の権利を擁護するため王に宛てて書いた手紙に対してウィルトシャー伯が示した反応である。シャピュイの書いた手紙を読み、王に近いウィルトシャー伯が上訴禁止法のことを持ち出すことでカール五世側の動きを牽制しようとしたことがわかる。

（五－四）そして私は様々な議論を用いて反論し、彼らの主張を止めるように試みました。更に私は王に王やその重臣たちが根拠としている法は有効ではないと話しました。そしてその理由をいくつか述べておきました。また例えその法が有効であっても王妃には適用されえないし、適用されるべきでない、その理由は話しきれないほどあると話しておきました(51)。

これは一一段落目に記載されている。この記述はスペインやナポリの高位聖職者またパリ大学(52)は王妃を擁護しているとシャピュイが王に述べた（⑥）後に書かれている。シャピュイがローマ法などの権威をもち出して、自分の主張の正当性を王に訴えたことを意味している。

（五－五）何度も返答と反論が繰り返された後、私の以前の目的〔それは結果の如何に関わらず、実行しようとしているると私は言ったのですが〕――関係当局によって私に課された義務をそうやって果たそうとして――を主張したら、王の顧問官たちは既に述べた〔このイングランドを混乱に陥れかねない〕ような迷惑や危険を考慮してほしいと再度我慢してくれるように私に頼みました。遂に二人の判事〔フォックス博士とサンプソン博士〕(53)は単に私が例の法を犯さないようにとまじめくさって私を戒めるためにのみ枢密院に出席していたことが私にはわかり――その法文の写しをウィルトシャー伯はずっと腕に抱えており、それは長い巻紙でしたが、……私の願いはただ良い結果を願いこれ以上事態を悪化させるのを避けることであることを示すために、顧問官たちにこれから二、三日は手続きを停止しても構わないと言ったのです(54)。

これは一三段落目に書かれていること⑹である。これは枢密院でのシャピュイと重臣たちとの議論の終わりの部分に出てくる記述である。王の重臣たちが上訴禁止法を非常に重視し、これを皇帝側への武器として用いるつもりであるとシャピュイが感じていたことがここに示されている。シャピュイがこの法文を実際に見たのかどうかはわからないが、彼がこの法に関して強く印象付けられたことは確かだろう。

Spa. cal. には、そのほかシャピュイの上訴禁止法に関する記述が含まれている書簡が二通載せられている。

（六）シャピュイから皇帝に宛てた書簡　一五三三年五月一八日(55)

私の前回のお手紙で皇帝にお知らせしたように、枢密院は私の出した手紙への返事を三日以内にすると言っていましたが、それについて何の知らせもなくもう一週間が経ちました。……けれども先週の火曜日、ノーフォーク公や数人の顧問官たちが私を食事に招きました。……私はノーフォーク公の招待を辞退しましたが、それでもその人たちが食事を終えた後、公の邸を訪ねると、彼らは数え切れないほど多くの理由をあげて、私を説き伏せようとしました。そのようなことを特に禁じる〔イングランドの〕先の法のため、また私の委任状が不十分〔権限不足〕であるため、私がカンタベリー大司教の司法権を妨害すべきではないし、またできないと言うのです。

この書簡は六月一一日にカール五世のもとに届けられたことが裏書されている。

(七) シャピュイから皇帝に宛てた書簡　一五三三年五月二九日(56)

王妃の処遇についてノーフォーク公は次のように言いました。「王はわが王国の法により、アーサー王子〔王の兄〕の死後得た寡婦産しか王妃に支払う義務はない。さらにこの先の議会で通された法のため、また王妃が王に従おうとしないため、王は王妃を相当厳しく扱い、王妃が今得ている寡婦産をも減らしてしまうかもしれない」と。

この書簡は六月三〇日にカール五世のもとに届けられたことが裏書されている。

この(六)と(七)の記述は上訴禁止法のことにわずかしかふれていないのであるが、やはりイングランドの重臣たちがこの法を基準にしてこの離婚問題を解決しようとしていたことがわかる。

以上*Spa. cal.* 所収のシャピュイから皇帝に宛てた書簡の中でシャピュイが上訴禁止法について記述している箇所を示してみた。これらの史料からどのようなことが言えるのであろうか。当初から予想されたことではあるが、第一にこの一五三三年一月から一五三三年六月までの書簡においてシャピュイが最も関心を持ち、カール五世に伝えたかったイングランドの情報の第一は王妃の権利が守られているか、王妃の処遇はどうなるのかということであった。それぞれの書簡における上訴禁止法に関する記述は全体からするとわずかに過ぎず、また上訴禁止法の内容について言及された部分もそのコンテクストからするとこの王妃の問題との関連でのみ取り上げられている。同時期にイングランドに駐在していたベネチア大使カルロ・カペッロ Carlo Cappello も上訴禁止法のことについて語ってはいるが、ごくわずかしか記載していない。カペッロは、シャピュイと同じ三月三一日に上訴禁止法のことを本国に伝えており、イングランド側の意図を正確に伝えていることは注目に値するが、ベネチア側の情報はローマ教皇庁、フランス、カール五世の宮廷には通常のルートでは伝わらないので、大きな影響を及ぼしたとは考えにくい。カペッロもイングランド王の離婚問題におけるひとつの出来事として伝えているに過ぎない。カペッロも上訴禁止法案通過をシャピュイと同じくヘンリ八世の離婚問題と関連させて見ている(57)。

第二にエルトン以来、上訴禁止法の前文で示された Empire の意味をめぐって多くのことが議論されてきたが、エルトンが指摘する Empire という語はこれら一五三三年の皇帝大使書簡の史料にはひとつも出てこないということである。シャピュイは上訴禁止法の趣旨を相当把握しており、その法文がどのように表現されているのかをかなり具体的に記しているにもかかわらず、この語に全く言及していない(58)。シャピュイの報告は非常に詳細でまた量も多く、彼はイングランドの動きを少なくとも一〇日に一度ぐらいの間隔で本国に通信している。Empire や Emperor の語のイングランド的含意について、この時点でカール五世に伝えるべき重要な情報とはシャピュイはみなしていなかったことが窺える。ではなぜシャピュイは、イングランド的含意をくみ取って皇帝に伝えることをしなかったのであろうか。

既に述べたように、マッティンリーは一五三〇年一〇月には上訴禁止法の草稿は出来上がっていたと述べている(59)のであるが、マッティンリーはその典拠を示しておらず、シャピュイの一五三〇年一〇月付のカール五世に宛てた書簡の内容からそのように判断したものと考えられる。シャピュイの一五三〇年一〇月一五日付の書簡ではその草稿に関することはふれられていないが、シャピュイはその書簡の中で以下のように記している。「〔イングランドの古い法と慣習に反するので、イングランド人は国外の法廷に召喚されることを免除されるという〕布告が最近出されたことに対し、教皇大使がサフォーク公やウィルトシャー伯に抗議をした時、サフォーク公たちは、「自分たちは現在の教皇をも過去の教皇たちをも全く顧慮していない。この王国において王は皇帝Emperorであり、教皇Popeであり、絶対的な存在である」と答えたと言うことです」(60)。さらにシャピュイは、上訴禁止法が制定される前年の一五三二年二月一四日付のカール五世に宛てた書簡の中で、「ノーフォーク公は自宅に有力者を招いて「〔イングランド〕王は教皇にぞんざいに扱われている、……多くの学者たちは、結婚に関する訴訟は世俗の司法権に属するのであり、教会の司法権に属するのではないと述べている、〔イングランド〕王はこの王国内の皇帝Emperorであり、君主Monarchであるので、このような問題を判じる唯一の裁判官である、そのようなことに教皇は関係ないのである」と話したということです」(61)と述べている。しかし、それに対するカール五世の反応は示されておらず、シャピュイの書簡には一五三二年以後、EmpireやEmperorという語は登場しない。

以上の書簡の内容から判断すると、上訴禁止法制定以前からシャピュイは、EmpireやEmperorという語をイングランドの顧問官たちが「イングランド王は教皇から独立した存在である。このイングランド王国は誰からの支配も受けないEmpireである」という意味で用いていると、理解していたのではないだろうか。既に十五世紀前半にはフランスで法学者たちが「もっともキリスト教的な王〔フランス王〕は、王国内では皇帝である」という議論がなされており、その概念は上訴禁止法の六〇年前にイングランドに先んじてスコットランドで受容されていたので(62)、法学者であるシャピュイそしておそらくカール五世もEmperorという語が神聖ローマ帝国外の王国で用いられていたことを承知していたのであろう。そこでイングランド側が上訴禁止法の前文でEmpireという語を用いることに特に反応を示さなかったのかもしれない(63)。ただし、この語をイングランド側が用いて主張するのは、常に「この王国の（範囲内では）」という限定を付してこの語が用いられていることからも、シャピュイはこのEmpireやEmperorをあくまでも王の離婚問題との関連で見ていたと判断される。一五三二年二月のノーフォーク公の発言では、諸王を超える存在であるEmperorと一国の君主であるMonarchと言う語が同時に用いられているが、これらの語はイングランド内における世俗の最高指導者という意味で用いられたと考えられる。さらに付け加えるならば、十六世紀当時、EmperorとMonarchの概念がどの程度識別されていたのかは疑わしい(64)。

一五三三年以前からイングランド側がEmpireやEmperorという語を意図的に用いることがあったこと、そしてそれを皇帝大使もすでに把握していたことを、この事実はよく示している。そうだとすれば、上訴禁止法に関する皇帝大使としての関心の第一は、上訴禁止法がイングランドの主権主張宣言であるという理念的な面よりも、むしろ上訴禁止法が与える具体的な影響に関心が向けられたであろうことは当然予測されることであった。まさにこれと関連して第二に、上訴禁止法がイングランド国内で、特に議員たちや聖職者たちに衝撃を与えたことをシャピュイは毛織物の取引に関すること以外は記載していないという点が挙げられる(65)。実際当時、上訴禁止法がイングランド人に与える第一の影響は通商問題であると、イングランド側でも考えられたのであろう。

そして最後に、シャピュイがこの時期に書簡の中で取り上げたイングランドの話題は、ほとんどがイングランドの対外問題であったということである。シャピュイの話題は王妃や王女の問題以外には①イングランドとフランスとの関係 ②イングランドとスコットランドとの関係 ③イングランドとフランドルとの通商問題 ④イングランドとドイツ諸侯との関係⑤教皇とフランス王とのニース会談のことであった。大使であるシャピュイには当然のことかもしれないが、彼の視点はあくまでもカール五世の帝国人としての国際的な視点であり、その点ではイングランドのEmpireに込めた含意は特別新規なものとは、シャピュイに理解されなかったのかもしれない。

第三節　カール五世の上訴禁止法に対する反応

シャピュイはこのように上訴禁止法を理解し、それをイングランドの情報として書簡でカール五世のもとに送ったのであるが、それを受け取ったカール五世側の反応はどのようなものであったのであろうか。皇帝顧問会議で議論され、その後カール五世が取った措置を皇帝顧問会議の内容に関する文書、またカール五世からローマ駐在大使への書簡二通から見ていきたい。

（一）皇帝顧問会議での議論(66)

「バルセロナから出発したロドリーゴ・ダバロスRodrigo D'avalos(67)に宛てて書簡を送るため、イングランドの結婚問題に関して皇帝とともに協議したこと。一五三三年五月末」(68)

王が王妃との結婚を無効にし、アナ・デ・ブーランスAnna de Bulans〔アン・ブーリンのこと〕と公に結婚したので、次のような点が考慮されるべし。第一に、一八年間王妃と明らかに結婚生活を送り、王位を継承すべき王女を得たのであるが、六年前離婚へと進むためにカンペッジョとヨーク枢機卿〔ウルジー〕にその離婚訴訟〔の判決を〕を委ねるような事態を王は招いた。しかしながら、王妃はローマ〔教皇庁〕に上訴した。……皇帝は〔ローマに〕数人の者たちを送ったり、書簡を送ったりしてその問題〔の決定〕を教皇に委ねた。……また

〔皇帝と教皇との〕ボローニャでの会談においても〔それを教皇に委ねた〕。その結果、王の結婚を阻止するために〔イングランドに〕教皇教書 brief が送られた。しかし王は決してそれに従おうとしないばかりか、キャサリンが王妃を称することをも禁じた。〔皇帝がどのような措置をとるべきかを検討するため〕次のような諸点が〔皇帝顧問会議で〕提案された。①裁判による手段　②軍隊による手段　③裁判と軍隊による手段。しかしそれぞれ問題点がある。①は適当であるように思われる。審理は既に始まっており、この問題は宗教に関わる問題であり、良心に関することである。王妃キャサリンと王女メアリの権利維持のためこの会議でいくつかのことが決定されなければならない。しかし二つ問題点がある。（一）王は判決に従おうとはしないだろう。特にイングランドの先の布告のことを考えると。（二）教皇はイングランド王のことに関して非常に冷淡で、ぐずぐずしている。王妃と王女はその訴訟手続きの間苦しむことになろう。②の軍隊による手段は現在の状況を考えると危険である。王は〔他国の〕援助を受けるかもしれない。〔軍事行動は〕キリスト教界全体、特に帝国の領土を危険に晒すことになろう。……皇帝は王妃に対し責任を負う立場にあるのだが、これは〔皇帝の〕私的な問題である〔公的な問題が考慮されなければならない〕。……イングランド〔駐在〕大使〔シャピュイ〕に書簡を送って、「王妃を擁護するためにどのような行動を起こすべきか、また王妃や王女の安全を守るために何か与える必要があるのか？」と聞くべきか。シャピュイは「アナ〔アン・ブーリン〕が王妃や王女を足蹴にするのではないか心配だ」と書いてきているからである。

この文書の「イングランドの先の布告」という表現が上訴禁止法をさしていると思われる。上訴禁止法はイングランド王側が教皇の判決に従わないという意志を明白に表したものとして皇帝顧問会議では受け止められていることが、ここからわかる。しかし大使の理解とは異なり、カール五世の私的な問題と理解したことが重要である。

皇帝顧問会議は結局、イングランドへの軍隊派遣というシャピュイが要請した措置を採用することはなかった。

L. & P. の中ではこの五月末の皇帝顧問会議の報告に続いて二通の皇帝書簡が載せられているが、はっきりとした日付は記されていない。以下にそれを紹介したい。

(二) カール五世からローマ駐在大使への指示

(一)カール五世からローマ駐在大使への指示(69)

王妃キャサリンの〔ローマ駐在〕顧問官や擁護者の集まりで審議に供するべく皇帝顧問会議で議論されたことを大使に告げる。迅速に裁判を行うことが最上の方法であると考える。聖務執行禁止令は〔教皇からイングランド王に対して与えられる〕懲戒罰としては度を越えたものであり、それが下されないことを願っている。〔というのは聖務執行禁止令が下されても〕イングランドの人々は聖務執行禁止令を敢えて遵守しようとしないだろうし、〔イングランドの〕大部分の者は離婚に反対しており、聖務執行禁止令によって被害を蒙るべきではない。そしてネーデルラントにいる余の人民〔商人たち〕も被害を受けるであろう。聖務執行禁止令の下にある者は通商を許されないからである。

この史料には、イングランド王国の大部分のものが王の離婚問題に反対し、イングランド人の生活の糧であるネーデルラントとの通商が損なわれることにイングランド人が納得しないだろうという皇帝の見解が示されている。このカール五世の指示からはシャピュイからもたらされた情報のうち（イングランド人は離婚に納得しないだろうという）カール五世にとり都合のよい情報のみに基づき、楽観的な判断がカール五世と皇帝顧問会議で下されたことがわかり興味深い。そしてまたこの書簡の内容から、皇帝顧問会議の議論をうけて、カール五世はシャピュイのイングランドへの軍事介入に対する要請を顧慮せず、戦争を回避する政策を採ったことが読み取られる。

㈡カール五世から（ローマ駐在皇帝大使）シフエンテス Cifuentes(70)とロドリーゴ・ダバロスへの指示(71)

イングランド王は彼の妻と二〇年間にわたって睦まじく暮らし、その結婚によって一人の娘を得たのであるが、その後、その王妃を追い出し、アン・ブーリンと呼ばれる宮廷の婦人と同棲し始めたのである。あなたがたはこのようなイングランド王の離婚についての情報を既に得ている。シフエンテスは王が教皇の懲戒罰を無視して、教皇庁による王の離婚についての判決前にアンと結婚したという評判がローマで広まっているということについて書いてきた。同様の噂がフランスでも立ったのであるが、余はそのことを三日前イングランド駐在大使〔シャピュイ〕の手紙から確認するまでは信じたくなかった。〔イングランド駐在〕大使はさらにキャサリンが王妃を称することを禁じられたということ、またその他の詳細を付け加えて書いてきた。……ロドリーゴはできるだけ早くローマに赴き、〔離婚訴訟において〕王妃を弁護する者たちなどと協議すべし。そして王妃の権利維持のための、また〔王の〕アン・ブーリンとの結婚を無効にするための最上の方法を考えるべし。法的証明がなされたとしたら、既に行われた決定〔教皇に王の離婚訴訟の判決を早く下すように迫ること〕を主張することが良いのか、それともそれとは別に、あるいはそれに付け加えて王妃の権利を回復させることが最良なのかどうか〔話し合うべし〕。そしてまた王に王の情婦を追い出させるための方法、またできれば教皇庁から託されている〔イングランド〕王国を王から取り上げる(72)最上の方法を考えるべし。それはイングランドの先の布告が、王とアン・ブーリンが聖務執行禁止令をほとんど顧慮していないような恐れを抱かせるからである。

この文書には以下のような内容が続く。カール五世は（教皇による）懲戒罰がイングランドに科せられることは、スペインとフランドルとの通商が損なわれることを意味していると述べている。またカール五世は聖務執行禁止令を一つの司教区または王の居住地にのみ限るようにすること、イングランド駐在大使（シャピュイ）と協議して王妃や王女を守る方法を検討するように指示している。また教皇に対して伝えるべきカール五世の意向として、①判決を出すこと。②（イングランド王への罰として）世俗の武力（カール五世の軍事力）に訴える前に教皇自らが罰を科すことを考えること。③キャサリンのイングランドからの出国を回避させること。④フランス王からイングランド王が情婦と別れるように説得してもらうように教皇がフランス王に要請することを示している。

この上訴禁止法（イングランドの先の布告）が重要視されるのは、この法により聖務執行禁止令が王やアンによって顧慮されないだろうという恐れをカール五世が抱いているからである。カール五世はシャピュイや皇帝顧問会議と同じように、王妃や王女の権威の維持や彼らの処遇に大変気を配ってはいる。しかしカール五世の第一の懸念は、聖務執行禁止令や懲戒罰によってスペインとフランドルとの通商が損なわれることである。ここでもカール五世はあくまでも戦争を回避したいという意志を持っていたことが読み取れる。そしてこの書簡には、イングランドに対する今までの対応を変えるべきであるというカール五世の指示が示されている。それは直接にはイングランド王の結婚の事実そして王妃キャサリンが王妃の称号を剝奪されたということに起因し、上訴禁止法制定によってそれが決定づけられたといえよう。またこのカール五世の書簡の中では、カール五世がシャピュイの書簡からイングランド王の結婚の事実を確認し、それによりカール五世の指示を決定したということが明らかにされている。この記述からカール五世が最終的な事実確認の権威付け手段としてシャピュイの伝達を利用し、その点でシャピュイを重んじていたと考えてもよいだろう。しかしながらカール五世は、シャピュイのもたらす情報のうち、自身の判断に都合の良いものを選択して受け入れていたという点に留意すべきである。

本章ではシャピュイが上訴禁止法をどのように受け止めて皇帝にイングランドの情報として報告したのか、またシャピュイの書簡を受け取った後カール五世側がどのような反応を示したのかを見てきた。シャピュイが上訴禁止法をどのように受け止めたのかについては、第二節で見た通り、シャピュイの通信の中で上訴禁止法に関する記述は全体からするとわずかに過ぎず、シャピュイがとりわけこの法を重視していたとは考えにくい。また上訴禁止法の内容についてはあくまでも王妃キャサリンの問題との関連で取り上げられていることがわかる。王妃キャサリンの利益を守るというシャピュイの使命を考えると当然のことであるが、彼にとってこの上訴禁止法は、王妃の処遇をめぐる問題以外にイングランドにおいて現実に大きな作用を及ぼしたものであったとは思われない。一五二九年以来イングランド駐在大使を務め、諸々の対ローマ政策が案出されるのを眺めてきたシャピュイには、この上訴禁止法がそれまでとは異なったローマとの断絶を示すものとしては捉えられなかったのではないだろうか。シャピュイはこの法の制定をキリスト教界におけるスキャンダル、王妃にとっての損害として捉えていた。シャピュイのそのような捉え方はまた当時、議会での反論を別にすれば、上訴禁止法制定がイングランド社会において特に大きな抵抗運動を生じさせはしなかったことをも語っているのかもしれない。

カール五世側の反応に関しては、第三節で見た通りカール五世と皇帝顧問会議がイングランドのこの離婚問題に神経を尖らせていたのは明らかであるし、シャピュイが伝えたこの上訴禁止法にかなり注目していたこともこの史料から読み取れる。しかし、カール五世が第一に懸念したのはこの法によりスペインとフランドルとの通商が損なわれるのでないかという経済的な問題であり、また教皇の権威が脅かされてキリスト教界の平和が乱されるのではないかという問題であった。カール五世はこの法により教皇の権威が損なわれることを憂慮しても、イングランドで教皇権が排除されるとまでは認識していなかったようである。

シャピュイとカール五世やカール五世の顧問官の上訴禁止法に対する関心はキャサリンの離婚訴訟に対する関心、経済的問題、教皇やカール五世の威信維持以上のものは示されてはいない。彼らにはこの法がイングランドの国制を大きく変えるものとの認識はほとんどされていなかったとこれらの史料から言えるであろう。これらのことからすると、シャピュイやその情報を受けたカール五世は、イギリス史研究の中で注目されてきた「イングランドはEmpireである」という前文に示されたイングランド側の動きを特別新奇なものとして捉えていなかったことがわかる。上訴禁止法はローマ教皇庁にはもちろんのこと、キャサリンの離婚訴訟に関与しているカール五世側にとっても重要な法であった。しかしこの法の前文の意図はカール五世にほとんど影響を及ぼさなかったといってもよいだろう。ただ影響としてひとつ考えられることは、カール五世はシャピュイの伝えるイングランドの主張に対し、それを「皇帝の私的な問題」として扱うことで、事態を抜き差しならぬ状況に追い込まないように対応しようとしたのではないだろうか。

シャピュイの書簡はこれまで王の離婚問題の事実に関する事柄を明らかにするという視点でとりあげられることが多かった。イングランド内に残された史料ではわからなかった、イングランド内で何が起こったのかに関する事実を明らかにし、事実の確認をするという観点で用いられることがほとんどであった。しかし本章では王の離婚問題が、外国からはどのように見られていたのかという視点を重視し、*Spa. cal.* や *L. & P.* に含まれている皇帝大使の書簡、カール五世の書簡をそのコンテクストや全体の内容、置かれた位置なども含め検討した。当時イングランドに赴任した皇帝大使がイングランド内の出来事のどのような点に注目していたのか、何を本国に伝えることが重要と思っていたのか、そのような外からの視点を探るのにこれらの史料が役立つことを明らかにし得たと考える(73)。

カール五世側は概してシャピュイの通信の内容を重んじていたようである。それはシャピュイの書簡中に示された情報の内容とシャピュイの書簡を受け取ったあとカール五世や皇帝顧問会議で取り上げられた問題の内容とがほぼ一致しているからである。けれどもカール五世や皇帝顧問会議の政策はシャピュイの要請とは大きく異なっていた。シャピュイがカール五世にイングランドに対する戦争をおこすよう懇願したことは決して受け入れられることはなかった。カール五世ははっきりとそれを拒絶している(74)。またカール五世はイングランドの通商を妨害することをも望まなかった。カール五世側の政策はあくまでもイングランドとの摩擦をできるだけ避けること、そしてそれを妨げない範囲でキャサリンを擁護する事であった。それはまた、シャピュイがイングランドに遣わされる時にカール五世から与えられた使命と一致するものであった。

シャピュイの書簡とカール五世側の政策を見ていくと、そこに皇帝大使シャピュイの果たした役割と彼の示した限界が見えてくる。当時の常駐大使の第一の役目は情報をできるだけ集め、それを処理、選択、分析して至急公文書として本国に送付することであった。十六世紀の他の皇帝大使の書簡に比べ、シャピュイの書簡は送付回数もさることながら分量が非常に多いことからみると、シャピュイはその任務を十分果たしたと言えよう。またシャピュイはキャサリンを守るという使命に対しても活発な活動を行っていることは明らかである。これらの活動を通じてシャピュイがもたらした情報は、大使としての使命に適う情報という制約はあるものの、同時代のイングランド国内の視点のみからでは決して見えてこない部分を含んでいる。

イングランドの外ではこの時期イングランドをどう見ていたのか、この点を明らかにすることで、ヘンリ八世の離婚問題の解釈はより豊かなものになることと思う。

［注］

(1)　一五三〇年代のヘンリ八世の離婚問題に関するイングランド国内の動きやイングランドの政策に関する研究は数多いが、その中で特に以下のものを挙げておきたい。A. Pollard, *Henry VIII*; G. Mattingly, Eustache Chapuys and Spanish Diplomacy; G. R. Elton, *England under the Tudors*; Idem, *Policy and Police*; Idem, *the Enforcement of the Reformation in the Age of Thomas Cromwell*; A. J. Dickens, *Thomas Cromwell and the English Reformation*; C. Cross, *Church and People, 1450 - 1660 : the Triumph of the Laity in the English Church*, New Jersey, 1976 ; P. Hughes, *The Reformation in England*, NewYork, 1954 ; J. J. Scarisbrick, *Henry VIII*; Idem, *The Reformation and the English People*; C. Haigh, *The English Reformation Revised*; R. O'day,

The Debate on the English Reformation ; M. A. O.Brun, *Historia de la Diplomacia Españõla*.

（2）G. Mattingly, Eustache Chapuys and Spanish Diplomacy, pp. 566 - 711; Idem, *Catherine of Aragon*, pp.187.

（3）M. A. O. Brun, *Historia de la Diplomacia Españõla*, pp. 344 - 389.

（4）宗教改革実現のため議会で制定された法には、一五三二年の「条件付き初収入税禁止法」「聖職者の服従法」、一五三三年の「上訴禁止法」、一五三四年の「聖職者の服従及び上訴禁止法」「ペテロ献金支払い禁止法」「聖職者任命法」「王位継承法」「国王至上法」、一五三六年の「小修道院解散法」「ローマの司教の権威を消滅させる法」「ローマによる特免状を解除する法」「十か条法」、一五三九年の「大修道院解散法」「六か条法」等がある。

（5）26 Henry Ⅷ, c. 1. *The Statutes of the Realm*, vol. iii, 1534. これは大野真弓の訳を一部変更して私訳した。大野真弓「イギリス宗教改革と絶対主義 —— ヘンリー八世の国王至上法」『横浜市立大学論叢人文科学』一〇巻二号、一九六二年、三頁。*The Statutes of the Realm* では、"the onely supreme hede in erthe of the Churche of England callyd Anglicana Ecclesia" と記されている（p. 492）。

（6）本書は *The Statutes of the Realm*, printed by command of His Majesty King George the Third, originally published in London, 1810 - 1828, Williams S. Hein & Co., New York, 1993. を用いた。*The Statutes of the Realm*, vol. iii, 1533 また本書書簡史料集史料一参照。史料一では上訴禁止法の全文を *The Statutes of the Realm* に載せられている原文のまま記し、その私訳を載せた。

（7）フランスでは既に十四世紀に「国王はその王国においては皇帝である」という主張が生まれていた。また一五一六年のボローニャの政教条約によって、王は高位聖職者の任命権を獲得したのであった。これに関しては高澤紀恵『主権国家体制の成立』山川出版社、一九九七年、五頁、エメ・ジョルジュ・マルティエール『ガリカニスム』白水社、一九八七年、六二～七三頁またデイヴィッド・アーミテイジ／平田雅博・岩井淳・大西晴樹・井藤早織訳『帝国の誕生 —— ブリテン帝国のイデオロギー的起源 ——』日本経済評論社、二〇〇五年、四七頁参照

（8）G. R. Elton, *England under the Tudors*, p.161.

（9）*Ibid.*, p.162. エルトンはまた同書の同じ箇所で次のように述べている。「この法（上訴禁止法）は、こうして以下のことを宣言した。即ちイングランドは一つの独立した国 state であり、その全領域にわたり主権を有するものである。その国は、聖界諸事項での最高首長であり、世俗の王であり、全能の神から付与された全権、この王国に住む全人民と臣民に対して正義を与え、正義をもたらす完全なる力、卓越性、権威、大権、そして司法権を有して全権を所有している一人の支配者によって支配されている。この支配者はこの帝国 Empire の一部もしくはこの機構の一部とも言うべきものである。それは一方

では聖職者と平信徒によって構成された政治体 body politic もしくは国家 nation であり、この法が示しているように、その各々（の構成員）は王国外からの干渉もなく、その王国の聖界、俗界においてこの王の下で、正義を行うように認められているのである」。

(10) G. Dickens, *Thomas Cromwell and the English Reformation*, p. 55.

(11) P. Williams and G. L. Harriss,"A Revolution in Tudor History", in *Past and Present*, no. 25, 1963, p. 9.

(12) ハリスに対するエルトンの回答は G. R. Elton, The Tudor Revolution : A Reply, in *Past and Present*, no. 29, 1964, pp. 26 - 49.

(13) J. J. Scarisbrick, *Henry VIII*, p. 316.

(14) J. A. Froud, *The Divorce of Catherine of Aragon*, pp.10 - 11.

(15) G. Mattingly, *Catherine of Aragon*, p. 365.

(16) Idem, Eustache Chapuys and Spanish Diplomacy, p. 634.

(17) *Ibid.*, p. 643.

(18) M. A. O. Brun, *Historia de la Diplomacia Españõla*, pp. 344 - 389.

(19) 大野真弓「イギリス宗教改革と絶対主義――ヘンリー八世の国王至上法」『横浜市立大学論叢人文科学』一〇巻二号、一九六二年、一七頁。

(20) 栗山義信「上訴禁止法に関する一考察」『岐阜大学研究報告　人文科学』一一巻一号、一九六二年、六〇頁。

(21) 熊田淳美「イギリス初期絶対王政下の議会と官僚」『西洋史学』五七号、一九六三年、三二頁。

(22) 越智武臣『近代英国の起源』ミネルヴァ書房、一九六六年、三四頁。

(23) 川本宏夫「十六世紀イギリス宗教改革における上訴禁止法について」『関西学院大学人文論究』一二号、一九六一・一九六二年、九二頁。

(24) 佐藤哲典によると、この Empire という語は、中世から用いられていたが、その場合には、国王によって統治される種々雑多な「キングダム（王国）」をローマ・カトリック教会のキリスト教によって包蓋する普遍的共同体〈コルプス・クリスティアヌム〉を意味していたという。さらに西ヨーロッパ中世における「帝国」とは神聖ローマ帝国のことであり、理念上は、イングランドはそれを構成する一つの「王国」であった。とはいえ、実際、イングランドでは、アングロ・サクソン時代の諸王が、「帝国」の統治権者たる「皇帝」の称号を要求、使用していたし、プランタジネット朝時代のエドワード一世やリチャード二世、ランカスター朝のヘンリ五世も自ら「皇帝」を称していた。けれどもこれらの場合は、いずれも、エドワード一世がスコットランドを、ヘンリ五世がフランスを、というように、複数の王国を統治する、あるいは統治しようとする場合のことであり、それは中世的理念の枠内での用法であったと、佐藤は述べている。佐藤哲典「解題　上告禁止法」（出村彰・徳善義和・成瀬治他『宗教改革著作集　第十五巻』教文館、一九九八年）、一〇七頁。

(25) 佐藤哲典「ヘンリー八世治下におけるイングランド国教会の成立過程とその特質について（1）」『立教高等学校研究紀要』一四号、一九八三年、一五四頁。

(26) 近藤和彦は『長い十八世紀のイギリス　その政治社会』で「この（上訴禁止法）法文は、イングランド王国およびイングランド教会は、神聖ローマ帝国やローマ教皇の権威に負けず劣らぬ主権と実体をもつ政治社会であると宣明し、それを他の政体や主権が承認するように求めたのであって、他の領域や政体にたいする支配あるいは侵略は含意されていない」と論じている。近藤和彦『長い十八世紀のイギリス　その政治社会』山川出版社、二〇〇二年、二七頁。最近では『イギリス史一〇講』の中で「この三三年の上訴禁止法は、インパイアという語ゆえに、早熟な帝国宣言と解釈されることもあったが、それは誤りである。むしろ、イングランド王国は聖俗の係争問題が生じた場合に、教皇庁や諸外国に左右されずに国内で解決すべし、イングランドはそうした至上権力インペリウムが隅々に及ぶ主権国家インパイアであるというだけの、しかし決死の、主権国家宣言、つまりローマからの独立宣言なのだった。D・マカロックの最近の研究によると、この法案の草稿は既に一一月の「私的結婚」まではできていたという」と述べている。近藤和彦『イギリス史一〇講』岩波新書、二〇一三年、八四〜八五頁。近藤はこのように概説の中でも上訴禁止法についてふれ、根拠は特に示してはいないが、上訴禁止法に関する最近の研究動向をよく表していると考えられる。

(27) 史料として *Spa. cal.*, vol. iv, part i, ii また *L. & P.*, vol. vi を主に用い、*Calendar of State Paper and Manuscript, relating to English Affairs, preserved in the Archives of Venice*, ed. by R. Brawne, London, 1864 - 1882（以下 *Ven. cal.* と略す）, vol. iii；*Papiers d'état du Cardinal de Granvelle d'après les manuscripts de la bibliothèque de Besançon*, publies sous la direction de C. H. Weiss, vol. ii, no. 33, Impr, royale, Paris, 1841-1846（以下 *Granvelle Papies, d'état* と略す）；*The Statutes of the Realm*, William S. Hein & Co.,vol. iii, New York, 1993 等を補助として用いた。今回用いた史料のオリジナルについては K. u. K. Haus- Hof- u. Staats Arch., c. 228, no.18 - 33 また British Library Additional MS.（以下 B. L., Add. MS. と略す）, 28585, f. 264 があり、必要に応じて利用した。

(28) *Spa. cal.*, vol. iv, part ii, no.1056, pp. 618 - 624, esp. p. 624, K. u. K. Haus-Hof u. Staats. Arch., c. 228, no.18. このオリジナルは自筆で一〇頁に亘ってフランス語で書かれている。この書簡は四月七日にカール五世のもとに届けられたことが裏

書されている。

(29) カトリック教会の懲戒罰 Censures（Censura）には破門 Excommunication（Excommunicatio 教会法二二五七条～二二六七条）と聖務執行禁止令 Interdict（Interdictum 教会法二二六八条）がある。破門はカトリック共同体からの追放を意味するもので、聖務執行禁止令は聖務執行または秘跡授与を禁止するものであるが、カトリック共同体からの追放は含まない。イングランド王が破門されると、イングランドの臣下達は破門された王に従う義務が解かれ、反乱が起きる危険が生じる。カトリック教徒は破門された者との交際を禁じられるので、イングランド王またイングランド（破門は国にも適応される）との通商も禁じられることになる。破門また聖務執行禁止令に関しては、上智学院新カトリック大事典編纂委員会編『新カトリック大事典』第一巻、五四四頁及び第四巻、六八頁また小林珍雄編『キリスト教用語辞典』東京堂出版、一九五三年、六九頁及び三三八頁参照。

(30) ロッチフォード卿 Viscount Rochford, George Boleyn（一五〇四?～一五三六）は、アン・ブーリンの弟で、一五二九年には特使としてフランスに派遣された。

(31) フランソワ一世の第二王子アンリ（一五一九～一五五九、のちアンリ二世 Henri II、在位一五四七～一五五九）で、一五三六年八月に長兄フランソワが死去したため、王太子になる。

(32) *Spa. cal.*, vol. iv, part ii, no. 1057, pp. 625 - 628, esp. pp. 625 - 626, K. u. K.Haus-Hof-u. Staats. Arch., c. 228, no. 20. このオリジナルは、自筆で六頁に亘ってフランス語で書かれている。この書簡は五月二五日にカール五世のもとに届けられたことが裏書されている。

(33) ノーフォーク公はアン・ブーリンまたのちにヘンリ八世の第五王妃となるキャサリン・ハワードの叔父にあたる。

(34) サフォーク公 1st Duke of Suffolk, Charles Brandon（一四八四～一五四五）は軍人であり、一五一四年にサフォーク公になった。一五一五年、ヘンリ八世の妹メアリとの結婚をヘンリ八世から許された。特使としてフランスに三度派遣されることになる。

(35) シャピュイがイングランド大使としてのはじめの一二年間は同一の暗号を用いていたことに関しては、G. Mattingly, *Renaissance Diplomacy*, p. 238 参照。シャピュイの暗号に関しては、筆者はマッティンリーの先例に従い、マッティンリーの解釈によった。十六世紀当時の書記の解読の後、暗号解読の精度を高めることは、今後可能であろう。

(36) ハンブルクとデンマークでは一五三〇年までに宗教改革が進んでいた。ハンブルクは一五三二年にシュマルカルデン同盟（ドイツ諸侯のプロテスタント同盟）に加盟した。デンマークでは修道院は解散され、その土地は世俗の用途に用いられ、ルター派の教会制度とデンマーク式の礼拝が定められた。M. Greengrass, *The European Reformation, c. 1550 - 1618,* Harlow, 1998（以下 M. Greengrass, *The European Reformation* と略す), pp. 88 - 89 ; G. R. エルトン『宗教改革の時代』、九一頁参照。

(37) *Spa. cal.*, vol. iv, part ii, no.1058, pp. 628 - 632, esp. p. 628, K.u.K.Haus-Hof-u. Staats. Arch., c. 228, no. 21. このオリジナルは、自筆で七頁に亘ってフランス語で書かれている。（本書写真一参照）この書簡は、四月二九日にカール五世のもとに届けられたことが裏書されている。

(38) 一五三三年のイースターは四月一三日。

(39) スイスでは一五二三年から一五二五年の間に、チューリヒの全教会がツヴィングリによって宗教改革されていた。スイスは神聖ローマ帝国の支配下にあったが、スイス諸都市は長い間ハプスブルク家に対して怨讐の念を抱き続けていた。スイスがこの時代のヨーロッパに重要な役割を果たしたのは、スイスが最も優秀な傭兵の供給源であったからといわれる。M. Greengrass, *The European Reformation*, p. 93 ; G. R. エルトン 前掲書、四二〜四九頁参照。

(40) *Spa. cal.*, vol. iv, part ii, no. 1061, pp. 635 - 645, K. u. K. Haus-Hof-u. Staats. Arch., c. 228, no. 24. このオリジナルは、自筆で一四頁に亘ってフランス語で書かれている。この書簡は、五月一二日にカール五世のもとに届けられたことが裏書されている。

(41) ローマの劫掠（一五二七年五月）後、オルビエート Orvieto でカール五世軍の監視下にあったクレメンス七世は、一五二八年二月に自ら訪ねてきてヘンリ八世の離婚訴訟の審理を自分がイングランドで行うことを許してくれと頼んだウルジーに対し、躊躇したうえで許可した。*L. &P.*, vol. iv, no. 3802 ; J. Ridley, Henry VIII, London, 1984, p.168.

(42) *Spa. cal.*, vol.iv, part ii, no. 1061, p. 640.

(43) *Spa. cal.*, vol. iv, part ii, no. 1061, p. 645.

(44) *Spa. cal.*, vol. iv, part ii, no. 1072, pp. 666 - 676, K. u. K. Haus-Hof-u. Staats. Arch., c. 228, no. 29. このオリジナルは、自筆で一〇頁に亘ってフランス語で書かれている。この書簡は 五月一二日にカール五世のもとに届けられたことが、裏書されている。この書簡だけ遅れて届けられた理由は不明である。この史料に関しては本書書簡史料集史料二に *Spa. cal.* に記載されている本文を示した。

(45) フォックス博士 Edward Fox（一四九六〜一五三八）は教会法学者であり、当時御下賜金官 Lord High Almoner of England〈御下賜金の配分を司る王室役人で、聖職関係者〉である。研究社『新英和大辞典』二〇〇二年、一四六二頁）であった。

(46) 一五三三年の昇天祭は五月一五日。

(47) *Spa. cal.*, vol. iv, part ii, no. 1072, p. 666. 本書書簡史料集史料二、五-一参照。

(48) *Spa. cal.*, vol. iv, part ii, no.1072. p. 667. 本書書簡史料集史料二、五-二参照。

(49) シャピュイの書簡によると、この枢密院に出席したのは、「ウィルトシャー伯、エセックス伯、ロッチフォード卿、大蔵卿フィッツウィリアム、財務官クロムウェル、二人のイングランドの主席判事であるサンプソン博士とフォックス博士等」である。ノーフォーク公とサフォーク公は、ロンドン不在でこの会議に欠席している。*Spa. cal.*, vol. iv, part ii, no. 1072, p. 669.

(50) *Spa. cal.*, vol. iv, part ii, no.1072. p. 670. 本書書簡史料集史料二、五-三参照。

(51) *Spa. cal.*, vol. iv, part ii, no.1072. p. 671. 本書書簡史料集史料二、五-四参照。

(52) パリ大学神学部ではヘンリ八世の離婚に反対する意見が多かったが、フランソワ一世の圧力により、ヘンリ八世の離婚に遂に同意したといわれる。J. Ridley, *Henry VIII*, p. 191.

(53) サンプソン Dr. Richard Sampson（?〜一五五四）は、一五二二年から一五二五年までカール五世のもとに常駐大使として派遣された。教会法学者で、この当時はウィンザー聖堂参事会長であった。一五三六年から一五四三年までチチェスター主教を務めた。

(54) *Spa. cal.*, vol. iv, part ii, no.1072, pp. 672 - 673. 本書書簡史料集史料二、五-五参照。

(55) *Spa. cal.*, vol. iv, part ii, no.1073, K. u. K. Haus-Hof-u. Staats. Arch., c. 228. no. 30. このオリジナルは、自筆で六頁に亘ってフランス語で書かれている。

(56) *Spa. cal.*, vol. iv, part ii, no. 1077, pp. 691 - 700, esp. p. 695, K.u.K.Haus-Hof-u. Staats. Arch., c. 228. no. 33. このオリジナルは、自筆で九頁に亘ってフランス語で書かれている。

(57) カペッロから（ベネチア）総督に宛てた書簡（一五三三年三月三一日付）「聖職者会議でイングランド人は毎日最大限の努力を重ね、精力を傾けて離婚問題を討論しています。そしてこの王国内で教皇への上訴を禁止し、教皇の権威を奪おうとしています。教皇が〔王の〕離婚に同意しないのならば、イングランド人は教皇への従順を捨て、この問題を〔自分たちで〕解決するだろうと思います」。*Ven. cal.*, vol. iv, no. 867, p. 315. また同時期にイングランドに派遣されたフランス特使ジャン・ド・ディントヴィル Jean de Dintevil も五月二三日に上訴禁止法のことを伝えている。トロワ Troyes の代官ジャン・ド・

ディントヴィルからフランソワ一世に宛てた書簡（一五三三年五月二三日付）「〔イングランド〕王はご自分の王国で法を作られたのですが、その法によると、結婚に関する上訴は、教皇への上訴に限定されるものではないということです。そしてその法が、〔陛下と教皇とのニース〕会談を遅らせたり、その会談をさらに困難にしたりする原因を作るのではないかという懸念を〔イングランド王〕は与えておられます」。Nicholas Camusat, *Meslanges historiques*, Tome II, 1644, f.128. フランス大使は、フランス王と教皇クレメンス七世とのニース会談に関わる問題として、この法のことを伝えている。そして彼の報告を受けたフランソワ一世も、この法をあくまでもニース会談との関連の中で捉えている。フランソワ一世からトロワの代官へ宛てた書簡（一五三三年六月七日付）「イングランド王の王国で少し前に作られた法、つまり結婚に関する上訴は教皇への上訴に限定されるものではなくなったことを宣言する法は、〔ニースの〕会見を遅らせたり、さらに会見の期間を延ばしたり、それを困難にしたりする原因を作ったりするのではないかと余が懸念していたことをも含めて、〔イングランド〕王に伝えるべし」。Nicholas Camusat, *Meslanges historiques*, Tome II, 1644, f.129.

(58) 一五三三年三月三一日付のシャピュイの書簡と四月一〇日付けの書簡の中で、上訴禁止法の趣旨と内容が示されている。

(59) G. Mattingly, Eustache Chapuys and Spanish Diplomacy, p. 634.

(60) *Spa. cal.*, vol. iv, part i, no. 445.

(61) *Spa. cal.*, vol. iv, part ii, no. 899, p.384, K. u. K.Haus-Hof-u. Staats. Arch., c. 22, no. 6.

(62) *Acts of the Parliaments of Scotland*, ed. by Thomas Thompson and Cosmo Innes, vol. i, 95；デイヴィッド・アーミテイジ、前掲書、四七～四八頁。

(63) シャピュイはその翌年の一五三四年二月二六日付のカール五世に宛てた書簡で、シャピュイが王女メアリの処遇の改善を求めて王を説得する中でローマ皇帝コンスタンティヌス帝にふれた際、「イングランド王たちはコンスタンティヌス帝から帝冠 imperial crown を受けとったと自負しているのだけれども」と述べている。イングランド王がコンスタンティヌス帝から帝冠を受けたと主張していることをシャピュイがいつ認識したのかは不明である。シャピュイはひょっとしたら一五三四年以前からこのことを承知していたのかもしれない。*Spa. cal.*, vol. v, part i, no.19, p.67.

(64) *Oxford English Dictionary*, Oxford, 1989, vol. 9, p. 986（Monarch）参照。

(65) *Spa. cal.*, vol. iv, part ii, no.1057, p. 626.

(66) *L. & P.*, vol. vi, no. 568, pp. 252 - 254, esp. pp. 252, 254, *Spa. cal.*, vol. iv, part ii, no. 1064, pp. 650 - 656, B. L., Add., MS., 28585, f. 264. このオリジナルは一二頁に亘り、スペイン語で書かれている。この史料は、*Spa. cal.* では一五三三年四

月の文書中に含まれている。また *Spa. cal.*, vol. iv, part ii, no.1064, p. 656 の脚注によると、この皇帝顧問会議はグランヴェル主催で行われたらしい。

(67) ロドリーゴ・ダバロスは、スペインのアバロス Avalos とよばれる町の出身の法律家で、カール五世の信任が厚かったということしか知られていない。ローマでのキャサリンの訴訟で皇帝大使を補佐するため、カール五世から遣わされた。

(68) この箇所については、これがオリジナルに記されていたのかどうかは不明である。*Spa. cal.* には収録されていない。*L. & P.*, vol. vi, no. 568, p. 252. に収録されている。

(69) *L. & P.*, vol. vi, no. 569, p. 254, Public Record Office, Rymer Transcripts, vol. 145, no. 5, p. 44. このオリジナルは二頁で、「かつてブリュッセルにあり、今は失われてしまった文書のフランス語のカタログ（Catalogue）から」と注釈が付されている。*Spa. cal.* にはこの史料は載せられていない。

(70) シフエンテス Don. Fernando de Silva, Count of Cifuentes, Standard Bearer of Castille は、カスティーリャのシフエンテス伯で、ローマ駐在神聖ローマ皇帝大使を一五二九年から一五三六年まで勤めた。

(71) *L. & P.*, vol. vi, no. 570, pp. 254 - 255, esp. p. 254, *Granvell Papers, d'état*, vol. ii, no. 33. この史料には「スペイン語で書かれたもの」と記載されている。

(72) イングランドでは、十三世紀のジョン王がカンタベリー大司教の任命を巡って教皇インノケンティウス三世 Innocentius III に破門された経緯があり、ジョン王はイングランドを教皇に寄進して破門を解いてもらったため、カトリック教会の立場からいえば、イングランドは教皇の封土になっている。教皇はイングランド王位をヘンリ八世から剝奪し、ヘンリ八世を廃位に追い込むことができると、ローマ教皇庁はじめカトリックの国々では考えられていた。

(73) イングランド宗教改革史研究においては、シャピュイはイングランドのローマからの離反をマッティンリーやブルンが分析したのと同じように離婚問題という王の個人的要因によるものと捉えていたと言えよう。またシャピュイはイングランドでは聖職者や教皇に対する反感が相当強く、ルター主義に同調する者もいると承知しながらも、王が主導して議会で反ローマ法を可決させようとしていたと見ている。

(74) オリジナル史料には、抗議のため特使をイングランドに派遣しようという皇帝顧問会議の提案に対して“No”がカール五世の自筆で記されていると、*Spa. cal.* の脚注には書かれている。*Spa. cal.*, vol. iv, part ii, p. 658.

第四章　神聖ローマ皇帝大使の見たヘンリ八世の宗教改革時代

この章は、ヘンリ八世の離婚後に再び生じたカール五世とフランソワ一世との戦争への対仏同盟交渉を通して、シャピュイが見たローマ教会離脱後のイングランドを考察したい。期間はカール五世とフランソワ一世との第三戦期である一五三六年二月から一五三八年六月までに限定したい。具体的には①シャピュイの報告を通してカール五世はこの時期イングランドをどのように見て、その結果何をイングランドに要求したのか、②イングランド側はこの当時何に強い関心を持っていたのか、③シャピュイはイングランドとの交渉の中でイングランドの意図をどのように捉えてカール五世に伝えたのかを探りたい。

第一節　時代背景と研究史

ヘンリ八世は一五二七年以来王妃キャサリンとの離婚問題に取り組み、一五三三年にはアン・ブーリンを正式な王妃とし、一五三四年の国王至上法で自らをイングランド教会の首長であると宣言した。そしてこの国王至上法にさきがけて王位継承法(1)を議会で通過させた。アンとの結婚による子を正式な王位継承権を持つものとして宣言し、その承認を全臣下に宣誓させ、宣誓拒否を大逆罪とした。その結果一五三五年七月にはこの結婚の有効性に疑問を抱くフィッシャー枢機卿、大法官トマス・モア、カルトジオ会修道士たちが処刑された。また王側による修道院巡察(2)も八月末には始められた。ヘンリ八世の宰相トマス・クロムウェルに選ばれた委員が各地を巡察し、修道院の持つ土地・財産の綿密な査定を行った。この極端ともいえるような措置は国外からの反発を生じた。新教皇パウルス三世(3)は、ヘンリ八世を廃位させるための教書の草案を作成した。ヘンリ八世の離婚に同調したフランソワ一世も、イングランド国内での一連の動きに戸惑い、イングランドとの同盟を持続させるための新たな条件を求めるようになった(4)。

一五三五年一二月初め、前王妃キャサリンは重い病に陥った。一五二九年の大使着任以来、キャサリンの王妃としての権利の擁護や処遇改善に奔走していたシャピュイは、ヘンリ八世やサフォーク公から、キャサリンは死にかけており、会うことはできないと告げられた。ヘンリ八世はシャピュイを満足させるかのように「キャサリンの病気は、神聖ローマ皇帝カール五世とイングランドとの外交上の障害をすべて取り払うだろう」と語った(5)。シャピュイはヘンリ八世から特別な許可をもらい、キャサリンをハンティンドンシャー Huntingdonshire のキンボルトン Kymbolton 城に訪問し、二日の滞在ののちキャサリンが重篤でないことを確かめてロンドンに戻ったが、その戻る途中の一五三六年一月七日にキャサリンはこの世を去った(6)。王の離婚問題が引き起こしたカール五世による反撃の脅威から解放され、ヘンリ八世や王妃アン・ブーリンはキャサリンの死を心から喜んだに違いないと、シャピュイは述べている(7)。

一五三六年初め、ヨーロッパ情勢においては大きな変化が生じていた。ミラノ公領を巡って、フランソワ一世とカール五世との間で紛争が再燃したのである(8)。ミラノ公領は一五一五年来フランスによって領有されていたが、一五二九年八月のカンブレーの和約でミラノの宗主権はカール五世に返還されることになった。フランチェスコ・スフォルツァ二世(一四九五〜一五三五、在位一五二九〜一五三五、カール五世の姪の夫)がミラノ公に任ぜられ、一五二九年から一五三五年まではイタリアにとって比較的平和な時期であった。しかし一五三五年一一月一日にスフォルツァ二世が後継者なく死亡し、カール五世がミラノ公領を併合すると、フランソワ一世は再びミラノに対する継承権を主張し、一五三六年二月サヴォワ公領とピエモンテに侵入した。カール五世は、このイタリアに侵攻したフランソワ一世に闘いを挑む決意を固めた。そしてイングランドを同盟者にすべく、シャピュイを通してヘンリ八世に働きかけようとした。おりしもクロムウェルはシャピュイに接近し始め、イングランドとカール五世との関係を回復する意欲を示し出した(9)。カール五世とイングランドとの関係修復に向けてシャピュイは邁進するのであるが、カール五世はカトリックに反することは何もしないという条件のもとで、シャピュイにイングランドとの同盟の可能性を探らせた(10)。この戦争は最終的にパウルス三世の仲介により一五三八年六月一八日のニース会談で終結することになり、一〇年間の休戦が約束されたが、秘密条約が結ばれ、教皇からの要請を受けて翌年の一月に、カール五世もフランソワ一世も共にイングランドとの関係を断つことが決められたらしい(11)。イングランドはまたも孤立することになったのであるが、この戦争を通してカール五世側への接近がなされた。

この一五三六年から一五三八年までのイングランドと周辺諸国との関係に関して、イングランド史研究の側からはスケアズブリック(12)、エルトン(13)、ポター(14)、リチャードソン(15)が扱っている。またカール五世史研究の側からはブランディー(16)、ブルン(17)、ランデル(18)とサルガード(19)が取り上げている。イングランド史研究者のスケアズブリックは、一五三四年の国王至上法の重要性を示している(20)。スケアズブリックの見解をまとめると、一五三四年の国王至上法によりイングランドはローマから離反し、その後一五三六年から一五三八年まではメアリの処遇問題に力が注がれた。教皇のイングランドに対する措置は一五三六年の恩寵の巡礼の勃発により決定され、ヘンリ八世はカトリック勢力からの反撃を恐れていたという。そうであるならば、それらの重要問題にスペインがどのように関わったのかということを見ることが大切であろう。

エルトンは、ヘンリ八世が一五三〇年代に教皇やキャサリン王妃の擁護者からの攻撃を恐れており(21)、クロムウェルはカール五世との同盟を回復させようとしたと述べている(22)。またエルトンは、「国王至上法は教会における国王の首長権の確立とイングランドにおける教皇の権力を消滅させる業を完成させた」と語り、彼もヘンリ八世の宗教改革における国王至上法の重要性を示している(23)。このようにエルトンは、国王至上法の重要性を論じるが、国外からイングランドのローマからの離反はどのように見えたのかという視点での検討が、必要ではないだろうか。

ポターは『ヘンリ八世期の対外政策』の中で、一五三六年から一五三八年の間のイングランドの対外政策をイングランドとフランスとの関係の変化を軸に考察している。ポターによるとイングランドとフランスとの関係は一五三三年から陰りを見せ、一五三五年にはヘンリ八世もアン・ブーリンもフランスとの同盟に失望を感じ、一五三五年末にはヘンリ八世はカール五世との関係を修復する意向を示し、一五三六年のキャサリンの死はそれを加速させた。しかし、ヘンリ八世の採用した中立政策は、このカール五世とフランソワ一世との戦争終結のため開かれた一五三八年六月のニース会談によりイングランドにとって大きな脅威になったと、ポターは論じている(24)。また彼は、イングランドに対するシャピュイの主な関心は王女メアリ問題であるとカール五世が考えていたと述べている(25)。ポターの研究は、フランスとの関係を指摘した点で重要である。

リチャードソンは、一五三六年二月から一五三八年六月までのカール五世とフランソワ一世との第三戦期におけるイングランドとフランスとの関係について、ごく短くふれている(26)。リチャードソンによると、カール五世もフランソワ一世もヘンリ八世が示す条件ではイングランドと友好を結ぶことに興味を示さなかったという。またフランソワ一世がヘンリ八世に金銭的援助を求め、拒否されたことで、ヘンリ八世との今までの信頼関係が断たれたと、リチャードソンは論じる(27)。リチャードソンは、フランソワ一世の視点にもふれている点で示唆深い。

イングランド史研究を見ると、①ヘンリ八世のこの時期の主な関心は、破門されることや公会議で教皇やキャサリンの擁護者に非難されることを回避しようとしていたこと、②イングランドがカール五世に接近したのは、イングランドとフランスとの関係に陰りが出たためであったこと、③カール五世はイングランドのローマ教会離脱に疑問を抱いていたこと、④シャピュイの主な関心は王女メアリ問題であったということが示されている。しかしスケアズブリックの言うように、この時期のヘンリ八世の関心はローマからの攻撃に対する防衛だけであったのか、スケアズブリックやポターやランデルのいうように、シャピュイの主な関心はメアリ問題であったのであろうか。またカール五世はいつごろ、イングランドはローマ教会に属するものではないと認識したのか。本章ではこれらの疑問について考察したい。

カール五世史研究者をみると、ブランディーは『カール五世伝』の中でこの間の経過をカール五世の立場から簡潔にまとめ、特にカール五世が教皇の前で行ったフランソワ一世を非難する演説について(28)、またカール五世がシャピュイを通してヘンリ八世にフランスとの同盟を破棄するよう説得したことについてふれている(29)。ブランディーはこの時期のカール五世のイングランドに関する意図を示してはいるが、カール五世の意図は一貫して変わらなかったのかという疑問が残る。ブルンは『スペイン外交史』の中でシャピュイの交渉にふれ、シャピュイがカールとヘンリとの関係改善に向けて奔走したことを述べている(30)。ブルンが示すシャピュイの役割をまとめると①カール五世とヘンリ八世との関係を維持すること、②ヘンリ八世と王女メアリとの困難な和解を達成すること、③イングランドとの同盟の可能性を探り、それを実現することである(31)。カール五世はカトリックの原則に何も反することはしないという条件のもとで、シャピュイにイングランド側との交渉を命じ、自分の申し出をイングランド側に伝えたと、ブルンは論じている(32)。ブルンがキャサリン王妃の死後のシャピュイの働きについて述べることはわずかであるが、キャサリンの死に衝撃を受けたシャピュイが新たな外交目標に向かって活動を始めたと、常駐大使としてのシャピュイを評価している。

ランデルが一五三六年から一五四五年までのシャピュイの大使としての交渉の技術面に注目したことは既に述べたが、彼はシャピュイの交渉の過程を詳しく説明している。そして一五三六年から一五三八年までのシャピュイの行動の中心をメアリに置き、ランデルがイングランドの宗教問題にふれることはほとんどない。ランデルは二人の王妃の死と恩寵の巡礼事件のあった一五三六年をイングランドにとって危機の年であったと位置づけている(33)

が、この時期のイングランドの関心がどこにあったのかということを特に分析してはいない。一方サルガードは、一五三〇年代のカール五世とヘンリ八世との関係史に関する論文「良き兄弟そして永遠の同盟者――カール五世とヘンリ八世――」(34)の中で、カール五世とヘンリ八世との交渉をフランスとの関係をも含めて簡潔にまとめている。サルガードによると、ローマからの離反後ヘンリ八世は公会議招集に激しい敵意を燃やしていたが、キャサリンの死、アン・ブーリンの処刑そしてカール五世とフランソワ一世との戦争再開後は、両君主からの同盟の誘いを受けて仲介者になることを提案したという(35)。サルガードの研究はイングランドとカール五世との交渉を国際的視野に立って考察した示唆に富むものであるし、この時期のカール五世やヘンリ八世の意図についてもごく簡単にふれてはいる。サルガードは、カール五世の意図の変化をも指摘している。

このように一五三六年から一五三八年までのイングランドと周辺諸国との関係に関する今までの研究を見ると、イングランドのこの時期に関する研究は短いものがほとんどで、ランデル以外特にこの時期を取り上げて研究しているものはいない。これまでの研究では、この時期のヘンリ八世とカール五世やフランソワ一世との交渉の概観、イングランドのカール五世そしてドイツのプロテスタント諸国への接近に関する説明、この当時のイングランドとフランスとの関係に関する説明、ヘンリ八世の王女メアリへの対応、カール五世のメアリの処遇改善と王位継承権獲得への意欲、シャピュイの交渉の目的と説明、シャピュイの外交官としての外交技術の分析に対する説明はなされている。これらの研究では、この時代のヘンリ八世とカール五世との関係を明らかにすることに主眼が置かれてきた。けれども、シャピュイのイングランドに対する視点は、特に研究されてはいない。さらに、カール五世のイングランドに対する視点やカール五世に対するヘンリ八世の意図についての考察も、史料を用いて分析されてはいない。

そこで、この章では、カール五世とフランソワ一世との第三戦期である一五三六年二月から一五三八年六月までにシャピュイが見たローマ離脱後のイングランドを、対仏同盟交渉を通して考察したい。キャサリンの死後、特にフランソワ一世のサボワ公領侵入時の一五三六年二月以降、それまで閉ざされていたスペインとイングランドとの外交交渉が再開され、戦争終結時の一五三八年六月にスペインとイングランドとの同盟交渉が終結したからである。そしてこの同盟交渉を通して、ヘンリ八世またカール五世の相手に対する意図や要求が、平時より明らかな形で示されたからである。その中でシャピュイはイングランドとの交渉の中でイングランドの意図をどのように捉えてカール五世に伝えたのか、カール五世はこの時期イングランドをどのように見て、何をイングランドに要求したのか、イングランド側はこの当時何に強い関心を抱いていたのかを分析したい。またイングランド史研究では一五三四年の国王至上法制定でイングランドのローマ教会からの離反は確定されたと考えられることが多かったが(36)、周辺国はいつごろイングランドの新しい宗教体制を現実のものとして受け止めたのであろうか。国外でも一五三六年までには、イングランドは既に反ローマ国家になったと受け止められていたのであろうか。この期間はイングランドにとっての転換点だったのであろうか。本章では、この一五三六年から一五三八年の時期がイングランドにとってどのような時であったのかを考えたい。

なお一五三六年一〇月に「恩寵の巡礼」とよばれる反乱(37)が生じ、以後国外との通信は規制されたと考えられ、シャピュイとカール五世との通信は、筆者の調査した限り、それ以降一五三八年六月まで途絶えている。筆者は、スペイン側とイングランド側に残されていた一五三六年二月から一五三八年六月までの史料をもとに考察した(38)。

第二節　シャピュイのイングランド情勢についての報告

イングランドとの友好回復および対仏同盟締結に向けて交渉する中で、シャピュイはローマ教会から離反した後のイングランドをどのように見てカール五世に報告をしていたのであろうか。第二節ではシャピュイのカール五世への書簡から、シャピュイのイングランドについての報告をやや詳細に紹介する。この内容をもとに、本章第三節でカール五世のイングランドへの要求を検討し、第五節でシャピュイの見たイングランドを分析したい。

キャサリンの死後、イングランド側からカール五世との関係改善に向けての動きが積極的に取られた。トマス・クロムウェルは一五三六年二月一日、シャピュイに対し会談を持つことを要請し(39)、クロムウェルとシャピュイとの会談は二月二三日に行われた。

二月二三日、クロムウェルは言いました。「この会談はあくまでも私自身の判断によるものであるけれども、王や顧問官みんなが皇帝との友好を望んでおり、急いでそのことを皇帝に伝えてほしい。」そして彼は、皇帝との関係回復を願う姿勢を示したのです。私〔シャピュイ〕は自分の発案で四問題（①イングランドのローマ教会への帰順、②王女メアリを正嫡の後継者と宣言し、メアリに対する処遇を改善すること、③対オスマン戦への金銭的援助、④対仏同盟締結）についてクロムウェルと話しましたが、クロムウェルはメアリの問題について努力すると答えるに留まりました(40)。

三月三一日に、私は再度クロムウェルと会談を持ち、ネーデルラント総督からヘンリ王に宛てた手紙(41)を渡しますと、クロムウェルはその手紙が立派なものだと知り、五、六回その手紙〔の内容〕に賛意を表しました。……クロムウェルは、彼の主人である王や顧問官たちは皆、例外なく皇帝との友好を望んでいると〔今回も〕言いました。……更にクロムウェルは彼の信用と名誉にかけて私に次のように確信させました。過去にどのようなことを王がしたとしても、王は最近は、フランスやドイツその他いかなる国であろうとも王が今皇帝と結んでいる同盟や皇帝への友情を損なうような国の条約には参加していないと(42)。

四月一六日、皇帝のこの間のお手紙（三月二八日付の書簡）に書かれていた通りに、この四点〔①イングランドのローマ教会への帰順、②王女メアリを正嫡の後継者と宣言し、メアリに対する処遇を改善すること、③対オスマン戦への金銭的援助、④対仏同盟締結〕に関する皇帝のお考えをクロムウェルに十分説明しましたが、クロムウェルが今まで以上に、第一の点（イングランドのローマ教会への帰順問題）に反対するのがわかったのです。クロムウェルは前回よりもさらに困難を示し、「とりわけ教皇庁が自分の主人である王に与えた侮辱はひどいものであり、またごく最近教皇に反対する制定法が〔イングランドで〕公布されたので、これほど十分審議されたものを突然撤回するというのは、全く不可能とはいえないにしても、非常に困難だろう」と言ったのです(43)。

四月一八日に王に謁見しました。……私は以前王の秘書官（クロムウェル）と行った会談を王にはっきりと思い出させました。……私は王に皇帝が願っておられる四問題を説明し始めました。……王は私に近寄って来られ、「あなたが提起している問題は非常に重要なことであり、〔あなたが〕書面で示さないと余の枢密院に伝えることはできない」と言われました。私は多くの理由を挙げて、厚かましくも王のこの要求に従うことを拒否しました。……ついに王は、私が話した問題に一つずつ答えて下さいました。……その内容は次のような事です。最初の問題、つまり教皇のことですが、王が言われるには「この問題に皇帝は全く関係ない。もし皇帝が再び全世界に向かって権威を示そうとするのでなければ、この問題に干渉するべきではない。余が教皇と交渉する気になったら、余はそのための手段をたくさん得ているし、そのことで助けてくれる友を持っているから、皇帝の仲介に頼らなくてよいのだ」とのことでした。王女メアリ問題に関しては、「メアリは余の娘である。メアリが余に従順であるかないかによって扱いを決める。そのことは誰にも関係ない」と王は言われ、第三の点、つまり対トルコ〔オスマン帝国〕戦への金銭的援助に関しては「自分がそれに関与する前に、〔皇帝との〕古い友情が回復されることが必要である。というのは、その問題にほとんど関係のない者〔ヘンリ八世〕に理不尽な出費を課すことはよくないことだろうから」と答えられました。そして第四の点、現在の状況下最も重要であり私が速やかな回答を求めるものですが、つまり対仏同盟締結に関するものですが、それに対しては「良い条件であれば、〔余は考慮するかもしれない〕。余は今まで余がしたか、あるいはしたかもしれないような約束を破る気もないし、余に求める者に対して、その友情を拒む気もない」と王は答えられました。……「皇帝は、余に頼むのなら、皇帝から余に手紙を書くべきである。もし皇帝がかつて余に対して恩知らずな事をしたと悟ったならば、余にそのようなことを忘れて許してくれと頼み、世界と余に〔皇帝と王との〕古い友情の根が全く絶えたわけではないことを示すべきである。そうすれば解決の機会が巡ってくるかもしれない。皇帝は以前自分に、イングランド王がフランス王位を得るまでは決してフランスと和を結ばないと約束した」と王は言われました。……結局、王は明日、皇帝と王自身との古い条約を再調査させよう、それから王の〔皇帝との友好再開に対する〕決意を私に知らせようと言われました。……その翌日の四月二一日、クロムウェルは私に王の名で友好再開への努力に対する感謝の気持ちを表しました(44)。

四月二九日にはシャピュイは次のように通信している。

色々なところから集めた情報によると――また私自身ある程度は確かめたのですが――このイングランド王は、この王国の説教者すべてに対し、今後典礼や教会の儀式について今までとは異なる新しい考えを避けるように、そして教皇の首位権や権威に関することを除いてすべて古い慣習に従って説教するようにという命令を発布したとのことです。しかしながら、教皇の首位権や権威に関しては、王はそれを決して認めようとはしません。というのは、王は、神の権威と議会の決定によって自分はこの王国の教会と世俗の首長であると、自称しているからです。以前も認めていたのですが、今も王は、煉獄が存在する、少なくとも天国と地獄の他に第三の場所が存在するということを認め、執り成しの祈りは死者を助けると主張しています。それにもかかわらず、これは最近私が皇帝にお知らせしたことですが、王は引き続き修道院を破壊し、取り壊そうとしています。死者の魂の贖いのためのこれら多くの敬虔なる場を略奪しようとしているのです(45)。

五月に入ってからはイングランド内で大きな変化が生じた。まず五月二日、王妃アン・ブーリンが王のオルガニストとの不倫の疑いで、ロンドン塔に拘禁されるという事件が起きた(46)。その後アンの弟ロッチフォード卿もアンとの近親相姦の疑いで裁判を受け、五月一七日にアンに対する判決文がカンタベリー大主教から出された。一八日にロッチフォード卿が、一九日にアンが処刑され、翌日二〇日にヘンリ八世とジェーン・シーモアとの結婚が行われた。このニュースはすぐにカール五世、フランソワ一世、ネーデルラント総督等に伝えられた(47)。アン・ブーリンの処刑は、王女メアリのヘンリ八世に対する態度にも変化を及ぼした。五月二六日また五月三〇日にもメアリはクロムウェルに書簡を送り、自分のため父である王に執り成しをしてくれるように頼んでいる(48)。六月に入るとメアリはクロムウェルに執り成しを再三求め(49)、クロムウェルも仲介役を果たした。メアリは三度父に手紙を書き、許しを乞うた。しかし、ヘンリ八世はメアリからの手紙に返事を出さず、ハウスドン Howsdon にいたメアリのもとに代理人としてノーフォーク公を送り、メアリに王位継承法に従うと宣誓をし、父ヘンリ八世に完全に服従し、自分が庶子であることを認めるように要求した。父からの脅威にも拘らず、メアリはこれを拒否した。ヘンリ八世はこのメアリのかたくなな態度を聞き、苛立ち、メアリの友のハッセイ夫人 Lady Hussey(50)をロンドン塔に送った。メアリとの仲を仲介したクロムウェルも、身の危険を感じたほどであった。メアリに同情した二人の顧問官が枢密院から追い出され、メアリに対する法的措置が話し合われた(51)。六月六日に、クロムウェルがメアリに自分の用意した草稿に基づき、王に手紙を書くように求めたと、メアリがシャピュイに知らせてきた。また王は、シャピュイに対しメアリに宛てて手紙を書かせ、その手紙をシャピュイの秘書によってメアリに届けさせ、メアリに父である王にすぐに従うことを促すよう、クロムウェルに提案したらしい。王がメアリに「ヘンリ八世をイングランド教会の首長として認め、（今後）教皇との関係を断ち、ヘンリ八世とメアリの母との結婚は近親相姦であり、不法なものである、自分には王位継承権がない」ことを宣誓させ、そのことを教皇とカール五世に書簡で示すよう、また「ローマの司教を教皇として今まで認めてきた誤り」を宣誓するよう強要したということを、メアリはシャピュイに知らせたのであった。メアリはこれらのことを拒否したが、シャピュイはメアリの身の危険（王国の法に反する死罪）を考え、メアリに今は身の安全を図ることが何よりも大事であり、父に服従するかのように密かに偽証するようにと、アドヴァイスした(52)。メアリはシャピュイからも父に服従するよう助言され、遂に諦め、中身を読まないでその文書に署名したのであった(53)。

六月六日にシャピュイは再び王と会談した。王は、シャピュイが両国の和平のために尽力していることに心からの感謝の気持ちを表した。王は、とにかくシャピュイが〔交渉のための〕委任状を持参しているなら枢密院に提示するように、ないならすぐに本国から取り寄せるようにと言うが、シャピュイはこの〔同盟〕問題に結論を出せそうならばすぐに取り寄せる、またそのために権威ある人物を派遣すると答える(54)。クロムウェルは、王が王女メアリを次の議会で王位継承者として宣言する意向を示していると、シャピュイに確信させた。またクロムウェルはメアリに対し、自分が用意した草稿に基づいて王に手紙を書くように求めた。王はシャピュイにも、すぐに王に手紙を書くようメアリを説得するように頼んだ(55)。六月一五日、メアリは自分の非を認めて、父との和解を求める手紙を王に出したのであった(56)。

六月二九日、シャピュイはクロムウェルと会談した(57)。シャピュイがクロムウェルにフランスに対して宣戦布告することを迫り、クロムウェルが「皇帝は間もなくフランス王と和約を結ぶだろう」と言ってこれに難色を示すと、シャピュイは「イングランドの中立と金銭の援助で、我々は満足しなければならないだろう」とイングランド側に中立を促している(58)。六月三〇日にシャピュイが宮廷に赴くと、駐英フランス大使も来ており、両大使はそれぞれ自分の主張を述べるよう求められ、フランス大使から始められた。フランス大使は、フランス王がマドリード条約やカンブレーの和約で理不尽な約束を強いられたこと、カール五世がプロバンスを侵略しようとしていることなどカール五世に対する不満を訴えたが、この中でフランス大使は、カール五世が「普遍君主国 Universal Monarchy」(59)を築くことを考えていると言った。シャピュイはカール五世がいかに平和を愛しているかを述べて反論し、大部分の顧問官たちは、シャピュイを支持しているように思われた。フランス大使の発した「普遍君主国」の問題に関しては、シャピュイはこれを強く否定し、このような考えは実際に野心を抱いている者が考え出したことと反論した。七月八日、シャピュイは王に再び謁見した。王はフランス大使を支持しているように見えた。王は双方との条約を守りたい、まだどちらにするか決めていないと言う。また王は、皇帝がどうしてこの交渉を先へと進めないのか不思議だとも言う(60)。この頃、王は王女メアリに対して自分に屈することを更に求めていたのであった。

七月一四日にシャピュイは次のように送信している。

この国の人々は引き続き教会問題で、教皇の権威を損なおうとしているのです。実に公会議の招集を知らせる教皇教書がこの国に届いた後でさえ、死罪の罰を科してそのような公会議の招集を正当なものとして認めることを禁じる法が制定され、公布された(61)のです。さらにイングランドでは、以前定められた教皇に反対する諸々の法が確認され、強化されたのです。公の文書の中で教皇に言及することは、大逆罪と定められたのです。この国のあらゆる身分の者に教皇庁、前王妃の結婚また王女の正嫡性に反対する宣誓をさせよう、そして、あえて王女という称号を王女メアリに用いようとする者には、死罪の罰を科そうとしているという報告すらあるのです。これがすべてではありません。二、三か月前にザクセン公に派遣されていた主教(62)が一〇日前にロンドンに戻って来た時、ザクセンで遂げられたことに倣って、教会の状態や儀式を改革しようという動きが議会でなされたのです。これは、今まで議会が通すことを拒んできたことなのです。他の点でも、ここの人たちは恐ろしく頑固なのです(63)。

七月一五日にシャピュイはクロムウェルと会談し、駐仏イングランド大使（ガードナー）からの手紙を渡された。カール五世とフランス王との和平交渉に関してカール五世が書いた手紙の概要をシャピュイが話すと、クロムウェルは返事に困り、和平に関する情報が伝わった時、王も枢密院も失望感を示したという。王とカール五世との友情の問題に関しては、クロムウェルはその日の朝王と一時間半にわたって協議したが、結論は、新しい条約の必要はないということであった。「古い条約で十分対応できる。今は平和であり、戦争の恐れもなく、古い条約を断つことにより何かを得るのでなければ、それは何ら自分たちの利にならない。これが皇帝との新しい条約を王が断る理由である」と答えた。シャピュイが「皇帝はイングランドとの古い友情や同盟を回復させるため、自分にその交渉のための全権委任状 full powers を送った」と言うと、クロムウェルは非常に喜んだ(64)。最近王女は王と和解しようとし、王は王女に父親らしい愛情を示しているという。王は、イングランド海峡を航海しているフランス船に援助を与えること、及びフランス船による略奪物を購入することを禁じる命令を出したという。

六月八日から開かれていた議会が七月一八日に解散されたのであるが、この議会で、キャサリン・オブ・アラゴンの子、アン・ブーリンの子は等しく庶子であると法定され、また教皇の権力に関して保留されていたことが一掃された。「ローマの司教の権威を消滅させる法」（28Henry Ⅷ, c.10.）(65)や「ローマによる特免状を解除する法」（28Henry Ⅷ,c.16.）(66)が制定された。

遂に七月二〇日の水曜日、王に謁見を申し込んで許可されました。……私は皇帝からの手紙を渡しました。……そうすると王は私の委任状のことを尋ねられました。皇帝がフランス王との和平交渉に対する〔イングランド〕王の仲介を断ったことへの〔皇帝側の言い訳〕に関しては、王はその時はそれについて何等非難もせず、〔非難の言葉は〕何も発せられませんでした。ただ「本当に自分が仲介者になりたかった」とだけ言われました。けれどもそのあと、王は話し出されたのです。「余は、余自身がした約束やフランス王との今までの条約の規定により余がフランス王を援助する義務を課された場所以外で、戦争が行われることを非常に望んでいる」と。その後王は「結局皇帝とフランス王との争いの原因は何か、皇帝はフランス王に何の不満があるのか」と尋ねられました。……ついに王は「いずれにせよ、教皇特使や世界中の大使によって和平が達成されるのであろう」と言われました。……最後に私が王に、「自分はその問題を交渉する全権委任状 full powers と十分なる資格を備えた訓令 instructions を持っています」と言い、「もし王が望まれるのならそれをお見せできます」

と、話しました。すると王は、「そのことを非常に喜んでいる、枢密院のメンバー数人をそのために任命して、その文書を調査させる」と言われました。また非常に間接的にではありましたが、二、三度王は、その訓令の中にイングランド王がフランスに持っている〔と主張する〕領土回復についての条項が含まれているかどうかを確かめようとされました。けれども私は、王が言われたことを理解できないふりをしました。私は王に別れを告げ、そこを離れました。王には非常に丁寧に迎えられたと言ってもよいのですが、この会見の中で王が持ち出した〔皇帝との同盟の〕反対理由の一つが、皇帝は「普遍君主国」を目指しているということであり、私はその言い方に強く反論し、王を説得しました。私はそのような言い方に対して、どのように答えたらよいかわからなかったほどでした(67)。

この七月二〇日、四月一四日からカンタベリーで開かれていた聖職者会議が閉会されたのであるが、この会議で教皇の権威が改めて否定され、(ヨーロッパの)君主たちによって公会議が開かれることは認められても、教皇がその権威でもって公会議を招集することは否認されたのであった(68)。

八月一二日にシャピュイは次のように書いている。

八月三日、私はクロムウェル(69)とチチェスター主教(サンプソン)とともに、(私の提出した)委任状とそこに書かれている内容を調べました。……クロムウェルたちは皇帝が王に何を願っているのかを私に聞き、私はすぐにフランスに対して宣戦布告することと答えました。……「対仏宣言するに足る十分な大義や動機を見つけることはできない」と、王は再度言われたそうです。王は、王の名誉が守られるのならば皇帝との友情や同盟を願っているとのことです。……「もしも両君主の友情と同盟が改められて、それが確かなものとなるならば、その同盟を確固とした、犯すべからざる、永久のものにするためには何も惜しまれるべきでない。……そしてこの同盟は単にフランスに対抗するだけではなく、皇帝と我々の王それぞれが自らの敵とみなす者すべてに対抗するものであることを王は願っている」と、顧問官たちはつけ加えました。このことを顧問官たちは何度も言いました。それは教皇を意味しているのであります。最初顧問官たちは教皇を名指しはしませんでしたが、この会談の終わりごろになると、「皇帝は教皇にただ公然と反対宣言するだけではなく、名誉と良心をもって宣言する義務がある」とはっきり主張しました。顧問官たちの言うことによると、教皇は一般的に言って全キリスト教君主の敵である、とりわけ神聖ローマ帝国の敵であり、それは、皇帝の権力、地位、そして数えきれないほどの皇帝の特権を〔今までの〕教皇たちが常に侵略してきたからなのだそうです。……この会談は、私が顧問官たちに次のように言って終わりました。「もしあなた方の主人である王がいま求められているような方法で皇帝を援助すると宣言するならば、皇帝は王と交渉しよう。ただ教皇と教皇庁の権威に関することは、除外されなければならない。皇帝はあなた方の王の介入なしにフランス王と和約を結んだり、同盟を結んだりはしない。その上王の名誉と利益を皇帝は非常に尊重しているので、この王を完全に満足させることができる」と(70)。

八月一九日に、皇帝とフランス王とに対する中立宣言が布告された(71)。

皇帝とフランス王の臣下に等しい保護が認められました。厳しい罰則のもとに全イングランド人は公であれ、秘密裏にであれ、その両君主の臣下の者に干渉したり、臣下の者と交易したり、取引をすることを禁じるものであります(72)。

八月二五日、シャピュイはクロムウェルに自分の秘書を送って、同盟問題についての自分の提案に王からの返事があるかどうか三度問い合わせるが、クロムウェルは「皇帝との同盟は王の希望であるが、王は王の自筆の手紙に対する皇帝からの返事を待っている」と答えた(73)。

八月二六日にクロムウェル、ヘレフォード主教〔フォックス〕そしてチチェスター主教と会談しました。……私はクロムウェルや彼の同僚たちにフランスに対し宣戦布告するべきであると述べるのですが、この人たちの返事は今までと同じであり、来冬までは宣戦布告することは無理であると答えました。①王はフランスとの友情を破る大義を見つけられない、②イングランドの軍艦はイングランドの商船隊の保護や防衛のため使えない、③春まではイングランド船や〔船が運ぶ〕相当量の商品をフランスの港から呼び戻せない、との理由であります。この人たちは皇帝が最も望んでいるのは金銭である、皇帝の財政は逼迫していると述べました。私はこれを弁明し、王に公然と対仏宣言するように要求しました。この人たちは、①シャピュイが皇帝から送られた委任状によってどれほどの裁定権を与えられているのかを王は確認したがった、②イングランド王がフランスに持っているすべての権利を回復してから皇帝はフランスとの和平を結ぶべきという要求にシャピュイは同意できるのか、③シャピュイは皇帝が王に要求する金額を指定できるのか、その権限が与えられていたら、王のところにすぐに人を送って、この問題を処理するため王の指示を求めると言いました。……クロムウェルや彼の二人の同僚は、皇帝に対し、教皇や公会議がイングランド王に害を与えるために用いるいかなる手段にも決して同意はしないと積極的に宣言することを求めました。……結局条約の文中では教皇に関する言及は一切されないことで合意しました。彼らはこのことを王に報告し、この問題を扱うための〔自分たちへの〕委任状を王に求めると、言いました(74)。

八月三一日に前回出席した顧問官たちの委任状が私のもとに届き、それは立派な形式で十分な条件を備えたものでありましたが、この文書の冒頭にある「イングランド教会の首長」という王の称号は、私には非常に不快でありました。しかし、交渉を早く進めるため、これを黙認しました。委任状が届いた同じ日に、私は王の顧問官たちと会談を再開しました。顧問官たちは前回の会談で用いたのと同じ議論を繰り返しました。つまり、王が行いではなく単に言葉でフランス人に対する敵意を示すことは、彼らの主人のごとき権力者である王には名誉ではないと、言いました。……王が貢献する金額が協議されましたが〔結論は出ず〕、……顧問官たちはこう言いました。「明日三人揃って王宮に参内し、王にすぐにあなた〔シャピュイ〕のもとに使いの者をよこしてもらう、それが駄目なら、王が決定された金額と王の意思をあなたに伝える」と。更に王の委員たち〔三人の顧問官たち〕は自分たちの委任状のコピーを私に手渡し、同様に私の委任状を一部渡すように要求しました(75)。

九月二二日、王に謁見しました。王の態度はいつもより冷たかったです。……王は言われました「あなたは〔今までの会談で〕多くの問題にふれているが、結局次に二点に絞られる。①皇帝は、理にかなった申し立てをしてこの戦争〔対仏戦〕を終結しようとするよりもこの戦争を正当化しようとしている。フランス王が皇帝に対して侮辱を与えたと主張し、更に決定的なのは、フランス王が過度に頑固であるという主張である。②余に対してフランスに宣戦布告するようにという依頼である。まず第一の点であるが、皇帝がこの戦争における侵略者であり、推進者であることは明らかである。和平が実現しなかったのはもっぱら皇帝のせいである。第二の点に関しては、対仏宣言を余は自分の名誉にかけてできない、フランス人は余の友である」……さらに王は言われました。「フランス王は決してローマで教皇に懇願するようなことはしなかったし、先の王妃〔キャサリン〕に味方して自分〔ヘンリ〕に判決を下すようなことには同意しなかったのである。というのはそのようなことは皇帝の利に転じることであり、フランス人がまさに避けたいと願っていたことだからである。……ローマで現在の教皇や教皇の顧問官たちと親しい者から余に送られた手紙によると、もし教皇がイングランド王や王国に対し教皇や教皇庁への従順にもどるよう迫るならば、皇帝は教皇パウルス〔三世〕にはレジョReggio、モデナModena、ウルビーノUrbinoを、そして教皇の息子〔ピエール・ルイジ・ファルネーゼ〕にはミラノ公国と他の地を与えると実際に言ったということである。……もしこの報告が本当ならば、余は皇帝に不満を訴え、そして余にできうる限りの害を皇帝に与えることになろう。〔これに対し〕このニュースはもちろん本当ではなく、第三者によって画策された情報である」と、私は反論しました(76)。

この九月二二日、「ヘンリ八世はフランスとの同盟に幻滅を感じたけれども、その同盟から得られる〔提携の〕確実性を捨てようとはしなかった」とシャピュイは述べている(77)。

九月二九日にクロムウェルからメッセージが届きました。王の決心の内容――〔今までの〕王と皇帝との友情条約と同盟を確認し、それらの条約を更新するには王の心の準備が必要であること、そのことはフランス王との友情からなる条約と同盟を損なうものであってはならないこと、それは王の名誉を傷つけることになるだろうから……もし皇帝とフランス王との和解に王が仲介することを〔皇帝が〕望むなら、王は喜びをもってそれに尽力するつもりである。――を皇帝にすぐ手紙で知らせるように、私に要請しました(78)。

最近〔一〇月三日頃〕クロムウェルは、単独で私シャピュイに会うと、王の疑いを起こしてしまう恐れがある

と言うので、チチェスター主教を交えて会談を持ちました。……「数日前フランス側はクロムウェルを自分の側に引き入れようとして、高価なプレゼントとともに、フランス王の名で二、〇〇〇ダカットの年毎の支払金を提供すると持ちかけた。……皇帝の王に対する真摯な気持ちを示すために、皇帝から王への自筆の手紙が必要である、皇帝は王との同盟を取り扱う用意が十分できていて、喜んで同盟締結に向けて動きたいという内容の手紙である。これはお互いを非難する手紙ではなく、とにかく過去のことにはふれず、なだめるように接して、真の兄弟のような友情を競って得ようとするものである」と彼らは言ったのです。……クロムウェルは「今、皇帝からの手紙は今まで以上に必要である。……良い結果をもたらすために皇帝の侍従の一人か、他の高位の者がイングランドにその手紙を運ぶのが望ましい。これは、皇帝がこの同盟を求めるための最良の方法である。……フランス王は、ヘンリ王に毎月二、三回自筆の手紙を送ってくる」(79)と言いました。私は、「皇帝がイングランド王の望まれる手紙を書き、モンファルコネ卿 Monsieur de Montfalconet(80)にそれを運ばせるように皇帝を説得する」と答えました。クロムウェルは、「その皇帝から遣わされた人と、王女メアリの問題や他のシャピュイの訓令に書かれている問題を話し合いたいが、しかし、教皇や教皇の権威の問題について話す必要はない」と言いました(81)。〔一〇月三日付の書簡〕

この五日間（一〇月二日から一〇月六日）、ここから五〇マイルほど離れたリンカーン州で反乱があったということです。議会で最近可決された税金の徴収を託されたイングランド王の役人たちに反対するとともにイングランド中の修道院や女子修道院の解散に反対する大きな反乱が生じたそうです。何人かの役人は実際に反徒によって殺されたそうです。生き残った者達は収監され、まず神に、次に教会に、そして最後に王に文字通り忠誠を誓うよう強いられ、その上女子修道院や教会を決して取り壊しはしない、王によって命じられた

税金の徴収も決してしないと約束させられていると、〔一般には〕言われています[82]**。〔一〇月七日付の書簡〕**

これ以降、シャピュイのカール五世への書簡は一年三か月後の一五三八年二月まで見当たらない。

一五三八年二月九日にシャピュイはカール五世に次のように通信している。

イングランド王は、私たち大使に次のような言葉を送って来られました。私たち大使が以前王に断言し、確信させたこと、つまり、皇帝は常に王に対して心から好意を抱き、完全なる友情を抱いておられるということを王は今、はっきりと理解し始められたということです。……皇帝がダッドリ氏[83]やイングランド大使[84]に送られたまさにお優しいお言葉から、王はこのような理解に至ることができたそうです。皇帝はその人たちに次のように話されたというです。「余〔皇帝〕やフランソワとの間に和約が成立すれば、イングランド王は単に協力者、親族、友人そして同盟者としてではなく、主要な条約締結者として指名され、和約に加わるだろう。そしてもし公会議が開かれたら、その公会議あるいは他のどこの公会議であろうとも、王の名誉や名声また王の正当なる権利を害することが議論されないよう、余にできることはすべてやる」と〔言われたそうです〕。そのことにより、王は皇帝に対する嫉妬心をすべて捨て、王が最初〔協議することを〕要求していた教皇の問題や公会議開催問題という二つの条件をもはや主張することなく、喜んで王の娘メアリとポルトガルのルイス王子との結婚話についての交渉を始めようと言われました。またこの皇帝との友情をより堅固で緊密かつ永続的で不変なものにするために、王は娘の結婚と同時に王自身とミラノ公爵未亡人[85]との結婚が整えられるのを願っておられます。特にメアリの結婚を取り決めるよう皇帝に依頼の手紙を書いてくれるようにと、私に頼まれました。……また公会議開催を伸ばしてくれたら、対トルコ戦に対する兵士と金銭の援助をするとも言われています(86)。

この対仏戦期のイングランド情勢を告げるシャピュイのカール五世への書簡は、ここで終わっている。ここで示したシャピュイの書簡の分析については第五節で述べるが、これまで述べたことからすると、イングランド側は教皇との和解には全く応じなかったこと、カール五世側との同盟に応じようとはせず、中立に留まったこと、カール五世側からイングランド側へ積極的に働きかけがなされていることが理解される。では、シャピュイに指示を与え続けたカール五世は、イングランドに対してどのようなことを要求していたのであろうか。次にそれを見てみたい。

第三節　カール五世のイングランドへの要求

ヘンリ八世の離婚を無効とする判決を下すよう教皇クレメンス七世に強く訴え、シャピュイからイングランドの宗教情勢に関する情報を受けてはいたが、カール五世は一五三五年八月までチュニス遠征(87)に忙殺されていた。、カール五世は王妃キャサリンや王女メアリの処遇改善や権利の回復を望みつつ、イングランドとの関係を維持するようシャピュイに命じていた。いまやフランソワ一世との戦いに臨み、カールはヘンリ八世との同盟を強く願うようになった。イングランドとの同盟を求めるカール五世は、イングランドの状況をどのように見ていたのであろうか。一五三六年一月から一五三八年六月までのカール五世からシャピュイに宛てた書簡は、全部で一三通残されている。残されている書簡の数が他の時期に比べて極めて多いことから、カール五世がヘンリ八世との同盟を願う気持ちが強かったことも考えられる(88)。本書ではその一三通から、またカール五世のその他の書簡から、カール五世がこの時期のイングランド情勢をどのように見て、何をイングランド側に要求していたのかを考察したい。

（一）一五三六年二月二九日　カール五世よりシャピュイへの書簡　ナポリより(89)

イングランド王妃の病気と死についてのシャピュイからの〔一五三五年〕一二月一八日付け、一二月三〇日付、〔一五三六年〕一月九日付の書簡を受けとった。王妃の死そして娘である王女の寂しさを嘆く。王女の今の扱いについて聞きたい。王女は母が生きていた時と同じ場所にそのままいるのか、それとも王女を〔イングランドから〕連れ出す手段が残されているのか(90)、あるいは王女の境遇を何とか〔今の状態から〕変えることができるのか。余との友好を再開したいというイングランド王の願いについては、フランス王は〔余との〕戦争を始める恐れがあるし、またフランス王がヘンリからの援助を確信していることを考えると、シャピュイは自分からということにしてそれとなく〔イングランド側にカール五世がイングランドとの友好を願っていると〕示してもよい。おそらくそのような友好の再開は、会議を開く必要もないし、王女へのしかるべき対策が取られるとするならば、王妃の生存中より容易になるのではないかと。……・この手紙を書いてから、一月二一日付と二九日付のシャピュイの手紙を二月二五日に受け取った。シャピュイが王女を慰め、王女にアドヴァイスを与えてくれたことを嬉しく思う。

これは、カール五世がキャサリン王妃の死についてのシャピュイからの書簡を受け取って間もないころの書簡である。キャサリンの死を嘆くとともに、王女メアリの処遇を非常に心配している手紙である。カール五世の関心はメアリの救済である。カール五世は、イングランド王との友好の再開を進めるようにとシャピュイに語っている。イングランド側がカール五世側との友好の再開を願っていることをカール五世は既にこの時点で知っていたことが、理解される。またカール五世がシャピュイの情報を重んじていることも考えられる。

（二）一五三六年三月　カール五世よりシャピュイへの書簡　ガエータ Gaeta より（91）

一五三五年三月ナポリからローマに向けて余が出発する際イングランド内の情勢を考え、またその国の王が王自身の妻の生存中にも拘わらず、長年同棲していた愛人と実際に結婚したことを思案した。時間が経過するうちにその愛人に対する王の愛情がいくらか冷めたこと、そして余の従妹である王女メアリの処遇が改善されたことが分かり、そして特にその時ポルトガルの王子ルイス（92）の名誉と利益にできるだけ協力するのが余の義務であり、余の願いであるということを思い出し、余は今ガエータから手紙を書いて、以下の条件であなたが余の従妹である王女をルイス王子と結婚させることをイングランド側にすぐに申し込むように命じる。第一にその結婚の交渉中、余の叔母である先のイングランド王妃の名誉と名声が決して損なわれないように。また余の愛する従妹、王女メアリの継承権が損なわれないように。……今そのためにどのような交渉が行われていようと、王女はヘンリ王とキャサリン王妃の正嫡なる娘であるとみなされるべきであるし、またもし王が男子後継者を残さなかった場合、イングランド王位への権利が彼女のために特別にとっておかれているということをあなたは心に留めておかねばならない。けれども、もしヘンリ王が王女は正嫡であるということを宣言することやまた王女の王位継承権の留保に同意しなかったら、現在はそのままにしておくように。王女の父の死まで王女は今ある自分の権利を保持し、そのうちに王女の身分と才能ゆえに、王女を助けられるだけの十分なる財産や収入を持った王子と結婚させるように。そのためそれに付随して、以下の三つの最も重要なことが考慮されねばならない。第一に、王の生存中、王の娘である王女はこれ以上のことを要求することはできない。当然王女の行動は制限される。余や余の親族は王女を支持してこれ以上〔イングランド王〕に要求することはできない。……第二の条件は、以上の適切な方法を採ることにより、王女をイングランドから連れ出し、あなたがよく知っているように、いつも晒されている危険から王女の命を守ることである。これは容易いことかもしれない。王女の身分と才能にふさわしい王子と結婚させることにより、王女は将来王女の血縁者や同盟者の助けを借り、王女としての権利を主張し、勇気をもってそれを維持することができ、かつて持っていた権利を回復できるかもしれない。また神の助けとご加護があれば、申し込まれた結婚から男児を得ることができるかもしれない。これは、王女の父である王に過去の誤りを認めさせる機会になるかもしれない。……第三の条件は、悪い取引と言われるはずはないが、それによりイングランド王をローマ教会の枠の中に連れ戻せるかもしれない。……いまや状況は変わった。それ故、あなたが適切と思うことを王に示した後、王の条件が法外なものだとあなたが悟ったら、考える時間を要求し、それについて余に知らせるべし。そしてもしクロムウェルがかつてあなたに申し出、約束したことを本当にすることができ、またする意志があるとするならば、クロムウェルの助けを借りて、余の従妹の利益を高めるため最大限努力すべし……。

この書簡では主として①メアリとカール五世の義弟ポルトガル王子ルイスとの結婚をすぐにイングランド側に申し込むように、②キャサリンの名誉と名声が決して損なわれないように、メアリの継承への権利が損なわれないように、③王の生存中、メアリは父に逆らわないように、④メアリをイングランドから連れ出すように、という王女メアリの処遇と王位継承権と結婚問題について書かれている。この書簡でもカール五世の関心は、メアリに集中している。現在の状況ではメアリに対するヘンリ八世の扱いが変わるとはカール五世も思っていないことがわかるが、シャピュイからの通信でそれを知ったのであろう。この中で注目すべきことは、メアリの結婚により、イングランド王をローマ教会の枠の中に連れ戻せるかもしれないという期待をカール五世が抱いていたことである。この書簡が書かれた時点で既に、イングランドのローマ教会に対するさまざまな攻撃的姿勢についての報告を受けていたにも拘わらず、カール五世はイングランドをローマ教会に帰順させることを願っており、またそれが可能であると考えていたことが理解される。

(三) 一五三六年三月二八日　カール五世よりシャピュイへの書簡　ガエータより(93)

クロムウェルがシャピュイに語ったこと、またクロムウェルの言葉に含まれたフランス人に対するイングランド人の大きな憤りを考えると、今やイングランド王や王の大臣たちが余の側との交渉に応じる可能性が出てきた。……さらに〔駐仏イングランド大使〕ワロップ(94)はこれに同調するようなことを〔駐仏皇帝大使〕アナール(95)に最近語ったし(96)、同様のことをここ〔皇帝の宮廷〕にいるイングランド大使〔ペイト R.Pate〕も言った。そこでフランス王とイングランド王とを緊密なる同盟から引き離し、イングランドにフランソワ〔一世〕に対しこの戦争の援助をさせないため、シャピュイはイングランドとの交渉を再開する手段を見つけてほしい。……余はシャピュイにクロムウェルに対する申し出を示す。第一に、イングランド王のローマ教会からの離脱に関することである。これは王の良心を損なう問題であるし、これにより王国内で分裂と混乱が生じるかもしれない。また教皇が懲戒罰の執行へと進み、王の称号を取り上げるとすると、それに伴う危険が生じるだろう。王と王国の安寧のため公会議の決定に頼るか、教皇への余の調停に頼るか、シャピュイが王の賛成が得られると思う他の手段に頼るかせねばならない。王はあらゆる手段を用いて公会議の開催を妨げようとするかもしれないし、たとえ公会議の開催に同意したとしても、他の異端に賛成するかもしれない。余がイングランド王と内密に交渉すれば、教皇に働きかけることはそれほど難しいことではないだろう。シャピュイはできる限り公会議についての王の考えを確かめるべし。第二に、余の従妹である王女〔メアリ〕に対して配慮がなされなければならない。王女の名誉、正嫡性と王位継承権が損なわれることがあってはならないが、王の同意が得られなければ、少なくとも王の死後までこの問題はそのままにしておくべきである。王女は父に反対する行動を起こしてはならない。王女の安全のため、この先のイングランドとの交渉のため、しかるべき人物と結婚させるべきである。シャピュイは自分の意見ということにして、ポルトガルの王子ルイスとの結婚を提案すべし。……第三に、対トルコ戦に対する援助問題である。クロムウェルがシャピュイに語ったように、この援助は受けられるだろう。もし上述の二点について王の理解が得られれば、王は喜んで提供するだろう。……第四に、余との間に対仏同盟を作ることである。これが一番重要なことである。余の側につきフランスに対し宣戦布告するべきであると、シャピュイは王に促さねばならない。……もし王がフランスとの同盟維持のため、それに反対するなら、我々の同盟はより古く、拘束力を持つものであることを王に示さねばならない。そして、イングランド王はマドリード条約やカンブレー和約に明らかに加わっていることを示さねばならない。それにより王自身が余の側に立って、フランスに対して武器をとる義務があるのである。……また王にドイツやデンマークとの密通を止めさせるべし。……ガエータより。

この三月二八日付の書簡は、二月二三日のクロムウェルとシャピュイとの会談についてのシャピュイからの報告(97)を受けた後の手紙であることがわかる。イングランド側がカール五世との関係回復を願う姿勢を示したことをシャピュイから聞いたあとの、カール五世の見解である。この書簡から、カール五世のイングランド側との交渉の目的に変化が生じ、シャピュイに対するカール五世の要求の重要性が変わってきた。それまでは王女メアリの処遇に関することであったが、この書簡からはフランス問題が中心になった。フランス王とイングランド王とを緊密なる同盟から引き離し、イングランドにフランソワ一世に対し戦争の援助をさせないため、イングランド側との交渉の再開をシャピュイに求めるようになったのである。イングランド王のローマ教会からの離脱によりイングランドとスペインとの間の障害が大きくならないように、妥協点を探る努力を指示したと考えられる。そしてカール五世は、駐仏イングランド大使ワロップが（駐仏皇帝大使）アナールに伝えた情報、また皇帝のもとにいるイングランド大使ペイトからの情報の集約をしている。

この書簡では、クロムウェルに対する申し出をシャピュイに示した。第一にイングランド王のローマ教会への帰順、第二にメアリに対する配慮、第三に対トルコ（オスマン帝国）に対する援助、第四にカール五世との間に対仏同盟を作ることである。カール五世はこの書簡の中でこの対仏同盟が一番重要であると語っている。これは、二月のフランソワ一世によるサボア公領とピエモンテ侵入の結果を受けてのことであろう。この書簡では対仏同盟の問題以外にもイングランド王のローマ教会への帰順や対オスマン戦に対する援助という新たな要求が含まれた。この四つの申し出は、二月二三日のクロムウェルとシャピュイとの会談の中で、シャピュイが自らクロムウェルに依頼した内容と同じものであるが、対仏戦の間中、イングランド側に対する要求としてカール五世のシャピュイへの書簡の中で常に挙げられている。この書簡の中で、カール五世はイングランド王のローマ教会からの離脱に関することを第一番目に挙げている。これは二月二三日のシャピュイのクロムウェルへの最初の申し出であったことに応えたためであろうが、このローマ教会からの離脱問題は、カール五世がイングランドとの関係を考えるとき一番障害になっていたことだからであろうと考えられる。イングランド王と王国の安寧の問題、教皇による懲戒罰とイングランド王への廃位宣言、イングランド王による公会議開催阻止をカール五世が恐れていたことがわかる。カール五世はイングランド王と内密に交渉して教皇に働きかけることができるし、教皇主催の公会議による解決も不可能ではないと、この時点では考えていたのであった。カール五世は教皇との問題に関して、イングランド側との妥協点を探る努力をシャピュイに指示したのではないか。また対オスマン戦に対する援助に関しても、カール五世はこの時点では、ヘンリ八世からの支援を受けられると思っていたことが、この書簡から読み取られる。

（四）一五三六年三月三〇日　カール五世よりクロムウェルへの書簡(98)　ガエータより

イングランドにいる私の大使から、イングランド王やイングランド王国の主だった方々が〔我々の〕良き和平の樹立に向けて会談〔の機会〕を設けて下さったこと、またその方々が〔私に〕抱いて下さった善意についての報告を受け取りました。その善意を私は、〔私の大臣〕グランヴェルに確かに伝えました。名誉ある申し出に対して、貴殿にお礼申し上げます。その問題について引き続き会談を持つよう、私の大使に申し付けました。

ガエータより。

カール五世はシャピュイに手紙を書いた二日後にクロムウェルにも手紙を出して、クロムウェルがシャピュイと会談を持ったことに謝意を表している。わざわざこのような手紙を出したことは、カール五世がフランス戦に向けてイングランドと交渉を持つことを願い始めたことを示すものと思われる。

四月一日、カール五世はローマに入り、教皇が自分を助けることを期待した。しかし、教皇パウルス三世は北部キリスト教世界のローマからの離反を恐れており、カール五世のドイツのプロテスタントに対する甘い態度にも我慢が出来なかったらしい。カール五世に屈服することを望まず、中立に留まり、ヨーロッパ中部の教会分裂を避けようとした。そしてもしできれば、カール五世から独立した地位を保ち、キリスト教世界の決定者になりたかったように思われる(99)。カール五世はそれゆえ、教皇の前での演説という通常用いられない手段に訴えた。カール五世はフランスの策略に直面し、自分の政策に対する教皇からの援助を得ることが絶対に必要であると考えた。四月二日、ベネチア大使やフランス大使を誘い、ミサの前に教皇のところへ一緒に出掛けた。枢機卿団や皇帝側の者、その他カール五世が招いた者たちが集って教皇を待っていた。カール五世は、教皇の隣で一時間にも及ぶ演説をした(100)。その中でカール五世は、フランソワ一世がカンブレーの和約に反してサボアに侵入したことの非を訴えた。教皇は、カール五世が平和を愛する精神をほめた。しかし教皇は、フランソワ一世もまた平和を愛していると優しく示し、「それゆえ和平が維持されない理由がわからない」と答えた。教皇はまた「〔カール五世がフランソワ一世に求める〕決闘を許すことはできない。しばらくの間自分と枢機卿団は中立を守る。しかし、もしどちらかの君主が和平を破れば、自分はその者に反対する宣言をするつもりだ」(101)と誓った。四月一八日、カール五世はローマを去ったのであった。

(五)　一五三六年四月一三日　カール五世よりシャピュイへの書簡　ローマより(102)

イングランド王とクロムウェルの誠実さを信頼して、イングランド王と余との友好が推進されることを大いに願っている。フランス側、教皇側からは絶えず余に会談要請がくるのだけれども、イングランド王が何を願っているかについてのシャピュイからの報告を受け取るまで、余はフランス側と論じることを控えてきた。教皇は自分の立場、また教皇がフランスに抱いている好意やフランスからの圧力によって動かされているのである。さらに余は、余が教皇に告げるまでイングランド王に対する王位剝奪宣言を一時停止すること、イングランド王打倒に向けて世俗の武器に訴えることを遅らせるよう、教皇を密かに説得してきた。……フランス側はイングランド王位剝奪を知らせる教書の〔イングランドへの〕急派を教皇に強いており、王位剝奪に関する教書の草稿の写しを教皇の部下から既に得ているのである。……余は、シャピュイが余とイングランド王との和平の樹立に向けて知り得たことをすぐに余に知らせるように願っている。

この四月一三日付のローマからの書簡から、カール五世はイングランドを重視する方向へ転換したことがわかる。イングランド王との友好の促進を願い、シャピュイにそれを促すものであり、ここでイングランド王が何を願っているのかをシャピュイに探るよう指示している。この書簡は、四月二日のローマでの教皇を前にしたカール五世のフランンソワ一世非難の演説の後で書かれたものである。ここでは、演説で教皇を獲得するのに失敗したカール五世がイングランドを味方に着けようと教皇カードをちらつかせているように見える。またこの中でカール五世は、教皇がフランス寄りであることを述べている。カール五世は自分がイングランド王に対する王位剥奪宣言を一時停止させ、イングランド王打倒に向けて教皇が世俗の武器に頼ることを遅らせるよう教皇に訴えていること、フランス側はその逆の行動をとっていることをシャピュイに知らせ、シャピュイがそれをイングランド側に伝えてカール五世に対するイングランドからの支持を得ようと考えていたと理解される。この書簡では、カール五世がシャピュイからのイングランド情報をいかに待っているか、いかにシャピュイを信頼しているかが示されている。

（六）一五三六年四月一八日　カール五世よりシャピュイへの書簡　ローマより(103)

二日前、ここ〔ローマ〕から余のもとにいるイングランド大使の秘書を通してあなたに手紙を書いた。前回の手紙のあとここで余が果たした任務、また教皇との公開会見で余が行った交渉についてシャピュイに知らせるために、この手紙と共にネーデルラント総督(104)や駐仏皇帝大使〔アナール〕に宛てて今書いている手紙の写しを送る。それにより、シャピュイはすべてを理解するだろう。もしシャピュイがその機会を得、そしてそれが適切なことだと思ったら、その公開会見で生じたことをイングランド王に理解させるために、余が駐仏大使に宛てた手紙の内容を知らせても良い。必要なら内密に王にその写しを見せるように。……そして王がそれをどのように受け止めたのか、何をシャピュイに話したかを知らせなさい。またこの地から特別急使を用いてあなたのところに送った余の手紙の内容〔王に要請する内容〕についてシャピュイが王とした交渉すべてをできるだけ早く余に知らせるように。そしてまた、余が議論を進めている問題〔イングランドとの間の対仏同盟交渉〕を実施することについてのシャピュイの意見を詳しく知らせるように。それに付け加えて、その問題をある程度効果的に進めていけるいかなる望みがあるのかということについても知らせるように。というのは、シャピュイからの知らせが届くまで、余は教皇に関することすべてを遅らせているからである。

この四月一八日付のローマからの書簡では、イングランド重視へとカール五世が向かった理由としてのローマでの状況の変化を、カール五世はシャピュイに明確に知らせている。カール五世が教皇の前での演説という自分にしか知りえない正しくかつ貴重と思われる情報をイングランド側に提供し、イングランド王がカール五世の教皇との会見の内容を聞いてどのように言ったのか、その反応からイングランド側の本音を探るようにと、シャピュイに一層の努力を求めている。これは、教皇獲得に失敗したカール五世が自分に対する賛意をヘンリ八世から得たいと思って、書かれたものであろう。この四月中ごろにはカール五世の側では、イングランドの宗教問題は棚上げにされてしまっていたようである。この書簡では、シャピュイの情報と意見がいかにカール五世の教皇に示す見解の判断材料になっているかが読み取れる。

四月二〇日、シャピュイはヘンリ八世に謁見することができた。しかし、その時ヘンリ八世はシャピュイの要請を退けたのである(105)。

(七)　一五三六年五月一五日　カール五世よりシャピュイへの書簡　ポントレムーロー Pontremulo より(106)

会見の際にイングランド王がシャピュイに対する返答の中で示した冷たさ(107)を知り、この〔イングランドとの〕

交渉を進めることにためらいを感じたけれども、それでも余としては、王に我々の古くからの友情と今まで互いに貢献した記憶を想起させたい。そこで余は、シャピュイがこの〔交渉の〕任務を引き続き担ってくれることを願う。そして〔シャピュイがアドヴァイスしたように〕、さらにこれに向けて努力をするために、余はイングランド王に宛ててシャピュイへの委任状を書くつもりである。……もし余がイングランド王との友好を〔王に〕促さないのならば、本当は王に対して余は善意を持っているのに、王は余が善意を抱いていない、王や王の問題を困難にさせるため余がとぼけている、その結果、余が更に王を拘束すると、王は当然思ってしまうだろう。他の者〔ヨーロッパの他の君主〕たちは今まで王を拘束してきており、今も拘束しているのだが。①教皇に関しては、イングランド王が教皇に同意できる手段が見つかることを期待する。……特に教皇がイングランド王に出した懲戒罰により訴訟手続きがとられるなら、イングランドと余の国との通商は妨害されるだろうと思っている。このことは、この懲戒罰問題に余がことの他関心を払っている理由である。……②余の従妹王女メアリに関して。余の近親者であり、王女の徳と良き資質を考えると、王が王女に対し父親らしい愛情を示してほしいと願わざるをえない。……③対トルコ戦への援助に関して。王が極めて立派に応えてくれるだろうと余は常に信じてきた。王はそのようにしてきたし、今でもキリスト教世界の繁栄を愛する君主になりたいと思っている。……④最後にフランス問題に対して。余がローマで行ったことについてあなたが王に話したと思っている。余は自分を正当化するために王が知っている以上のことを示すつもりはない。つまり、フランス王が野蛮にも余自身の叔父であるサボア公〔カルロ三世〕を攻撃したことをキリスト教世界全体が知ったということである。……このためシャピュイは王にすぐに余との提携を自ら宣言するよう懇願するように、そしてこの懇願により、王の名誉に関することすべてを余が擁護するということを王に確信させるべし。残りのことはあなたの分別に任せる。王の意向についての情報をすぐに知らせるように。……余のもとにいるイングランド大使〔ペイト〕に余の好意を示しておいた。余の宰相のグランヴェルもイングランド王が良い結論を〔余に〕示すことを願って、その大使と話をしたことを書いておかねばならない。

このポントレムーローからの書簡には、三月二八日付のカール五世の書簡に示されたイングランド側に対するのと同じ内容の要求が示されている。四月二〇日、王妃キャサリン死後初めてシャピュイは王に謁見できたのであるが、その時のヘンリ八世の反応は五月一五日には、既にカール五世に伝えられていたことがわかる。シャピュイの四月二一日付の書簡の中で、教皇庁に帰順するつもりはないこと、またこの問題にカール五世は関与すべきでないことをヘンリ八世がシャピュイにはっきりと語ったことが述べられており、そのことはカール五世にも伝えられていた。カール五世もこの問題のむずかしさを十分承知していたと考えられる。それでもカール五世は、引き続きヘンリ八世が教皇と和解する手立てを探るようシャピュイに促している。ここで注目すべきことは、この書簡の中でカール五世は初めてイングランドとの通商にふれていることである。今までの書簡では、イングランド王を教皇庁に帰順させようとする理由に通商問題は現れてこなかった。カール五世がイングランドと教皇との関係の中で特に関心を払っていたのは自分の国の通商が妨害される恐れであると、ここでは書かれている。既に前年の一五三五年一〇月一三日に駐ローマ皇帝大使シフエンテスがカール五世に宛てた書簡の中で、「教皇からの懲戒罰がヘンリ王に下されたら、イングランドとカール五世の国々との通商は停止されるでしょう」(108)と警告を発している。カール五世側が通商停止をことのほか恐れていたことは確かである。この書簡の中でカール五世は、自分がイングランドに対して特に関心を抱いているのはもう宗教問題ではないということをイングランド側に話すように、シャピュイに伝えているのである。このポントレムーローからの書簡の中で、カール五世が一番イングランドに求めているのはフランスに対する宣戦布告であることが示されているが、これをカール五世やグランヴェルは自分の宮廷にいるイングランド大使にも働きかけており、イングランド側へのカール五世の熱意が窺える。

（八）一五三六年五月一五日　カール五世よりシャピュイへの書簡　ポントレムーローより(109)

余はこの手紙と共に、シャピュイが適切だと思えばクロムウェルや枢密院そして王自身に伝えるようにと余が書いた他の数通の手紙を送るが、そういった手紙の写しを〔王たちに〕届けたり、あなた自身の手で手紙を渡したりしてはならない。その手紙にはその時の状況に応じてあなたが付け加えたり、取り消したりするようにと余の今までの手紙の中で示したことが述べられている。もし王が交渉することに同意したら、基本的にはあなたが余の今までの手紙〔で書かれていること〕に従うよう願っている。またもし困難が生じ、あなたがその交渉を上手に運ぶことができなければ、直接的であれ間接的であれ王がフランスに対して援助を送ることを避けるため、余と連絡を取るふりなどをして一時しのぎをするべし。……駐仏大使アナールは九日グランヴェルに王の愛人〔アン・ブーリンのこと〕がオルガニストと不倫したというニュースを知らせてきた(110)。……余の従妹である王女のことを考えて王は今まで以上に余と交渉するようになると、余は考える。しかし王が今後フランスの勧める結婚をしないように、むしろ王自身の臣下の一人を王が選ぶように、シャピュイは賢く王に働きかけなければならない。……

追伸　上述の手紙を書いた後、シャピュイの部下ジョージが到着し、〔イングランド〕王の愛人に関するニュースを伝え、余は〔アナールからのニュースを〕確認した。王は王の愛人と彼女の共犯者を死に追いやるであろうし、別の妻を娶るに違いないから……シャピュイはできれば、王やクロムウェルに余の姉〔現在の〕フランス王妃の娘であるポルトガル王女との結婚を勧めるように。王女は遺言により、四〇万ダカットを持っている。余の義理の弟ポルトガルのルイス王子とイングランド王女との結婚も整えられるかもしれない。……もしシャピュイがポルトガル王女との結婚に王が傾いていないと思ったら、ルイス王子とイングランド王女との結婚交渉とともに、王に余の姪ミラノ公爵未亡人との結婚を勧めてもよい。しかし余は、ポルトガル王女との結婚の方を大いに望む。

この書簡は前の書簡と同じ日にシャピュイに宛てて書かれたものである。同日に二回カール五世がシャピュイに手紙を書くのは極めて異例のことである。イングランド王との交渉をカール五世が強く願うようになったためと考えられる。そしてその手紙の写しを届けたり、シャピュイ自身の手で手紙を渡してはならないと述べ、シャピュイに交渉する際の注意を促す必要を感じたからであろう。追伸ではアン・ブーリンの事件の報告を受けても、カール五世はそれに対するコメントはせず、王の再婚相手としてポルトガル王女やミラノ公爵未亡人を勧めており、フランス側の勧める結婚相手を遠ざけさせるようシャピュイに指示している。ルイス王子とイングランド王女との結婚話とともに、カール五世はイングランドとの同盟を強く望んでおり、このアン・ブーリン事件をもイングランドとの関係を強化する材料として用いようとしていることが、明らかである。イングランドとの関係強化のため、カール五世はまたシャピュイへの好意に対して、クロムウェルに感謝状を贈っている。

(九) カール五世からクロムウェルへの手紙(111)

私とイングランド王との友情の確認のために、またその友情を永続的なものにするために、貴殿が絶えず立派なお役目を果たされておられることに感謝申し上げます。それを私は、シャピュイの手紙また貴殿が私の大臣グランヴェルに宛てた手紙(112)によって知りました。

カール五世はこのように三月三〇日に引き続き、クロムウェルに再度手紙を書いて、イングランド側との友好を望む気持ちを伝えている。クロムウェルはそれに先立ち、グランヴェルに手紙を書いたようである。イングランド側がカール五世との友好を再開したい気持ち、またカール五世側もそれを強く望んでいる気持ちが、この手紙に示されている。

（十）一五三六年六月八日　カール五世よりシャピュイへの書簡　アスティ Asti より[113]

> シャピュイがイングランド側と交渉したことすべてについて情報を引き続き送ってくれることを願っている。……余は確実な情報を更に手にするまで、何を語るべきかわからないからである。シャピュイがこれまで以上にあなたの思慮深さを用いて、余の従妹である王女にアドヴァイスし、王女を助けてくれるようにと願う。

四月一三日付また四月一八日付のローマからの書簡と同様、この書簡でも、シャピュイの情報と意見がいかにカール五世の判断材料になっているかが示されている。特にこの書簡では、シャピュイからの情報をカール五世が必要としていることがわかる。カール五世の書簡でこのようにシャピュイの情報に寄せるカール五世の信頼の気持ちが直接表されているのは珍しく、シャピュイによるイングランドからの情報が重んじられていることを示す書簡である。またメアリに対する配慮をシャピュイに求めるものでもある。この書簡には、ヘンリ王がイングランド国内で行っている宗教政策（教皇の首位権否認、典礼や教会儀式の改変禁止、煉獄と執り成しの祈りの承認、修道院解散）について知らせる四月二九日付のシャピュイの書簡[114]、またイングランド王位剥奪に関する教皇教書に対するイングランド側の受け止め方を伝える五月一九日付のシャピュイの書簡[115]については、何もふれられていない。カール五世は四月二九日付また五月一九日付のシャピュイの書簡をまだ見ていないのかもしれないが、既にカール五世の関心はイングランドの宗教問題とは別の所にあったのではないかと考えられる。

（十一）一五三六年六月一七日　カール五世よりシャピュイへの書簡　アスティより(116)

〔駐仏大使〕伯爵代理アナールの部下の一人からの手紙によると、フランソワ〔一世〕は今後フランスに余の大使を置かず〔余の大使を帰還させ〕、またすぐ余の所にいるフランス大使を召還するつもりであるという。……今日、余はフランソワの大使がそれを要求すれば、すぐにその大使を解任するつもりである。余の駐仏大使は最近駐仏イングランド大使と連絡を取ったと伝えてきた。その〔イングランド〕大使がほのめかしたことによると、もし余がフランスを侵略すれば、イングランド王は今までの条約により、フランスを防衛することを余儀なくされるだろうということだ。これは大使の主人であるイングランド王から得た情報であろうし、いずれにしてもフランス側は多分それを持ち出すであろうから、シャピュイはクロムウェルや他の者たちから王の意向を聞き出す努力を続けるように。そしてもしそれがシャピュイにとって利があると思ったら、三月二八日付のガエータからの手紙で余があなたに書いて送った理由により、王はフランスを助けることはできない、また王はフランスに対し宣戦布告する義務があるということを王に指摘すべし。……フランソワは帝国の臣下であり、マドリード条約やカンブレー和約に含まれている余の同盟者であるサボア公に対してだけでなく、直接余に対しても戦いを再開した。……シャピュイはこのことを王にははっきりと示し、もしシャピュイができると思えば、王に余の側に立ちフランスに対し宣戦布告するように促し、またもしそれが無理なようならば、少なくとも王を中立に留めさせるべし。……アン・ブーリンの死後余がシャピュイに書いて送ったことが、王に余と王との友情を再び確立させる気にさせたのかどうかはわからないが、今はこれ以上のことを書くことができず、シャピュイの分別に任せる以外ない。そしてシャピュイがこの間グランヴェルに書いてきたように、——そのことはフランスからの情報で確認されたのであるけれども——もし王がセメル〔シーモアのこと〕夫人と結婚したなら、この結婚により我々の友情が再開されるのかどうかを必ず見極め、それがこの友情の再開に最大限つながるように、また余の従妹である王女の幸せになるように、そのセメル夫人に働きかけるように。

このアスティからの書簡では、フランソワ一世が駐仏皇帝大使アナールを本国に帰還させようとし、本格的にカール五世との戦争を開始することを宣言したこと、また今までの条約によりイングランド王はフランス防衛をせざるをえないだろうということをカール五世はシャピュイに伝えている。イングランド王がフランスを援助しないよう、またフランスに対し宣戦布告するようにヘンリ八世に働きかけるべしという指示とともに、この書簡では初めて、イングランド王を中立に留めさせるようにという指示がカール五世から出されている。カール五世は中立でもよいから、とにかくイングランド王がフランスを援助しないようにさせるべしと、シャピュイに命じている。フランソワ一世の戦争開始後、カール五世がイングランドに求めたことは何よりもフランスに対し宣戦布告することであったことが、この書簡にはっきりと示されている。この書簡でもイングランドの宗教事情、ローマ教皇庁との関係に関しては、何もふれられていない。イングランドの宗教政策にはふれず、イングランドとスペインとの関係を模索しようとしている。ここでカール五世は「シャピュイの分別に任せる以外ない」と述べ、この時シャピュイをこれまでになく頼りにしていることが示されている。また王が既にジェーン・シーモアと結婚したことを知り、それをメアリの幸せにも用いるようにと指示している。六月八日付の書簡とともに、カール五世は常にメアリへの配慮を欠かさなかったことがこの書簡からわかる。

(十二)一五三六年六月三〇日　カール五世よりシャピュイへの書簡　ピエモンテのサヴィラン Savillan より(117)

シャピュイの六日付の書簡をシャピュイの部下ジョージから受け取った。イングランド王、王の大臣たちまた王の新しい王妃〔ジェーン・シーモア〕にシャピュイが働きかけてくれたこと、そして王女に良きアドヴァイスをしてくれたことを大変喜んでいる。第一の点、つまり、イングランド王やクロムウェルがフランス王と和解するよう余を説得するようにと執拗にシャピュイに迫ったことに関しては、シャピュイの答えほど余の行動を上手く正当化できたものはない。即ち余の申し出、特にアングレーム公(118)にミラノを提供するという余の申し出をフランス王が拒んだ強情さをシャピュイが王に示したことである。その余の申し出に対し、フランス王がローマに送った返答の中で、フランス王はオルレアン公にミラノを与えたいと主張したのである。その上フランス王は彼がサボア公から奪ったものの返還を拒否しているのである。その後王は益々悪いことへと進み、余に対し戦いを開始し、余の大使を解任し、ネーデルラントに侵攻したのである。イングランド王もしくは他の誰であろうとも、その者の仲介が役に立つとは思わないし、今そのような申し出に余がいかにして耳を傾けられるのかわからない。フランソワ〔一世〕に道理を悟らせる唯一の方法は公然とヘンリ王が余の側に立つと宣言することであると、シャピュイが話してくれたらうれしい。この目的のために王やクロムウェルに対してする余の側の主張をシャピュイに示す。それはガエータとアスティからの余の手紙を引用したものである。余がイングランド王に書いた手紙の写しと〔シャピュイに対する〕新しい委任状を送る。ガエータからの余の手紙は指示書として役に立つだろう。

もしイングランド王が王と余との以前の合意に基づいて、余が王の要求に応えなければ余はフランスと和約を結ぶことはできないと主張するとしたら、シャピュイはまず第一に、ヘンリ王が〔対仏〕宣言を行う気があるのか、〔余に〕援助する意図があるのか、そしてそれに加えて、その企て〔対仏戦〕のための資金を王が調達している気配があるのかどうかを探らねばならない。王が本当に〔余に〕良き援助をする気があれば、余は王の仲介なしには、また王の名誉と王国の繁栄を考慮しないでは〔フランス王と〕和約を結ぶつもりはないと、シャピュイは王に約束しても良い。王がさらなる保証を求めれば、余に相談する時間がかかっても良い。もしくは、もし王が待てなければ、できるだけ余を拘束しないという〔余とヘンリ王との〕古い条約の方針に沿った上で、交渉しても良い。王の援助が期待されないならば、シャピュイは王の中立を確保せねばならない。

直接であれ間接であれ、教皇と教皇の権威に反対したり、公会議に害を与えることを交渉したり、約束したりしてはならない。もしシャピュイがイングランド王を教皇庁へ帰順させることができないならば、もしくは教皇との意見の相違〔の解決〕を余や公会議に委ねさせることができないならば、条約交渉に入ってはならない。時間を稼ぐため、また余が行おうとしていることを成功させるにはどうしたらよいかを知るために、親しみを込めてその問題を王たちに話さなければならない。

シャピュイは、余がその王と余の姉フランス王妃の娘であるポルトガル王女との結婚に関して書いたことをイングランド王や王の大臣たちに上手く話してくれた。王はそれにより余の善意を感じ取ってくれただろうから。〔残念ながら〕この話がうまくいくチャンスはないのだけれども。

ポルトガル王子ルイスと王女メアリとの結婚問題をできるだけ早く進めるよう願う。それは双方にとって利があるだけでなく、イングランド王をカトリック教会の中に連れ戻す手助けになることができるかもしれないからである。この結婚のために締結される条約において特に重要なことは、もし王が正嫡の男子後継者を持たない場合、王女が王位継承者であると議会で宣言されるべきであるということである。王女の父である王が最近王女に示した〔議会での宣言〕への表示と王妃の王女への好意またクロムウェルが繰り返し議会でその宣言を約束していることを考えると〔王女が王位継承者であると議会で宣言されうるかもしれない〕。いずれにしても王は王女の権利を損なうことはできない。もし王がそのような宣言をする気がないなら、シャピュイは、王が用意した金のうちどれぐらい、また今後どれぐらいの割合の金額を王女に与えるのかを探らねばならない。またシャピュイは、余は〔我々〕両君主の利になるようにできるだけのことはするし、王を満足させると〔王に〕約束しなければならない。

最後にシャピュイはイングランド王自身に対仏宣言させるよう、そして余に財政的援助をさせるよう最善を尽くすべし。というのは兵士を派遣させることはもう〔時期が〕遅すぎて、役には立たないだろう。また王女の結婚が実現しそうならば、その問題を交渉すべし。もしそれが駄目なら、あるいは王が結婚についての法外な条件を要求するなら、少なくともシャピュイは王がフランスを助けるのを阻止するよう交渉しなければいけない。……〔王女メアリの〕ポルトガル〔の王子〕との結婚についてどのようなチャンスがあるのかを知りたく思う。シャピュイが新しい王妃を訪ね、王妃に王女の利になることを要求することを許す。更にシャピュイは、王妃の結婚と王妃の王女に対する思いやりを聞いて余が喜んだことを〔王妃に〕伝えても良い。

このサヴィランからの書簡には、フランスが再開した対皇帝戦に関して、イングランド側が具体的にカール五世側に働きかけたことが記されている。フランス王と和解することをカールに説得するようヘンリ八世やクロムウエルがシャピュイに迫ったこと、ヘンリが両者の仲介を申し出たこと、その申し出をカールが断ったことがこの書簡からわかる。さらにイングランド側と交渉するための委任状をシャピュイに送ったことも書かれ、カールの側に立ち対仏宣言をし、カールに金銭的援助をすることをヘンリに積極的に求めるようにとシャピュイに命じている。そしてそれがかなわない場合は、ヘンリを中立に留めさせるべしとシャピュイに対する指令も記されている。

更にこの書簡には、二月二九日付のナポリからの書簡や三月付のガエータからの書簡(119)の内容と同じく、メアリの問題とヘンリ八世のローマ教皇への帰順に関することが書かれている。この書簡により、カール五世がポルトガル王子ルイスと王女メアリとの結婚問題で、イングランド王をカトリック教会の中に連れ戻すことができるかもしれないと考えていたことが判断される。カール五世はこの六月末には、まだイングランドのカトリックへの帰順に望みを抱いていたのであった。教皇と教皇の権威に反対したり、公会議に害を与えることをシャピュイが交渉したり、約束したりしてはいけない、もしシャピュイがイングランド王を教皇庁へ帰順させることができないならば、あるいは教皇との見解の相違（の解決）をカールや公会議に委ねさせることができないならば、条約交渉に入ってはいけないとシャピュイに命じている。ヘンリ八世の援助を強く望んでいたにもかかわらず、カール五世が教皇や教皇庁との関係を悪化させたくなかったことが、この書簡から理解される。

しかしここで注目すべきことは、イングランドの宗教政策に関して、カール五世は自ら積極的に関わろうとする気はなかったということである。この時期にはもうイングランドの修道院解散に関するシャピュイからの報告（四月二九日付）は届いていたはずであるが、カール五世はそれに関しては何もふれていない。この書簡では、もしイングランド王が正嫡の男子後継者を持たない場合、メアリが王位継承者であると議会で宣言されることを要求している。これは、ヘンリ八世が最近になってメアリの王位継承を議会で宣言すると示したことをシャピュイからの通信(120)で知り、今までより一歩進んだ要求をイングランドにする気になったためであろう。カール五世は自分の親族であるメアリの継承問題に非常に関心があったことが、この書簡からわかる。

カール五世は、七月二一日付のヘンリ八世からの書簡(121)に対する返事を八月一一日に書いている。

（十三）一五三六年八月一一日　カール五世よりヘンリ八世への書簡　プロバンスのファリュー Farioux より[122]

帝王等。二日前、貴殿の大使が私のところに、先月二二日付の貴殿の手紙を届けに来ました。私にフランス王と和解するように促し、説得する手紙でありました。貴殿の宮廷にいる私の大使〔ウスタシュ・シャピュイ〕が貴殿に、いかに私が最近フランス王から各段にわたる挑発を受けたか、そして私がこの上なく名誉ある良い条件を提示したにもかかわらず、フランス王は頑固にも戦争を始めたことを十分に説明したはずであります。それ故申し訳ないのですが、私は本件についての貴殿の要求に沿うことはできないのであります。けれどもいつにても、貴殿がそのフランス王に反対して私を助けてやろうと思われるようなことがあれば、私はこの上なくありがたく思うところであります。貴殿と私との間で今も続いている条約は、貴殿をフランス王に結び付けている条約よりずっと古くからのものであり、ありがたいことにその条約がそうしたことを推奨しているように見えるからであります。即ち私の考えでは、それが現在生じているいさかいに貴殿が効果的に介入できる唯一の方法であります。というのは、フランス王は彼の言動からして、他のいかなる主張にも耳を貸さないからであります。

ヘンリ八世からカール五世への書簡に対する返事として書いたこの書簡は、フランス王と和解するようにと促すヘンリ八世の要請に断りを示すものであった。これは、七月二二日付のヘンリ八世からカール五世への書簡の中で示したヘンリ八世の親フランス政策を知り、カール五世がイングランド王の賛意を得るのはむずかしいとの判断から出たものであろう。この書簡の中でカール五世はフランソワ一世を強く非難しているが、それはフランソワとの友情を守りたいというヘンリに対するカールの抗議と同じであろう。この中でカール五世はイングランドに対し、これまでの条約でイングランドがカールに負っている義務をはっきりと突きつけている。カール五世との条約はフランソワ一世との条約より古いということ、イングランドと自分の国との関係は長い間良好なものであったことをここで強調し、ヘンリ八世からの援助を強く求めている。フランソワ一世の宣戦布告を受けた後、カール五世がイングランドに求めたことは、第一にフランスに対する宣戦布告であったことが、この書簡からもわかる。またこの書簡の中で、「けれどもいつにても、貴殿がそのフランス王に反対して私を助けてやろうと思われるようなことがあれば、私はこの上なくありがたく思うところでありますというという文面は、カール五世がヘンリ八世の援助を心から期待しているものと受け止められる。ヘンリ八世の要求への拒否は建前上であって、本音はヘンリ八世の援助を強く求めていると思われるような書簡である。

（十四）一五三六年八月一一日　カール五世よりシャピュイへの書簡　プロバンスのブリニョール Brignole 近郊の陣営より(123)

この手紙と共にイングランド王から受け取った手紙の写しを同封する。……またその手紙に対する余の返事の写しも同封する。余は王にシャピュイを信用するよう頼んでおいた。シャピュイはサヴィランからの手紙またその他それ以前に送った手紙に書かれている余の指示に従うべし。その指示の中には、シャピュイが現在イングランド王に話すべきことすべてが含まれている。つまり、フランソワ王がいかに許しがたく戦争を始めたかということをイングランド王が分かるようにシャピュイはよく話してもらいたい。余のもとにいるイングランド大使に対し、余が言うべきと思ったことすべてを強調して話しておいた。

L. & P. にはこの書簡の写しも載せられているが、その写しの中でカール五世は、自分の戦況が思わしくないことをシャピュイからネーデルラント総督のマリアに伝えてほしいと、書いている。

この書簡は、イングランド王から受け取った手紙の内容とまたその手紙に対するカール五世の返事の内容を知らせるものである。カール五世がヘンリ八世に書簡を書いた同じ日にわざわざシャピュイに資料の提供をすることにより、再度ヘンリ八世にフランソワ一世のサボア侵略の事実を説明して、ヘンリ八世に対フランス戦に対する援助をするよう説得することをシャピュイに促すものである。またシャピュイを信用するようイングランド王に求めたことを知らせ、自分の代理を務め、王との交渉の役を果たすことをシャピュイに命じている。カール五世がヘンリ八世の援助を強く求めていることが、シャピュイに資料の提供をすることやイングランド大使に対するカールの働きかけから推し量られる。

（十五）一五三六年九月一一日　カール五世よりシャピュイへの書簡　エクサン・プロバンス Aix-en-Provence より(124)

イングランド王との合意に達する機会を逃してはいけないので——合意は困難を伴うことではあるが——何よりも重要な点をできるだけ早めに知らせておいた方が良いと思った。……まず教皇に関して。シャピュイはイングランド側の提案に賢く答えた。もしシャピュイがイングランド王をローマ教会に帰順させることができないならば、あるいは少なくとも王の名誉を守るため余ができると思うことに王を従わせられないなら、とにかく条約の中では一切教皇に関することに言及してはならないと、余は命じる。……イングランド王が戦争に対する備えを十分行うまでフランスに対する攻撃を遅らせるという〔イングランド側からの〕提案に関しては、シャピュイは適切に答えた。……それゆえシャピュイは王にその戦争を続けるための財政的援助をしてほしいと、頼み続けるべし。これはイングランド王国を安全に守るための最良の方法であるのだから。……知っている通り、戦費は非常に嵩むので、あなたが妥当だと思うだけの額を、かかる費用の半分までをも負担してほしいと要求することになろう。それは月々四〇万クラウン以下にはならないだろう。もし王がこの要求は高すぎると言ったら、あなたは上手に、王は非常に金持ちであり、戦争がうまくいったら、この負担は長くは続かないと答えるべし。……けれども王が提示するすべてを拒むのではなく、そしてまた最初に余に相談するまで、王の要求を受け入れてはならない。……クロムウェルが何度もあなたに希望を持たせた王女メアリとポルトガルのルイス王子との結婚に関しては、その可能性が持てたらうれしい。王が善意をもってこの結婚交渉を始めるとするならば、またあなたが王に、この結婚は我々の友好を確実にするだろう、イングランド王と王国の安寧のためにルイス王子との結婚ほど良いものはない、ルイスは賢明で徳の高い王子であり、カールにとっては実の息子のようなものだと促したら、この結婚はあり得るかもしれない。またもう一つ非常に重要な点、もしトルコがキリスト教世界に侵入するようなことがあれば、トルコに対する防衛が必要になるということを王に話すことを忘れてはならない。その防衛に対して王はどれくらい援助できるのだろうか、またどうやってその援助を余が確信できるのであろうか。……交渉を開始するに当たりシャピュイは、余は良き君主として、そして〔王の〕心からの友としてできることは何でもするということを王に確信させるべし。年毎の支払い金を受け取っているためにフランス寄りだとシャピュイが思っているノーフォーク公(125)たちについては、シャピュイはそれが適切と思ったら、この良き仕事〔イングランドとの対仏同盟〕に協力するなら、満足するだけの年毎の支払い金を払うと告げてもよい。

このエクサン・プロバンスからの書簡では、三月二八日付の書簡で書かれたイングランド王に対する要請と同じではあるが、条約の中で教皇に関することには一切言及してはいけないということと、対仏戦のための財政的援助を求めていることが示されている。この書簡から、イングランドをローマに帰順させることのむずかしさをカール五世が十分認識していたことを知ることができる。今までの書簡とは明らかに異なるものである。そしてイングランドに具体的に負担すべき金額を提示し、月々四〇万クラウンという高額な金額を要求している。カール五世も宰相のグランヴェルも、ヘンリ八世が修道院解散により豊かになったとみており、このような金額を提示したものと思われる。またこのイングランドの貢献がイングランド防衛に役立つと迫っている。ローマ教会からの離反によりイングランドが外国からの攻撃をいかに恐れていたかをカール五世が把握していたことがわかる。メアリのポルトガルのルイス王子との結婚に関して、またオスマン帝国からの防衛に関しては、以前よりその可能性を持てなくなったようである。

八月のプロバンス戦での敗北を受けて、カール五世は今まで以上にヘンリ八世の財政的援助を必要とするようになり、ノーフォーク公にも満足するだけの年毎の支払い金を払う気になったのであろう。実際、カール側の戦況は思わしくなかった(126)。カール五世は七月にエクサン・プロバンスまで進出したが、そこで苦境に陥ったのであった。フランスの大元帥モンモランシー(127)が焦土作戦に出たのである。カール五世の軍は食糧不足に加え、多くの兵士を病気で失い、カール五世は急遽敗退せざるを得なくなった。一一月にカール五世がスペインに戻った時、カール五世もフランソワ一世も、共に財政力をも軍事力をも失っていた。その後カール五世軍はエダンを失い、この戦いも終わりが見えてきた。ローマ教皇パウルス三世は、この戦争の初めから両君主を和解させせようと努めていたが、翌年の一五三七年を通じて両君主に対する交渉を続け、互いに理解に至らしめようと願った。一五三七年六月末、ネーデルラント総督マリアがボミーでアルトア戦線に関する休戦条約に署名した。その年の一二月、フランスとスペインとの国境地帯にあるルカータ Leucata（Leocata）で、フランスの大元帥モンモランシーとカール五世の顧問官グランヴェルやコボス(128)との間で、別の休戦条約が調印された。ルカータでの会談に出発する顧問官たちにカール五世は指示を与えたが、カールはその指示書の第九七条から一〇〇条までに、イングランド王について記している。

（十六）一五三七年一一月　カール五世よりグランヴェルとコボスへの指示書[129]

九七条・イングランド王に関しては、〔王が余に〕敵対しているのか、あるいは友好的であるのかという疑わしい間柄を考えると、〔実際〕疑わしいと考えられるので——そういう間柄で余は現在王との関係を保っているのであるが——また「かつて自分を不快にさせた者は決して許さない」というよく知られた諺や王が完全にローマ教会から離反したことを考えると、そしてまたフランス王がイングランドとの条約を結びたがっていることを思うと、この会談に出席する全権大使たち〔グランヴェルやコボス〕は、そのイングランド王に〔余に〕不満を抱いたり、敵対したりするようなもっともな理由を与えないために、いかにしてその問題〔フランスとの和約を結ぶに当たり、イングランドをどのように扱うかという問題〕を処理すべきかを考慮することが大事である。特にフランスがこの和平条約を受け入れるという保証がない間はそうである。……

九八条・〔イングランド問題も含めて〕その他すべてのことは秘密条約に任されるのが得策だろう。というのは、イングランド王はローマ教会から離反してしまったのであるけれども、今後、再びローマ教会に加わるかもしれないから。そして更にトルコの侵入に対する防衛を助けるかもしれないから。余の側の全権大使たちの意見では、これら二つのことが条約全体の基になる前提であるので。……

一〇〇条・イングランドに関する以上の点を議論することはフランスとの秘密条約に委ねられるのかもしれないが、もしイングランド王が再び教皇の非難を招くようなことをし、〔その結果教皇から〕両君主〔カール五世とフランソワ一世〕がそれぞれイングランド王の利に反することをするよう期待された時に、余がフランス王に〔イングランドに反対する〕具体的な声明を出さなかったら、フランス王は、余が我々〔カール五世とフランソワ一世）の和平をそれほど望んではいないのではと思い、フランス王はイングランドと妥協するかもしれない。そうすれば開かれるはずの公会議は開かれず、ルイス王子とイングランド王女の結婚は成立しない結果になってしまうだろう。このことをしっかりと心に留めておくことが極めて重要なことである。

この指示書は全一〇八条からなるもので、イングランド王についてはわずかその第九七条から第一〇〇条までに記されていることからも、イングランドを中心に書かれたものではないことは明らかである。この指示書からすると、カール五世はイングランド王の自分に対する友情をほとんど信じていないようである。ヘンリ八世がカール五世とフランソワ一世との和約の当事者に加わりたいこと、それをフランス側が支持していることをカール五世は知っていた。カール五世はイングランドに対する態度を決めかね、フランソワ一世や教皇との立場上、イングランドの問題は秘密条約に任すべきであると結論付けたことと思われる。ここでカール五世がイングランド問題を考えるとき一番障害になっていたことが、イングランドのローマ教会に対する姿勢であったことがはっきりと示されている。カール五世のフランソワ一世との和約、カール五世と教皇との関係、公会議、ルイス王子とイングランド王女の結婚、オスマン防衛に対するイングランドの援助すべてにイングランドとローマ教会との関係が関与すると、カール五世は見ていた。カール五世は、イングランドの問題に深くは関わらない方が得策であると考えていたようである。しかしここで注目すべきことは、一五三七年の末になってもまだ、カール五世はイングランドのローマ教会への帰順を全く諦めたわけではなかったということである。

以上一五三七年一一月までのカール五世からシャピュイへの書簡を見てきたが、どのようなことが言えるのであろうか。この時期カール五世がイングランドに求めていたのは、第一にカール五世との間の対仏同盟、第二に王女メアリの結婚問題・王位継承権問題・処遇改善、第三にイングランド王のローマ教会への帰順、第四に対オスマン戦に対する財政的援助である。その中でカール五世が最もイングランドに求めたものは、対フランス同盟加入であり、フランスに対し宣戦布告することであったが、それにはまずイングランドとの和平を回復することが必要であった。今まで示したカール五世の書簡から、イングランド側との交渉における最大の障害は、イングランドの新しい宗教体制であったことが理解される。そして、対仏同盟交渉を進めていくうちに、カール五世のイングランドへの交渉の目的が変化したことも明らかにされた。カール五世の書簡を振り返ってみると、カール五世は、二月から三月にかけてはメアリの処遇の改善に尽力するように、そのためイングランド側との交渉を再開するようにシャピュイに命じていた。この時期カール五世はメアリのポルトガル王子との結婚により、イングランド王をローマ教会の枠の中に連れ戻せるかもしれないという希望を持っていた。しかし三月末には対仏同盟交渉の可能性に気づき、イングランドをフランスとの同盟から切り離すようにシャピュイに命じた。そしてイングランド王のローマからの離脱がイングランドとの同盟の障害にならないように、イングランドとの妥協点を探る努力を続けるよう指示した。四月に入ると、教皇の前での演説で教皇からの賛意を得るのに失敗したカール五世は、イングランドを味方につけようとするようになった。イングランド王位剝奪宣言を一時停止するように、またイングランド王打倒に向けて世俗の君主に武器の提供を求めるのを遅らせるよう教皇に働きかけていることをシャピュイに伝え、教皇問題をイングランドとの外交のカードに用い始めた。そしてその数日後には、カール五世しか知りえない教皇会見時の次第を書いた書簡をシャピュイに送った。その貴重な情報をイングランド側に提供し、その受け止め方からイングランド側の本音を探るようシャピュイに命じている。教皇を説得することに失敗したカール五世は、四月からはイングランドをより重視する方針に変わっていったのである。そしてイングランドと同盟関係を結ぶよう一層努力するることをシャピュイに命じたのであった。ここから、イングランドとの交渉の中で、宗教問題は棚上げされたのであった。五月に入ると、カール五世はシャピュイにすぐにフランスに対し宣戦布告するよう王に懇願するように、王の意向についての情報をすぐに知らせるように指示した。そしてカール五世のもとにいるイングランド大使にも働きかけ、イングランドとの連携の強化をはかった。イングランドの宗教問題についていえば、教皇からの懲戒罰によりイングランドとの通商が妨害されることを特に恐れ、カール五世はここではじめて自分の国の通商問題との関わりの中で、イングランドの宗教問題について言及している。一方、四月二九日付のシャピュイの書簡から、イングランドの修道院解散問題に関する情報を得ているはずであるが、カール五世はそれに関しては何もふれてはいない。六月に入ると、既にカール五世の関心は、イングランドの宗教問題とは別の所にあったようである。イングランド王にフランスに対し宣戦布告する義務があるということを指摘し、もし王が対仏宣言しないなら、少なくとも中立に留めさせるようにシャピュイに命じている。六月末の書簡からは、ポルトガル王子ルイスと王女メアリとの結婚によるイングランドのカトリックへの帰順に望みを抱いていたことがわかるが、イングランドの宗教政策に関して、カール五世は自ら積極的に関わろうとする気はなかったことが示されている。カール五世は宗教問題には目をつぶり、イングランドとの関係を探ろうとしている。そして王女メアリの問題に関しても、この六月末頃からメアリ問題はカール五世にとって外交上のカードになっていることが理解される。それまでカール五世はメアリの処遇を心配し、王位継承権を主張していたのであったが、今やメアリを外交カードとして用いようとしている。今までの研究では明らかにされてこなかったが、この六月三〇日の史料を見ると、カール五世とイングランドとの外交交渉で、メアリ問題が用いられるようになったことがわかる。八月には、対仏戦を断念するようにというヘンリ八世の要請を丁重に断りつつも、カール五世はヘンリ八世の援助に縋り付くような返事を出している。シャピュイにその返事のコピーを送り、フランスに対し宣戦布告するよう引き続き王を説得することを要求している。そして九月からはイングランドをローマに帰順させることのむずかしさをカール五世は十分認識し、イングランドをローマ教会に帰順させることをほぼ諦め、交渉の中でイングランドの宗教問題を全く棚上げした。八月のプロバンス戦での敗北を受けて、カール五世は今まで以上にヘンリ八世の財政的援助を必要とするようになり、宗教問題を回避してイングランドとの同盟を考えたのであろう。しかしここで忘れてはならないことは、カール五世がイングランドとの同盟条約の中で何よりも強調したことは、条約文中で教皇に関する言及を避けるということであった。カール五世はイングランドとの同盟を願う一方、教皇との関係を悪化させたくなかったことが、カール五世の書簡にははっきりと示されている。

これまでのカール五世の書簡から見ると、カール五世はイングランド王をカトリック教会の中に連れ戻すことを願ってはいたが、イングランドの帰順問題を自分とフランソワ一世や教皇との関係、メアリの結婚や王位継承権問題、公会議開催や自分の支配国の通商から考えていたことが理解される。カール五世はヘンリ八世の離婚問題に携わる時から、イングランドの宗教問題に自らは深く関わろうとはしなかったが、それはキャサリンの死後も同じであり、対仏戦開始後はますます宗教問題を避けて通るようになった。イングランドの宗教情勢の変化は、その当時のカール五世のイングランド政策に特に表れてはこなかったといえよう。それでも、一五三七年の末になってもまだ、カール五世はイングランドのローマ教会への帰順の可能性を全く諦めたわけではなかったことが、一五三七年一一月のカール五世よりグランヴェルとコボスへの指示書の中で示されている。国王至上法が制定されてから三年たってもまだ、カール五世は、イングランドの宗教改革を復帰不可能な決定的なものとしては受け止められないのであった。

第四節　ヘンリ八世の書簡に見られる外交政策

ここでは、第二節と第三節で明らかにしたカール五世側が見たイングランドの動きをイングランド側の意図と対比、比較して考察するため、イングランドに残された史料から検討したい。もう一度一五三六年に戻って、ヘンリ八世の書簡から、ローマ否認後に反ローマ政策を次々と遂行したヘンリ八世が諸外国にどのような外交で対応しようとしたのか、ヘンリ八世の意図を探りたい。

ヘンリ八世は一五三六年四月一八日のシャピュイとの会談後に、その会談の内容を駐フランス大使ガードナーとワロップに知らせている。

（一）一五三六年四月二五日　ヘンリ八世からガードナーとワロップへの書簡　グリニッジ(130)

先週の火曜日、皇帝大使がグリニッジに余を訪ねてきた。古い条約を更新したがる様子であった。……余は答えた。皇帝は、現在の〔皇帝としての〕名誉を与えた余に恩知らずなことをし、余に対抗して余に対するローマの司教の懲戒罰を得ようとした無礼な者ではあるが、もし皇帝が余に手紙を書き、余が過去を忘れることを望み、余に対してした非難を自ら清算しようと望むのであれば、余はこの関係修復を受け入れようと思うと。ローマの司教との和解については、余はつまらない理由でローマから離れたのではなく、神、自然そして自らの誠実さに基づき、議会の同意をもってしたことであるので、皇帝の手を借りてそのような和解を受け入れるつもりはない。既にローマの司教自身から和解を申し込まれた時、余はそれを拒絶したのである。

対トルコ戦に対する援助については、余はキリスト教世界の現在の状況下では何も約束はできない。そして対フランス戦援助問題を話し合う前に、余と皇帝との友好がまず回復されねばならない。これらの条件のうちいくつかをその翌日、駐英フランス大使に知らせた。グリニッジ、四月二五日。

二一日にサデウス Thadeus が手紙をもって〔グリニッジに〕到着した。二通は英語で、また一通は暗号文で書かれた手紙であった。特にベレ Bellay 枢機卿(131)とあなた方が会談をした際にあなた方が大変思慮深く行動したことを余は高く評価したい。余は、駐仏大使からの追伸(132)の中で述べられた皇帝とフランス王との和解のうわさには、非常に驚いている。そのようなことは全くあり得ないことだ。あなた方は、それについての信憑性をフランス王に確かめるべきである。もしそれが本当であるなら、フランス王は余に事前に知らせるべきであったのに。あなた方は和平が締結されるということを耳にしたら、いかにして、どのような条件でその和平条約にイングランドが含まれるのか、その〔締結〕条件を探るべし。そして、突然和平が締結されることに抗議すべし。グリニッジ、四月二五日

この駐仏大使への二通の書簡では、カール五世の大使〔シャピュイ〕がヘンリ八世に謁見し、①ローマ教皇との和解、②対オスマン戦への援助、③フランスに対する宣戦布告を求めたが、ヘンリ八世は①と②とを拒否し、③に関してはカール五世との和解が前提であり、そのためカール五世からヘンリ八世に手紙を書けば、関係修復を受け入れようというものであった。ヘンリ八世がカール五世に対して上位の立場で臨んでいることもわかる。ここではメアリの王位継承権問題にはふれられていないが、この三つに対するヘンリ八世の回答は、シャピュイの書簡の中で書かれているものと同じである。この書簡でヘンリ八世は教皇のことを「ローマの司教」the Bishop of Rome と呼び、カール五世の助けを借りてローマの司教と和解することをはっきりと拒絶している。ローマからの分離を神、

自然、自らの誠実さに基づいて議会の同意をもって行ったと言い、一時的な感情で行ったのではないと自らを正当化している。ヘンリ八世はカール五世との和解を受け入れる気持ちを示しているが、教皇との和解に関しては、それを断固として拒否している姿勢が示されている。またヘンリ八世はカール五世とフランソワ一世との和解の噂の情報をすでに得ていたが、その情報に驚愕し、どのような条件でイングランドが含まれるのか、その条件を探るよう駐仏大使に指示している。このことから、ヘンリ八世がカール五世とフランソワ一世との接近、そしてその結果イングランドが孤立することを恐れていることが読み取れる。

（二）一五三六年四月二五日　ヘンリ八世から皇帝のもとにいるイングランド大使ペイトへの書簡　グリニッジより(133)

火曜日、皇帝の大使〔シャピュイ〕がグリニッジに来て、我々の古くからの友好を回復することを申し出、余の首席秘書官クロムウェルに信任状 letters of credence を示した。以下のことが提案された。①皇帝は余とローマの司教との和解の手段となろう、②王女メアリが正嫡であることを認めてほしい、メアリに土地が相続されるように求める、③〔カール五世の〕対トルコ戦への援助を求める、④もしフランス王がミラノ公領を侵略するなら、今までの条約に基づいて余に皇帝に対する援助を求めるというものであった。シャピュイの信任状の内容についての余の答えは、以下の通りである。……余が皇帝をスペイン王にし、皇帝にしたのに……皇帝は余の友情を軽視し、またローマの司教の手を借りて余に害と不快を与え、余に考えられうる限りの恩知らずなことをした。それでももし、皇帝がはっきりと書状で、今までの無礼な行動を忘れてくれ、自分のせいで王を不快にしたのだと余に宣言したいと願うなら、余は友好の回復のため、喜んでその申し出を受け入れるつもりである。しかし、余は今までその害を蒙ってきたので……余との友好がどのような条件もつけずに回復されるまで、何も交渉することはできない。ローマの司教については……〔ローマからの離反は〕神法、自然法そして〔余の〕誠実さに基づいて、公開された議会の崇高なる法廷で、余の王国の全身分の同意に基づいて余が行ったのである。……もし皇帝が余の敵、ローマの司教を満足させるため余を動かそうとするなら、皇帝は余との和解を熱心に願っているとは考えられない。余の娘メアリを正嫡にすることに関しては、もしメアリが余の法の決定に抵抗せず余に従う気があるなら、余はメアリを認め、メアリを余の娘として扱おう。しかし指示されたり、押付けられたりはされない。……対トルコ戦への援助については、余ははっきりとした決意を示すことはできなかった。というのは、キリスト教世界の諸事は安定しておらず、もし普遍的な平和が続くならば、余は余の義務を果たす。そして対フランス戦への援助について交渉する前に、余と皇帝との友好がまず回復されなければならない。……余は、皇帝たちがローマで余の答えをどのように受け取ったかを心から知りたく思う。

ヘンリ八世は皇帝大使との謁見について、同じ日に皇帝の宮廷に派遣されている大使ペイトにも知らせている。ここでヘンリ八世は、駐仏大使には書かなかったメアリの王位継承権問題にも言及している。これはカール五世との関係においては重要な問題だったからであろう。ここで示されたカール五世の四つの要求は、シャピュイの書簡で示されているシャピュイからヘンリ八世に出された要求と同じであり、それに対するヘンリ八世の答えも同じである。ヘンリ八世はカール五世との友好が再開されるのを望んでいることが読み取れる。ヘンリ八世は、カール五世がこの回答をどのように受け取ったかを非常に知りたがり、ペイトに探るように指示している。教皇に対しては前回の書簡と同様、きっぱりと拒絶し、憎悪の念を露わにしている。この書簡では、前回の書簡に付け加えて、王国の全身分の同意に基づいて王自身がローマからの分離を行ったことが述べられている。またカール五世が自分に教皇との和解を促すなら、カール五世は自分との和解を熱心に願っているとは考えられないとまで、強い調子で語っている。さらにメアリ正嫡化の問題に関しては、イングランドの法と自分に従うことを前提に許しているが、ヘンリ八世はカール五世からの干渉をきっぱりと拒んでいる。ヘンリ八世自身がメアリ問題について書いている箇所は珍しいので、この書簡はその意味でもヘンリ八世の意向を知るうえで貴重なものである。

（三）一五三六年四月三〇日　ヘンリ八世からガードナーとワロップへの書簡　グリニッジより(134)

聖マルコの日〔四月二五日〕、〔駐英〕フランス大使がグリニッジに余を訪ねてきた。大使は彼の王から数通の手紙を受け取ったことを明らかにし、〔フランス側によって〕提案された〔新しい〕同盟促進のための打診をしてきた。すなわち①フランス王は、この条約にイングランドを加えないなら、そしてヘンリ王が含めるべきだと考えるような条項を加えないなら、皇帝との和約を結ぶ義務はない。②イングランドとフランスが一緒にフランドルで戦争することが両者の間で合意されれば、戦利品は――もしそれがあればの話だが――等しく分配されるという条件で、フランス王がその戦争にかかる費用の半分を出資しよう。③もし皇帝がサボア奪還のためフランスに対して戦争をするなら、またフランス王がミラノに侵撃するなら、イングランド王はフランス王に五か月・六か月・もしくは七か月間、月々五万クラウンを提供すべし。そうすれば、フランス王はイングランドを全面的に防衛する義務を負おうというものであった。それに対して、余は一般的な答えをしておいた。余は次のように答えた。①自分は、〔ただ〕条約に含まれるだけというのには慣れていない。今まで締結したどの条約においても、主要な条約締結者 contrahent として名前が挙がっていた。そしてどちらの君主もお互い同意できるような条項をいれないで、和約を結ぶようなことはないと願っているのだけれども、ただ〔和約条約に〕含まれることだけが自分の名誉であるとは考えてはいない。②もし「イングランド王が指定する場所で、フランス王は戦争をはじめるべし」という一文が加われば、自分はフランドルでの戦争〔開始〕

の申し出を喜ぶだろう。③余の〔戦争に対する〕貢献に関することだが、指定された期間、月々五万クラウンを良き兄弟への友情のために支払うことを余は高く評価はしないが、決定的な答えを示すことはできない、フランスにいる自分の大使に〔それについての〕特に重要な回答を任すと言っておいた。フランス大使はここイングランドでその問題をはっきりと決定してほしいと迫り、もし王が満足しないなら、本国に急いで戻り、フランスでその問題を終了させるとも言った。だが余は、そのようなことは自分の大使の名誉になることだとは思わないと答えた。……

それゆえ余はあなた方に指示を与える。第一にできる限りの方法を用いて、そのような和約が締結されるのかどうかを確かめねばならない。もし締結されると知ったら、フランソワ〔一世〕に言うべし。「フランス王の大使を信頼し、王を満足させると思われるような回答を受け取った。今や和約が確実に締結されるということがわかったので、もうその問題は終わった。それでもその和約はどのような条件なのか、イングランドがその和約に含まれるのかどうかを知ることは自分たちの新たな任務だ」と。もしあなた方が和約の締結にいささかでも疑問を持つなら、そのことをフランス王自身から聞き出すように努めなさい。……そしてその和約の条件は何なのか、どうやってイングランドはその和約に加えられるのかを話してくれるようにあなたがたは王にたのまなければならない。……イングランドが和約を結ぶ場合、一般論から言って、フランス側はそこに自分たちの同盟者が加わることを当然のこととして要求してくるだろうが、イングランド王は、そのような一般論でもってそこにローマの司教を加える義務はないということを、あなた方は示さなければならない。……もしフランス王の提案に沿うことが皇帝との断絶につながることになると思うなら、余は別の道を考えてもよい。

追伸　この手紙の包みが整えられたあと、フランス大使が謁見を申し込み、トロワの代官(135)を特使としてイングランドに巡遣していることを話した。フランス王は皇帝とどのような和約も結んではいないこと、また確かなこととして聞いたところでは、皇帝とローマの司教は一二か月後の聖霊降臨祭〔五月一五日〕にマントバ Mantova (136) で公会議を開催することを決定したとフランス大使は話し、公会議開催に対する余の意思を知りたがった。余は、「そのようなことはあまりにも重要な問題なので即答はできないが、……全キリスト教君主の同意なしにそのような公会議は開催されるべきではない……マントバは最も安全でない、最も反対すべき場所であり、余の良き兄弟〔フランス王〕もそれに同意するであろう」と答えた。

この書簡では、フランス大使を通じたフランス王からの申し出に対し、ヘンリ八世は①今までのどの条約においても自分は主要な条約締結者になっており、イングランドが和約に含まれるのは当然であるが、単に含まれるだけでは満足しない。②もし「イングランド王が指定する場所でフランス王は戦争を始める」という一文が加わるなら、自分はフランドルでの戦争の申し出に喜ぶだろうと答えて、イングランドの立場を明確に示したいと思ったのであろう。この書簡で、フランス側がヘンリ八世に求める金額を提示していたこともわかる。ここで注目すべきことは、ヘンリ八世が、フランスと同盟を結ぶ際、その同盟者に教皇を加えることをはっきりと拒絶したこと、全キリスト教君主の同意を得たわけではない、カール五世と教皇の呼びかけによる公会議は開催されるべきではないと答えたこと、マントバ公会議開催に反対の態度を示したことである。またカール五世との関係を断絶する意思はないことを、ヘンリ八世は明らかにした。この書簡でも、カール五世との関係は維持したいが、教皇については、それをはっきりと拒絶する態度をヘンリ八世は示している。

（四）一五三六年四月三〇日　ヘンリ八世がフランスに示す条文(137)

I．フランス王は、あらゆる訴訟において、皇帝やその他すべての権力者に反対の意を示して、イングランドを守るべし。

II．フランソワ一世は、既に〔イングランドと〕締結された条約に従い、ローマの司教や枢機卿たちによって〔イングランドに対して〕なされた害は不快であるという所信を表明すべし。そして、もしローマ司教の法廷でイングランドに反対して行われた訴訟手続きすべてが無効にならなければ、フランスとローマとの間の友好はすべて無になるべし。

III．フランス王は、書面でイングランドの同意を得られなければ、皇帝と和約を結ぶべきではない。

IV．もしフランス王がフランドルやその他皇帝の領域で戦争をするなら、フランス王は、イングランドがいまフランス王に提供する金額と同額を負担すべし。

V．条約文に特別な条文が含まれるべし。イングランド王とフランス王は、お互い三か月以内にそれぞれの書記や大使の前であらゆる特権、適用免除、そして〔義務を〕回避する方法すべてを放棄すると、明記すべし。将来得られる利の放棄を一般的に無効にする教会法規があるにもかかわらず。

VI．大使たちも同様の（特権等の）放棄をすべし。

VII．フランス王は、イングランド王の同意なしには公会議〔の開催〕に賛成しないことを書面で表すべし。

VIII．イングランドに反対するローマの司教の訴訟手続きすべては無効であるとみなされることに、そしてまた、ローマの司教自身にその訴訟を無効にさせるため全力を傾けることに皇帝が賛成しないのならば、フランス王は皇帝と和約を結ぶべきではない。

フランス側への返事に供するようにと同封された条文全条項を示したが、この条文にはフランスのローマ教皇に対する姿勢についてのヘンリ八世の見解が、多く含まれている。教皇に関係する条項は、七条項中四条項を占めている。フランス王に対し、ローマ教皇がイングランドに及ぼした害に不快感を示すこと、ローマの法廷での訴訟手続きを無効にすること、カール五世にローマでの訴訟手続きに反対させること、公会議開催に反対することをヘンリは求めている。ヘンリ八世のローマ拒絶の態度が、はっきりとここに示されている。この条文は、イングランド側の一番の関心事が対教皇戦略であったことを明確に示している。カール五世側のイングランドに対する関心とは異なることが、明らかである。またイングランドの同意がフランソワ一世とカール五世との和約の前提になっていること、皇帝戦ではイングランドと同額を負担するようフランス側に求めることも示されている。

（五）一五三六年七月五日　ヘンリ八世からガードナーとワロップへの書簡(138)

あなた方が大元帥〔モンモランシー〕とした会話やベレ枢機卿と行った会談から、フランス人はいかに装うとも、正直なところ和約を望んでいることを知った。フランソワ〔一世〕自身も、フランス特使〔トロワの代官〕にした余の返答についてあなた方に語った時に、自分〔フランソワ〕と皇帝との紛争〔の解決〕を喜んで余の仲介に任せたいと認めており、そのために必要な物を余に送ると約束したが、まだ送ってはこない。……あなた方がいかに行うべきか、余がいかに中立を保つべきか、また皇帝との条約を破ることなくいかにして余の友であるフランス王が皇帝の感情を抑えることに余が尽力することができるかをあなた方がわかるように、余が両側の大使とした交渉を知らせる。……両君主〔フランソワ一世とカール五世〕の大使は余の助けを要求した。条約で示された義務を考え、また戦争に突入する危険を考慮して、両王を満足させる方法で余は〔両王を助けることを〕決心した。……余は彼らに、両君主たちとは友好関係にあり、余はもう一方の君主の気持ちを害することなくどちらかに援助を与えることはできないと答えた。どちらが最初に彼らの和を破ったのか、余は判断できないからである。……両大使たちとの会談の後、フランソワが余の金をしつこく要求していることから判断し、フランソワが要求することはすべて援助金であり、フランソワは余にただ金銭的援助のみを求めているのであり兵士を求めているのではないようだという事実から判断し、その上またフランソワが既に余の金をたくさん手に入れていることを考え、つまりイングランドとの条約(139)に反してイングランドに払う支払金を滞らせていることを考えて……余はフランス大使を別に呼んで、言った。彼の主人フランス王はすべてのことにおいて（余に対し）誠意をもって事を進めてきたわけではないが、余としては、あらゆる義務を果たすことを望んでいると。……フランス人が最も要求するのは金であることを悟り、余がフランス人に金銭的援助で貢献する義務があるのかどうかはっきりするまで、フランスが払うべき金つまり、条約の規定により期日までにイングランドに支払わねばならないのにもかかわらずフランスが返済を滞らせている多額の金を余は要求しないことに同意したと話した。またイングランドが主要な条約締結者にならずに和約を結ぶべきではないし、イングランドの同意なしにフランスが公会議〔の出席〕に賛成すべきではないと、約束させせた。

この書簡では、カール五世及びフランス王の大使との交渉を駐仏イングランド大使に知らせる中で、両君主は等しくヘンリの援助を求めているが、フランス側は特に金銭的援助を強く要求しているとヘンリ八世が解釈していたことが、明らかにされている。そして、ヘンリ八世が中立を守ることをここで宣言しているということがわかる。ヘンリ八世は、カール五世とフランソワ一世が和約を結ぶときにフランスがイングランドへの支払いを渋るなら、イングランドをその和約に含めないなら、またフランソワが公会議出席に賛成したなら、フランソワ一世にそれだけの金銭的援助をしても無駄になると思っていた。この書簡の中でも「主要な条約締結者」という語が登場しており、イングランドが主要国として認められるべきであるというイングランドの主権主張がはっきりと示されている。またヘンリ八世は両君主を満足させたいと述べているが、ここから判断すると、イングランドは孤立することを恐れていたようである。

(六)　一五三六年七月二一日　ヘンリ八世から皇帝への書簡(140)

皇帝とフランス王とのお考えが大きく異なってしまい、皇帝は剣でもってそれを解決されようとしていることを聞きました。それはキリスト教世界に大きな害を与えることになるでしょう。両君主の友として、私はお二人を同意へと導く手段を用いざるを得ないのです。もし皇帝が私を適任だと思われたら、私は甘んじてこの問題を解決へと導く所存でおります。フランス王と私〔ヘンリ〕との今も続いている条約(141)により、フランス王のいかなる領土であろうともそこが攻撃された場合には、私はフランス王を守らなければならないのです。私はそれをきっと後悔するでしょうから、この義務を果たさなくて済むように、私は皇帝にお手紙を書いてお願いしたいのです。フランスのいかなる領土にも侵入しないでください。もしくはもう既に〔侵入が〕行われているのならば〔そう聞いているのですが〕、その君主とのいさかいの解決を公平な友の手に委ねて頂きたいのです。もし皇帝が私の要請にお応え下さるならば、私はいつの日か、必ずこれに報いる所存でおります。ドーバーの私の城で。七月二一日

このフランス語で書かれたカール五世への書簡では、ヘンリ八世はフランス王を守ることを明言し、カール五世にフランス侵略を思いとどまるよう求めている。ヘンリ八世は、自分には条約という約束事を守る信義があり、フランスとの条約を守る義務があるので、フランス側の立場をとることを説明している。そこで、信義を守る公平

なる自分こそ仲裁者に値すると、ヘンリ八世はカール五世に示している。カール五世との同盟を断つ気持ちがなかったヘンリ八世ではあるが、カール五世にはっきり自分はフランス寄りであることを表明したことは、注目に値する。

（七）一五三六年七月二三日　ヘンリ八世からガードナーとワロップへの書簡(142)

あなた方とフランス宮廷との会談において、余に対する〔フランス側の〕支払いが受け入れられたこと、そしてあなた方がした打診、つまり、公会議〔開催〕また皇帝との和約は主要な条約締結者であるべきイングランドの同意にのみ基づくものであるというイングランド側の要求全てにフランス王が譲歩したということを余は八日付また一二日付のあなた方の手紙で知った。……またフランス王はローマの司教から公会議開催停止宣言の文書を受け取ったが、余は公会議開催にフランス王が同意していたことを知った。……余はこの取り消された宣言〔公会議開催停止宣言〕に対して、ローマの司教にフランス王が〔損害賠償〕金を請求することを要求する。もしフランス王が余の同意なしにはいかなる公会議の開催にも譲歩しないということを示してくれたら、余は嬉しい。……余は皇帝やネーデルラント総督にも、フランス王は余の同盟者であるから、フランス王に対する戦争をやめさせるよう手紙を書くつもりである。

この書簡では駐仏イングランド大使のフランス宮廷との会談で、フランス王が公会議への同意とカール五世との和約はイングランドを主要な条約締結者にすることが前提であると語ったことをヘンリ八世が知り、喜んでいることが示されている。ここでもヘンリ八世はローマ教皇への不満を露わにしている。ローマの司教〔教皇〕に代金を請求することをフランス王に求めるほど、ヘンリ八世は公会議開催に反対していることが理解される。

（八）一五三六年八月一四日　ヘンリ八世からネーデルラント総督へ　オーキング Okingより(143)

私の手紙に対する三一日付の〔貴方の〕お返事(144)を受け取りました。皇帝とフランス王との和を保ちたいという貴方のご意向を聞いて私は嬉しいのですが、貴方の軍が自制して下さったら、そしてフランス侵略を思い止まって下さったら、もっと嬉しかったことでしょう。フランス侵略を思い止まって下さい。……私は厳粛なる同盟に従って、フランス王にフランス側につくようにと誘われました。しかし、戦争を避けることを熱望しています。休戦が守られます様に。特に貴方の管轄地域では、厳命を与えて下さいますように。そうされれば、私は私の仲裁により、フランス王が皇帝との合意に達することを疑ってはおりません。もし貴方が拒めば、私は自分の意思に反することをしなければならないでしょう。……

七月三一日付のネーデルラント総督からの書簡には、ヘンリ八世がカール五世とフランス王との仲介をしたいと申し出ていたことが示されている。八月一四日付のこの総督への返事で、ヘンリ八世は両者の仲介をしたいという意向を強く打ち出している。ヘンリ八世はまたここで、フランス侵略を思いとどまるようにというフランス支持の態度を表明している。

（九）一五三六年八月一五日　ヘンリ八世からガードナーとワロップへの書簡(145)　オーキングより

〔駐英〕フランス大使は、余に彼の主人からの手紙を渡した。フランソワ〔一世〕自身の手で書かれ、フランソワの玉璽で封印されていた。すべてにおいて余の心と一致するものであり、前回の手紙の中で述べられたあなた方大使たちの願いと同じものであった。……フランソワは余に皇帝に対して宣戦布告するよう促しているので、余はその問題を熟考した。余は今でも、厳粛なる中立を保つことを熱望している。あなた方はフランソワに言うべし。余はフランソワの手紙を良く解釈し、感謝していると。皇帝大使〔シャピュイ〕が〔余に〕打診し、すべての点についてフランソワ自身と同等か、もしくはそれ以上の条件を提示したのであるが、余はフランソワに対する愛情を損なうことはできない。それなのに、フランソワが〔今までの〕条約の規定により余に払うべき多額の金を支払っていないことを思うと、今余が宣戦布告すべきであるというのはいささか妙である。……余は〔この対皇帝戦で〕フランソワに貢献する金の支払いに関して、フランソワが〔今までの条約の規定により〕余に支払うべき金から月々五万クラウン、七か月間減額することに同意した。〔フランソワが〕これだけの金〔減額後の金〕を所有し続けるということは、余が自ら宣戦布告し、〔この求められている対皇帝同盟の〕条約の規定に沿って要求される金を払うことで〔フランソワに〕貢献すること以上の価値があると〔余は〕考える。……余はフランソワの大使が書いてきたものから判断して、フランソワ自身がこの変更に満足すると思っていた。……あなた方は、フランソワに余が自ら宣戦布告することでどんな良い結果が生じるのかを考えるように勧めるべし。……〔フランス〕特使ド・ディントヴィル氏（トロワの代官）によって申し込まれた王女メアリとアングレーム公との結婚話に関しては……あなた方はフランソワや枢密院の主だった者たちに打診し、フランス側はそれを真剣に考えているのか、またどのような条件をフランス側が出すのかを探るように。

この書簡でもヘンリ八世は、フランス寄りの気持ちを示している。フランス王は自筆でしかも玉璽で封印するという非常に丁寧なやり方で、皇帝に対する宣戦布告を求める自分の気持ちを書面で示していることがわかる。クロムウェルがシャピュイに「フランス王は自筆でたびたびヘンリ王に手紙を送ってくる」(146)と告げたことがシャピュイの書簡で示されているが、これを見ると、クロムウェルの言ったことはまんざら嘘ではないといえよう。このようなフランソリ一世の丁寧な態度を評価はしたが、ヘンリ八世はこの時も、自身の中立政策を変えなかった。今までフランソワからの支払いが滞っていることから、フランソワに財政援助することを渋っていることもわかる。

以上、イングランド側に残されているこの時期のヘンリ八世の書簡を示したのであるが、これらの書簡から、どのようなことがいえるのであろうか。第一に、ヘンリ八世はローマ教皇やローマの教会に対しては、一貫して強い拒絶感を示している。どの書簡でもヘンリ八世は教皇のことを「ローマの司教」と呼び、教皇のことを嫌悪する表現が示されている。それは特に四月三〇日の「ヘンリ八世がフランスに出す条文」の中に表れている。その上、教皇が主催する公会議を否定し、フランソワ一世にもその会議開催に反対するよう求めている。フランソワ一世と条約を結ぶとしても、その条約に教皇が加わらないように特に注意を払っている。今までの研究でもヘンリ八世が一五三三年からローマ拒絶の方針を貫いていることが指摘されたが、この史料を見ると、ヘンリ八世はその後もローマに帰順することを全く考えていなかったことが、更に明らかになった(147)。

第二に、ヘンリ八世はカール五世とフランソワ一世との争いに関しては、中立の立場を貫いている。ヘンリ八世が中立政策をとった理由は、まずヘンリ八世がカール五世とフランソワ一世との和約の仲介者になりたいという希望を持っていたからである。ポターもヘンリ八世が中立政策を採ったことを指摘している(148)が、このヘンリ八世の書簡を見ると、イングランドが主要な条約締結者になりたいという希望を抱いていたことがはっきりと理解される(149)。またヘンリ八世がカール五世に対してだけでなく、フランソワ一世に対しても不信感を抱いていたことも、ヘンリが中立政策を採った理由であろう(150)。フランソワ一世は、自分の利益のために教皇との関係を断つことができなかった。フランスがイングランドに支払うべき年毎の支払金も滞っていた(151)。それでもヘンリ八世は、積極的に他陣営との同盟に参加しようとはしなかった(152)。また教皇によってフランソワ一世やカール五世に対して以前から行われていた和解勧告(153)も、ヘンリ八世を中立に留まらせた要因であったと考えられる(154)。中立に留まれば公平な仲裁者として、一段と高い立場が取れるし、それは国際社会での孤立を防ぎ、イングランドの安定に結び付くと考えたからではないだろうか。イングランドが外国から侵入されること、特に教皇によるキリスト教君主へのイングランド打倒の呼びかけをこの時期ヘンリ八世は恐れていたようである。ヘンリ八世は同盟者に財政的援助をするよりも、まずイングランドの防衛を考えたのであろう。ここにウェナムが述べている(155)ように、クロムウェルとの温度差を感じる。クロムウェルもイングランドが外国から攻撃されることを極度に恐れたのであるが、クロムウェルはいずれかの陣営に属することにより、イングランドの安定を保つという方針であった(156)。クロムウェルがカール五世との同盟を重視していたことはシャピュイがカール五世に出した書簡からも窺えるが、ヘンリ八世はカール五世との和解を重視しながらも、フランス寄りであったことは間違いない。ヘンリ八世はクロムウェルにシャピュイとの交渉に当たらせると同時に、ノーフォーク公にもフランス大使との交渉に当たらせていたのであった(157)。

第三に、メアリに関しては、イングランド王国の法とイングランド王の自分に服従するなら、自分の娘として認めるという気持ちをヘンリ八世が早くから抱いていたことが理解される(158)。ヘンリ八世自身がメアリについて書いた書簡は四月二五日付の書簡と八月一五日付の書簡だけであるが、既に四月の書簡で、メアリがイングランドの法に従うなら、そしてイングランド王に服従するならメアリを許そう、しかし外国君主からの干渉、特にカール五世からの干渉は決して受けないと断言していたことが示されている。ヘンリ八世はメアリに「ヘンリ八世とキャサリン・オブ・アラゴンとの結婚は近親相姦であり、自分は庶子であり、自分には王位継承権がないこと、ヘンリ八世はイングランド教会の首長であること」を宣誓し、また「ローマの司教を教皇として今まで認めてきた誤り」を宣誓するよう強要した(159)。そしてメアリがヘンリ八世に服従する意志を示し出した時から、ヘンリ八世のメアリに対する態度は好転した(160)。ヘンリ八世はメアリを、自分の政治的判断を抜きにして考えてはいなかったのであろう。メアリはイングランド外交の強力なカードであった。メアリに対する圧力は、カール五世またカトリックに対する圧力であったと考えられる(161)。ヘンリ八世はこの国際的な存在であるメアリを自分の意のままにさせたかった。ヘンリ八世はメアリを屈服させることで、自分の行ったローマからの離反を正当化し、国際社会に自分の執った政策を認めさせようとしたのであろう。それにより、ヘンリ八世が最も恐れていた教皇からの反撃を緩和させたいと思ったのであろう。またヘンリ八世は、メアリの結婚問題を交渉の手段として用いようとしていたのであった。八月一五日付の書簡では、フランス側にメアリを花嫁として提供する意思をヘンリ八世は示している。

これらの書簡から、ヘンリ八世のこの時期の外交政策は、カール五世のイングランドに対する意図とは異なっていたことが明らかになった。ヘンリ八世の第一の関心は、対教皇戦略であった。ヘンリ八世は教皇への帰順を全く考えず、宗教改革を押し進めてはいたが、離婚を断行して教皇の権威を否定したイングランドが教皇による公会議で非難されないこと、自身が教皇から廃位宣言されないこと(162)を願った。ヘンリ八世がカール五世に接近したのも、教皇に対するカール五世の影響力を考慮してのことであったと考えられる。すなわち、公会議で、教皇の前で、カール五世にヘンリ八世に対する否定的な発言をさせないようにするためであった。その上ヘンリ八世は、カール五世とフランソワ一世の戦争を利用して中立を守り、イングランドが孤立しないことを願った。一方カール五世は、イングランドがカトリック勢力になることを願いながらも、宗教問題を棚上げにして、なによりも現在直面している対仏戦に向けての提携をイングランドに求めたといえよう。

第五節　シャピュイの見たヘンリ八世の宗教改革時代

本章ではこれまでシャピュイの書簡、カール五世の書簡そしてヘンリ八世の書簡を見てきたのであるが、それでは駐イングランド大使であるシャピュイは、この時期のイングランドをどのように捉えていたのであろうか。彼の見たイングランドは、イギリスに残されている史料の内容と、大きく食い違うのであろうか。シャピュイの見たヘンリ八世の宗教改革時代を改めて考察したい。

本章の第二節で示したシャピュイの書簡の内容を第四節のヘンリ八世自身の書簡に照らし合わせてみると、シャピュイはヘンリ八世の意向をかなり正確に把握していたようである。イングランド側とカール五世側との間に、認識のずれはほとんどなかったと考えられる。第一に、ヘンリ八世がローマ教皇やローマ教会との和解を拒否する姿勢に関しては、シャピュイはそれをよく承知していた(163)。クロムウェルもヘンリ八世もシャピュイとの最初の会談からローマとの和解を全面的に否定していると、シャピュイは伝えている(164)。ローマ教皇の問題はスペイン側、そしてイングランド側のお互いの外交のカードであるが、双方ともそのようなデリケートな問題をいかに折り合って扱うことで、国際問題化させないように探り合っていたのである。

第二に、ヘンリ八世の中立政策に関しても、シャピュイはこれを早くから感じ取っていたと理解される。イングランド側は最初から、フランスとの同盟を破棄してまでカール五世側に立って、フランスに対し宣戦布告することはできないという趣旨のことをシャピュイに述べている(165)。その上シャピュイは、ヘンリ八世が中立を宣言しながらも明らかにフランス寄りであったことを、一五三六年七月の時点ではっきり感じ取っていた(166)。

第三に、ヘンリ八世がカール五世とフランソワ一世との和約を恐れていることを、シャピュイは察知していた(167)。

第四に、ヘンリ八世がカール五世とフランソワ一世との和約の仲介役になりたかったということを、シャピュイは把握している(168)。

第五に、王女メアリの処遇とヘンリ八世のメアリへの服従要求については、シャピュイはこの問題を十分認識していた(169)。メアリの処遇の改善と権利回復は、イングランドとの同盟締結問題とともに、シャピュイがカール五世から与えられた重要な任務であり、シャピュイはこの問題に対するヘンリ八世の姿勢に常に注意を傾けていた。

第六に、シャピュイはヘンリ八世が公会議開催を恐れていることを察知していた(170)。

第七に、対オスマン戦援助問題に関しても、ヘンリ八世が最初からこの問題を拒否していることを承知していた(171)。

以上述べた様なイングランド側の意向をシャピュイは把握していたのであるが、シャピュイの書簡では、今までイギリス史研究では指摘されてこなかったこの時期のイングランドの姿が更に明らかにされている。シャピュイは、これ以外のどこに注目したのであろうか。イングランド王の意向、またイングランドの外交技術、その両面にシャピュイは注目していた。イングランド王の意向に関しては、シャピュイはまず、イングランドのフランスにおける領土問題に注目した。シャピュイは、ヘンリ八世がフランスの領土回復への意欲を持っていたことを明らかにしている。ヘンリ八世は四月一八日にシャピュイと会談した際、カール五世が以前自分に「イングランド王がフランス王位を得るまでは決してフランスと和を結ばない」と約束したことを、シャピュイに話している(172)。ヘンリ八世は七月二〇日にも、「［シャピュイがカール五世から受け取った訓令の中に］イングランド王がフランスに持っている領土回復についての文章が含まれているかどうか、調査する」とシャピュイに語っている(173)。またクロムウェルは、八月二六日に（イングランドの）領土回復問題についてシャピュイに自分の見解を示している。カール五世とフランソワ一世との和約が成立する条件として、イングランドがフランスに持っている領土を回復するまで待つべきであるということを彼は挙げている(174)。シャピュイの書簡には、イングランドがフランスの領土回復への意欲を持ち続けていたことがはっきりと示されており、それにより、その実現の可能性が決して高くはないことを承知しつつも、一五一〇年代からのヘンリ八世のフランス領土回復への意欲(175)は、この時点でも保たれていたことがわかる。

第二にシャピュイが注目したのは、ヘンリ八世の発した「普遍君主国」Universal Monarchy という表現である。これは六月三〇日に駐英フランス大使が発した言葉である(176)が、七月二〇日の謁見の際ヘンリ八世がシャピュイに、「皇帝は普遍君主国を目指している」と語り、シャピュイがこれに強く反論したことが、シャピュイの書簡には書かれている(177)。四月一八日に王に謁見したときから、ヘンリ八世は「もし皇帝が再び全世界に権威を示そうとするのでなければ、教皇と自分との問題に干渉すべきではない」と、カール五世の威力が拡大することに強く反発している(178)。皇帝のもとにいるイングランド大使への四月二五日付のヘンリ八世の書簡の中でも、王女メアリを自分の娘として認めることを皇帝から指示されたり、押付けられたりしたくないことを表明している(179)が、ヘンリ八世はカール五世の勢力拡大と自分への干渉をことのほか嫌ったという姿勢を示したことが、理解される。

イングランドの外交技術面に関しては、シャピュイはまず、イングランド王の称号問題に注目した。イングランド側が外交上の公式文書の中で、「イングランド教会の首長」という王の称号を用いようとしていたことを、シャピュイの書簡は明らかにしている。八月三一日のイングランド側との交渉で、「「イングランド教会の首長」という王の称号が、交渉を担当するイングランド側の委員たちの委任状の中で用いられていた」とシャピュイは書いている(180)。一五三五年一月にヘンリ八世は自分の称号に「イングランド教会の首長」を付け加える意向を示したのである(181)

が、一五三六年八月にはそれを外交交渉に用い、国際的に認めさせようとしたことが明らかにされている。この称号にシャピュイは非常に不快であったものの、交渉を早く進めるため黙認したということは、意味深い。この称号の問題はシャピュイの書簡を通じてカール五世に伝えられたはずだが、それに対するカール五世からの反応を知ることはできない。カール五世側はイングランドの宗教問題に関与するよりも、同盟締結に向けて交渉を進めたかったと考えられる。

イングランドの外交技術面に関して次にシャピュイが注目したのは、ヘンリ八世が求めたカール五世からの直筆の手紙である。シャピュイは、ヘンリ八世がカール五世との友好再開の条件として、過去の行動の許しを請う自筆の手紙をカール五世に求めたことを明らかにした。四月一八日にヘンリ八世に謁見した際、ヘンリ八世が、カール五世から自分に宛てて手紙を書くことを本国に要請するよう主張したことを、シャピュイは示している(182)。またクロムウェルは八月二五日に、「王は皇帝との同盟を希望しているが、カール五世に宛てた自筆の手紙の返事を待っている」ことをシャピュイに語っている(183)。一〇月三日にもクロムウェルは、「皇帝の王に対する真摯な気持ちを示すために、皇帝から王への自筆の手紙が必要である。皇帝は王との同盟を取り上げる準備が十分できていて、喜んで同盟締結に向けて動きたいという内容の手紙である……今まで以上に皇帝から王への同盟を求める自筆の手紙が必要である。皇帝の高官にこの手紙を運ばせるように。自筆の手紙は、皇帝がイングランドとの同盟を求める最良の方法である。フランス王は毎月二、三回、王に自筆の手紙を送ってきている」とシャピュイに話している(184)。ヘンリ八世は、カール五世の真意を確かめたかったとともに、カール五世からの謝罪を求めることにより、国際社会で優位に立ち、諸外国に自分の遂行した宗教政策を是認させたかったのであろう。ヘンリ八世はカール五世に高圧的態度で接し、厳しい要求をしていることが読み取れる。

イングランドの外交技術として三番目にシャピュイが注目したのは、ヘンリ八世が要求したシャピュイに対する委任状(185)である。ヘンリ八世はカール五世との同盟交渉を始めるにあたり、カール五世からの委任状を要求した。六月六日にヘンリ八世に謁見した際、シャピュイはヘンリ八世から「シャピュイが交渉のための委任状を持参しているなら、枢密院に提示するように。ないなら、すぐに本国から取り寄せるように」と、委任状の提示が交渉のための前提条件であることを指摘された(186)。七月二〇日の謁見の際にも、シャピュイはヘンリ八世から委任状のことを問われた。そして既に全権委任状を持参していることを告げると、ヘンリ八世は非常に喜び、「その委任状を検討する委員を任命する」と述べていることが、シャピュイの書簡には書かれている(187)。そしてイングランド側の調査委員たちからも、シャピュイはどれだけの権限が与えられているのかを尋ねられた。そしてイングランド側も、自分たちの調査委員たちの委任状のコピーを提出したのであった(188)。この皇帝からの全権委任状は、*L. & P.* にも *Spa. cal.* にも残されていないので、どういう交渉をするかということは、具体的にはわからない。教皇の問題もその中で書かれているのかどうかも、分からない。おそらく「イングランドとの同盟交渉を開始するので、シャピュイを皇帝の代理人として任命する」という内容が書かれたものであると思われる。十六世紀の外交交渉において、交渉者は自分の君主からの委任状を相手国に示して交渉を開始するのが通例(189)であった。しかし、このように今回イングランド側が委任状のことに何度も言及しているのは、特別な意味があったことと考えられる。ヘンリ八世はその委任状を調査する委員を任命するとまでシャピュイに告げ、イングランド側の委員たちも自分たちの委任状のコピーをシャピュイに提出したのであった。委任状に関しては、既に第三章で取り上げたヘンリ八世の離婚訴訟でも、ローマの教皇庁控訴院の判事たちが、ヘンリ八世の委任状なしにイングランド側の代理人が出廷することを拒み続けたという経緯があった。今回この同盟交渉にあたり、委任状を提出することで、イングランド側はカール五世がどれくらいイングランドと交渉を再開したいという意志を持っているか、その真意を確かめたかったのであろう。また、かつて王の離婚に反対したカール五世に対する恨みもあったのかもしれない。その上ヘンリ八世は、自分に要請することを書状で示すようにシャピュイに要求し(190)、シャピュイがこれにすぐ応じようとしなかったことからも、イングランド側はシャピュイの権限に全面的な信頼を置いていなかったとともに、カール五世への不信の念を捨てきれなかったことが窺える。先に挙げたカール五世に対する自筆の書簡の要求とともに、ヘンリ八世はカール五世に高圧的な態度で接していることがわかる。

以上、シャピュイの書簡に示されたイングランドに対する新たな注目点を明らかにしてきたのであるが、これらの点からどのようなことがいえるのであろうか。今までのイングランド史研究では、この時期ヘンリ八世が抱いた対外的関心は、教皇によるイングランド王位剝奪問題と公会議開催問題であったといわれてきた(191)。ヘンリ八世が教皇からの破門執行や廃位の教書の送付、また破門執行のため教皇による世俗君主へのイングランド侵攻の呼びかけ、そしてまた公会議開催を恐れていたことは間違いない。ヘンリ八世は中立の立場を取り、カール五世とフランソワ一世との和約の仲介者になることで、イングランドの孤立を避けようとしていたのであろう。しかし、シャピュイの書簡で示されている視点は、ヘンリ八世が一五三六年から一五三八年までの時期、他国からの攻撃を警戒するとともに、外に向かってイングランドの主権の主張を精力的に行っていたことを明らかにするものと考えざるをえない。

シャピュイの書簡には普遍君主国 Universal Monarchy という語が登場するが、これはイングランドの主権主張を端的に示している言葉ではないだろうか。この語はシャピュイの書簡の中には二回現れるが、これはそもそも六月三〇日に宮廷で駐英フランス大使とシャピュイ、両方の大使に意見を求められた時、フランス大使が発した言葉である。フランス大使は「カール五世が普遍君主国をめざしている」と、強く非難した。そして一五三六年七月二〇日付のシャピュイの書簡をみると、カール五世との同盟を勧めるシャピュイに対し、ヘンリ八世がその同盟参加を断る理由を示した中でこの語を用いたことが、記されている。王はこの語について詳しく述べたわけではなかったようであるが、シャピュイはこの語に一番当惑させられたということが、書かれている。この書簡にはまた、「結局皇帝とフランス王との争いの原因は何か、皇帝はフランス王に何の不満があるのか」というヘンリ八世のシャピュイに対する率直な質問がなされたことが、記されている。ヘンリ八世は、カール五世がこれほど多くの支配領域や多くの称号（カール五世は七一の称号を持っていた）を得ていながら、これ以上何を求めるのかという不満を抱いていたと考えられる。既に本書第三章で示したように、シャピュイの書簡には一五三〇年また一五三二年にも、Emperor という語がイングランドの顧問官たちによって用いられていることが記されているが、この Universal Monarchy という語は、Emperor の語と関連があるのではないだろうか。ヘンリ八世が、そしてイングランドの顧問官たちが Universal Monarchy や Emperor 、Empire という語を用いようとしたことは、イングランド王であるヘンリ八世が外交上の駆け引きとして、カール五世の覇権に対抗姿勢を示そうとしたのではないか。カール五世が普遍君主国を築くという使命に忠実であったことは度々指摘される(192)ことではあるが、ヘンリ八世は、カール五世がこのような覇権構想を描いていると思い、そのことに強い反発を覚えていたことは間違いないであろう。そこでイングランドも、自分の権力が普く及ぶ君主国であり、勢力の拡大を目指している王国である、とヘンリ八世がシャピュイに誇示しているものと考える。シャピュイは Empire や Emperor の語には特に反応を示さなかったけれども、ヘンリ八世から直接言われた Universal Monarchy の語には強い衝撃を受けたようである。ヘンリ八世はこの語以外にはシャピュイに非難の言葉を浴びせず、シャピュイを丁重にもてなしたというシャピュイの報告を見ればなおさら、この語がシャピュイの胸に響いたことが推測される。当惑したシャピュイがこのことに関してヘンリ八世に強く反論したことも、記されている。しかし、シャピュイの報告を受けたカール五世は、このことに対しては何もふれていない。カール五世は Empire や Emperor と同様、Universal Monarchy についても何も述べてはいない。そしてシャピュイの書簡には、以後この Universal Monarchy という語は、Empire や Emperor と同様、登場しないのである。

シャピュイの書簡はこのように、イングランドは主権国家を形成しつつあると国際社会に訴えていることを示していると考える。そして外交技術に関しても、「イングランド教会の首長」としての王の称号を外交上の公式の文書に用いようとしていること、そしてカール五世からの謝罪の手紙やシャピュイへのカール五世からの全権委任状を要求していることも、ヘンリ八世が積極的に国際社会にローマから独立したイングランドを認めさせようと働きかけていたことを示しているものと判断される。

本章では、カール五世とフランソワ一世との第三戦期にカール五世がイングランドに対して行った要求、イングランド側の抱いた主な関心、シャピュイの見たイングランドの意図を見てきた。カール五世がイングランドに対して行った要求に関しては、第三節で見た通り、この時期カール五世のイングランドへの最大の関心事は、ヘンリ八世との和解であり、対仏同盟を結ぶことであったが、カール五世の意図は時間の経過とともに変化していた。カール五世の関心は、メアリの処遇やイングランドの教皇庁への帰順から、次第にメアリの処遇の背後にあるイングランドとの外交的取引に移った。カール五世は教皇との関係を尊重しつつも、まず自分とフランソワ一世との関係や自国の貿易問題また自分の親族の問題で、イングランド政策を考えていたといえよう。

イングランド側の抱いた主要な関心に関しては、イングランドの最大の関心事は宗教問題であった。イングランドの第二の関心は中立政策であった。第三の関心は王女メアリをイングランドの法と王に服従させ、メアリを外交のカードに用いようとしたことであった。カール五世側からの働きかけによっても、ヘンリ八世の意図は基本的には変わらなかったことが理解される。ヘンリ八世はカール五世と同盟を結ぶことはなく、フランス寄りの姿勢を崩さなかった。シャピュイが求めた四つの要求の中で、王女メアリの処遇改善問題だけがわずかに考慮されたのであった。

シャピュイの見たイングランドの意図に関しては、ヘンリ八世が国際社会でローマ離脱後のイングランドの主権を主張している姿が示されていると考える。それは、ヘンリ八世の書簡にしばしば表れた「主要な条約締結者」という言葉とも一致するものであった。カール五世から派遣されていたシャピュイは、イングランドが国際社会で自己を主張し、勢力を拡大しようとしていることにことのほか注目し、それを警戒して本国に伝えていたことと考えられる。

シャピュイの書簡とカール五世の書簡を比較してみると、そこにイングランドに対する視点に微妙な違いが見られることも事実である。シャピュイの書簡を見ると、イングランドに関する情報の中でイングランドの宗教事情に関する報告の割合が多いことがわかる。イングランドに滞在し、当地の情報収集に専念していたシャピュイは、イングランドがこの一五三六年から一五三八年までの時期、いかに熱意をもって宗教問題に取り組んでいたかを察知していたのであろうし、シャピュイ自身がイングランドの新しい宗教体制を常に警戒していたこともわかる。その上シャピュイの書簡からは、シャピュイが王女メアリに関する関心が非常に高いことも読み取られる。シャピュイの書簡では、王女メアリの処遇や王位継承権に関する記述は、一五三六年一一月まで続いている(193)。シャピュイはメアリの権利の復活に向けて奔走していたと、考えられる。

このように書簡を分析することにより、イングランド側、スペイン側双方の意図が見えてくるのであるが、更にここで注目すべきことは、スペイン側の史料の更なる検討により、今までのヘンリ八世の宗教改革に対する解釈に新たな視点が付け加えられたことである。イギリス史研究では、ヘンリ八世の宗教改革は一五三四年の国王至上法によって頂点に達し、中世以来続けられてきた教皇を中心とする宗教体制は終わりを告げたと、解釈されてくることが多かった(194)。だがイングランドの周辺国の君主達、少なくともカール五世は、この一五三六年になっても、イングランドの新しい宗教体制が確定的なものとは思っていなかったことが、第二節や第三節で示されたシャピュイとカール五世との往復書簡を見ると示されている。イングランドの今の情勢が決定的なものではなく、シャピュイを通してヘンリ八世にローマ教会への帰順を促す余地がまだいくらかでも残されていると、カール五世は見ていたのであった。一五三四年一一月の国王至上法制定(195)時から一年四か月以上たっても、王位継承法の制定やフィッシャー枢機卿またトマス・モアの処刑など次々に反ローマ政策が遂行されても、イングランドの周辺国はイングランドが反ローマ勢力になったとはみなしておらず、まだローマ教会の一員に復帰することを期待していたのであった。また教皇パウルス三世も、一五三六年初めにはイングランドに対する制裁を遅らせていた(196)。数か月前にヘンリ八世廃位の教書の草稿作成をしたパウルス三世であったが、キャサリン前王妃の死後は、ヘンリ八世がローマ教会への帰順に同意すれば、ヘンリ八世をカール五世やフランソワ一世のようにヨーロッパの君主として認めようとの意向を示していた(197)。パウルス三世がイングランドに対してはっきりとした態度を示したのは、一五三六年一〇月の恩寵の巡礼勃発以後であり、パウルス三世は反乱軍を鼓舞し、援助するために、一五三六年のクリスマス前にレジナルド・プール(198)を急遽枢機卿に任じたうえ、翌一五三七年二月、イングランドに教皇特使として派遣した(199)。一五三八年一二月にはヘンリ八世を正式に破門し、廃位宣言した(200)。そして一五三九年一月二日には、パウルス三世はカール五世に書簡を送り、以後イングランドとの交易を断ち、大使を召還するよう命じた(201)。一五三六年一月から一五三六年一〇月までの期間は、パウルス三世がイングランドに対する態度を決め兼ねていた時期であったと判断される。

一五三六年はイングランド国内の統合や統治機構の整備が行われ、二人の王妃の死とヘンリ八世の三度目の結婚が行われた年であり、宗教上の問題でも修道院解散や恩寵の巡礼事件が生じた重要な年であった。この年発布された「ローマの司教の権威を消滅させる法」や「ローマによる特免状についての法」は、イングランドのローマとの断絶を改めて確認したものであるし、「十か条」(202)の信仰箇条は、ローマ離反後のイングランド教会の信仰上の規範を初めて定めたものである。そのようなイングランドの国内問題に比べると、対外問題に目が向けられることは、いままで多くはなかった。この一五三六年はカール五世との交渉が再開された年であったが、交渉再開といっても、カール五世との同盟締結が果たされたわけではなく、それ以前から行われていたドイツのプロテスタント諸侯との交渉も、一五三五年末には閉ざされていた。イングランドの対外問題における一五三六年の重要性が特に取り上げられることは、少なかったのであった。けれども、その宗教政策から生じるイングランドの国際社会における宗教的立場という点からすると、この一五三六年は決定的な年であり、一五三六年から一五三八年までの時期は、イングランドが反カトリック国として国際的にみなされるようになった重要な時期であると考える。カール五世とシャピュイとの往復書簡またヘンリ八世自身の書簡を見ても、一五三六年四月にはまだイングランドにもローマ教会に帰順する余地、ヘンリ八世がローマ教皇と和解する可能性が十分残されていたことが読み取られる。しかし、第三節そして第四節で示した通り、カール五世側の数度にわたる働きかけや教皇の寛大な措置にも拘らず、ヘンリ八世はローマ教会を否認し続けた。ヘンリ八世のローマを拒絶する姿勢はシャピュイの通信によりカール五世に伝えられ、カール五世にも、イングランドが従来の宗教体制に戻ることはほとんどないと、認識されたのであった(203)。そして一五三八年一二月の破門、王位剥奪というパウルス三世のヘンリ八世に対する決定的措置を迎え、ヘンリ八世のイングランドは、以後決してローマ教会に復帰することはなかった。法的にはイングランドのローマ教会からの分離、独立は一五三四年の国王至上法によって頂点に達したといえようが、国際社会でのイングランドの宗教的立場は、この一五三六年から一五三八年の時期に決定されたといっても過言ではないと考える。一五三九年のはじめには、ヨーロッパの他のカトリック君主たちには、イングランドはもうローマ・カトリックに属する同士ではないと、はっきりと認識されたのであった。

イングランド情勢を伝えるシャピュイの情報は、カール五世をはじめ、教皇や他の君主たちのイングランドに対する対応の仕方にも影響を与えたことであろう。シャピュイは離婚問題で悪化したカール五世とヘンリ八世との関係の改善に向けて奔走したのであるが、対仏同盟を結ぶことはできなかった。それでもシャピュイは、イングランドとの不和をある程度解消し、カール五世の指示通り、ヘンリ八世を中立に留めさせることができた。カール五世とヘンリ八世との和解を示すイングランド側の史料も残されているし(204)、シャピュイを評価するようヘンリ八世に促すイングランド大使ペイトの書簡(205)もある。ヘンリ八世とカール五世との関係修復のため尽力したシャピュイの外交交渉は、その後の両国の同盟締結に向けての大きな一歩を示したといえよう。またシャピュイは、王女メアリに良きアドヴァイスをし、父への服従を拒むメアリを説得して身の危険から救い、王女とヘンリ八世との困難な和解に精力を傾け、メアリの王位継承権獲得問題(206)にも力を尽くしたのであった。メアリが後にメアリ女王になったことを考えると、この時のシャピュイのメアリに対する貢献は、イギリスの歴史に少なからぬ影響を与えたといってもよいであろう。

［注］

（1）25 Henry Ⅷ, c. 22.

（2）修道院巡察に関しては、*L. & P.*, vol. ix, nos.138 - 139. また D. D. Knowles, *The Religious Orders in England*, vol. iii, Cambridge, 1971 参照。

（3）パウルス三世 Paulus Ⅲ はファルネーゼ家の出身で、枢機卿時代ヘンリ八世の離婚問題に好意的であり、ヘンリ八世も彼の教皇選出に協力した。しかしその後ヘンリ八世が国内で反ローマ政策を次々と掲げると、枢機卿会 Sacred College はヘンリ八世に廃位宣言するようパウルス三世に迫り、パウルス三世もこれに向けて動き出した。

（4）イングランドはフランスとの同盟維持のため、一五三二年のブーローニュ条約によって定められたフランソワ一世からの支払金の中止を認めざるを得なかったのであった。

(5) *L. & P.*, vol. ix, no.1036.

(6) *L. & P.*, vol. x, no. 59. キャサリンの死に関して、シャピュイは、キャサリンは毒殺されたのではないかという疑いを持ち始め、それをグランヴェルに伝えている。*Spa. cal.*, vol. v, part ii, no.10.

(7) *L. & P.*, vol. x, no.141.

(8) ミラノ公領は豊穣な土地であり、またヨーロッパの君主たちの戦略上の要所でもあり、以前からこの地を巡る争いが繰り広げられていた。

(9) *Spa. cal.*, vol. v, part ii, no.17.

(10) *Spa. cal.*, vol. v, part ii, no. 40, B. L., Add., MS., 28588, f. 232.

(11) この秘密条約に関する史料は残されていないが、一五三七年にカール五世がグランヴェルやコボスに宛てた指示書やその後のイングランドに対する両君主の措置を考えると、秘密条約が結ばれたと考えられる。

(12) J. J. Scarisbrick, *Henry VIII*, pp. 351 - 354.

(13) G. R. Elton, *England under the Tudors*, pp.135 - 159 ; G. R. Elton, *The Reformation in England, The New Cambridge Modern History*, vol. ii, Cambridge,1990, pp. 272 - 276.

(14) D. Potter, Foreign Policy, 1995, p.119.

(15) G. Richardson, Eternal Peace, Occasional War : Anglo-French Relations under Henry VIII, in *Tudor England and its Neighbours*, eds. by S. Doran , G. Richardson, Hampshire, 2005, pp. 60 - 61.

(16) K. Brandi, *The Emperor Charles V*, trans. by C. V. Wedgewood, London, 1939（1980）, pp. 369 - 381.

(17) M. A. O. Brun, *Historia de la Diplomacia Espanõla*, pp. 378 - 380.

(18) R. E. Lundell, The Mask of Dissimulation, pp. 66 -146 ; Idem, *Renaissance Diplomacy and the Limits of Empire*, pp. 205 - 22.

(19) R. M. J. Salgado, Good Brothers and Perpetual Allies, pp. 629 - 634.

(20) J. J. Scarisbrick, *Henry VIII*, p. 325.

(21) G. R. Elton, *England under the Tudors*, pp.150, 154.

(22) *Ibid.*, p.153.

(23) エルトンは「一五三四年の法は教会における国王の首長権の確立とイングランドにおける教皇の権力を消滅させる業を完成させた。……教皇の権力を王に譲る作業は上訴禁止法に始まり、一五三四年の国王至上法によって完成された。その後一五三六年に教皇の権力に反対する法が制定されたが、これはローマの司教〔教皇〕から更に何かを奪うものでも、〔イングランド〕王の法的権限に何かを付け加えるものでもなかった」と述べている。*Ibid.*, p.136.

(24) D. Potter, Foerign Policy, pp.119 - 120.

(25) *Ibid.*, p.120.

(26) G. Richardson, Eternal Peace, Occasional War, p. 60.

(27) *Ibid.*

(28) K. Brandi, *The Emperor CharlesV*, p. 374.

(29) *Ibid.*

(30) M. A. O. Brun, *Historia de la Diplomacia Espanõla*, pp. 378 - 380.

(31) *Ibid.*, p.378.

(32) M. A. O. Brun, *Historia de la Diplomacia Espanõla*, p. 379.

(33) R. E. Lundell, The Mask of Dissimulation, p. 62.

(34) R. M. J. Salgado, Good Brothers and Perpetual Allies, pp. 629 - 634 .

(35) *Ibid.*, pp. 630 - 631.

(36) G. R. Elton, *England under the Tudors*, p.136 ; J. J. Scarisbrick, *Henry VIII*, p. 325 等。

(37) 諸外国に恩寵の巡礼事件が伝わり、外国君主たちがこの反乱を支援することをイングランド政府は恐れ、以後外国との通信を規制したようである。シャピュイとカール五世との通信も途絶えていたようで、以後カール五世の書簡は一五三七年二月まで、そしてシャピュイの通信は一五三八年六月まで見当たらない。

(38) 本章では史料として *Spa. cal.*, vol. v, part i - vol. vi, part i ; *L. & P.*, vol. ix - vol. xi ; *Corpus universel diplomatique du droit des gens*, vol. vi, part ii, by du Mont, J., Amsterdam and Den Haag, 1726 ; *Granvelle Papies, d'état* ; *State Papers during the Reign of Henry VIII*, published under the Authority of His Majesty's Commission, vol. i, vol. ii, 1830 - 52. 等を用いた。今回用いた史料のオリジナルについては K. u. K. Haus-Hof-u. Staats. Arch., England, Karton3, Konvolut3 -11, fols. 1 - 6. また B. L., Add., MSS., 25114, f. 157, f. 196, f. 206, f. 208, f. 293, B. L., Add., MSS., 28588, f. 29, f. 185, f. 232, f. 253, f. 286, f. 295, B. L, Add., MSS., 28589, f. 6, B. L, Add., MSS., 28590, f. 27, f. 80があるが、入手できる範囲で必要に応じて参照した。

(39) *Spa. cal.*, vol. v, part ii, no. 17 ; *L. & P.*, vol. x, no. 255, B. L., Add., MS., 25114, f. 137. しかし、クロムウェルはシャピ

ユイに会談を要請すると同時に、二月四日にはドイツ諸侯との関係についての意見を求めるヘンリ八世からの手紙の返事をガードナーに要求している。ガードナーは、イングランドとドイツ諸侯とが一致する見込みはあまりなさそうであると、返答している（*L. &P.*, vol. x, nos. 374 - 375.）。イングランド側はこの時期、ドイツ諸侯への接近をも進めていたことがわかる。

（40）*L. & P.*, vol. x, no. 351, pp. 131- 135, esp. pp.131- 133. 紙幅の都合により、本書にはこの史料の要約を載せた（史料中の番号は、筆者が便宜上付加したものである）。

（41）この書簡は、*Spa. cal.* にも *L. & P.* にも載せられていない。筆者はこの書簡を見つけることができなかった。但し *Spa. cal.* には、「この王国から逃亡した二人の犯罪人引渡しに対するヘンリ八世からの依頼」に関する書簡と注が添えられている。*Spa. cal.*, vol. v, part ii, no. 43, p. 79.

（42）*Spa. cal.*, vol. v, part ii, no. 43, pp. 79 - 85, esp. p. 80.

（43）*Spa. cal.*, vol. v, part ii, no. 43A, pp. 85 - 102, esp. p.86.

（44）*Spa. cal.*, vol. v, part ii, no . 43A, esp. pp. 95, 96, 98.

（45）*Spa. cal.*, vol. v, part ii, no. 47, pp. 105 - 107, esp. p. 105 - 106.

（46）*L. & P.*, vol. x, no.1044, B. L., *Add., MS.*, 28588, f. 286.

（47）*Spa. cal.*, vol.v, part ii, no.60.

（48）*L. & P.*, vol. x, no. 1079.

（49）*L. & P.*, vol. x, nos. 968, 991, 1129, 1186.

（50）ハッセイ夫人 Lady Hussey の夫ハッセイ卿 Lord Hussey は、メアリの家政長官 Chamberlain of Household であった。

（51）*L. & P.* vol. x, no. 1134, B. L., *Cott., MS.*, Otho, C. x. 172.

（52）*Spa. cal.*, vol. v, part ii, no. 61.

（53）その後メアリは、「自分の良心に反して王に服従したが、自分の魂の救いのため教皇に赦免を求めたい」とシャピュイに相談し、シャピュイはこのことを駐ローマ皇帝大使シフエンテスに依頼した。シフエンテスはカール五世の意見を求めたが、カール五世はメアリの身の危険を考慮して、これを却下した。*Spa. cal.*, vol. v, part ii, nos. 105, 113, 119.

（54）*Spa. cal.*, vol. v, part ii, no. 61 ; *Spa. cal.*, vol. v, part ii, no. 64, B. L., Add., MS., 28588, f. 295.

（55）*Spa. cal.*, vol. v, part ii, no. 61.

（56）*L. & P.*, vol. x, nos.1022, 1109, 1134, 1136, 1137, 1150.

(57) *Spa. cal.*, vol. v, part ii, no. 70.

(58) *Spa. cal.*, vol. v, part ii, no. 70.

(59) ここでいわれている「普遍君主国」とは、カール五世の覇権が普く及ぶ世界王国のことを示していると思われる。

(60) *Spa. cal.*, vol. v, part ii, no. 71.

(61) *L. & P.*, vol. xi, no. 124.

(62) ハーフォード主教フォックスは、ニコラス・ヒース Dr. Nicholas Heath とともに、一五三五年八月三一日から一五三六年七月四日までサクソン公のもとへ特使として派遣された。ルター派の諸侯や神学者たちと政治について、また神学について討論をした。ルターとも数回会見した。*A Handlist of British Diplomatic Representatives 1509 - 1688*, G. M. Bell, Offices of the Royal Historical Society, 1990, p.129 ; *L. & P.*, vol. ix, no. 23.

(63) *Spa. cal.*, vol. v, part ii, no. 76, pp. 202 - 205, esp. p. 203 - 204.

(64) *Spa. cal.*, vol. v, part ii, no. 77, pp. 205 - 214.

(65) 「ローマの司教の権威を消滅させる法」28Henry Ⅷ, c. 10は、イングランド国内で今までローマの司教（教皇）の権力が不法にも行使されていたことを改めて確認するものであり、ローマの司教の司法権を支持する行動をとる者はすべて死罪に処せられること、また聖俗を問わず王国の役職についている者はローマの司教の司法権を放棄することと国王至上権を支持することを宣誓する義務を負うことを規定する法である。*Statute of the Realm*, vol.iii, pp. 663 - 666.

(66) 「ローマによる特免状を解除する法」28Henry Ⅷ, c.16は、今までローマの司教によって与えられていた特免状や贖宥状は破棄されるべきであり、今後使用してはならず、違反した者は死罪に処せられる。大主教や主教等イングランドの聖職者は（今後）司法権を行使することが認められるということを規定する法である。*Statute of the Realm*, vol. iii, p. 672.

(67) *Spa. cal.*, vol. v, part ii, no. 77, pp. 205 - 214, esp. pp. 208 - 209, 212 - 213.

(68) *L. & P.*, vol. xi, nos.123 - 124.

(69) *Spa. cal.*, vol. v, part ii, no. 88. 八月二日にクロムウェルはシャピュイにメッセージを送り、王が枢密院でシャピュイに会いたがっていることを伝えた。またクロムウェルは、自分のためと同時に王のために、このシャピュイと行っている交渉に自分がいままでいかに有能に働いてきたかをシャピュイに枢密院議員たちの前で話してくれるように頼んだ。（*Spa. cal.*, vol.v, part ii, no. 85.）。この頃クロムウェルは次々と名誉ある地位につき、七月二日に玉璽尚書に、七月九日には男爵に叙任され、七月一八日にはクロムウェル卿として貴族院議員になっている。

(70) *Spa. cal.*, vol. v, part ii, no. 88, pp. 224 - 230, esp. pp. 224 - 226.

(71) *L. & P.*, vol. xi, no. 330, p. 135, B. L., Harl. MS., 442, f. 132. 但し、シャピュイはこの中立宣言を八月二六日と報告している。

(72) *Spa.cal.*, vol. v, part ii, no. 93, pp. 235 - 237, esp. P. 237.

(73) *Spa. cal.*, vol. v, part ii, no. 93, esp. p. 236.

(74) *Spa. cal.*, vol. v, part ii, no. 95, pp. 238 - 243, esp. pp. 238 -241. 紙幅の都合により、ここでは一部、史料の要約を記した。

(75) *Spa. cal.*, vol. v, part ii, no. 95, esp. pp. 241- 242.

(76) *Spa. cal.*, vol. v, part ii, no. 98, pp. 246 - 259, esp. pp. 247, 249 - 250. 紙幅の都合により、ここでは一部、史料の要約を記した。

(77) *L. & P.*, vol. xi, no. 479.

(78) *Spa cal.*, vol.v, part ii, no. 103, pp. 262 - 267, esp. pp. 262.

(79) *L. & P.* には、一五三六年七月から一二月の間にフランソワ一世からヘンリ八世に宛てた書簡が二通収録されている。パリ国立図書館に収録されている八月一日付の書簡は、ヘンリ八世に早く皇帝に対し宣戦布告するよう促すものである。但し、この書簡がフランソワ自筆の書簡であるかどうかは記されてはいない。*L. & P.* では、「一五三六年八月一日に王からイングランド王に宛てて書かれた二折りにされた書簡」と裏書されている（*L. & P.*, vol. xi, no. 209 ; Fr., 3014, f. 4., Bibl. Nat., Paris.）。もう一通は日付が記されていないが、一五三六年八月の書簡として収録されており、「自筆で書かれたフランス王の書簡のコピー」とロツリ T. Wriothesley（一五〇五～一五五〇、サザンプトン伯、一五四四年から大法官）によって見出しがつけられていると、*L. & P.* の編者は記している。この書簡の内容は前の手紙と同じもので、フランソワはヘンリ八世の承諾なしには公会議開催に同意もしないし、ヘンリ八世を第三の加盟者にせずに皇帝と条約を結ぶこともないし、ヘンリ八世が皇帝に攻撃されたら、ヘンリ八世がフランソワに与えるのと同等の援助をするので、早く皇帝に対し宣戦布告するようにとヘンリ八世に促すものである。*L. & P.*, vol. xi, no.305 ; B. L., Add., MS., 25114, f. 206. この二通の手紙は、本来同じ手紙であったものであり、一通はそのコピーであり、それぞれ別々に保管されていたものと考えられる。ヘンリ八世も一五三六年八月にフランソワ一世に宛てた書簡 *L. & P.*, vol. xi, no. 317 ; B. L., Add., MS., 25114, f. 208 の中で、「フランソワ自筆の書簡の手紙を受け取り、非常にありがたかった」と述べているので、*L. & P.*, vol. xi, no. 305 の書簡は、フランソワの自筆の書簡と考えてよいだろう。

(80) モンファルコネ卿に関しては、カール五世の顧問官ということしかわからない。
(81) *Spa. cal.*, vol. v, part ii, no. 103, esp. pp. 262 - 265.
(82) *Spa. cal.*, vol. v, part ii, no. 104, pp. 267 - 270, esp. p. 267 - 268.
(83) John Dudley（一五〇五～一五五三）は、軍人であり、恩寵の巡礼の平定に貢献し、一五三八年にはカレー長官代理を勤めていた。エドワード六世の即位後、摂政団の一員になり、一五五一年にはノーサンバランド公になる。エドワード六世の死後ジェーン・グレーを女王に擁立するが、失敗し、処刑される。
(84) トマス・ワイアット氏のことを指す。
(85) ミラノ公爵未亡人クリスティナ Christina（一五二一～一五九〇）は、カール五世の妹イサベルとデンマーク王であったクリスティアン二世 Christian II of Denmark の次女で、ミラノ公爵フランチェスコ・スフォルツァ二世と結婚し、一五三五年一一月に未亡人となった。妻（ジェーン・シーモア）を亡くしたヘンリ八世との結婚交渉は、最終的に一五三九年一月まで続けられた。カール五世の妹のネーデルラント総督マリアは、ヘンリ八世の人格に強い疑いを持ち、この結婚に大反対している。
(86) *Spa. cal.*, vol. v, part ii, no.182, pp. 429 - 431, esp. p. 429 - 430, B. L., *Add., MS.*, 28590, f. 80.
(87) オスマン帝国のスルタンであるスレイマン一世 Süleyman I から海軍提督に任命されていたバルバロッサが一五三四年にチュニスを占領したことを受け、かねてから地中海がイスラム勢力によって支配されることを警戒していたカール五世は、チュニスが オスマン帝国の重要な拠点になることを恐れて、自ら一五三五年五月チュニス遠征を開始した。勝利を挙げたカール五世は八月一七日、シチリアに向けて出航した。
(88) シャピュイの在任中 、カール五世は定期的にシャピュイに書簡を送っていたと考えられるが、残されているのはわずかしかない。この時期に一三通も残されているのは異例のことである。
(89) *L. & P.*, vol. x, no. 373, pp. 148 - 149, esp. pp. 148.
(90) カール五世はシャピュイの進言を受けて、一五三五年に王女メアリを密かにネーデルラントに出国させようとしたが、事前にイングランド側に察知されて、この計画は失敗に終わった。
(91) *Spa. cal.*, vol. v, part ii, no. 129, pp. 310 - 312, esp. pp. 310 - 312. この書簡は、一五三七年二月七日付の書簡として *Spa. cal.* に載せられているが、編者であるガヤンゴスは脚注で、「カール五世は一五三五年一一月二五日から一五三六年三月二二日までナポリにおり、その後ガエータに向かった」と述べている。カール五世は一五三七年二月にはスペインにおり、また本書でこの史料の次（三）に示した一五三六年三月二八日付のカール五世の書簡も同じガエータから書かれたものなので、この書簡はおそらく一五三六年三月に書かれたものと思われる。内容から判断すると、三月二八日付のカール五世の書簡以前に書かれたものであろう。ガヤンゴスはまた「この書簡はスペインのシマンカス城に残された文書であり、ウィーンの皇宮・王宮及び国家文書館には残されていない」と述べている。

(92) ルイス Luis, Infante of Portugal は、ポルトガル王マヌエル一世 Manuel I（Manoel I）の子。カール五世の義弟にあたる。カール五世はルイスにアルジェ遠征を命じた。

(93) *Spa. cal.*, vol.v, part ii, no. 40, pp. 70 - 76, esp. pp. 71 - 74, 76. B. L., *Add., MS.*, 28588, f. 232 .

(94) ワロップ John Wallop（一四九〇～一五五一）は軍人であり、一五三二年九月から一五三七年三月までは駐仏大使であった。

(95) ハナール J.Hannaert は駐仏皇帝大使を一五三二年から一五三六年まで勤めた。アナールに関しては本書資料二参照。

(96) *L. & P.*, vol. x, nos. 374 (B. L., Harl. MS., 288, f. 27.) - 375 (B. L., Harl. MS., 288, f. 31.)

(97) *L. & P.*, vol. x, no. 351.

(98) *L. & P.*, *vol.* x, no. 582, p. 229.

(99) 前教皇クレメンス七世もカール五世から独立した地位を保ちたかったが、パウルス三世はカール五世とフランソワ一世との争いに関わろうとはせず、中立の立場を保つ姿勢を示した。*Spa. cal.*, vol. v, part ii, nos. 44, 56. またパウルス三世はキリスト教世界の分裂を避けようとして、公会議開催に前向きであったといわれる。*Spa. cal.*, vol. v, part ii, no. 62. パウルス三世は一五四五年一二月にはトレント（トリエント）公会議を開催した。パウルス三世に関しては上智学院新カトリック大事典編纂委員会編『新カトリック大事典』第四巻、一六二四～一六二五頁参照。

(100) *L. & P.*, vol. x, no. 678 (B. L., Add., MS., 25114, f. 157.), *L. & P.*, vol. x, no. 684.（Record Office, *State Papers*, vol. vii, no. 646.）

(101) *Spa. cal.*, vol. v, part ii, no. 79, B. L., Add., MS., 28589, f. 6.

(102) *L. & P.*, vol. x, no. 666, p. 264.

(103) *L. & P.*, vol.x, no. 685, pp. 278 - 279, esp. pp. 278 - 279.

(104) ネーデルラント総督マリアは、一五三一年に兄カール五世からネーデルラントの統治権を与えられた。

(105) *Spa. cal.*, vol. v. part ii, no. 43. A.

(106) *L. & P.*, vol. x, no. 887, pp. 367 - 369, esp. pp. 367 - 369.
(107) *Spa. cal.*, vol. v, part ii, no. 43A.
(108) *Spa. cal.*, vol. v, part i, no. 215, B. L., Add., MS., 28588, f. 29.
(109) *L. & P.*, vol. x, no. 887, pp. 369 - 370, esp. pp. 369 - 370.
(110) *L. & P.*, vol. x, no. 823, B. L., Add., MS., 28588, f. 261.
(111) *L. & P.*, vol. x, no. 888 - 2, p. 370 この書簡の日付や発信場所は明らかではない。
(112) クロムウェルからグランヴェルに宛てた書簡は、*L. & P.* にも *Spa. cal.* にも載せられていない。筆者はこの書簡を見つけることができなかった。
(113) *L. & P.*, vol. x, no. 1094, p. 462.
(114) *Spa. cal.*, vol. v, part ii, no. 47.
(115) *Spa. cal.*, vol. v, part ii, no. 55. この書簡において、シャピュイは、フランスが既に得ているヘンリ八世の王位剝奪に関する教皇教書の草稿の写しはフランスのイングランド交渉（を有利に進めるの）には大して役に立たないだろうと述べている。ヘンリ八世は以前から、この王位剝奪問題を先導しているのは教皇であると確信しているからだと、シャピュイはカール五世に伝えている。
(116) *L. & P.*, vol. x, no. 1161, p. 486.
(117) *L. & P.*, vol. x, no. 1227, pp. 511 - 512, esp. 511 - 512, *Spa. cal.*, vol. v, part ii, no. 69, B. L., Add., MS., 28589, f. 207 b. *Spa. cal.* にはこの六月三〇日の書簡は部分的にしか載せられていないので、筆者は *L. & P.* に載せられている史料を用いた。
(118) フランソワ一世の第三王子シャルル・ダングレーム Charles d'Angouléme（一五二二～一五四五）。一五三六年八月に長兄フランソワが死去したため、オルレアン公になる。
(119) *L. & P.*, vol. x, no. 373 ; *Spa. cal.*, vol. v, part ii, no. 129.
(120) *L. & P.*, vol. x, no.1022.
(121) *L. & P.*, vol. xi, no. 145.
(122) *Spa. cal.*, vol. v, part ii, no. 83, p. 218, B. L., Add., MS., 28589, f. 9b. この書簡は、*L. & P.* には載せられていない。この史料に関しては、本書書簡史料集史料三参照。
(123) *L. & P.*, vol. xi, no. 284, p. 118. この史料は *L. & P.* によると、ウィーンの皇宮・王宮及び国家文書館にある史料 *Granvelle*

Papies, d'état, ii, 479 とされているが、*Spa .cal.* には載せられていない。

(124) *L. & P.*, vol. xi, no. 441, pp. 176 -178, esp. pp. 176 -178. この史料は *L. & P.* によるとウィーンの皇宮・王宮及び国家文書館にあるとされているが、*Spa. cal.* には載せられていない。

(125) *Spa. cal.*, vol. v, part i, no. 71 でシャピュイは、ノーフォーク公がフランス寄りだと知らせている。ノーフォーク公はフランスからの年毎の支払金を受け取っており、ノーフォーク公がフランス寄りであることを顧問官たちはみな承知していた。サフォーク公もフランスからの年毎の支払金を受け取っていたが、特にフランス寄りではなかったようである。。サフォーク公はフランスを批判する発言をしている。*L. & P.*, vol. x, no. 1070.

(126) 一五三六年八月から一五三八年六月までのカール五世の戦況に関しては、アンリ・ラペール『カール五世』白水社、一九九五年、五六頁を基にした。

(127) モンモランシー Anne de Montmorency（一四九三～一五六七）はフランソワ一世に仕え、一五二二年にフランスの元帥になった。

(128) 一五三七年から一五三八年にかけてのグランヴェルとコボスによるフランス側との交渉に関する研究を、ケニストンが行っている。ケニストンは、スペインのシマンカス城に残る史料をも用いて、この間の交渉を明らかにしたと述べている。H. Keniston, Peace Negotiations Between Charles V and Francis I（1537 - 1538）, in *The Proceedings of the American Philosophical Society*, vol. 102, no. 2, 1958, pp. 142 -147.

(129) *Spa. cal.*, vol. v, part ii, no.172, pp. 393 - 415, esp. pp. 412 - 413, B. L., *Add., MS.*, 28590, f. 27. この書簡の発信場所は明らかでない。

(130) *L. & P.*, vol. x, no.725, pp. 305 - 306, esp. pp. 305 -306, B. L., Add., MS., 25115, f.139.

(131) ジャン・デュ・ベレ Jean du Bellay。デュ・ベレは一五二七年一一月から一五二九年二月まで駐イングランド大使を勤めており、一五二九年五月から一五三〇年一月まで再び駐イングランド大使として赴任した。その後も四回特使としてイングランドに遣わされた。デュ・ベレに関しては、本書終章第一節参照。

(132) *L. & P.*, vol. x. no. 375, B. L., Harl. MS., 282, f. 31.
この書簡の中では、ガードナーとワロップがカール五世とフランソワ一世との和解の可能性について駐仏皇帝大使アナールに問いただしたところ、アナールはその可能性を否定したことが記されている。イングランド側がこの和解を恐れていたことがよく理解される。

(133) *L. & P.*, vol. x. no. 726, pp. 306 - 308, esp. p. 306 - 307. B. L., Harl. MS., 282, f. 7.

(134) *L.&P.*, vol. x. no.760, pp. 318 - 320, esp. pp. 318 - 320, B. L., Add., MS., 25114, f. 14b.

(135) フランソワ一世は、特使トロワの代官と駐英フランス大使であるタルブ Tarbes 司教に宛てて、一五三六年四月二九日に訓令を送っている。その中でフランソワ一世は、ノーフォーク公がタルブ司教に「皇帝からいろいろ働きかけがなされているが、自分の主人であるイングランド王は、フランス王と今まで通りの関係を維持するつもりである」と述べたことを、タルブ司教からの前回の手紙で知ったことにふれている。またカール五世が最近ヘンリ八世に出した手紙の内容について、フランソワ一世はその訓令の中で、以下の内容を知らせている。第一にカール五世がローマに入る日について、カールがヘンリ八世に知らせていること、第二にフランソワがサボアに侵入したが、カール五世はヘンリ八世にこの争いの仲介を求めていること、第三にフランソワはミラノ公領で戦争をするつもりだということ、第四にカール五世はヘンリ八世に対し自分の叔母との問題を忘れて古い同盟を更新するため、今までの不和を取り除きたいと願っていること、第五にカール五世はヘンリ八世に対オスマン戦への援助を願っていることである。この訓令からすると、ヘンリ八世は、カール五世がヘンリ八世のローマ教会への帰順を願っていることやまたメアリの問題に関することをフランス側には話していなかったようである。そしてまた、シャピュイはそれについて何も記していないのだが、カール五世がヘンリ八世にこの争いの仲介を求めていると、ヘンリ八世は駐英フランス大使に話したらしい。この訓令からすると、この時点でヘンリ八世は、両君主の仲介者になりたがっていたようである。*L. & P.*, vol.x, no. 759.

(136) マントバ Mantova は、イタリア北部ロンバルディア地方の都市であり、一三二八年にゴンツァガ家の本拠地となり、ルネサンス期には北イタリアにおける文芸の中心地となった。

(137) *L. & P.*, vol. x, no.760 - 2, pp. 320 - 327, esp. pp. 320 - 321, B. L., Add., MS., 25114, f. 293. 本書ではこの条文の全条項を記した。

(138) *L. & P.*, vol. xi, no. 28, pp. 15 - 16. この書簡の発信場所は明らかでない。

(139) 既に一四〇九年、一五一四年、一五一八年の条約により、フランスはイングランドに支払金を払う義務を負っていたが、それが滞納されていたことに付け加え、一五二五年のモア条約、一五二七年のウェストミンスター条約により、フランソワ一世はヘンリ八世に二〇〇万クラウン貨を年一〇万ポンドの分割払いで毎年支払うことが決められた。一五三二年のブーローニュ条約でもこれが確認された。だがその支払いも滞っていた。*L. & P.*, vol. iv, nos.1378 - 9, 1390 - 91, 1409 ; J. Ridley, *Henry VIII*, London,1988, p.145. また井内太郎「戦争」（指昭博編『ヘンリ八世の迷宮』）、一四一頁参照。

(140) *L. & P.*, vol.xi, no. 145, pp. 59 - 60, esp. 59 - 60, *Spa. cal.*, vol. v, part i, no. 79, *Granvelle, Papiers d'état*, ii. 470.

(141) 一五三二年のブーローニュ条約を指している。ブーローニュ条約に関しては、*L. & P.*, vol. v, nos. 1316, 1337, 1354, 1377, 1429, 1484, 1485 参照。

(142) *L. & P.*, vol. xi, no. 151, pp. 65 - 66, esp. pp. 65 - 66, B. L., Add., MS., 25114, f. 176. この書簡の発信場所は明らかでない。

(143) *L. & P.*, vol. xi, no. 299, pp. 125 - 126, esp. pp. 125 - 126, B. L., Add., MS., 25114, f. 193. ヘンリ八世は、既に七月二三日にネーデルラント総督に書簡を出している。「私が皇帝とフランソワ（一世）との間の和解の仲介をしたい、そして皇帝はフランス侵略を思いとどまって下さいという趣旨の手紙を、私は既に皇帝にお送り致しました。貴女も諸事が収まるまで、戦争を自制して下さいます様にお願い申し上げます。ドーバー、一五三六年七月二三日」。フランス語で二枚書かれており、見出しも書かれている。「ハンガリー王妃に宛てたイングランド王の一通の手紙のコピーのコピー Copie de la copie d'une lettre du roi d'Angleterre *à* la reine d'Hongrie」であると *L. & P.* には書かれている。*L. & P.*, vol. xi, no. 150.　この七月二三日付の書簡も次に示す八月一四日付の書簡も、*Spa. cal.* には載せられていない。

(144) *L. & P.*, vol. xi, no.184, Record Office, *State Papers*, vii, 662. ネーデルラント総督からヘンリ八世への書簡　ブリュッセルで、フランス語で書かれている。署名あり。「貴方の二三日付のドーバーからのお手紙を受け取りました。貴方が皇帝とフランス王との仲介の役を果たしたいという内容のものでありました。皇帝大使〔シャピュイ〕が貴方に、皇帝の和平に向けての努力についてすべて説明してきたと思います。それにもかかわらず、フランス王はマドリード条約とカンブレー和約に反して皇帝の家臣であるサボア公の領土を侵略し、サボア公領とピエモンテ公領の大部分を占領致しました。そこで皇帝は、フランスに対し戦争することを余儀なくされました。このような状況下、貴方がフランス王を支持しないようにお願い申し上げます。この問題は私自身そして私の支配下にある地域に関わることですので、私は皇帝が貴方を満足させるよう、そして貴方に対する戦争を避けるようできる限り〔皇帝を〕説得する所存でおります。七月三一日」。この書簡も *Spa. cal.* には載せられていない。

(145) *L. & P.*, vol. xi, no. 304, pp. 128 -129, esp. p.128, B. L., Add., MS., 25114, f. 196.

(146) *Spa. cal.*, vol. v, part ii, no. 103.

(147) ヘンリ八世は、一五三五年から大主教代理になったクロムウェルに風紀の乱れを調査する目的で修道院巡察を行なわせており、一五三六年五月の議会で、小修道院解散法を可決させた。同じ五月に聖職議会は、イングランド教会の最初の信仰箇条である「十か条」を定めることにした。一五三六年七月にはヘンリ八世は、王の宮廷付司祭であったスターキーT. Starkeyに対して、ベネチアにおり教皇に賛同するレジナルド・ポールReginald Pole（一五〇〇～一五五八）に帰国勧告を出すよう命じている。一一月のヨークシャーでの「恩寵の巡礼」を経済的に支援するため教皇からイングランドに派遣されたレジナルド・ポールの親族を、ヘンリ八世は処刑した。このことからも、この時期、ヘンリ八世が一貫して反ローマ政策を貫いていることが裏付けられる。なおスターキーは、レジナルド・ポールの大陸留学時代の学友である。

(148) D. Potter, *Foerign Policy*, p. 119.

(149) ヘンリ八世の四月三〇日付の書簡、七月五日付の書簡、七月二三日付の書簡参照。

(150) *L. & P.*, vol. x, no. 261, B. L., Add., MS., 28588, f. 185. イングランドとカール五世との交渉の再開には、イングランドとフランスとの関係が大きく関わっていた。ヘンリ八世は一五三二年から一五三三年にかけてフランソワ一世を自分の離婚問題に関与させようとし、一五三二年にブーローニュとカレーでフランソワ一世と会見し、同盟を結んだ（*L. & P.*, vol. v, nos. 1316, 1337, 1354, 1377, 1429, 1484, 1485）。しかしフランソワ一世は、自分の利益のために教皇との間でヘンリの離婚問題を解決することができなかった。一五三三年にはフランソワ一世の二男オルレアン公アンリと教皇クレメンス七世の親族カトリーヌ・ド・メディシスCathorine de Medicisとの結婚が行われた。また一五三四年、ローマとの断絶に加わるようにというヘンリ八世の誘いを、フランソワ一世は丁寧にではあるが、断った（*L. & P.*, vol. vii, no. 261）。一五三五年までにヘンリ八世もアン・ブーリンも、フランスとの同盟に失望させられたのであった。一五三五年ミカエル祭（九月二九日）、ボルドー港で全イングランド船が拘留される事件が生じ、一五三六年になってようやく、聖燭節（二月二日）までにイングランド王が議会でフランスワインの輸入禁止を取り消すことを条件に、イングランド船は商人たちに返還されることになった（*L. & P.*, vol. ix, no. 875；vol. x, no. 410）。一五三六年一月四日、ヘンリ八世は駐仏大使ガードナーとワロップに両国の交易に関してフランス側と折衝するよう指示するとともに、駐仏皇帝大使アナールと会談を持つようにと書簡を送った（*L. & P.*, vol. x, no. 25）。またヘンリ八世は、駐英フランス大使であるカステルノーA.Castelnauに「フランスとの友情は必要であるが、今まで以上にイングランド王はフランスを指揮する権力を有する」と語った（*L. & P.*, vol. x, no. 25）。一月八日の前王妃キャサリンの死後、クロムウェルはガードナーとワロップに前王妃の死をフランス王に伝えるよう書簡を送ったが、その中でヘンリ八世は、キャサリンの死によりカール五世との紛争の種がなくなったので、カール五世は今後ヘンリ八世の友情を求めるようになるだろうということをフランス提督モンモランシーに伝えるよう、また両国の交渉でフランスに譲歩する必要はないのだということをガードナーたちに知らせるようにクロムウェルに命じていた（*L. & P.*, vol. x, no. 255）。一月一八日付のガードナーからの手紙でフランス提督との会談の様子の報告を受けたヘンリ八世は、フランスに対する不信の念を露わにしたのであった（*L. & P.*, vol. x, no. 256, B. L., Cott. MS., Cleop. E. v. 213）。

(151)　フランスがイングランドに支払うべき支払金の問題は、イングランドとフランスとの関係にとって、常に障害となっていた。

(152)　ヘンリ八世は、カール五世に接近する政策をとるようになり、またドイツのプロテスタント勢力との融和も図るようになる。しかし、今までの同盟相手を捨ててまで新しい利を得るつもりはなかったようである。今やヘンリ八世は、どちらの陣営にも属さず、対外的に和平を維持することにより、イングランド独自の方針を貫きたいと、また貫けると判断したのであろう。

(153)　*Spa. cal.*, vol. v, part ii, no. 44, B. L., Add., MS., 28588, f. 253.

(154)　ヘンリ八世はこの時期、イングランドの一五二〇年代のヨーロッパの二大勢力との同盟政策から一転して、中立政策を採ることに固執したのであるが、これは大法官であったウルジー枢機卿の外交政策の失敗から学んだことも大きかったと思われる。ヨーロッパの二大勢力、ハプスブルク家とヴァロワ家との抗争の中で、ウルジー枢機卿は一五二〇年代初め、カール五世と対仏同盟を結んだが、その後一五二六年にはカール五世の勢力拡大を警戒するフランスやイタリア諸国に呼び掛けて、コニャック同盟を結成した。しかしカール五世とフランソワ一世はイングランドを無視して、カンブレーの和約を結んでしまった。

(155)　Wernham, *Before the Armada*, p.132.

(156)　クロムウェルの外交政策に関しては、R. B. Merriman, *Life and Letters of Thomas Cromwell*, Oxford, 1902 参照。クロムウェルはイングランドがカール五世と同盟を結ぶことを願っていたが、カール五世がフランソワ一世とニースの和約（休戦協定）を結ぶと、クロムウェルはプロテスタント諸侯との同盟を模索した。これに関しては、*Ibid.*, p.214 参照。エルトンは、クロムウェルがカール五世との同盟を求めたのは、フランスとの同盟を求める彼の政敵ノーフォーク公やガードナーからヘンリ八世を離すためであったと、述べている。G. R. Elton, *England under the Tudors*, p.153.

(157)　ノーフォーク公のフランス大使との交渉に関しては、*L. & P.*, vol. x, no. 688 参照。

(158)　*L. & P.*, vol. x, no. 726 参照。メアリからヘンリ八世への一五三六年の書簡は *L. & P.*, vol. x, nos. 1022, 1083, 1109, 1133, 1136,1203。メアリからクロムウェルへの書簡は、*L. & P.*, vol. x, nos. 1079, 1108, 1129, 1186 がある。クロムウェルからメアリへの書簡は *L. & P.*, vol. x, no. 1110 。その他メアリに関する文献は *L. & P.*, vol. x, nos. 1021, 1134, 1137, 1150, 1187,

1204がある。この時代のメアリに関しては、J. J. Scarisbrick, *Henry VIII*, 1968, pp. 351 - 354参照。スケアズブリックは、ヘンリがメアリを許したのは、メアリが強要された文書に署名をした後（一五三六年六月）（J. J. Scarisbrick, *Henry VIII*, p. 336）と述べているが、この四月二五日付の書簡を見ると、既に四月に、ヘンリ八世はメアリが自分に従うなら許そうという気持ちを持っていたことがわかる。

(159) *Spa. cal.*, vol. v, part ii, nos. 61 ; *Spa. cal.*, vol. v, part ii, no. 86, B. L., Add., MS., 28589, f. 13.

(160) *Spa . cal.*, vol. v, part ii, no. 94, B. L., Add., MS., 28589, f. 44.

(161) メアリがヘンリ八世に宣誓したことを教皇やカール五世に書簡で示すようにヘンリ八世がメアリに強いたと、メアリはシャピュイへの手紙の中で示したようである。*Spa. cal.*, vol. v, part ii, no. 61 参照。

(162) 本書一九四～一九五頁、一九七頁、一九九頁参照。

(163) 本書一四一～一四四頁、一四七頁、一五〇頁、一五三頁参照。

(164) 本書一四一～一四三頁参照。八月一二日に対仏宣言を渋る王はクロムウェルたちを通じて、対仏宣言する埋め合わせに皇帝は教皇に反対する宣言をすべきであると言ったと、シャピュイは報告している。九月二三日付のシャピュイの書簡からは、ローマ教皇に関することにヘンリ八世は非常に神経を尖らせていたことがよくわかる。

(165) 本書一四六頁参照。シャピュイの交渉の第一の目的は、イングランド側に対仏宣言させることであり、シャピュイはそれを何度もイングランド側に迫っていたが、イングランド側からの承諾を得ることが困難であることをシャピュイは十分認識していた。六月二九日にシャピュイがクロムウェルに対仏宣言を迫り、クロムウェルがこれに難色を示した時、シャピュイは「イングランドの中立と金銭の援助で我々は満足しなければならないだろう」とイングランド側に中立を促している。カール五世は既に六月一七日付のシャピュイへの書簡の中で、「イングランド王が対仏宣言しないようなら、少なくとも王を中立に留まらせるように」と指示しているが、このカール五世の書簡は六月二九日にはまだシャピュイのもとには届いていないと考えられるので、シャピュイ自身の判断でイングランド側に中立を求めたのであろう。

(166) 本書一四六頁参照。七月八日にヘンリ八世に謁見したとき、シャピュイは、ヘンリ八世がフランス大使を支持しているように感じた。ヘンリ八世はフランスとの同盟に幻滅を感じたけれども、その〔同盟の持つ〕確実性を捨てようとはしなかったと、シャピュイは述べている

(167) 本書一四六～一四七頁参照。六月二九日にシャピュイがクロムウェルに対仏宣言を迫った時、クロムウェルが「皇帝は間もなくフランス王と和約を結ぶだろう」と言って、これに難色を示したことを、シャピュイは報告している。七月一五日

に和平交渉に関するカール五世の手紙の概要をシャピュイがクロムウェルに話した時、クロムウェルは返事に困り、「和平に関する情報が［イングランドに］伝わった時、王も枢密院も失望感を示した」ということをシャピュイに告げている。

(168)　本書一四八頁、一五三頁参照。七月二〇日にシャピュイがヘンリ八世に謁見したとき、ヘンリ八世は、「（本当は）自分が和平交渉の仲介者になりたかったが、カール五世にそれを断られた。結局教皇大使たちによって、和平が達成されるのであろう」とシャピュイに告げた。七月二二日にヘンリ八世はカール五世への書簡の中で、「フランス王との個人的ないさかいを公平な仲裁者の手に委ねてほしい」と自分が仲介者になりたいことを示している。七月三一日付のネーデルラント総督からヘンリ八世への書簡の中では、既にヘンリ八世が両君主の仲介者になりたいと希望していたことが記されているし、八月一四日付けの総督への書簡の中でも、ヘンリ八世は仲介者になりたいと申し出ている。ヘンリ八世が仲介者になることを強く希望していることを、シャピュイは承知していた。

(169)　本書一四三～一四六頁参照。シャピュイの書簡を見れば、ヘンリ八世はメアリに対し、たびたび許しを請う書簡を自分に送らせていたこと、またクロムウェルもメアリに対し、時にはそれを促し、また時にはそれを強要していたことがわかる。シャピュイにもヘンリ八世はそのことをメアリに促すよう求めており、ヘンリ八世がメアリに自分に対する服従をことのほか求めていたことを、シャピュイは十分承知していた。

(170)　本書一四七頁、一五一頁、一五五頁参照。八月二六日にシャピュイがクロムウェルたちと会談を持った時、クロムウェルたちが、公会議が開かれても、イングランド王の害になることは一切宣言しないことをカール五世に求めたことが、シャピュイの書簡には書かれている。

(171)　本書一四三頁参照。四月一八日の会談の際、ヘンリ八世は対トルコ戦援助問題を一貫して拒絶し、「自分に関係ないことには援助はしない」と答えたことを、シャピュイは伝えている。

(172)　本書一四三頁参照。

(173)　本書一四九頁参照。

(174)　本書一五一頁参照。

(175)　一五一〇年代からのヘンリ八世のフランス領土回復への意欲に関しては、次のような経緯がある。まず教皇ユリウス二世の提唱した神聖同盟に加盟したヘンリ八世は、一五一三年六月アラゴンのフェルナンド二世や神聖ローマ皇帝マクシミリアン一世の軍隊と連携しながら、フランスに侵攻した。一五一三年八月にはフランス王ルイ十二世の軍を敗走させ、テルアンヌとトゥルネーを占領した。その後一五二三年九月には、サフォーク公が、イングランド軍やブルゴーニュの傭兵隊とともにピカルディーを攻撃した。一五四三年六月には、ヘンリ八世自ら兵を率いてブーローニュを包囲、占領することになる。ヘンリ八世期の対仏戦に関しては、井内太郎「戦争」（指昭博編『ヘンリ八世の迷宮』）、一三九〜一四一頁また一五四〜一六一頁参照。

(176)　本書一四六頁参照。

(177)　本書一四九頁参照。

(178)　本書一四三頁参照。

(179)　本書一九一頁参照。

(180)　本書一五二頁参照。

(181)　*L. & P.*, vol. viii, no. 52 ; Close Roll, 26 Henry Ⅷ. m. 14 d; TNA, Rymer Transcripts, vol. xiv, no. 549. これによると、一五三五年（26 Henry Ⅷ）一月一五日にヘンリ八世は枢密院で大法官トマス・オードリー、大蔵卿ノーフォーク公、玉璽尚書ウィルトシャー伯、首席秘書官トマス・クロムウェルやその他の者たちの前で、今後自分（ヘンリ八世）の称号は、「ヘンリ八世、神の加護によりイングランド王並びにフランス王、信仰の擁護者、アイルランド太守そして地上におけるイングランド教会の首長」Henricus Octavus, Dei gratia Angliae et Franciae Rex, Fidei Defensor et Dominus Hiberniae, et in Terra Supremum Caput Anglicanae Ecclesiae とするように定めた。G. R. Elton, *England under the Tudors*, p.136 参照。この称号の問題は、第五章の対仏同盟交渉においても取り上げられる重要な問題である。

(182)　本書一四三頁参照。

(183)　本書一五一頁参照。

(184)　本書一五四頁参照。またヘンリ八世から駐仏イングランド大使宛ての四月二四日付の書簡や皇帝のもとにいるイングランド大使宛ての四月二五日付の書簡を見ても、ヘンリ八世がカール五世との関係修復に当たり、カール五世からの謝罪の手紙を要求したことが記されている。

(185)　この委任状は *Spa. cal.* にも *L.& P.* にも収録されてはいない。どういう交渉をするのかという交渉の具体的内容や委任状の形式に関して、知ることはできない。委任状の中に教皇との関係についても書かれているのかどうか、ということについてもわからない。委任状の形式に関しても定かではない。カール五世は一五三六年六月二一日に、イングランドへの特使ディエゴ・デ・メンドサ Diego de Mendosa とシャピュイに対して公式な文書を与えており、*Spa. cal.* に収録されている（*Spa. cal.*, vol. v, part ii, no. 64）。「そもそも皇帝は、余自身と親愛なる兄弟でありイングランド王、フランス王そしてアイルランド太守等であるヘンリとの間の古くからの友情、同盟、条約そして良き理解を維持することを常に願ってきた。また余は、前述の友情と同盟の確認の前に立ちはだかるいかなる障害を取り除くこと以上のことを願っており、余の従妹、王女メアリと余の義理の兄弟ポルトガル王子ルイスとの結婚によってこの友情を更に緊密で結びつきの深い永続的なものにするために、余は余の忠実で愛すべき顧問官たち、ディエゴ・デ・メンドサと法学博士シャピュイを任命し、その者達に前述の同盟と結婚を交渉する全権を与える」。*Spa. cal.* の編者は、この文書を「王女の結婚に関する訓令」として分類しているが、ここから、カール五世が公式文書に書く内容を推し量ることができる。また次に収録されているディエゴ・デ・メンドサへの訓令 *Spa. cal.*, vol. v, part ii, no. 65 には、以下のごとく記されている。「ポルトガル王子ルイスとイングランド王女メアリとの結婚交渉を遂行すべし。一五三六年六月二一日、アスティ。」そしてまた委任状の形式に関しては、他の文書から推測できるのではないかと考えられる。本書第五章で扱われるカール五世とヘンリ八世との対仏同盟交渉に向けてのカール五世からシャピュイに対する一五四二年五月二日付の委任状（*Spa. cal.* の編者も委任状として分類している）*Spa. cal.*, vol. vi, part ii, no.1 には、以下の内容が記されており、カール五世の出す委任状の形式もここに示されていると思われる。以下順に、ヘンリ八世側がカール五世側に対し親密なる友情を求めていること、それにカール五世も応えたいこと、カール五世は自分の大使であるウスタシュ・シャピュイ氏を信頼しており、彼を前述の緊密なる条約について交渉する代理人に指名すること、代理人が同意する条件また交渉するいかなることをもカール五世は考慮すると保証すること、この文書でそれに関する承認を与えること、その証しとして国璽とともにカール五世が署名するという内容がこの中では記されている。

(186) 本書一四五頁参照。

(187) 本書一四八～一四九頁参照。

(188) 本書一五二頁参照。

(189) K. Hamilton, R. Langhorne, *The Practice of Diplomacy*, pp. 49 - 50.

(190) 本書一四二頁参照。

(191) J. J. Scarisbrick, *Henry VIII*, p. 336 ; G. R. Elton, *England under Tudors*, pp. 151.

(192) 例えば、P. Rassow, *Die Kaiser Idee Karls V dargestellt an der Politik der Jahre 1528 - 1540*, Berlin,1938 ; K. Brandi, *The Emperor Charles V*, p. 105 ; アンリ・ラペール『カール五世』二一～二八頁など。またデイヴィッド・アーミテイジは、「スペインのカルロス一世が、一五一九年に神聖ローマ皇帝になった時、帝国はスペイン君主国と一体となり、史上最大の君主国となった。カールの支配地はヨーロッパの全王国を包摂することはできなかったが、ローマ人ですら知らなかった、ヘラクレスの柱を超えた新世界の領土を含めた。これは古典古代以後の世界が、真に世界規模の君主国にもっとも近づいた領土であり、それゆえ「ローマ帝国」そのものの末期以来、普遍的な「インペリウム」にもっとも近い領土であった」と述べている。デイヴィッド・アーミテイジ、前掲書、四四頁。

(193)　*Spa. cal.*, vol. v, part ii, no. 116.「シャピュイから皇后イサベルに宛てた書簡　一五三六年一一月一四日付」

(194)　J. J. Scarisbrick, *Henry* Ⅷ, p. 325；G. R. Elton, *England under The Tudors*, p. 136; 越智武臣『近代英国の起源』七頁。一方で、エルトンはまた『イングランド宗教改革』の中で、イングランドのローマ教会からの離脱に関して、一五三四年の国王至上法と一五三六年から始まる修道院解散の重要性を示している。イングランド内の人たちが、ローマからの離反をはっきり認識したのは、修道院解散からであったと述べている。しかし、その根拠は示していない。G. R. Elton, *The Reformation in England*, p. 272.

(195)　一五三四年一一月に国王至上法が議会で制定され、「イングランド王はイングランド教会の地上における唯一最高の首長である」と宣言されたことについて、シャピュイは、一五三四年一一月二八日に「イングランド教会の首長 as chief of the English Church としてのイングランド王は、教会の全財産を手に入れようとしています」とカール五世に知らせている。*Spa. cal.*, vol. v, part i, no. 115.　そして一五三四年一二月五日には「裁判所また議会で、イングランド王はイングランド教会の領主首長 suzerain Chief of the Anglican Church である、それにより、教皇に対する従順の証としてそれまでイングランドが教皇庁に支払っていた納付金は今後国王に与えられるようになると宣言され、確認されました」とカール五世に報告している。*Spa. cal.*, vol. v, part i, no. 115.　しかしそれらシャピュイの報告に対するカール五世の反応は史料には、載せられていない。

(196)　*L. & P.*, vol. x, no. 666.

(197)　一五二七年イングランドから常駐大使として派遣され（常駐する大使であったが、外交に関する十分な力を与えられず、継続的に本国から特使が派遣されていた）、ヘンリ八世のキャサリンとの離婚後は、弁士としてそのままローマに留まっていたイタリア人グレゴリー・ダ・カサール Gregory da Casale からヘンリ八世に宛てた書簡（*L. & P.*, vol. x, no. 977）や、かつてヘンリ八世の離婚問題に関わったローマのカンペッジョ枢機卿が彼の兄弟マルカントニオに宛てた書簡（*L. & P.*, vol. x, no. 1077）によると、パウルス三世はルター派の拡大や教会分裂を恐れて、ヘンリ八世のローマ教会への帰順を願っていたという。J. J. Scarisbrick, Henry Ⅷ, pp. 351 - 354.

(198)　レジナルド・プールはエドワード四世の姪の子で、一五一八年に聖職につき、ヘンリ八世の期待を背負って大陸に留学し、ウルジーの後任としてヨーク大司教になるはずであったが、ヘンリ八世の離婚に反対し、一五三六年大陸にのがれ、同年枢機卿になった。

(199) *L. & P.*, vol. x, no. 134.

(200) *Spa. cal.*, vol. vi, part i, no. 35, B. L., Add., MS., 28588, f. 223.

(201) *Spa. cal.*, vol. vi, part i, no. 33, B. L., Add.,MS., 28588, f. 220.

(202) 「十か条」は、カトリックの教義の七秘跡のうち洗礼、告解、聖餐を認めてはいるが、堅信、終油、叙階、結婚に関しては、秘跡として認めるものではなかった。

(203) イングランドは一五三七年には、ドイツのプロテスタント諸侯との交渉を再開した。この時期のイングランドのドイツのプロテスタント諸侯との交渉に関しては、Rory McEntegaet,Toward an Ideological Foreign Policy : Henry Ⅷ and Lutheran Germany, 1531- 47, in *Tudor England and its Neighbours*, pp. 86 - 93 参照。

(204) *L. & P.*, vol. xi, no. 1358.

(205) *L. & P.*, vol. x, no. 670.

(206) 一五三六年の新王位継承法 28Henry Ⅷ. c. 7. では、「男子継承者がいない場合、女子の後継者が順番に王位を継承すること」が制定された。この法には「もし王が現在の王妃アン・ブーリンから正嫡の後継者が得られない場合、王は後継者を遺言で指名できる」という条項が含まれている。この制定法は、当時はヘンリ八世の庶子リッチモンド公ヘンリ・フィッツロイ Henry Fitzroy を王位につけるためではないかと見られていたが、リッチモンド公は議会解散時には重い病で死の床にあり、その四日後に死去したので、ヘンリ八世が後継者として指名したかったのは、メアリであったのかもしれない。

第五章　一五四三年のカール五世とヘンリ八世との対仏同盟交渉過程

この章では、一五四三年の「親善友好同盟条約」Treaty of closer friendship and alliance（カール五世による第四回目の対フランス戦〈一五四二年六月一二日から一五四四年九月一八日〉に向けての同盟、以下対仏同盟と略す）締結交渉を、史料から追ってみたい。これは、ニースの和約後に再燃したカール五世とフランソワ一世との戦争に向けて、シャピュイが主に関わったスペインとイングランドとの同盟交渉である。期間は、シャピュイがイングランド側との交渉を始めた一五四二年一月から、対仏同盟締結が成立した一五四三年二月一一日までに限定したい。この中で、カール五世のシャピュイに対する指令と政策決定の事情及びイングランド側の事情、そしてこの交渉において果たしたシャピュイの役割を考察したい。

第一節　時代背景と研究史

一五三八年六月ニースで、カール五世とフランソワ一世はそれぞれ教皇パウルス三世と会見し、一〇年間の休戦協定が成立した。この休戦協定は、一五二九年に結ばれたカンブレーの和約の確認で、フランソワ一世のサボア領有とカール五世のミラノ支配を相互に承認するものであった(1)。両君主を和解させたパウルス三世はニース会談の後、一五三八年一二月にスコットランド司教ビートン D.Beaton を枢機卿にするとともに、ヘンリ八世を破門し、ヘンリ八世廃位の教書を発した。翌一五三九年一月には、枢機卿レジナルド・プールを教皇特使としてカール五世のもとに派遣し、フランソワ一世やスコットランド王ジェイムズ五世（一五一二〜一五四二、在位一五一三〜一五四二）(2)の協力のもと、ヘンリ八世に対する教書の執行を命じた。また常駐大使をイングランドから召還するよう命じた。一五三九年一月一二日には、カール五世はフランソワ一世とトレド条約(3)を結び、相互の同意なしに新しい条約（政治的条約及び結婚による条約）を締結しないことを申し合わせた。カール五世は教皇の命に従い、シャピュイを一五三九年三月にネーデルラントに帰国させた(4)。カール五世のイングランドへの措置は、実際にはイングランドを威嚇するに留まったが、一五三九年七月にカール五世とフランソワ一世がイングランド侵攻を計画しているという情報がイングランドにもたらされると、それは非常に大きな脅威に映り、ヘンリ八世やクロムウェルは、沿岸防備に奔走した(5)。クロムウェルは急遽、再びドイツのプロテスタント諸侯への接近を図り、関係強化に乗り出した。プロテスタント諸侯と縁の深いクレーヴェ公（一五二一～一五三九）(6)の娘アン・オブ・クレーヴェとヘンリ八世との結婚交渉を始め、一五四〇年一月にヘンリ八世はアンと結婚するが、半年後には離婚することになる(7)。

しかし、カール五世とフランソワ一世との平和は長くは続かなかった。一五四〇年二月には、両君主の対立が見え始めたのである。カール五世とフランソワ一世との対立はまた、イングランドにドイツのプロテスタント諸侯への接近を図る必要性を失わせた。ヘンリ八世のアン・オブ・クレーヴェとの結婚の責任を問われ、またノーフォーク公やウィンチェスター主教ガードナーなど保守派との権力闘争に敗れて、クロムウェルは失脚し、六月には大逆罪の判決を受けて処刑された(8)。アンと離婚したヘンリ八世は、ノーフォーク公の姪であるキャサリン・ハワードと結婚する。ヘンリ八世は一五四一年六月から九月まで、甥であるジェイムズ五世（一五一二～一五四二、在位一五一三～一五四二）に会うためヨークに巡幸するが、ジェイムズ五世は会見を断り(9)、スコットランドとの国境地帯では、小競り合いが絶え間なく続いていた。

一五四〇年一〇月、カール五世が王太子フェリペ（一五二七～一五九八、在位一五五六～一五九八）にミラノ公領の封土授与の決定を下したことにより、長年の紛争の種であるイタリア問題が、再びカール五世とフランソワ一世の関係を壊した。一五四一年一月に開かれたレーゲンスブルク Regensburg 帝国議会では、カトリック側とルター派との和解はならず、一五四一年九月にはカール五世は教皇パウルス三世とルッカ Lucca で会見して、公会議開催に向けての討議を重ねた。その同じ九月、カール五世は、オスマン帝国のスレイマン一世がハンガリーを侵略するという危機に見舞われ、一一月にはカール五世のアルジェ遠征は失敗に終わったのであった(10)。この年の七月には、オスマン帝国へのフランスの密使フラゴーソとリンコーンがミラノ公国内でスペインの兵士に殺害される事件が生じた(11)。オスマン帝国と通じようとしていたことをキリスト教世界から非難され、フランスはイングランドとの同盟を実現しようとし、オルレアン公と王女メアリの結婚のための交渉が再開された(12)。そしてフランソワ一世はこの殺害事件を戦争理由に挙げ、その一年後の一五四二年七月一二日に、カール五世に宣戦布告をしたのであった(13)。この間に、フランスの同盟国ヘルダーラント Guelders（クレーヴェ公がヘルダーラント公を兼ねる）はブラバントへの攻撃を始めていた。

これに先立ち一五四〇年一一月には、イングランドからウィンチェスター主教ガードナーが特使としてカール五世のもとに派遣されていた。既に反カトリック勢力として国際社会から見なされるようになったヘンリ八世は、極端な孤立を避けたいと願い、カール五世との関係改善を求め、カール五世とフランソワ一世との対イングランド同盟を阻止したいと考えていた。しかし、一五四〇年一二月二五日まで、カール五世はヘンリ八世がネーデルラントに入ることを許さず、ネーデルラントとイングランドとの関税を巡る争いは継続していた。レーゲンスブルク帝国議会が決裂してからは、カール五世はヘンリ八世を必要と感じ始め、「親善友好同盟条約」を提唱したヘンリ八世やガードナーに屈し、一〇か月間（一五四二年四月末に満了予定）双方の不利益になることはしないことを取り決めたが、一五四二年一月までは、この同盟条約のための交渉は全くされなかった(14)。カール五世とフランソワ一世との対立が深まり始めた一五四二年二月(15)、既に一五四〇年七月にネーデルラントからイングランドに戻って二度目の常駐大使職を務めていたシャピュイは、イングランド側に同盟交渉を打診した。三月一四日にはシャピュイはイングランド側と同盟交渉を始め、五月一一日にはガードナーがステプニーStepneyにあるシャピュイ邸の隣に住むようになり、シャピュイは同盟条約を巡ってガードナーと会談するようになった(16)。この時イングランド側は、自国にとり不利なネーデルラントの航海条例（イングランド船はネーデルラントの港では、商品を積載することを禁じられるという条例）の撤廃を求めたのであった(17)。六月三日シャピュイはイングランド側の要請を受け、交渉のためネーデルラントに向けて出発するが、すぐ帰国する(18)。六月七日にはヘンリ八世は、条約締結交渉のためウェストミンスター主教サールビー(19)がカール五世のもとに派遣されることをシャピュイに告げ、カール五世に提出する書類の修正を求めた。六月二九日シャピュイはガードナーと再び会談を持ち、翌六月三〇日には、シャピュイはサールビーと最後の詰めの会談をしたのである。七月三日にサールビーはスペインに向けて出発し、まず航海条例を巡ってフランドル側と交渉をした。七月一〇日にはイングランド側の要請通り、ネーデルラントの航海条例が撤廃されたのであった(20)。

この一五四三年からの対仏同盟に関する研究は、イギリス側からはワーナム、スケアズブリック、エルトンがイングランド外交研究の中で、イングランドとカール五世との関係を軸に扱っている。カール五世側からはブランディー、ブルン、ランデル、サルガードが、カール五世とイングランドとの関係の中で取り上げている。イギリス側の研究者に関して言うと、研究者たちはこの対仏同盟をスコットランド問題及びヘンリ八世の対フランス戦参加の意欲から考察している。ワーナムは、この対仏同盟をスコットランド問題から考察する。まずワーナムは、「恩寵の巡礼後、ヘンリ八世は、イングランド中央政府の支配の鍵を握っているのはスコットランドであり、スコットランドがフランスの家来であり続ける限り、イングランドは常に大陸からの攻撃に晒され続けると考えた。ソルウェイ・モス(21)の戦いによるジェイムズ五世の死後は、フランスからの軍隊と金銭的援助がスコットランドに渡ることを恐れ、ヘンリ八世はスコットランドに対するフランスの援助を断ち切るためにカール五世との同盟を決意した」と述べる。ワーナムはまたこの一五四三年二月一一日に締結された対仏同盟の条文の内容にもふれているが、「この条文は対仏戦に対するイングランドの介入を限定する内容のものであり、イングランドはスコットランドをフランスから遠ざける目的で同盟を結んだ」と論じる(22)。

スケアズブリックは、この同盟をヘンリ八世の対フランス戦参加の意欲から考察する。彼は、「ヘンリ八世は一五四一年末以来カール五世との緊密なる同盟を繰り返し求めてきたが、一五四二年七月一〇日のハプスブルクとヴァロワの戦いの再燃は、ヘンリ八世に対フランス戦参加の好機を与えた。一五四二年の初めの数か月間、フランソワ一世は外交でヘンリ八世の支持を獲得しようとし、王女メアリとオルレアン公との結婚を申し込んでいた(23)が、ヘンリ八世はカール五世側とも同盟交渉し、共同のフランス侵略を企てていた。そのため一五四二年六月にウェストミンスター主教をスペインに派遣し、〔痛風で歩けなくなった〕シャピュイには自分の輿を提供して、交渉のためネーデルラントに出国させ、国内では戦争を開始する準備を行っていた」と論じる。それでも、ヘンリ八世の戦略はスコットランド情勢次第であったことをスケアズブリックはつけ加えている(24)。エルトンは、ヘンリ八世の若い時からの大陸での戦争に対する情熱とスコットランド征服への意欲がこの対仏同盟を決心させた、と言う。エルトンは、「国内で国王至上法が勝利を挙げ、一〇年間に及ぶ外国の介入の脅威から解放されて、ヘンリ八世が今一度自分の力を示す道を模索していた時、フランスとスペインとの友情が壊れた。両国から同盟への交渉が打診された時、この交渉はヘンリ八世の要望と合致した。それまでしばらく大陸と関わりを持つことをヘンリは控えていたが、フランスへの敵対心とフランスと結ばれているスコットランドを征服したいという欲望が、ヘンリ八世を対仏同盟へと駆り立てた」と述べる(25)。エルトンは、ヘンリ八世のフランス領土獲得に対する情熱とスコットランド征服への意欲という両面からヘンリ八世の意図を分析してはいるが、ワーナムやスケアズブリックと同じように、イングランドの立場からこの時期のカール五世との交渉を分析している。

カール五世の研究者であるブランディーは、カール五世はこの対仏同盟を第一にイングランドとネーデルラントとの通商問題から考慮したと分析している。「ヨーロッパの教会を分離させる者として見なされるようになったヘンリ八世との交渉再開をカール五世に進言したのは、ネーデルラント貿易を重視する首席顧問官のグランヴェルであった。グランヴェルは、カールがかつて交渉をしたドイツのプロテスタント諸侯に比べれば、ヘンリ八世はそれほど教会を分離させる者ではないとカール五世を促した。ヘンリ八世との同盟ではイングランド王の称号問題が懸念されたが、カール五世は「イングランド王等」の称号で、ヘンリ八世が満足するだろうと思っていた、またこの同盟で、二人の君主はフランソワ一世にトルコとの同盟を断つことやフランスの領土を両君主に与えることを要求し、ヘンリ八世は王女メアリに王位継承権を認めることになった」とブランディーは述べている(26)。ブランディーがネーデルラントとの関係からこの同盟を取り上げたこと、イングランド王の称号問題にふれたことは、それまで指摘されてこなかったことであり、示唆に富むものである。ブランディーの研究はカール五世の意図に関して、多様な角度から分析を試みた点で重要だが、複数の意図の間の軽重については議論されていない。

ブルンは彼の『スペイン外交史』の中で、この同盟条約が調印されたことにふれ、この同盟を対仏同盟であるとともにイングランドとネーデルラントの通商の回復と位置付けている。ブルンは、「この同盟はネーデルラントには非常に利益が大きかったし、ヘンリ八世にとっては王女メアリの王位継承権の承認を意味した」と述べている(27)。ブルンはこの交渉に当たって、ネーデルラントやスペインから派遣された特使の名を列挙しているが、特にこの同盟に注目しているわけではない。

ランデルは、この対仏同盟に関するシャピュイの交渉について、一五四二年三月からこの対仏戦終了時までの交渉を時系列に沿って述べている。ランデルは「シャピュイは今まで身に着けた外交官としてのあらゆるテクニックを用いて、交渉に当たった。彼はイングランド側にこの同盟に参加するよう説得に励むとともに、イングランド人にフランスに対するイメージを損なわせるように努めた」と語る(28)。ランデルは、この同盟交渉におけるシャピュイの外交技術面に注意を払っている。ランデルはシャピュイの交渉を詳しく説明してはいるが、シャピュイの交渉そのものに焦点をあてているので、イングランドの視点にはふれておらず、カール五世がイングランドに何を要求したのかということにも、特に注目してはいない。

サルガードは、この同盟問題に関するイングランド側の意図を分析している。サルガードによると、「ヘンリ八世に関する研究者たちには、一五四〇年からのイングランドの対外政策に関して全く意見の一致が見られない。ヘンリ八世はブリテン島の統合をめざし、アイルランドやスコットランドを征服して自分の領域を組織的に支配しようとしたが、スコットランドは長い間フランスと同盟関係にあったため、必然的にヘンリ八世はカール五世寄りの政策に関わることになったという者もいる。その一方で、ヘンリ八世はそのような計画を持っていたわけではなく、「フランスに対する大いなる企て」という若き日からの変わらぬ目的のためにこの同盟を結んだという歴史家もいる」という。彼は、ヘンリ八世はこの両方の目的のためにカール五世との同盟を決意したという。更にサルガードは、一五四一年にヘンリ八世の方からカール五世に同盟を持ちかけたということに関しては、歴史家の間で意見の一致が見られることをも指摘した。サルガードはこの意見から「ネーデルラント総督はカール五世陣営の中で最もイングランドとの関係改善に意欲を示していたので、ヘンリ八世はまずネーデルラント総督に接近し、通商条約ではなく、政治的な同意を求めた。カール五世もグランヴェルに促されてヘンリ八世との交渉に乗り出し、シャピュイにヘンリ八世との交渉を進めるように命じた。シャピュイはイングランド人に対するフランスの裏切りを強調して、ヘンリ八世と議論を戦わした。最終的にヘンリ八世はジェイムズ五世の死により、スコットランド問題に一区切りをつけたので、フランスへの戦いに心を向けた」と意見を展開する(29)。サルガードの研究はイングランド側の意図に付け加え、カール五世側の意図やシャピュイの交渉にも及んでいる。
カール五世の研究者たちは、この同盟締結に対するカール五世の意図やシャピュイの外交技術面またイングランド側の意図について考察しているが、カール五世のイングランドに対する具体的な要求にはふれていない。

今までの研究を見ると、ランデル以外、この同盟に関する研究は短いものがほとんどである。これまでヘンリ八世の意図は、ヘンリ八世のフランス領土獲得に対する情熱とスコットランド征服への意欲という二つの面から分析されてきた。カール五世側の意図やシャピュイの交渉にもふれられてきた。外交技術面からの研究もされてきた。しかし、この同盟締結に関するカール五世の意図や交渉過程について、条約に関する史料を用いて分析している研究はなく、この交渉の過程を探るには、条約文を検討することが必要であると考える。カール五世はヘンリ八世との同盟締結に当たり、何を最重要視したのであろうか。イングランド側はなぜこの対仏同盟締結に踏み切ったのであろうか。指摘された二つ以外にイングランドが同盟締結を決意した理由はないのであろうか。そしてこの対仏同盟に至る過程はどのようなもので、シャピュイはどのような主張をしながら交渉を続けたのか。本章では条約に関する史料の分析から、これらの疑問を考察したい。

この章では以上の課題に関して、カール五世とフランソワ一世との第四戦に向けての同盟交渉が始められた一五四二年一月から、同盟が締結された一五四三年二月までの間のカール五世側とイングランド側との同盟締結交渉過程を、スペイン側そしてイングランド側に残された史料から考察する。そして具体的には①一五四三年の対仏同盟締結の過程で見えてくるカール五世のイングランド政策決定の事情を明らかにすること、②イングランド側の同盟締結理由を探ること、③常駐大使シャピュイはこの交渉を通じてどのような役割を果たしたのか、シャピュイはこの時期のイングランドのどこに注目していたのかを探りたい。それにより、この時期カール五世またヘンリ八世が互いに何を必要としていたのかを考えたい(30)。

この交渉過程で残された条約内容に関する文書は調査したところ六史料残存しているが、これまで言及・引用されているのは最後の史料一つだけである(31)。交渉順に挙げると①イングランドにおけるシャピュイとイングランド顧問官との交渉文書、②スペインに赴くイングランド大使とシャピュイとの条約交渉文書、③スペインでのカール五世宰相グランヴェルとイングランド大使ボナー及びサールビーとの交渉文書（一五四二年八月）、④と⑤カール五世の見解や指示が述べられたシャピュイ宛の書簡二通、そしてイングランドにおけるシャピュイとイングランド側との最後の詰めの交渉を経た後の⑥シャピュイとイングランドとの条約の合意文書である。①から③の史料はイングランド側にしか残されていないが、それらの史料から、一五四二年八月の時点でカール五世側の意図をイングランド側がどのように理解していたかを知ることが出来る。本同盟締結に向けての外交交渉の過程を、まずそれらの三史料から探りたい。

第二節　カール五世の代理人たちによるイングランドとの交渉文書

この三通のカール五世の代理人たちによるイングランドとの交渉文書は、スペイン側には残されていない。

一　イングランドにおけるシャピュイとイングランド顧問官との交渉文書

（カール五世とヘンリ八世との間の条約の草稿　一五四二年五月付）(32)

以下の趣旨である。

〔一〕過去の思い遣りを欠いた行為はすべて忘れ去られ、どちらの君主も生存中、相手の君主を損なうようないかなる条約も結ぶことはしない。それとは逆に、両君主の間で締結されたかつての同盟に反するものとして、以前どちらかの君主と交わされたいかなる契約も無効とすべし。

〔二〕どちらの君主もいかなる口実があろうとも、またそれがいかなる君主、国もしくは俗界および教会有力者からの要請であろうとも、もしくは他のいかなる事情によろうとも、この現在の条約を取り消すべきではない。

〔三〕仮にフランスがどちらかの君主に対して戦争を起こすようなことがあったとしても、その君主は相手の君主の同意なしにフランスといかなる条約、もしくは休戦協定を結ぶべきではない。

L.& P. は、この史料には以下のような前置きがされているということをこの草稿の後に記している。「トルコ（オスマン帝国）は今年、キリスト教界に対抗するための大々的な準備を行っているが、篤信王の称号を持つフランス王が（今）トルコに援助を与えているということを、イングランド王は彼の同盟者である皇帝により確かめることができた。皇帝とイングランド王は、フランス王をこの憎むべきことから遠ざけるために、更に強い友情を（互いに）持つことが必要であると考えた。いと高貴なるイングランド王の委託を受けて、十分なる権威を与えられている顧問官と私シャピュイは、我々委員たちの徳により、以下のような方法で一致に至ることができた」。

この交渉の内容をまとめると、以下の通りになる。〔一〕相手の君主の害になる条約は、今後締結しない。〔二〕

同盟締結した両君主は、俗界有力者や教会有力者の区別なく、いかなる者からの反対やいかなる事情にも屈しない。〔三〕攻撃対象はフランスと明記されている。この交渉文書では、スペイン側が交渉の初期段階から攻撃相手をフランスと定めていること、またここで教会有力者という文言が含まれることにより、たとえ教皇からの要請があっても、この条約はとり消されるべきではないということが暗示されていると思われる。これはまだ、シャピュイとイングランド側との交渉が始まったばかりの時に、イングランド側によって記された文書と考えられるが、スペイン側はこれが対仏条約であること、イングランド側はこの条約により教皇からの反撃をかわそうという狙いがあることを示しているものである。そして、スペイン側とイングランド側とは対フランスで一致していることが、この史料の前置きから読み取られる。

二　スペインに赴くイングランド特使とシャピュイとの条約交渉文書（一五四二年七月一日付）(33)

この文書の終わりには「ロッリー(34)〔王の首席秘書官〕の手による。ウェストミンスター主教〔サールビー〕がスペインに行く際、その大使〔シャピュイ〕とした会談」と書かれている。以下はその本文である。

皇帝の大使との交渉の進展について述べたもの
それぞれの条項について現在と過去の立場を並列して述べた。
〔一〕この大使〔シャピュイ〕は、カンブレーの和約の条項を書き入れようとはしなかった。ただ確認したのみ。
我々〔イングランド側〕は、その条項を書き入れることに固執した。大使は今同意している。
〔二〕この大使は、ネーデルラントと同様の条件でスペインを防衛の対象地域に含めることを望んだ。

例え大使がその交換条件としてアイルランドを防衛の対象地域に含めることを申し出ても、我々は決して譲ろうとはしなかった。しかしその後、我々はアイルランドを交換条件にし、スペインとナバールを〔防衛の対象地域に〕含めることに同意した。

〔三〕以下のことが同意された。海上での防衛はそれを望んでいる君主側の提督により指揮され、二〇〇〇人の〔兵士〕で行われなければならない。その上、三〇〇〇人の騎兵と三〇〇〇人の歩兵が必要である。また攻撃のため共同で侵攻を開始する場合には、それぞれの君主は自分の提督の指揮下三〇〇〇人を海上に派遣しなければならない。もしくは金銭の提供をせねばならない。

我々はこの条項が次のように表現されることを望んでいる。「どちらかの君主が戦争を開始する場合には、相手の君主はその通告を受け、それに対する援助のため二〇〇〇人を海上に派遣せねばならない」と。

〔四〕この大使は、侵攻の時期を定めようとはしなかった。君主の決定に委ねることを望んだ。

我々は、侵攻の時期をあらかじめ定めることを望んでいる。

〔五〕この大使は、カンブレーの和約の条項の中で言い表されているように反逆者 rebels の条項を入れることに固執している。

我々は、反逆者がフランスを指しているものとしてその条項を入れることを主張した。大使も既に反逆している者の名前〔フランス〕を出し、その反逆者を追放する時を示しつつ、その反逆者がフランスをさしているものとして、その条項を入れることに満足している。

〔六〕この大使は、〔イングランドからの〕年毎の援助金の代わりに〔イングランド側から〕要求された三〇〇〇人の騎兵と三〇〇〇人の歩兵〔を派遣すること〕に同意しようとはしなかった。

大使は今、二〇〇〇人ずつの騎兵と歩兵の派遣に同意している。〔イングランド〕王は折れて、〔その二〇〇〇人ずつの騎兵と歩兵の派遣に〕同意した。

〔七〕この大使は、ヘルダーラントとデンマークに関する条項をいれることを望んでいた。

それを我々は拒否したが、ヘルダーラントとデンマークを〔特定することなく〕一般条項に含めること、そしてこのことが互恵的なものになることで〔大使は〕同意した。

〔八〕この大使は、〔同盟を結んだ〕両君主が攻撃を開始した時、〔同盟相手の君主の国に対する〕防衛を終わらせることを望んでいる。

我々はそれを拒否する。以前同意されたことと異なるからである。また、トルコに対する〔戦争の〕援助をこの大使は要求した。

この交渉の内容をまとめると、以下の通りになる。①カンブレー和約の条項の書き入れ、②スペイン防衛、③侵入の時期、④反逆者の条項を入れること、⑤兵士の数、⑥ヘルダーラントとデンマークの条項入れ、⑦防衛終了時期設定である。ここでは攻撃と防衛のより具体的な条件が提示されているが、いくつかの争点が既に出ている。まず〔一〕のカンブレーの和約の条項を条文の中に書き入れることに関してであるが、カンブレーの和約はイングランド側にとってよりも、カール五世側にとって有利な点が多いと考えられる中で、なぜシャピュイがカンブレーの和約の条項を書き入れようとはしなかったのか、なぜイングランド側が書き入れることに固執したのか、その理由はわからない。最終的にシャピュイは同意したことが書かれているが、なぜシャピュイがその後同意したのかも示されていない。〔二〕のシャピュイがスペインを防衛地域に含ませようとしたのは、スペインがフランスからの攻撃を受ける可能性が決して低くはなかったからであろう。イングランドにとって毛織物貿易の点からネーデルラントを防衛する必要性は高かったが、スペイン防衛の必要は特にあったとは考えにくい。イングランド側がアイルランドを交換条件にして、スペインとナバールを（防衛の対象地域に）含めることに同意したはっきりとした理由はわからない。しかしヘンリ八世は、既に一五四一年にアイルランド王の称号を帯びていたこともあり、最終的にイングランドはアイルランド防衛を条件に妥協して、スペイン防衛を認めたのであろう。〔三〕の海上での戦闘に関しては、両側の合意が成立したことがわかる。〔四〕に関しては、シャピュイはイングランド側とは異なり侵攻の時期をあらかじめ定めず、君主の決定に委ねることを希望したことがわかる。カール五世の置かれた戦況とカール五世自らの判断に委ね、この問題を流動的に考えたかったのであろう。これは両者の合意には至らなかったことが示されている。〔五〕に関しては、シャピュイもイングランド側もカンブレーの和約で示されているように反逆者の条項を入れ、フランスを反逆者として示すことを意図していることがわかる。ここでの反逆者はフランスに特定されている。〔六〕の騎兵と歩兵の数は、スペインからイングランドに派遣される兵士の数と考えられる。シャピュイの主張する二〇〇〇人ずつの騎兵と歩兵の派遣にヘンリ八世が妥協したことがわかる。〔七〕に関しては、シャピュイがヘルダーラントとデンマークの条項を入れることを主張したことがわかる。ヘルダーラントとデンマークはカール五世に敵対しており、攻撃相手としてこの同盟の条文に記載したかったが、イングランド側の反対により、互恵的な意味から一般条項の中に含めるというイングランド側の主張にシャピュイが妥協したことがわかる。〔八〕では、シャピュイは同盟を結んだ両君主が攻撃を開始した場合、相手の君主に対する防衛をやめることを望んだが、イングランド側はこれを拒絶したことがわかる。シャピュイはカール五世がフランスから攻撃を受けた時、イングランドを防衛する余力を保つことができなくなることを懸念したと考えられる。カール五世の以前の戦争の状況から判断したのであろうが、イングランド側は承知しなかったことが示されている。またシャピュイがオスマン帝国に対抗するための援助を要求したことがわかるが、それに対するイングランド側の返答はここには書かれてはいない。おそらく承諾しなかったのだろう。

この文書がイングランド側にしか残されていないものであることは既に述べたが、イングランド側との交渉内容に関するシャピュイの書簡が残されていないため、シャピュイが実際ここで書かれているような内容をイングランド側に主張したのか、返答したのかということはわからない。しかしいずれにしても、この時点でイングランド側は、シャピュイがこのように主張し、返答したと理解していたことは確かであろう。

三　スペインでのカール五世宰相グランヴェルとイングランド大使ボナー及びサールビーとの交渉文書（一五四二年八月）(36)

「ラテン語、四枚、暗号文、その時代の暗号解読文が添付されている」と、*L. & P.* には編者により記されている。

「〔カール五世の宰相〕グランヴェルが固執した主要な点。グランヴェルはその他の点に関しては条文に同意した。前述の〔それぞれの〕点についての我々〔イングランド側〕の短くまとめた回答とともに〔示した〕」とこの文書の筆者は述べている。

「スペインでボナーとサールビーが交渉した内容。順番に諸点が述べられている。またそれに反対するイングランド側の回答が、欄外に付されている。大部分の回答はその条文に賛同するものであり、委員会つまりシャピュイやヘンリ八世の委員達が同意したことを述べている」と *L. & P.* の編者は添えている。但し、ここで第何条という形で登場する条文それ自体はこの史料では紹介されてはいない。またこの史料では番号が付けられていないが、史料の量の多さから、筆者が区分するために番号を付した。以下はその本文である。

〔一〕第二条は取り消されるべきであり、カンブレーの和約において「商人達を拘束することなく」と書かれているそのとおりに作成されるべし。

回答　〔王国の法に違反する者の？〕拘束はこの王国の法と一致するものであり、公平なものである。そして以前の条約の中で理解されている。

〔二〕第五条つまり rebels, traitors, fugitives〔反逆者たちや逃亡者たち〕の条項も同様に取り消されるべし。皇帝や帝国の臣民を対象にしているのであるから。

回答　これは理にかなったことであり、また厳密なる友好に準拠しているものである。そして臣民は言葉による表現で規定される〔The subjects are provided for by the wording〕。

〔三〕第六条と第七条も、同様に修正されるべきである。また第七条は、かつての条約の中で示されているとおりに書かれるべきである。その条約の中では、ここで特定されているような島々についての記述はない。
回答　これらはかつての条約文中の文言と同じである。そして皇帝が加えるべきものを含んでいる。そして第七条の〔島々の〕特定は、かつての条約の中に含まれていたものと同じである。
〔四〕第八条においては、〔イングランドが年毎の援助金の〕支払いを増すということでなければ、皇帝は兵士を貸すことは出来ないと考えられるべきである。さらに〔支払いの増大は〕必要な限り続くべし、また〔援助のための費用は兵士を〕貸す者の費用で行うべしということは、公平なことのように思われる。
回答　この条文は重要ではない。条約が成立した後、変更されるかも知れない。そしてこれはシャピュイによって示された理由により、そのように修正された。
〔五〕〔防衛の〕援助に関してスペイン王国を含むことを変更する事〔つまりスペイン王国を含めないということ〕は、深刻な問題のように思われる。
回答　そのことは熟慮を重ねた上でのことである。そして〔イングランド〕王もかなりそれ〔スペイン王国を含めること〕に傾いていた。しかし最終的にこの種の防衛は、スペインもしくはアイルランドには適さないように思われる。
〔六〕皇帝は恐れているのだが、もし実際にイタリアにおいて〔両君主の〕共通の敵であるフランスやトルコに対する戦争が生じた場合、皇帝はこの〔イングランドに対する〕助成金を貸与する義務を負わないということが、考慮されるべきである。
回答　その〔助成金貸与の〕条文は、〔両者に〕同等の〔条件を与える〕ものである。そのような〔皇帝に対する〕考慮は互恵的なものではない。
〔七〕第一三条で、通商条約はカンブレーの和約において決定されたとおりに規定されるべきである。
回答　我々〔イングランド側〕には、そのような規定に対する正当なる理由がわからない。
〔八〕第一五条は、攻撃が開始された時にはその攻撃の中止を認めるように、と修正されても良い。第一七条においては、ローマ人の王〔次期神聖ローマ皇帝の称号で、この時期にはカール五世の弟フェルディナンドのことを指している〕が含まれるべきである。第一八条には、〔条約に〕違反した場合、攻撃を行っている君主は弁解する機会を持つべきであるということが規定されても良い。
回答　これらの点は条約が締結された後、君主たちによって考慮されうる。
〔九〕戦争を表明することは、共通の同意によるべきである。そして戦争表明の時期は、事態の推移次第である。
回答　もしどこ〔の国〕からも同意を得ることができなければ、皇帝は出来る限り早く戦争表明をすることに非常に高い関心を抱いているように思われる。
〔十〕トルコに対する防衛についての条項を入れるべきである

回答　このことは後でなされた方が良い。

〔十一〕イングランド王が戦争を開始するために、皇帝は助成金の面で〔イングランド側にとって〕好都合な譲歩をしてもよい。

回答　このことは、イングランドと〔カール五世の妹マリアが総督である〕フランドルで結論が出されることである。

この史料の中で示された条文の内容に関する説明がないので、この史料で示されていることははっきりとはわからない。しかしこの中で、イングランド側（この史料の筆者名は記されていないが、おそらくグランヴェルと交渉を行ったイングランド大使ボナーか、特使サールビーあるいは両者であろうと考えられる）が理解したグランヴェルの強調点が示されている。グランヴェルが固執した主要点をまとめると、以下の九点であると考えられる。①イングランド在住のカール五世の臣民の宗教問題、②反逆者の規定、③防衛すべきイングランドの領域、④イングランドに提供する皇帝の兵士に対する給与支払い問題、⑤スペイン防衛、⑥皇帝の貸与する助成金問題、⑦通商問題、⑧宣戦布告時期、⑨対オスマン戦に対する援助である。そしてグランヴェルはその他の点には同意したことが、示されている。まず〔一〕で取り上げられた第二条である。この条文の内容はわからないが、次の第二節で取り上げる一五四二年八月一二日付の「皇帝からシャピュイへの書簡」の中で示されている内容から、ある程度は推測できるのではないかと思われる。おそらく「商人でなくイングランドに居住している皇帝の臣下たちは、イングランドで新しい信仰や法に従うことが求められている」(37)という条文の草稿を指しているものと思われる。グランヴェルは、イングランド在住のカール五世の臣民がイングランドの新しい信仰や法に従うよう強要されると理解し、反対したと考えられる。〔二〕でいわれている第五条（rebels, traitors, fugitives 反逆者たちや逃亡者たち）も同じく一五四二年八月一二日付の「皇帝からシャピュイへの書簡」の中で示されている内容から推測すると、「イングランド内に居住している外国人で、新しい信仰や法に従わない者は反逆者とみなされ、国外追放となる」[38]という条約の草稿に関するものであろう。グランヴェルは「これは皇帝や帝国の臣民を前提にしている」と理解し、反対したと考えられる。〔三〕の六条はわからないが、七条は防衛すべき（とイングランド側が主張するイングランドの）島々に関するものであろう。グランヴェルはこれらの島々を条約文中に記載することに賛成しなかったことがわかる。〔四〕はイングランドが参戦した場合、カール五世はイングランド側に兵士を貸す予定であるが、そのための費用はイングランドからの年毎の支払金で賄うこと、またその支払い金の増大をグランヴェルが求めていることが示されている。イングランド側はこれに対する回答を避け、かつてシャピュイが申し出たことによりこの問題は既に修正されたことを述べている。シャピュイがどのようなことを主張したのかははっきりとわからないが、この章の二番目に挙げた一五四二年七月一日付のイングランド特使サールビーとシャピュイとの交渉文書の〔六〕[39]で示されているように（イングランドからの）年毎の援助金の代わりにカール五世が派遣する二〇〇〇人ずつの騎兵と歩兵の派遣にイングランドが同意したことかもしれない。〔五〕はスペイン防衛に関することである。やはり一五四二年七月一日付のイングランド特使サールビーとシャピュイとの交渉文書の〔二〕[40]では、スペイン防衛を主張したシャピュイの意見にイングランド側が妥協したことが書かれている。それでもイングランド大使たちはもう一度、スペイン防衛問題を見直そうとしていたことがわかる。〔六〕のイタリアでフランスやオスマン帝国との戦争が生じた場合に、イングランドに対する助成金を打ち切るという問題は、一五四二年七月一日付のイングランド特使サールビーとシャピュイとの交渉文書の〔八〕[41]に相当することである。カール五世の側からすると、イングランドへの援助打ち切りは是非とも願うところであるが、イングランド側が納得しないことは明らかである。〔七〕の通商条約に関しては、スペイン側はカンブレーの和約の規定に即すことを主張しているが、イングランド側はカンブレーの和約の規定に沿うことは不利になると考えていることがわかる。〔八〕に関しては、ここに書かれていることからは内容を把握することはできないが、イングランド側も特に反対はしていない。〔九〕に関しては、イングランド側はカール五世が宣戦布告を早く表明したいと思っていることがわかる。〔十〕に関しては、イングランドは意思を表明することを避けている。〔十二〕に関しては、カール五世はイングランドが戦争を開始することを強く願っていることがわかるが、イングランド側はそれに対する返事を避けているようである。

この史料を一五四二年七月一日付のイングランド特使サールビーとシャピュイとの交渉文書と比べると、この史料にはヘルダーラントとデンマークの条項は入っていないことが理解される。グランヴェルは特にこの問題を取り上げなかったのか、それともイングランド側がヘルダーラントとデンマークの条項を入れることに反対をしなかったかのどちらかであろう。

これまでグランヴェルが固執した主要点を逐次検討してきたのであるが、この史料の中でグランヴェルが特に反対したのは、最初の二点であると思われる。イングランド在住のカール五世の臣民の宗教問題と反逆者たちや逃亡者たちの条項に関わることである。グランヴェルはイングランドに在住するカール五世臣民に関して信教の自由が守られることを最優先としていると、イングランド側が理解していたと考えられる。

グランヴェルはこのような見解をもっているとイングランド側は把握していたが、以下ではカール五世側とイングランド側とのその後の外交交渉の過程を、残る三史料とシャピュイからカール五世への書簡を基に探りたい。

第三節　カール五世のシャピュイに対する指令

それではカール五世自身は、どのような見解を持っていたのであろうか。カール五世からシャピュイへの書簡から探りたい。

一　皇帝からシャピュイへの書簡（一五四二年八月一二日付）(42)

これはスペイン側に残されていた史料である。先に挙げた第二節の三の文書と、どちらが先に書かれたかは明らかではない。この書簡は八月にスペインに来たイングランド大使への返答の趣旨をシャピュイに解説し、シャピュイによるイングランドでの交渉に資するようにという意図であろう。しかし、シャピュイがこの書簡をいつ受け取ったのかはわからない。以下はその本文である。

先月二二日にシャピュイの部下が到着した。彼は、六月三〇日付のあなたの至急公文書とあなたが余の良き妹ハンガリー王妃〔ネーデルラント総督〕とした仕事の覚書、そして我々二人の〔君主の〕間の親善友好同盟条約に関してあなたがイングランド王や王の枢密院のメンバーたちと度々行った会談についての要約を届けてくれた。そのすべてを〔スペインに派遣された特使〕ウェストミンスター主教〔サールビー〕が持参した〔イングランド側によって〕提案された条約の草稿と注意深く照らし合わせて調べた。余は余の大臣たちにその特使や余の宮廷にいるイングランド〔からの〕駐在大使ロンドン主教〔ボナー〕と協議するよう命じた。その問題に関して四回の協議を行った後、その協議で話し合われたことの要約そしてまたその問題における余の願望と意図を示したものをあなたに知らせるために〔次のように〕付け加える。これを余の指示また手引きとして一般的に用いるように。……余がイングランド特使たち〔の持参した条約の草稿〕に反対したことは、第二条、「居住者と通商 resident and commercial intercourse」に関する条文草稿である。ここにある制約、つまり「提案された条令は外国人商人に対してのみ」がつけられていた。このような制約は今までの条約ではつけられたことはなかった。草稿を字義通り解釈すると、外国人商人はイングランド内に住み、頻繁にイングランドを訪れ、自由に通商してよいが、その他通商せずに居住している余の臣民すべてはイングランドの法に従わなければならないということになる。これは一種の差別である。このことはイングランドの新しい信仰のため最近施行された法によるものであるが、余はこれを認めるわけにはいかない。実にこの条項がそのまま通ると、イングランドで通商しておらず、そこに居住している余の臣民はイングランドで今流布している新しい信仰や法(43)に従うことを余が暗黙の裡にまた明白に承認したように思われることであろう。

更に余が特使たちに反対したことは、「あらゆる者に対する防衛同盟 defensive league and alliance against all persons」に関する条項である。この条項がそのままの文言で示されるなら、それを通すのは無理だろう。というのは、その条項の中に「いかなる位階、身分、高位の聖職者であろうとも ecclesiastics of whatever degree, quality or dignity they may be」が含まれているからである。そしてその条項をそこまで一般化しようとするイングランド王の意図は教皇をもその中に含めようとすることだと、誰でも測り得よう〔ここに「聖職者」の語を入れるとイングランド王が聖職者全体を指すものとして捉え、現在の教皇をもその中に含めてしまうことは、極めて明らかである〕。……もしも余がその条項を認めるとするならば、そのような仮定語句は、我々古来の宗教を守り、いまだに教皇やローマ教皇庁に従うことを表明しているキリスト教界の国々のあらゆる者たち〔カトリック〕に対し、〔余が〕その条項に同意したことで今後余を非難する論拠を与えてしまうかもしれない。その上、教皇自身が憤り、余に不満を抱き、余から遠ざかってしまうだろう。海陸両面にわたる対トルコ戦への〔余に対する〕援助をも取り下げてしまう。つまり、キリスト教界全体の利益と余の幸福を損なう条約になってしまうだろう。そうすると結局、現在イングランド王と余の間で計画している同盟の結果をも少なからず傷つけることになろう……最終的に余や余の大臣たちを満足させるために、シャピュイは次のように提案すべし。「教会国家〔ローマ教皇庁〕についても同様に明確に言及されている防衛同盟に関する条項は完全に修正されるべし、そしてフランス王、その他全ての王、君主そして世俗諸侯 the king of France, and all other kings, princes and temporal lords の文言を含むように〔つまり、この条文をフランス王、その他全ての王、君主そして世俗諸侯に対する防衛同盟 defensive league and alliance against the king of France, and all other kings, princes and temporal lords に〕変更すべきであると〔提案すべし〕」。〔そうすると〕その文言のなかに、イングランド王が敵意を抱かれ、害を与えられることを恐れるすべての者が含まれることになるのである。……防衛同盟の条項の草稿に加えられている島々に関しては、イングランド特使たちはそれらの島々を条項に含めることを主張した。……反逆者や逃亡者の引渡しに関する条項をイングランド側は草案のままの文言で載せることを主張している。これでは平信徒であろうと聖職者であろうと、イングランド在住の外国人で新しい信仰に従うことを拒否する者は、宗教問題で新しい教義や規定に服従させられることよりも、即座に王にとっての反逆者とみなされ、国外追放となろう。イングランド人であろうと、外国人であろうと、余は犯罪人引渡しを認めない。余は良心にかけてできない。神と余の名誉と尊厳のために。……カンブレーの和約で規定されている通り変更しないことを余は主張する。……また余への反逆者であるクレーヴェ公やホルシュタイン公を反逆者として名指しすることを余は主張し(44)、両公に対する余の戦いにイングランド側が援助することを求めた。……〔余が主張するように〕防衛すべき地域にスペインを含ませるという問題に関しては、イングランド王ははじめ同意していたが、それに対して特にノーフォーク公が反対し、王も次第に反対するようになったということである。……同盟者に対し、何時いかなる時でも援軍を送るという条文を含むことには、余は従えない。トルコ戦中またフランス戦中にイングランド王に援軍を送ることは容赦してもらいたい。……ネーデルラントとイングランドとの通商条約に関しては、イングランド側は一五二〇年の通商条約〔ブラバント・フランドル商人のみが関税を払い、イングランド商人はゼーラントの港の使用料を払うこと〕に従うことを主張しているが、カンブレーの和約で規定されている条項に従うよう余は主張した(45)。……フランスに対する宣戦布告また戦争を開始する時期を定めることは、現在では不可能である。余に対してフランス王が行っている大規模な戦闘の準備とその王が目論んでいる企ての目的を余が本当に知るまでは、侵攻の時期を決定することは無理である。……フランス王への不満の原因を表明することは、宣戦布告〔の時〕まで延期すべきである。……対トルコ戦への援助を求む。……条約文に明記するイングランド王の称号に関しての不一致(46)は避けられるだろう。……イングランド王の不利益になるので〔イングランドは一五四二年〕一一月中は共通の敵〔フランス〕と交渉しないというイングランド側とあなたが余の名においてした約束に関しては、余はその約束を果たすだけの十分なる用意がある。……そこでもし王の枢密院たちがあなたにその約束の時期を延期することを要求したなら、あなたは余の名においてそれを承認しても良い。だがそれ以上の延期は無用である。教皇やフランス王からの和平の提案があれば、余はそれに耳を傾けるつもりだ」。

この史料（写真2参照）を第二節で挙げた①から③の史料と比較すると、シャピュイとの交渉段階でイングランド側はカール五世側の意図をかなり正確に捉えていたようである。攻撃対象をフランスに限定しスペイン防衛を含め、通商や反逆者問題に関してカンブレーの和約に従うこと、また対オスマン戦への援助をカール五世側が要求しているとイングランド側は理解していた。しかしクレーヴェ公らの問題には、イングランド側はふれてはいない。第一節で挙げた③の史料（第二節の三の史料）と比較すると、グランヴェルとは異なり、カール五世自身は自分に敵対するクレーヴェ公やホルシュタイン公を反逆者として名指しすることを主張していることがわかる。カール五世がイングランドに在住している彼の臣民全ての信教の自由を守ることを強調するのは、グランヴェルと同じである。カール五世の臣民とイングランド人の盛んな交流は経済的利益をもたらし、ネーデルラント経済からの利益はカール五世の財政に大きく貢献するものであった。しかしその一方、その交流はイングランドの宗教体制にカール五世の臣民が同化する懸念があった。なによりもイングランド在住の自身の臣民に新しい信仰が強要されることをカールが放置すると、彼に対するカトリック世界からの強い反発が生じる恐れがあった。そこでカール五世には、イングランド在住のカール五世の臣民のカトリック信仰維持を要請する必要があったのである。また、イングランドの宗教や法に従わないカールの臣民が在住地イングランドからの国外追放処分を受けると、それはカール五世の臣民の生活手段を奪うことになり、強制送還後はカール五世の支配領域内で混乱が生じ、難民が発生する恐れがあったのである。しかしグランヴェルと異なり、カール五世は特に教皇を条文の中でどう表記するのかを重視し、また宗教問題を条文に含めることを避けたいと思っていた。それは、カール五世と教皇との関係が悪化する危険性が極めて高く、教皇がフランス王と同盟を結ぶ危険性、また教皇から対オスマン戦への援助を受けられなくなる可能性が高かったからである。また、神聖ローマ帝国内のプロテスタント勢力との和解のため現在進行中の公会議開催計画の成否をも、左右するものであった。そしてさらにカール五世は、「イングランド教会の首長」としてのイングランド王やイングランドの新しい宗教体制を認めていなかったけれども、ここでは条約文中でのイングランド王の称号表記に関する不一致を懸念してはいなかった。

写真２　カール５世のシャピュイに宛てた書簡（1542 年 8 月 12 日付）
K. u. K. Haus- Hof- u. Staats Arch., England, Karton 9, fol. 96.（*Sp. cal.*, vol. vi, part ii, no. 48）
冒頭部分

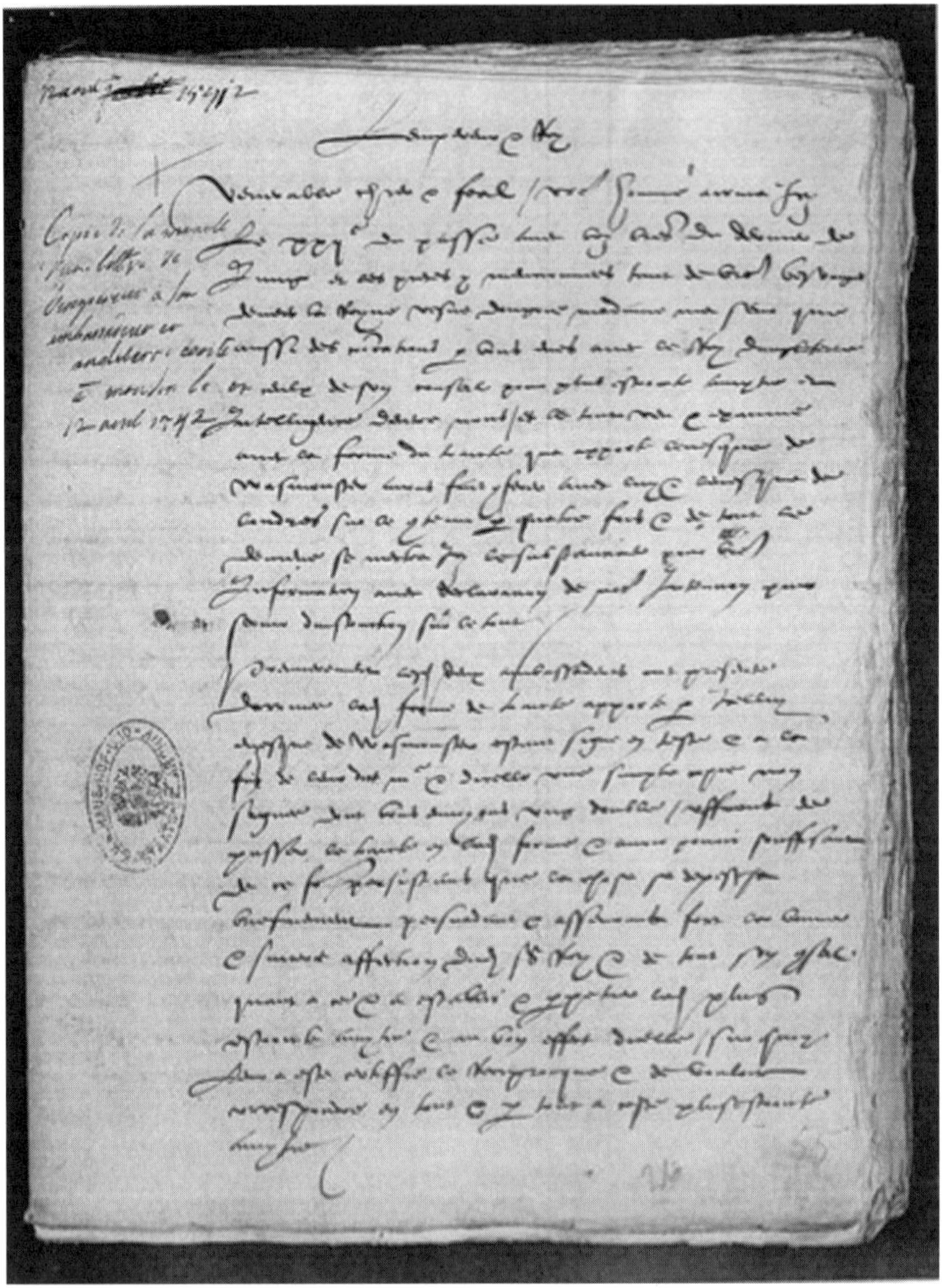

二　シャピュイのイングランドとの交渉

ここで、本節（第三節）一の書簡が書かれた一五四二年八月から、カール五世の次の書簡が届く一五四三年二月までのシャピュイによるイングランド側との交渉を、史料から再現してみたい。シャピュイはいち早くカール五世の回答を伝達したと見られる。九月九日シャピュイは、ネーデルラントからの特使ファレックス Franchois du Phallaix（金羊毛騎士団の伝達官）と共にイングランド王と交渉した。王は、カール五世の書簡やカール五世のもとに派遣した特使からの報告書簡を見るまでは何もできないと回答した。一〇月一七日、シャピュイは枢密院議員たちと教皇に関する条項について、また一〇月二一日には反逆者たちに関する条項について議論した。一一月一日、顧問官ガードナー邸で枢密院議員たちと議論し、防衛は聖職者を除く全ての俗人に対して行われること、聖職者の問題に関してはカール五世が示したままの文言で載せることをシャピュイは主張したが、拒否される。これまでの経過を見ていると、八月の皇帝書簡の趣旨に沿い、カール五世が特に反対した三条項（居住者と通商、反逆者と逃亡者、防衛に関する条項）が議論されていることから、おそらく一〇月一七日の枢密院議員たちとの交渉時には、シャピュイは既に八月の皇帝の書簡を手に入れていたと思われる。一一月二一日から一二月二〇日までは、王や枢密院議員からは何も回答を得られなかった。一二月二一日、シャピュイは首席秘書官ロッツリーに部下を派遣するが、冷たい応対をされる。同日ウェストミンスター主教サールビーからフランス側の陰謀と対スコットランド戦の戦況について、この部下を通じて報告を受けた。しかし翌年、一五四三年一月一六日枢密院議員の秘書がシャピュイ邸に来て、ネーデルラントが危機に瀕しており、すぐさま防衛手段を講じなければ壊滅のおそれがあるという情報を（イングランド）王が入手したと報告した。この頃ネーデルラントはクレーヴェ公による武力攻撃を受けており、ガンとともにアントウェルペンが占領されかけていた。

一月二五日王の代理人たちがシャピュイ邸を訪れ、かつてカール五世のもとに赴いた特使たちに王が持参させた草稿をシャピュイと共に修正した。その結果、カール五世が主張した以下の点が合意に達したとシャピュイは理解した。つまり、防衛同盟の条文から聖職者 ecclesiastical person の語を除外しあらゆる敵 all enemies という語に変更すること、（同盟者に対する）反逆者としてクレーヴェ公やホルシュタイン公の名を明記すること、対オスマン戦援助問題を含めることである。「カール五世による同盟締結の許可がスペインから届くまで締結を待つべきだと王は主張しているのではないか」とシャピュイが聞くと、王の代理人たちは同盟締結を今自分たちは願っていると返答した。一転してイングランド側が同盟締結を非常に急いだことがわかる。これにはイングランド側のどのような状況の変化が影響していたのであろうか。この点については第五節でふれることにする。二月五日に王の代理人たちがシャピュイ邸に来て、条約前文に載せる王の称号を「イングランド教会の首長」Sovereign Chief of the Anglican Church とすることを主張し、これに同意しなければ締結出来ないと言った。シャピュイは自分が署名するときは「イングランド王、フランス王、アイルランド王」King of England, France and Ireland という称号だけが文書に挿入されるべきであると主張した。しかし王の代理人たちが既に署名し封印された、もう一通のイングランド側に残ることになる条約文書について、シャピュイは王の称号がどのように記載されていたのか、確認することはできなかった(47)。また代理人たちは、条文に挙げられた反逆者の中にクレーヴェ公やホルシュタイン公を名指しすることをせず一般条項に含めることを主張し、シャピュイもこれを了解した。代理人たちはこの条約締結を秘密にするよう依頼し、またカール五世によってできるだけ早く批准されることを願った。シャピュイはイングランド側とこのような交渉を行い、それを詳しくカール五世に報告していた(48)。それに対する返答として、カール五世は一五四三年一月二三日につぎのような書簡をシャピュイに送っている。

三　皇帝からシャピュイへの書簡〔一五四三年一月二三日付〕(49)

一一月二日付と二二日付のシャピュイからの手紙を受け取った。あなたとクリエール氏 Mr. de Courrières(50)が親善友好同盟条約についてイングランド王や王の大臣たちと行った会談の結果について余に知らせる手紙である。「〔その手紙により〕あなたが王や王の大臣たちに何度も陳情したり、説得したり、また特に条約文中の二条項、すなわち「共通の防衛」と「居住者と通商」に関する条項に関して余がイングランド側の要求を認めることができない正当な理由を示したのにもかかわらず、イングランド王たちが〔交渉を〕先に進めることなく最後までこだわっている点がはっきりと分かった。その二条項が〔スペイン側が示した〕条約の草稿に書かれている通りの文言で通らなければ、もしくはあなたの手紙に添付されている文書の中で提案されている修正に沿ったものでなければ、余の名誉と名声がこの上なく損なわれよう。余がこの二条項を再び余の顧問会議に送ってそこで再検討させたり、議論させたりしているのは実にこのためである。余は、これらの条項が余の〔あなたへの〕手紙(51)と余がクリエール氏に渡した訓令の中で示したのと全く同じ文言〔「フランス王、他の全ての王、君主そして世俗諸侯に対する防衛同盟」〕で表現されていなければ、どうやって良心に恥じることなくその二条項を通すことができようか。この二つは余の信仰と古来の宗教〔カトリック〕に密接に結びついており、〔絶対に譲歩できない〕。……とはいえ、イングランド側との交渉を打ち切らず、この二条項が、余がクリエール氏に提案した通りの文言で表現されるようにイングランド王の大臣たちを説得することをシャピュイに命じる。……〔その二条項が〕正確に〔スペイン側が示した〕条約の草稿通りの文言で表現されているならば、余の側としてはこの二条項以外の承認に否やはないと、イングランド王に言うべし。……シャピュイが説得できず、イングランド側がこの二条項についての自分たちの決定に固執するなら、決裂を避けて時間を稼ぎ、時々余の妹であるハンガリー王妃〔ネーデルラント総督〕や現在ドイツにいる宰相グランヴェルに知らせるべし。……

この書簡では、第一に共同で防衛すべき相手は世俗君主に限ることと明記されており、教皇が関与する懸念を一切払拭することを主張している。第二に上記の問題と臣下の信教の自由に関わる二条項はカール五世自身の信仰とカトリック信仰全体に密接に結びつくので、シャピュイは絶対に譲歩しないようにと言っている。第三に前回の書簡でカール五世が主張している「反逆者たちと逃亡者たちに関する条項」や「クレーヴェ公やホルシュタイン公を敵として名指しする条項」は、今回の書簡では主張されていない。第四にカール五世によるシャピュイへの命令はイングランド側との交渉を継続することで、イングランド側にこれ以外の条項を承認すると説明し、説得することを命じている。第一の防衛に関する条項に関しては、一月二五日の時点でイングランド側が譲歩していた。カール五世が他の条文を承認するという譲歩を示したのは、教皇が関与しないことを明確に示したい、そして臣下のカトリック信仰からの離反を阻止したいという宗教問題を第一に考慮しているからであろう。しかし書簡が届くまでの通常の日数（三週間から二か月）からすると、この書簡がシャピュイのもとに届いた頃には、イングランド側はここで述べられているカール五世の二つの主張を既に呑んでいたと考えられる。またシャピュイはこの書簡の内容を確認する前に、イングランド側との同盟締結交渉を終えていたと考えられる。シャピュイはおそらくカール五世の先の書簡の中の優先順位で忖度して、交渉したのであろう。では二月五日のシャピュイと王の代理人たちとの交渉の後、どのような文書が両者の間で作成されたのであろうか。二月一一日にシャピュイたちは最終交渉に臨み、次のような合意がなされた。

第四節　イングランドにおけるヘンリ八世の代理人たちとシャピュイとの間の条約の合意文書（一五四三年二月一一日付）(52)

この史料はイングランド側に残されている史料であり、スペイン側には残っていない。イングランド側とシャピュイ両者の合意事項を記したイングランド側の文書である。ヘンリ八世自身の署名がなされている〔写真3参照〕。合意内容をイングランド側が文書にし、ヘンリ八世自身の署名をつけてスペイン側へ送付したものの写しをイングランド側が残したと思われる。

「皇帝の国事評議会兼主任審査官ウスタシュ・シャピュイ、法学者とウィンチェスター主教スティーブン〔ガードナー〕及びヘンリ八世の二人の首席秘書官の一人であるトマス・ロッツリー卿によるヘンリ八世と皇帝との間の条約交渉」と*L. & P.* には編者により記されている。また「カール五世の委員会が一五四三年五月二日バリャドリード Valladolid で、そしてヘンリ八世の委員会が一五四三年二月一一日ロンドンでこの文書を引用した」と、*L. & P.* の編者は末尾に記している。「ラテン語、三枚のベラム〔子牛皮紙〕〔別々に発見された〕。切り裂かれている。シャピュイの署名がある。印章の断片あり」と、後にこの史料を閲覧した者が、書き加えている。二五カ条〔条項番号は付されていない〕からなる。以下はその本文である。

〔第一条〕以前の条約の違反に対するいかなる不満もここで確立された友情を損なうべきではない。〔以前のことは問わないこととしよう〕。〔第二条〕両国の聖職界及び俗界の臣下間の和平と自由な交流を促進する。〔第三条〕両君主は相手方の君主に対抗するいかなる企てに対しても味方してはならない。〔第四条〕そのように企てている敵に通行を許可してはならない。〔第五条〕相手方の君主の反逆者や逃亡者を受け入れてはならない。要求がなされた時は一か月以内に反逆者や逃亡者を引き渡さなければならない。〔第六条〕もしイングランドとアイルランド、ワイト島、ジャージー島、ガーンジー島、マン島、ギヌ Guisnes もしくはカレーやベリックの町々や境界地域、もしくはスペイン、ブラバント、フランドル、ホラント、ゼーラント、エノー、アルトア、

写真 3　イングランドにおけるヘンリ 8 世の代理人たちとシャピュイとの間の条約の合意文書
（1543 年 2 月 11 日付）
British Library, Cott. MS. Galba. B. X. 137.（*L. & P.*, vol. xvii, no. 144）冒頭部分

ランブール、ルクセンブルク、ナミュール、フリースラント、デュレッセル〔アイセル川を越えた〕の地域、ユトレヒト、メヘレンに対して侵略がなされた場合、侵略者やそれを支持する者は、共通の敵と見なされるべきである。またどちらの君主の臣下もそのような者との交流を禁じられるべきである。（第七条）もし上述の国々〔アイルランドとスペインを除く〕に対して一万人を動員しての侵略がなされたら、侵略された君主の依頼、またその君主の経費により四〇日間以内に他方の君主は兵士もしくは戦費の点に於いてその侵略された君主を助けるべし。〔侵略されるだろう場所に関して詳述される〕しかし一年の内四か月以上そのように援助する義務はない。四か月以上もしくは一か所以上の侵略もしくは誤った合図に対して援助が求められる場合における規定／但し共同でフランスに対して侵略がなされる時は防衛のための援助はやめるべし。スペインやアイルランドに対して侵略がなされた場合、どちらの君主も要請した側の義務に於いて兵士、軍艦、軍需品等を整えるべし。都合の良いことに要請した君主は君主自身の問題を考慮して整えてよい。（第八条）この和平が侵害されようとも、それを口実にこの〔前述の〕義務を無効にすべきではない。（第九条）どちらの君主も復仇〔不法行為に対して行う強力な報復的行為〕の証書、検印、検証刻印を他方の君主の臣民に対して与えるべきではない。（第十条）異端文書が外部地域で翻訳されている。そこでは異端者が在住している国の言語に対する知識の不足から異端を暴くことができない。英語で書かれたどの本も皇帝の支配領域内で印刷されてはならないし、イングランドでもドイツ語で書かれた本は印刷されてはならない。（第十一条）一五二〇年四月一一日の通商条約は一五二九年九月五日のカンブレーの和約〔通商条約〕により確認されたものとして維持されるべきである。（第十二条）〔両君主の〕臣民によってなされた悪事は仲裁議会によって解決されるべきである。（第十三条）敵との休戦は相互の同意なしになされるべきではない。（第十四条）今後どちらの君主も本条約に反して、フランス王もしくは他のいかなる君主、権力者あるいは誰であれ他の者と条約を結ぶべきではない。neither prince shall treat with the French king, or with any other prince, potentate or person whatsoever これはこの条約はこれまで結んだいかなる条約にも優先することを示すものである。〔第十五条〕そもそも以前の条約は contrahents 同盟者、友人をも含んでいるのである。この条約では〔双方の〕同意による以外誰も加えてはならない。またどちらの君主も他の条約で決められたからといって、もう一方の君主が敵意を抱き、論争を行い、口論をするような者、また相手に対し〔何かを〕要求する権利を持つような者を自分の仲間としてはならない。〔第十六条〕この条約の確認の順。〔第十七条〕この条約の解釈。〔第十八条〕両君主は現在フランス王のもとにいる自分の大使たちまたそのために特別に派遣された者たちを通して、以下のことをできるだけ早くフランス王に要求すべし。①トルコに情報を送ることをフランス王が控えるように。②フランス王がトルコに〔援助を〕懇願したためキリスト教世界がトルコから受けたすべての損害への補償にフランス王が応えるように。③マラン Maran〔スイス〕をローマ人の王〔皇帝の弟フェルディナンド一世〕に戻すように。④トルコがフランスの一二隻のガレー船の助けにより得たカステル・ヌオーボ Castel Nuovo(53)に対する皇帝の損失をフランス王が完済するように。⑤フランス王に皇帝との戦争を終わらせるように。⑥トルコ人への抵抗によりドイツ人が蒙った損失をフランス王に完済させるように。⑦イングランド王に対するフランス王の未払い金を支払うように。⑧永久に払う年毎の支払金のため抵当に入っている土地をフランス王が〔イングランドに〕渡すように要求すべし。またどちらの君主でも更に要求することがあり、それがこの条約の批准前に〔相手の君主によって〕同意されたら、それも含ませることができる。〔第十九条〕もしフランス王が和平条約を願うとすれば、君主たちはフランス王と別々に条約を結ぶべし。但しフランス王が出す提案とそれに対する回答を事前にお互いに情報交換すべし。そして両君主の要求が満足に至るまで、いかなる同意もすべきではない。すなわち、イングランド王に対し未払金が支払われること、〔永久に払う年毎の支払金のための抵当として〕ブーローニュの町々を含めたポントゥ県、そして属領モンストレル、テルアンヌやアルドそしてポントゥ県に接している町々や村々そしてブーローニュの属領が渡されるべし。封地権は無税ではないか、もしくはそれらの土地から上がる年毎の収益は〔イングランドに払う〕年毎の支払金を完全に支払うものとは考えないという条件のもとで渡されるべし。そして皇帝にはブーローニュ公領と先の条項に記載されているもの〔マランやトルコ人により蒙った損害〕を渡すべし。（第二十条）もしフランス王がこれらの契約条項に一〇日以内に同意しないなら、君主たちは共同でフランス王に宣戦布告すべし。イングランド王はフランス王国、ノルマンディー公国、アキテーヌそしてギエンヌを攻撃し、皇帝はブルゴーニュとアヴィーユ、アミアン、コービー、ブレ、ペロンヌとサンカンタンの町々と属領を攻撃する。（第二十一条）制海のためにそれぞれの君主は宣戦布告後一か月以内に共通の敵の海岸に出入りするための二〇〇〇人〔もしくは必要とあれば三〇〇〇人〕を収容するだけの船を送り出し、それを維持すべし。（第二十二条）君主たちは二年以内に君主自らもしくは君主代理により、フランスに共同で侵略を行うべし。それぞれ二万人の歩兵、五〇〇〇人の騎兵で侵略し、少なくとも四か月間続けるべし。（第二十三条）皇帝はイングランド王の軍隊派遣に遅滞なく、イングランド軍に加わるための二〇〇〇人の槍騎士と二〇〇〇人の騎手を準備すべし。（第二十四条）イングランド王の軍が皇帝の国々を自由に通過できるようにすべし。またイングランド王は王に仕えるべき皇帝の臣下を雇用してもよい。（第二十五条）この条約は要請を受けてから一五日以内に、両君主によって批准されるべし。

ここで、今まで争点になっていた問題を取り上げてみたい。この合意文書の第二条では、「通商」commercial intercourse の語が削除され「和平」や「交流」の語が入れられている。イングランドに在住するカール五世の全臣民に対して信教の自由を守ることが意図されている。第五条の反逆者や逃亡者の条項が最終的に条文に含まれたのは、それが双方にとって有益であると判断されたからであろう。イングランド側はイングランドの法や宗教に従わない者がカール五世の領土に逃亡しないことを望んでおり、カール五世側としても自分の領土の反カトリック信者がイングランドに逃亡しないことを望んでいたために、結局、両者とも自己及び相手の宗教的立場を尊重する結果となっている。第一四条の条文は、「どちらの君主もフランス王もしくは他のいかなる君主、権力者あるいは誰であれ他の者と条約を結ぶべきではない neither prince shall treat with the French king, or with any other prince, potentate or person whatsoever」となっており、聖職界 ecclesiastical や俗界 temporal の語が含まれていない。カール五世にとってこれは教皇による同盟締結反対に対する弁解になりうる。またここには防衛相手に関する表現はなく、条約締結禁止という表現になっており、共同で防衛すべき領域名を明記しているだけである。また第十五条においては、双方の同意による以外誰も同盟者に加えてはならないと記されている。対オスマン戦に関する援助問題はここには含まれてはいないが、フランスに対しオスマン帝国との関係を控えるよう共同で要求する条文が含まれている。この最終合意書はカール五世側とイングランド側との妥協の産物であると考えられる。ここでは第一に、お互いの信教が尊重されており、第二に通商のみならず双方の自由な交流が望まれている。それは、宗派の違いを超えた交流が互いの経済活動には不可欠であるため、互いに譲歩したのであろう。通商条約またクレーヴェ公やホルシュタイン公を反逆者として名指しで明記することに関しては、カール五世側がイングランド側に譲歩している。それはシャピュイが皇帝書簡からこれらの問題の優先順位は高くないと判断し、イングランド側に妥協したためであろう。

第五節　イングランド側の同盟締結理由

第三節の二で見たように、一五四三年一月末からイングランド側はそれまでの交渉姿勢を急変させるのであるが、ここでイングランド側がカール五世との同盟締結を決意した理由を考えてみたい。宗教問題で反カトリックの姿勢を崩さず、称号問題等の同盟条件でもカール五世の要求には屈さなかったイングランドが、何故態度を一変させたのであろうか。その第一の理由はスコットランド問題であった。当時イングランドは対スコットランド戦(54)の渦中にあって、対フランス戦に兵士を送れないこともあり、一五四二年十二月までは本同盟締結に消極的であった。ヘンリ八世は一五四二年七月初めフランソワ一世から自分の同盟に加わるように、その返事を六か月以内にしてほしいという内容の手紙(55)を受け取っており、ヘンリ八世もそれに対して六か月以内に返事を出すと書簡(56)で回答していたのであった。シャピュイも九月には、ヘンリ八世がフランスとの関係の持続を望んでいると思ったほどであった(57)。イングランドの顧問官の間ではノーフォーク公のように、フランスとの提携を望む意見すらあった(58)。しかしスコットランドに対するフランスの援助を察知した後、スコットランド問題における情勢の変化を受けて、カール五世側との提携を支持する意見が主流を占めたようである(59)。継続中の対スコットランド戦において、フランスが一五四三年一月からスコットランドに援助を与え始めたという情報が契機となり、ヘンリ八世はフランスとの交戦を目的とする本同盟支持に動いたと考えられる。ジェイムズ五世の死（一五四二年一二月）後、ヘンリ八世はスコットランドを支配下に置くことを目指し、王太子エドワード（一五三七～一五五三、在位一五四七～一五五三）と幼少のスコットランド女王メアリ（一五四二～一五八七、在位一五四二～一五六七）(60)の結婚を画策している。またこの同盟締結はヘンリ八世が一五一〇年代から抱いていたフランス領土獲得への意欲の延長線上にとらえることができる(61)。対フランス戦終結のためカール五世とフランソワ一世とが締結した一五四四年九月一九日のクレピーCrépy-en Laonnois の和約以後も、イングランドはフランス戦を続行し、一五四六年六月七日のアルドル Ardres 条約でブーローニュを八年間領有する承認をフランスから得ている。スペイン側との合意文書の中にも、イングランドが求めるフランスの地域（ブーローニュの町々を含めたポントゥ県、属領モンストレル、テルアンヌやアルドそしてポントゥ県に属している町々や村々、ブーローニュの属領）についての記載を含めている。さらにイングランド側が同盟締結を決意した第二の理由として、アントウェルペン市場へのイングランドの毛織物輸出を守るという目的があったのではないだろうか。一五四〇年代初めアントウェルペン市場ではイングリッシュ・ブーム(62)が起こっており、イングランドの毛織物輸出が急増しつつあった事実は、背景として見逃すことができない。一五四三年一月フランス軍によってネーデルラントが壊滅的被害を受けようとしているという情報を受けた直後にイングランドは、カール五世との同盟締結へと急いでいる。また一五四二年五月のカール五世との同盟交渉の開始時、イングランド側は自国に不利なネーデルラント航海条例撤廃(63)を交渉の第一条件にしていた。付け加えるなら、一五二八年から一五二九年の対皇帝戦ではアントウェルペン市場の閉鎖を招き、イングランド経済は大打撃を受けたというにがい事実があり(64)、それはまだイングランドの人々の記憶に新しいはずであった。

シャピュイ自身は、一五四三年一月イングランドがカール五世との同盟締結へと急いだ理由について、特に書簡の中では述べてはいない。しかし、その時期のシャピュイの書簡にはイングランドの対スコットランド戦についての記述が非常に多く、イングランドがスコットランド問題にいかに専念していたかを示している。またヘンリ八世の代理人たちからも、それまで王の顧問官たちがスコットランド問題にいかに忙殺されていたかを聞かされている。従って、シャピュイは対スコットランド戦に勝利することとヘンリ八世のスコットランド王位獲得に対する意欲をよく理解しており、同盟締結の好機と捉えていたのではないだろうか。

その上、このようにイングランドをカール五世との提携に向かわせた決断には、フランスに対する長い間の不満が加わっていたことも確かであろう。フランソワ一世が教皇との関係を重視していたことに加え、フランスが今までの条約で決められた額の年毎の支払金を払わないか、もしくは常に遅滞していることへのイングランドの強い不満があった。イングランド側はスペイン側との合意文書の中にも、イングランド王に対し支払金が支払われることを明確に示す記載を含ませている。

これまでカール五世側とイングランド側との対仏同盟交渉を史料の検討により見てきた。それにより、カール五世のシャピュイに対する指令と政策決定の事情、イングランド側の事情、この交渉において果たしたシャピュイの役割が明らかになった。カール五世のシャピュイに対する指令と政策決定の事情に関しては、第三節で見た通り、カール五世はシャピュイにイングランドとの同盟締結に向けての交渉に尽力するよう命じた。カール五世はイングランドに対し何よりも同盟締結を求めていた。カール五世は決裂を裂け、交渉を維持するよう何度もシャピュイに命じている。その理由は第一に対仏戦に向けて多くの同盟者（オスマン帝国、クレーヴェ公、ホルシュタイン公、デンマーク、スウェーデン、プロシャ、スコットランド）を持つフランスに対抗するためであろう。今回の対フランス戦はカール五世にとって非常に厳しいものであり(65)、カール五世にはイングランド王がフランス王と提携するのではないかという強い懸念があった。事実フランソワ一世はヘンリ八世にフランスの同盟に加盟するよう積極的に勧誘しており(66)、カール五世もそれを承知していた。第二はアントウェルペン貿易維持のためであろう(67)。通商の維持はカール五世にとって重大事であった。第三はネーデルラント防衛のためネーデルラント総督からの強い要請があったからであろう。それと同時に、この同盟締結にあたってカール五世が拘泥していたことも明らかになった。カール五世は交渉の最後まで教皇問題と臣下の信教の自由問題に固執していた。カール五世は教皇との関係を損なわないことをイングランド側に要求し、またイングランド在住の臣下がカトリック信仰を維持し、それによってイングランドにおける生活が損なわれないことを要求した(68)。フランス軍による攻撃の被害の大きさを把握し、シャピュイからイングランド王の宗教問題に対する非妥協的態度の報告をも受けていたのであるが、カール五世はカトリックの擁護者またハプスブルク家の家長としての立場に苦しんでいた。教皇やカトリック世界からの反発は非常に大きな損失となり、この同盟締結は教皇からの支援を断念する覚悟を決めた上でのものであった(69)。その上、カール五世自身のカトリック信仰に反するという宗教的心情の問題もあった。しかし、結局はカトリックから離反したイングランドとの同盟締結の道を選ぶことになる。

カール五世側がヘンリ八世のいうままに称号の表記を黙認していたことは、特筆すべき事であろう。称号の不一致は同盟締結では極めて異例のことである。イングランド側がすでに封印し保管してしまった文書においては、イングランドがどのような称号を用いようともシャピュイには確認しようがなかったので、この同盟締結においては称号の表記問題は棚上げされた。今回の同盟は「教会の首長としてのイングランド王」の認可問題を棚上げしての締結であり、相手の宗教問題には深く立ち入らない外交である。カール五世はイングランドと対フランス問題でのみ提携したのであって、イングランドの新しい宗教体制を認可してはいないと表明している。これによりカール五世は、教皇やカトリック世界へ弁解する口実を持つことが出来ると考えたのであろう。またイングランド側も「イングランド王、フランス王、アイルランド王」の称号しか認めないシャピュイに反対することなく同盟締結へと踏み切っていることは、重要である。

カール五世によるシャピュイを通してのイングランドとの同盟交渉は、教皇はじめカトリック勢力の意向に最大の配慮を払い、臣民のカトリック信仰維持を強調しながら対仏戦に向けてイングランドと同盟を結ぶことを目指したものであった。自己の信条に反し、教皇の反発が当然予測される中での同盟締結はカール五世の苦渋の選択であったと思われるが、反ハプスブルク包囲陣に囲まれたカール五世がイングランドを唯一の同盟者として重視していたことを示している。

イングランド側の事情に関しては、第五節で示された通り、それまで同盟締結に消極的であったイングランド側が一五四三年一月一六日からは一転して同盟締結を非常に急いだことが明らかになった。ヘンリ八世は一五四二年九月の段階ではフランスとの同盟を断とうとはせず、シャピュイもヘンリ八世が今回も中立を守る意志を抱いているると思っていたほどであった(70)。しかし一五四三年一月一六日に枢密院議員の書記官がシャピュイ邸に来て、ネーデルラントが危機に瀕しているという情報を報告し、一月二五日には王の代理人たちがシャピュイ邸を訪れ、スペインにイングランド特使が持参した草稿をシャピュイと共に修正したのであった。二月五日には王の代理人たちがシャピュイ邸を訪れ、条約前文に載せる王の称号を「イングランド教会の首長」とすることを主張し、シャピュイはそれに同意はしなかったが、イングランド側は既にもう一通の条約文書には署名しており、封印もしていた(71)。王の代理人たちはこの条約締結を秘密にするよう依頼し、カール五世によってできるだけ早く批准されることを願ったのであった。イングランド側は継続中の対スコットランド戦において一五四三年一月からそれに援助を与え始めたフランスに対し攻撃を加える必要があった上に、壊滅的被害を受けたアントウェルペン市場を守るため、急遽譲歩してでもカール五世と同盟を結ぶことが国益と考えたのであろう。またそれらの理由に加え、ヘンリ八世の一五一〇年代からのフランス領土獲得への意欲があったことは間違いないだろう。イングランド側はシャピュイが主張した通商条約やクレーヴェ公やホルシュタイン公を反逆者として明記することを譲らなかったが、ここからするとイングランド側は通商の問題また反ローマ・カトリック勢力との関係を維持することを非常に重視していたことがわかる。

このような同盟締結に至る過程を見ていくと、十六世紀前半の国際関係において君主たちにとって同盟を結ぶことがいかに必要であったかということが、よく示されている。十六世紀の国家は単独の個別領域としてよりシステムとして国際社会をなしており(72)、両君主が同盟を結ぶことは、孤立を防ぐために必要なことであった。そのためヘンリ八世もカール五世やフランソワ一世と同様、同盟を結ぶことに力を注いでいたのである。

この交渉において果たしたシャピュイの役割に関しては、シャピュイは一五二九年以来イングランドとの交渉に当たってきたのであるが、この同盟締結でカール五世からの指令を不完全ながらも果たすことができた(73)。このイングランドとの条約交渉ではそれまで以上に、駐英フランス大使（マリヤック）とのイングランド争奪戦が繰り広げられたのであるが、第四節で見たようにシャピュイはイングランドとの同盟締結にこぎつけることができた。シャピュイは、教皇が関与しないことを明確に示したい、そして臣下のカトリック信仰からの離反を阻止したいというカール五世が一番重視する宗教問題を最大限主張して、イングランド側の同意を得たのであった。条約の合意文書はカール五世の条件を満たした結果ではなかったが(74)、ネーデルラント総督からの要請と承諾もあり、シャピュイはイングランド側の締結条件に譲歩した。そのため「イングランド教会の首長」という納得できないイングランド王の称号を最終的に自分の判断で黙認し、通商条約またクレーヴェ公やホルシュタイン公を反逆者として明記することを諦め、同盟締結文書に署名をした。シャピュイはカール五世の意向をそれまでの皇帝書簡から十分理解した上で署名に臨み、皇帝大使の主要な任務を果たした(75)。情報伝達に非常に時間がかかった当時、最終的には常駐大使の外交的判断や交渉能力に外交が委ねられたが、今回の事例は常駐大使職がよく機能した例ではないだろうか。通常ならばそのために派遣される特使が行う同盟締結文書への署名をカール五世は今回シャピュイに託し、シャピュイの最終判断で締結書に署名がなされ、この条約は一五四三年五月二日にスペインのバリャドリードで批准されたのであった。

なおイングランドでは、この同盟交渉の結果を受けた直後の議会で王の称号に関する法が制定され、一五四三年にヘンリ八世の称号は正式に「ヘンリ八世、神の加護により、イングランド、フランス、アイルランドの王、信仰の擁護者、イングランド教会およびアイルランド教会の地上における至上の長（首長）」(76)と定められた。シャピュイが異議を唱えた「イングランド教会の首長」が改めて正式に王の称号に含まれたことは、同盟締結交渉過程でイングランド王の称号問題が争点の的となったことと関係があるのかもしれない。シャピュイからの申し立てが、イングランド政府を王の称号の制定に駆り立てたのかもしれない。

この対仏同盟締結後、イングランドは一五四三年七月一日にスコットランドとグリニッジ条約を結び、王太子エドワードとスコットランドの幼少の女王メアリの結婚(77)が決められた。一五四四年六月にはヘンリ八世自ら兵を率いて北フランスを侵略し、一五四四年七月にはブーローニュを包囲し、九月にブーローニュ入城を果たしたが、九月一九日、カール五世はブーローニュ占領途上のヘンリ八世を裏切って、フランソワ一世とクレピーの和約を結んだのであった。イングランドは対仏戦を続行し、一五四六年にはフランソワ一世とアルドル条約を結んだ。イギリス近世史として見ると、ヘンリ八世の離婚問題で悪化したイングランドとスペインとの関係はこの同盟締結を機に修復され、その後また悪化しつつも外交関係が閉ざされることなく、やがてメアリ女王と王太子フェリペの結婚を迎えることになる。両問題とも常駐大使を介した交渉によるところ少なくなかった(78)が、十六世期前半の国際情勢の中で常駐大使の果たす役割が増していったことを示すものと思われる。

［注］

(1) ニース休戦協定の数週間後（七月一四日）両君主はエグ・モルト Aigues-Mortes で会見し、和解が成立したように見えた。この時期のカール五世とフランソワ一世との関係に関しては、アンリ・ラペール『カール五世』、五六〜五七頁を参考にした。

(2) ジェイムズ五世 JamesV は、スコットランド王である。ヘンリ八世の甥で、ジェイムズ四世とヘンリ八世の姉マーガレットとの子であり、生後一年半で即位した。

(3) トレド条約は、一五三九年一月一二日にスペインで締結された。*Spa. cal.* にはこの条約に関する記載はない。

(4) ネーデルラント総督は、特に毛織物貿易保護の点からイングランドとの関係を重視しており、一五三九年三月、シャピュイがイングランドを離れないようにイングランドに要請するほどであった。シャピュイのイングランド離任後も、特使フィリップ・メオーリス（Philippe Maioris　カンブレー聖堂参事会員）を一五三九年三月、イングランドに派遣した。本書資料一参照。*Spa. cal.*, vol. x, part i, no. 44 ; M. A. O. Brun, *Historia de la Diplomacia Españõla*, p. 380.

（5） *L. & P.*, vol. xiv, part i, nos. 143, 353, 354.

（6） クレーヴェ公 John,3rd Duke of Cleves 自身はルター派ではなかったが、アンの姉は、神聖ローマ帝国内のルター派諸侯連合であるシュマルカルデン同盟の盟主ザクセン選帝侯ヨハン・フリードリヒ Johann Friedrich（一五〇三〜一五五四）と結婚していた。

（7） *L. & P.*, vol. xv, nos. 822, 850.

（8） クロムウェルは一五四〇年七月二八日に処刑された。クロムウェルの没落に関しては、R. B. Merriman, *Life and Letters of Thomas Cromwell*, pp. 270 - 271 ; J. Ridley, Henry Ⅷ, pp. 325 - 344 参照。

（9） *L. & P.*, vol. xvi, nos. 1178, 1182.

（10） カール五世のアルジェ遠征に関しては、アンリ・ラペール『カール五世』七四〜七五頁参照。

（11） 篤信王 Le Roi très Chrétien の称号を持つフランス王は、当時異教国家オスマン帝国と密かに外交関係を結んでいた。

（12） この結婚交渉で、フランス側は、王女メアリがイングランド王の正嫡の王女であり王位継承権をもつことをイングランド側が宣言すること、そしてオルレアン公がミラノ公国を奪還するために、王女メアリの持参金として五〇万クラウンもしくは一〇年間一万人の歩兵に対する給料をイングランドが支払うという条件を出した。この条件をフランス側は譲らなかったが、イングランド側は、フランスの条件は法外だとして応じようとせず、またこの条約交渉のため、権威ある者をイングランドに派遣するように求めた。*L. & P.*, vol .xvii, no.164, Kaulek, J., *Correspondance politique de Castillon et Marillac*, Paris, 1885（以後 *Kaulek* と略す）394 ; *L. & P.*, vol. xvii, no. 185, *Kaulek*, 399.

（13） *Spa. cal.*, vol. x, part i, no. 55 ; *L. & P.*, vol. xvii, no. 470. また教皇パウルス三世は、フランソワ一世に「フランソワ一世とカール五世との戦いで今まで自分が行った仲介は無駄であったが、自分は〔今回も〕和平への努力を続けるつもりだ」という書簡を送っている。*L. & P.*, vol. xvii, no. 635.

（14） シャピュイのライバルであった駐英フランス大使マリヤック Charles de Marillac（一五一〇〜一五六〇、イングランド大使期間は一五四〇〜一五四三）は、この頃シャピュイが盛んにイングランドとの交渉に励んでいると思っていたようだ。①マリヤックからフランス王フランソワ一世に宛てた書簡、一五四二年一月一日付（*L. & P.*, vol. xvii, no. 2, p.1, *Kaulek*, 380）「私が〔イングランド〕王に信頼を寄せると王はこの新しい同盟締結〔オルレアン公と王女メアリの結婚問題〕を好意的に受け止めるだろうと、玉璽尚書〔フィッツウィリアム〕は私マリヤックに言いました。……玉璽尚書はその後二度、王が私と話をしたがっていると、私に話しました。しかし、私が王宮に行くと様子が変わっていました。皇帝大使〔シャピュイ〕

はその前日一日中王宮にいましたが、皇帝大使が王たちの意見を変えたか、あるいは王たちがその問題を再開したくなかったか、王たちは私にとてもよそよそしく話しました。王宮中が混乱しているようでありましたが、王は少し浮き浮きしていました」。②マリヤックからの書簡、一五四二年一月一七日付（*L. & P.*, vol. xvii, no. 34, ***Kaulek***, 383）。「皇帝大使〔シャピュイ〕は必要以上に王宮に出かけています。皇帝大使は私への情報提供者の所まで出向いて、二人の君主〔カール五世とヘンリ八世〕が同盟を結んで今まで以上に緊密に結ばれるのを見たい、何よりも皇帝が王女メアリと結婚したいと望んでいることを広めさせようとしているのです」。

(15)　一五四二年二月二日には、ロンドン主教エドマンド・ボナー E.Bonner（一五五〇？～一五六九）がカール五世のもとに派遣された。ボナーはヘアフォード主教を経てロンドン主教になったが、一五四二年二月から一五四三年一二月まで、カール五世の宮廷でイングランド大使を務めた。

(16)　このガードナーとの会談について、ガードナーや枢密院の手紙が残されている。

①ガードナーからヘンリ八世に宛てた書簡、一五四二年五月一二日付（*L. & P.*, vol. xvii, no. 319）。「シャピュイが私にワインを贈ったり、食事に誘ったり、朝私のところに来て挨拶したりしましたが、私は避けました……シャピュイは、私に王への謁見を求めました。王と皇帝との友好はフランスの明らかなる陰謀を抑える最上の方法であり、トルコを撃退し、ドイツを安定させる最高の方法であると、シャピュイは思っています。私は玉璽尚書に相談すると約束しました」。

②ガードナーからサドラー（国務大臣）に宛てた書簡、一五四二年五月一七日付（*L. & P.*, vol. xvii, no. 329）。「昨日〔五月一六日〕、午後二時から八時までシャピュイと共にいました。シャピュイは、王に接近するための皇帝からの新しい手紙を持参していることを喜んで私に示しました。……また重要なこと〔条約〕を締結するための訓令を持参していると、言いました。……私は、シャピュイが工夫を凝らす人物だと思いました。シャピュイは、王と皇帝とが手を結べば、フランス王を説得できると言いました。……そしてこの世が再び新しくなるかどうかは、王次第であると、結論づけました。私は、この結びつきが王と皇帝双方に満足のいくように、またキリスト教世界の利になるように望むと答えました。シャピュイは我々の会合や話し合いの機会が多くもたれるよう、皇帝から新しい手紙が来るよう望むと、盛んに私に語りました」。

③枢密院からガードナーに宛てた書簡、ロッツリーの手による。一五四二年五月一四日付（*L. & P.*, vol. xvii, no. 325）。「昨日ガードナーの手紙を受け取り、王に提出しました。王は大使〔シャピュイ〕に対するガードナーの扱いを認められました。大使は実に〔かつて〕古い条約の確認に関して特別なことを大使が提案したと主張しましたが、王が覚えておられることは、ただフランドル〔ネーデルラント〕総督の利のために大使が通商の新しい条約を願っていたということだけであります」。

④枢密院からガードナーに宛てた書簡、一五四二年五月一七日付（*L. & P.*, vol. xvii, no. 320）。「王は新たなる謁見を求める大使の願いを受け入れるように、我々に指示されました。それは友好へ繋がる道でありましょう。それゆえガードナーは「王はどのキリスト教君主にも友情を抱くことを願っているが、すべてを求めるわけにはいかないので、王に提案すべき特別な事柄を示すように、もしそれがなければ、ネーデルラント総督に特別の委託を求めるように」と、大使〔シャピュイ〕にアドヴァイスをするように」。

⑤またフランス大使マリヤックも、シャピュイとガードナーとの接触に疑いを抱いていた。*L. & P.*, vol. xvii, no. 338, *Kaulek*, 420.

(17) *L. & P.*, vol. xvii, no. 325.

(18) このネーデルラント行きを、マリヤックはにがにがしく思っていたことがわかる。*L. & P.*, vol. xvii, no. 500, *Kaulek*, 432. これに関しては、本書二九六頁参照。

(19) サールビー Thomas Thirlby（一五〇〇～一五七〇）は、一五四〇～一五五〇年の間、ウェストミンスター主教を勤めていた。このサールビーがスペインに行くことをマリヤックは察知しており、フランソワ一世に報告している（一五四二年七月二三日付 *L. & P.*, vol. xvii, no. 532, *Kaulek*, 385）。

(20) 「王は、フランドルで発布された布告は事実に反する思いからなされたものと考えておられる。その布告の廃止は王を喜ばせ、他の良き目的のために役立つと思われている」と枢密院からガードナーへの手紙の中で書かれている。*L. & P.*, vol. vi, no. 105.

(21) ヘンリ八世は一五四〇年にサドラーをスコットランドに送り、ジェームズ五世とのヨーク会談の準備をさせ、一五四二年一〇月にはスコットランドに対し宣戦布告した。一五四二年一一月二五日にイングランドとスコットランド国境近くで奇襲戦、ソルウェイ・モスの戦い The battle of Solway Moss が行われ、すでに病にあったジェームズ五世はその三週間後に死去した。

(22) R.B. Wernham, *Before the Armada*, pp. 149 - 163.

(23) *L. & P.*, vol. xvii, nos.145, 164. フランスは、王女メアリが正嫡であることを宣言するようヘンリ八世に迫った。ヘンリ八世はこれを拒否したが、メアリの持参金の額を巡ってフランス側と協議を重ねていた。

(24) J. J. Scarisbrick, *Henry VIII*, pp. 434 - 439. スケアズブリックは、「ヘンリ八世はカール五世側との同盟交渉のため、一五四二年六月にウェストミンスター主教をスペインに派遣し、（痛風で歩けなかった）シャピュイには自分の輿を提供して、交渉のためネーデルラントに出国させ、国内では戦闘を開始する準備を行っていた」とも述べている。

(25) G. R. Elton, *England under the Tudors*, pp. 195 - 196.

(26) K. Brandi, *Kaiser KarlV*, pp. 470 - 481.

(27) M. A. O. Brun, *Historia de la Diplomacia Espanõla*, pp. 382 - 383. ブランディーもブルンも、この同盟で王女メアリの王位継承権が承認されたと述べているが、特に注を施してはいない。筆者が調べた限り、同盟締結文にはメアリの王位継承権に関することは、一切書かれていない。イングランド側がシャピュイと交渉する間、フランス側はオルレアン公とメアリの結婚のための交渉を継続していたが、フランスはメアリが正嫡の王位継承者であるとイングランド側が宣言することを結婚の条件とし、これを決して譲ることはなかった。このカール五世との同盟締結は結果として、フランス側の主張したメアリの王位継承権をイングランド側に認めさせる契機になったことと考えられる。

(28) R. E. Lundell, The Mask of Dissimulation, pp. 224 - 248. ランデルはまた「シャピュイはカール五世の政府からの援助なしには、この同盟を締結することができず、ヘンリ八世やその軍隊を対仏戦開始時の一五四二年に参戦させることができなかった」と、シャピュイのマイナス面についてもふれている。

(29) M. J. Rodriguez-Salgado, Good Brothers and Perpetual Allies, pp. 632 - 653.

(30) 本章では史料として *Spa. cal.*, vol. vi. part i, ii と *L. & P.*, vols. xvi - xviii, part i を主に用いた。また *Calendar of the Manuscripts of the Most Hon. the Marquis of Salisbury, K. G.*, ed. by Historical Manuscript Commission, London,1883 ; *Charles Wriothesley Chronicles of England during the Reigns of the Tudors*, ed. by W. D. Hamilton, Camden Society, London, 1875 - 77 ; *Corps universel diplomatique du droit des gens*, vol. iv, part ii, ed. by J. du Mont, Amsterdam and Den Haag, 1726 ; *Correspondance politique de M. M. de Castillon et de Marillac*, ed. by J. Kaulek, Paris, 1885 ; *Corpus Documental de CarlosV*, vol. i, ii, ed. by M. F. Álvarez, Salamanca, 1973 - 1975; *Korrespondenz de Kaisers KarlV*, ed. by K. Lanz, Leipzig, 1844 - 46 ; *Further Supplement to Letters, Dispatches, and State Papers relating to the Negotiations between England and Spain*, ed. by G. Mattingly, London,1940 ; *Hall's Chronicle* ; *Granvelle Papies d'état* ; *Proceedings and Ordinances of the Privy Council of England*, 1386 -1542, ed. by N. H. Nicolas, London, 1834 - 37 ; *The Annales or Generall Chronicle of England*, ed. by J. Stow, E. Howes, 1615, London ; *The Letters of Stephen Gardiner*, ed. by J. A. Muller, Cambridge, 1933 等を補助として用いた。また今回用いた史料のオリジナルについては K. u. K. Haus-Hof-u. Staats Arch., England, karton 9, fols. 94 - 100. また B. L., Cott. MS., Galba. B. X. 137 があり、必要に応じて利用した。

(31) *L. & P.*, vol. xvii, no.144 ; B. L., Cott. MS., Galba. B. X.137. この書簡の内容は、部分的にワーナムによって紹介されている。R. B. Wernham, *Before the Armada,* p. 153. またランデルの論文の中に参考資料として載せられている。R. E. Lundell, The Mask of Dissimulation, p. 341.

(32) *L. & P.*, vol. xvii, no. 361, pp. 210. これは第一節でふれた史料①にあたる。*L. & P.* では番号がつけられている。「この史料は八頁に亘って顧問官ロッリーの手で書かれており、「皇帝大使」と裏書されている。また後代の者が「一五四二年、国王陛下と皇帝との条約のための序文」と書いている」と *L. & P.* には書かれている。この史料は、五月一一日にステプニーでシャピュイが同盟条約を巡ってガーディナーと交渉したときの内容を記したものと考えられる。

(33) *L. & P.*, vol. xvii, no. 446, p. 266 - 267, esp. pp. 266 - 267. これは第一節でふれた史料②にあたる。*L. & P.* では番号はつけられていない。この史料は多くの内容を含んでいるので、番号は分類のため筆者が便宜上付加したものである。これは、六月三〇日にシャピュイがサールビーとした交渉の結果を記したものと考えられる。

(34) ロッリー（一五〇一～一五五〇）は初代サザンプトン伯。トマス・クロムウェルに仕え、一五三九年にブリュセルへの特使になる。サドラーとともに、イングランドとスペインとの同盟交渉者になる。

(35) 六月七日シャピュイはネーデルラント総督に書簡を送り、「イングランド王は〔条約の〕一般条項に同意するつもりらしい。王はフランス侵略の場合、三〇〇〇人の歩兵と同数の騎兵を皇帝に与える用意があるようだ」と述べている。*Spa. cal.*, vol. vi, part ii, no. 9.

(36) *L .& P.*, vol. xvii, no. 608, pp. 346 - 347, esp. pp. 346 - 347. これは第一節でふれた史料③にあたる。

(37) 本書第三節一の書簡参照。

(38) 本書第三節一の書簡。

(39) これは第一節でふれた史料②にあたる。

(40) これは第一節でふれた史料②にあたる。

(41) これは第一節でふれた史料②にあたる。

(42) *Spa. cal.*, vol. vi, part ii, no. 48. これは第一節でふれた史料④にあたる。本書（二六四頁）写真2参照。

(43) イングランドでは一五三四年の国王至上法に先立つ同年の王位継承法で、新しい宗教体制への服従宣誓を全臣下に要求し、宣誓拒否を大逆罪と規定した。

(44) 今回のカール五世の対仏戦は、カール五世に敵対しフランス王と同盟関係を結んでいるクレーヴェ公やホルシュタイン公に対する戦いでもあった。ヘンリ八世はクレーヴェ公 William of Cleves（一五一六〜一五九二）の妹アン・オブ・クレーヴェと一五四〇年一月に結婚し、同年七月に離婚していた。

(45) カンブレーの和約（八月三日）が結ばれた後、九月五日にネーデルラントとイングランドとの間で通商に関する和約が結ばれたが、その内容は「皇帝の臣下達はイングランド内で自由に居住や通商ができる」というものであった。*L. & P.*, vol. iv, part iii, nos. 5829 - 5830 ; *Ibid.*, vol. xvi, no. 1091.

(46) ヘンリ八世の称号は、一五四三年の法（35 Henry VIII, c.3）の制定により、正式に「ヘンリ八世、神の加護により、イングランド、フランス、アイルランドの王、信仰の擁護者、イングランド教会およびアイルランド教会の地上における至上の長（首長）」と定められた。近藤和彦編『長い十八世紀のイギリス　その政治社会』、二八頁。

(47) *Spa. cal.*, vol. vi, part ii, no. 100.

(48) *Spa. cal.*, vol. vi, part ii, nos. 41, 59, 74, 81, 94, 97, 101.

(49) *Spa. cal.*, vol. vi, part ii, no. 98. これは第一節でふれた史料⑤にあたる。この書簡はスペイン側に残されていたものであり、イングランド側には残っていない。

(50) Mr. de Courrières, 本名 Philippe de Montmorency。カール五世の王室の役人で、護衛隊長。カール五世からイングランドに派遣された特使である。スペインから帰国するウェストミンスター主教サールビーと共に一五四二年一〇月七日にイングランドに到着した。彼は一五四二年三月にも特使としてイングランドに滞在していた。

(51) *Spa. cal.*, vol. vi, part ii, no. 48.

(52) *L. & P.*, vol. xvii, no. 144, pp. 87 - 89, esp. pp. 87 - 89, B. L., Cott. MS., Galba.B. X.137. これは第一節でふれた史料⑥にあたる。*L. & P.* のこの文書は全文が記されておらず、省略も多い。この合意文書は全部で二五か条からなる。B. L., *Cott.* MS. には条項番号が付されていないが、*L. & P.* には付されている。この史料に関しては、本書書簡史料集史料四また写真3参照。

(53) *L. & P.* では Castel Novo と表記されている。アドリア海岸のコトル湾に面す。現在は、モンテネグロ共和国南西部の港町ヘルツェグノビ Hercegnovi。

(54) 一五四二年一〇月、イングランドはスコットランドへ侵入した。九月一一日に駐英フランス大使マリヤックはフランソワ一世に宛てた書簡の中で、「スコットランドとの戦争が始まることは疑いないです。イングランドは（対スコットランド戦の）準備を完了し、何時でも攻撃できる態勢であります。けれども、今年はフランス戦を開始しないようであります」と伝えている。フランス側は、イングランドのスコットランド侵入もそして将来の対仏戦も予測していた。*L. & P.*, vol. xvii, nos. 728, 770, *Kaulek*, 459, 461.

(55)　フランソワ一世からイングランドに派遣された特使ローベスパン Claude de l'Aubespine への指示書。一五四二年七月二〇日付。*L. & P.*, vol. xvii, no. 470, *Kaulek*, 431.

(56)　ヘンリ八世からフランソワ一世への書簡の草稿がイングランド側に残されている。一五四二年七月二三日付。*L. & P.*, vol. xvii, no. 523.「ロツリーの手による」と *L. & P.* には添えられている。この中でヘンリ八世は、フランソワが「ローマの司教（教皇）」に信頼を置いているということを述べ、フランソワ一世を批判している。

(57)　シャピュイから皇帝への書簡。一五四二年九月二日付。*Spa. cal.*, vol. vi, part ii, no. 57.

(58)　*L. & P.*, vol. xvi, no. 1090.

(59)　ジェイムズ五世の死（一五四二年一二月一四日）の後、スコットランド王妃の父にあたるギーズ公が特使としてスコットランドに向ったなど、フランソワ一世がスコットランドへの援助を始めたという情報がイングランド側に伝わった。*L. & P.*, vol. xviii, nos. 40, 46, 47, 57. またS・アダムスも以下の本の第六章の中で、スコットランド問題をイングランドの同盟締結理由として挙げている。P・コリンソン編／井内太郎監訳『オックスフォード ブリテン諸島の歴史 六 一四八五～一六〇三』慶應義塾大学出版会、二〇一〇年、二六四～二六六頁。筆者は、年代記も含めて当時のイングランド側の史料に当たったのであるが、スコットランド問題とアントウェルペン市場問題以外に明確なる同盟締結理由を探ることはできなかった。

(60)　スコットランド女王メアリ即ちメアリ・スチュワート Mary Stuart は、父ジェイムズ五世の死により、生後一週間でスコットランド女王に即位した。フランス王太子と結婚したが、夫の死により、一五六一年スコットランドに帰国した。

(61)　P・コリンソン編、前掲書、二六〇頁及び二九六頁。一五四四年九月、カール五世は密かにフランソワ一世とクレピーの和約を結び、ブーローニュ占領途上のヘンリ八世を裏切るが、ヘンリ八世も一五四六年、フランソワ一世とアルドル条約を結び、両国間に和平が実現した。

(62)　アントウェルペン市場におけるイングリッシュ・ブームに関しては井内太郎『一六世紀イングランド行財政史研究』広島大学出版会、二〇〇六年、二八四～二八九頁参照。

(63)　ネーデルラントの航海条例撤廃に関しては、*Spa. cal.*, vol. vi, part ii, no. 30 参照。

(64)　アントウェルペン市場の閉鎖に関しては、今井宏編『イギリス史　近世』山川出版社、一九九〇年、三〇頁参照。

(65)　今回の対仏戦に臨み、カール五世は王太子フェリペに宛てて、初めて遺言書を書いている。「今回の冒険は、余の名誉、威信、生命、財産にとってこのうえなく危険なものと思われる。神が余の魂をも損なわないことを切に祈る」。Álverez. M. F., *Corpus Documental de CarlosV*, n.2, CC II, 105（一五四三年五月四日付）.

(66) *L. & P.*, vol. xvii, no. 523.

(67) ブランディーは「カール五世が同盟を結んだ最大の目的は、ネーデルラント貿易維持」と言い、「カール五世の宰相グランヴェルがネーデルラント貿易やイングランドとの関係の重要性を進言した」と述べている。K. Brandi, *The Emperor Charles* V, pp. 409 - 414. ブロックマンズは「カール五世とイングランド王との伝統的同盟」であると、述べている。W. Blockmans, *Emperor Charles* V, p.73.

(68) 当時ヨーロッパでは、プロテスタント信仰の普及が高まり、プロテスタント勢力の急速な組織化が行われていたが、カール五世はそれを阻みたいという気持ちが強かった。カール五世は一五二〇年以来、ネーデルラントで何度も異端に対する「布告文」を発布し、スペインの異端審問所に倣う異端撲滅手段の組織化に着手し、プロテスタント関係の書物の焼却、発禁を行い、ルター派の財産没収を命じる布告を次々と発布した。またこの対仏戦後の一五四六年には、シュマルカルデン戦争（ドイツのプロテスタント諸侯との戦い）を開始した。

(69) カール五世は教皇パウルス三世への書簡の中で、自分とフランソワ一世との戦いにおいて教皇はフランソワ一世にあまりにも好意的であると、文句を述べている。*L. & P.*, vol. xvii, no. 677.

(70) *Spa. cal.*, vol. vi, part ii, no. 57, p. 124.

(71) *Spa. cal.*, vol. vi, part ii, no. 100.

(72) 近藤和彦編『岩波講座世界歴史　十六　主権国家と啓蒙』岩波書店、一九九九年、五頁、四三～四八頁参照。

(73) カール五世はこの同盟交渉に当たり、シャピュイを信頼していたようである。カール五世はシャピュイへの書簡の中で「余はあなたに約束する。その時々の状況、また不測の事態に即してあなたが余の名で規定したり、同意したりすることは何でも、余によって即座に承認され、批准されるものであることを」と述べている。*Spa. cal.*, vol. vii, no. 48.

(74) *Spa. cal.*, vol. vi, part ii, no. 100.

(75) シャピュイによる今回の同盟締結交渉を、グランヴェルもそしてカール五世も評価したようである。両者はそれまでにない評価をシャピュイに与えている。①グランヴェルのシャピュイに宛てた書簡、一五四三年三月五日付（*Spa. cal.*, vol. vii, no. 73)。「二月一二日付のあなたの手紙と、ネーデルラント総督が私に送って下さった（イングランド）王の委員たちとあなたの間で成立した条約の写し両方を受け取った。あなたシャピュイが遂に成し遂げることができた大いなる仕事を、神が褒めて下さいます様に。皇帝がこれをお聞きになって、お喜びになられることと、私は確信する。また今あなたが皇帝に対してした大きな奉公を、皇帝がいつか必ずお認めになられることと確信する」。②皇帝からシャピュイへの書簡、一五四三年四月一二日付（*Spa. cal.*, vol. vii, no. 129)。「シャピュイの部下シモンから、二月一七日付のシャピュイの二通の手紙、及びイングランド王の委員たちや代理人たちとあなたシャピュイとの間で余の名によって締結された条約の写しを受け取った。前述の条約締結に向けてあなたが示した勤勉さと手際の良さ，またあなたがした苦労や骨折りを十分に認める。今回あなたが余にしてくれた奉公は、これまでのこと以上に余が評価するものである」。

(76)　35 Henry Ⅷ, c. 3.

(77)　王太子エドワードとスコットランドの幼少の女王メアリの結婚問題は、一五四三年七月のグリニッジ条約により同盟締結されたが、後にスコットランド側により破棄された。

(78)　メアリ女王と王太子フェリペとの結婚交渉は、シャピュイの三代後任の駐イングランド皇帝大使シモン・ルナール Simon Renard（一五一三～一五七三、駐イングランド大使としては一五五三～一五五五）の尽力によるところが大きいといわれる。*Spa. cal.*, vol. xii, nos. 8, 12, 13 ; David Loades, *Oxford Dictionary of National Biography*, vol. 48, pp. 461 - 462.

終章　シャピュイの見たヘンリ八世期のイングランド

第一節　フランス、ベネチア、ミラノ大使の見たイングランド

いままでシャピュイの見たヘンリ八世期のイングランドを考察してきたが、この分析を深めるために同時期にイングランドに駐在したフランス、ベネチア、ミラノ大使の書簡とシャピュイの書簡をここで改めて比較検討してみたい。シャピュイの書簡と比べると残存しているとみられるこれら大使たちの書簡の数は少なく、またそれぞれの大使の任期には大きな差があるので、大使たちの書簡を一様に比較することはできないが、皇帝大使以外の駐イングランド大使たちの書簡を見てみたい。

まずフランス大使に関していえば、シャピュイの駐英中に四回の大使交代があり、五人が駐イングランド大使を勤めた。シャピュイがイングランドに赴任した際のフランス大使は、バイヨンヌ司教ジャン・デュ・ベレで、彼は一五三〇年に顧問会議メンバーになり、一五三二年にパリ司教、一五三四年にローマ大使、そして一五三五年には枢機卿に選出されている。デュ・ベレは既に一五二七年一一月から一五二九年二月まで駐イングランド大使を勤めており、彼の兄がその職を継いだ後、一五二九年五月から一五三〇年一月まで再び駐イングランド大使として赴任した。その後も四回特使としてイングランドに遣わされ、一五三二年四月に行われたヘンリ八世とフランソワ一世とのブーローニュ会談にも出席したほど、対イングランド外交に大きく関わった人物である。デュ・ベレの書簡を見ると、彼はフランスに関係するイングランド情報を中心にフランソワ一世やモンモランシー元帥に伝えている。デュ・ベレは主に、フランスと縁の深い枢機卿ウルジーの没落、カンブレーの和約、宝石「百合の花 fleur de lis」(1)の返還問題やフランスがイングランドに支払う年毎の支払金に関して報告している。彼がモンモランシー元

帥に伝えた情報の多くは、枢機卿ウルジーの没落に関することである。ウルジーが国璽を取り上げられ、議会において全く影響力を失ったということ、彼の全財産が没収され、ノーフォーク公が顧問会議長にされたことがデュ・ベレのモンモランシー元帥への書簡には記されている。デュ・ベレはイングランドにもたらされた外国からのニュースも本国に伝えてはいるが、トルコに関するものが主であり、それはフランスとトルコとの関係の深さが影響していると考えられる。また彼はヘンリ八世が国中から議会に議員を招集していることなども伝えている(2)が、デュ・ベレの書簡には、シャピュイの書簡にあるようにイングランド議会開催の様子や、議会開催の目的、議会での審議に関することは記載されていない。またデュ・ベレが他の者を使って議会の動きを探ろうとはしていないことも明らかである。シャピュイは議会開催の目的として、すべての聖職者に反対する法律の制定や、王が以前イングランド人民に借りていた二〇〇万ポンドの借金の返済を免除する法の制定を挙げており、それらの法案が議会を通過したことに関しても報告している(3)。またデュ・ベレの書簡には、シャピュイの書簡にあるようなイングランド内での教会改革、聖職者への罰についての記述も見られない。シャピュイは赴任して間もないこともあり、イングランドの情報をできるだけ多くカール五世に伝えたいという強い意志が彼にはあったのではないかと考えられる。シャピュイは王妃キャサリンや王女メアリの権利を守るべしというカール五世の命令を守るとともに、イングランド内の政治状況、教会の動きまたイングランドへの外国からの働きかけに相当注意を払っていたと理解される。この時期のデュ・ベレまたシャピュイの書簡を見ると、両大使とも相手の大使の動きには神経を使っていたようである。デュ・ベレが皇帝大使シャピュイの行動に深い関心を抱いていたことは明らかである。それでも大使間の交流は保たれており、大使同士で話し合いがもたれたこともシャピュイの書簡には記されている(4)。時には両大使が情報交換したことも考えられる。

次の駐イングランドフランス大使はジル・ド・ラ・ポムレイエ Gilles de la Pommeraye であり、彼は一五三〇年二月から一五三四年二月まで駐英した。ポムレイエが伝えるイングランド情報の主なものは、イングランド議会での動きである。議会がイースター後まで延期されたこと、以後教皇が初年度収入税を得ることができないだろうということ、その収入税を集める徴税所 Collecterie が閉鎖されるであろうことを彼はオーセル司教フランソワ・ド・ディントヴィル François de Dinteville に伝えている(5)。ただポムレイエは、一五三三年四月に制定された上訴禁止法に関しては、何も記していない。ポムレイエ駐英中の一五三三年五月に特使としてイングランドに派遣されたジャン・ド・ディントヴィル(6)が五月二三日に上訴禁止法制定のことを報告しているものの、ディントヴィルは、イングランドでは今後この法により教皇以外の者にも結婚に関する上訴ができるようになるという内容だけをフランソワ一世に伝えている(7)。この時期のフランス大使や特使の書簡を見ると、大使たちは「条件付き初年度収入税禁止法」や「聖職者の服従法」「上訴禁止法」が議会で可決されるに至った経緯を伝えてはいない。シャピュイが伝えるように(8)議員は王の意向で選出されていること、王側が多くの議員票を獲得しようと工作していること、議会で聖職者に対しヘンリ八世を「イングランド教会の首長である」と認めさせる法律が制定されたこと、上訴禁止法案が議会でどのように議論されたか、それに対してどのような反対意見があったか、王の側近たちがこの法をどのように利用しようとしたかに関しては、フランス大使たちは全く報告していない。

ポムレイエの後を継いだのが、タルブ司教のアントワーヌ・ド・カステルノー Antoine de Castelnau である。カステルノーは一五三五年六月から一五三七年一一月まで駐イングランド大使を勤めた。カステルノーがイングランドに赴任した直後、アン・ブーリンの没落という事件が生じ、彼の秘書ランスロット Lancelot はアン・ブーリンの裁判と処刑を実際に見学し、それを詩に詠んだほどである。そしてカール五世やフランソワ一世がイングランドとの同盟を模索していた一五三六年六月三〇日、シャピュイとともに宮廷に呼ばれ、各々同盟についての意見を述べるようにイングランド側から要求された時のフランス大使が、カステルノーなのである。彼は、フランス王がマドリード条約やカンブレー和約で理不尽な約束を強いられたこと、カール五世がプロバンスを侵略しようとしていることなどカール五世に対する不満を訴え、その中でカール五世が「普遍君主国」を築くことを目指しているとイングランド王や顧問官たちの前で訴えたのであった。シャピュイはカステルノーの駐英中、キャサリン王妃の死去、王女メアリに対するヘンリ八世の厳しい服従要求、議会で「ローマの司教を消滅させる法」や「ローマによる特免状を解除する法」が制定され、またアン・ブーリンの子がメアリと同じく庶子であると法定されたことにふれているが、カステルノーはそれらの問題には特に注目していない。カステルノーの駐英中フランソワ一世はカール五世との戦争状態にあったため、彼の書簡の中には、フランソワが各地で戦勝したことをヘンリ王に伝えたことが度々記されている。カステルノーは一五三六年七月二二日付や九月一〇日付のモンモランシー元帥への書簡の中で、皇帝大使（シャピュイ）がカール五世との同盟を結ぶよう執拗にイングランド王に働きかけていることを伝えており(9)、カステルノーがシャピュイの外交活動を非常に警戒していたことが、よくわかる。シャピュイもフランス大使の動向には細心の注意を払っていたことが、彼の書簡から読み取れる。

ルイ・ド・ペロー（カスティリョン）Louis de Perreau, Sieur de Castillon がカステルノーの後を継いだのは一五三七年一一月であり、その後一五三八年一二月まで駐イングランドフランス大使を勤めたのであった。彼の在任中もフランスはカール五世との戦争状態にあったため、彼の書簡にはフランスとの同盟を求める嘆願をヘンリ八世にくり返し行ったことや、ジェーン・シーモア亡き後のヘンリ八世にギーズ公の娘であるヴァンドーム嬢との結婚を促した内容が綴られている(10)。しかし、シャピュイのカール五世への書簡は一五三六年一〇月の恩寵の巡礼以後途絶えているので、ペローの書簡内容をシャピュイのそれと比較することはできない。

ペローの後にイングランドに駐在したフランス大使は、シャルル・ド・マリヤックである。マリヤックは一五三八年一二月から駐英し、一五四三年一月に帰国したが、その後一五五三年まで彼の後任はイングランドに現れなかった(11)ため、一五四五年にイングランド大使を離任したシャピュイにとっては、マリヤックが、最後に接したフランス大使であった。マリヤックの名はシャピュイの書簡にも頻繁に登場するが、非常に野心的な大使であったようである。彼は初代駐トルコ大使を勤めたのち、即イングランドに派遣された。マリヤックの至急公文書の話題の中心を占めるのはイングランドとの同盟交渉、イングランドの軍事状況はじめ戦争への動き、皇帝大使シャピュイの動向、オルレアン公と王女メアリの結婚問題、イングランドの対スコットランド戦問題、スコットランド大使に関する情報である。また彼はヘンリ八世の四番目の妻アン・オブ・クレーヴェとの結婚や、トマス・クロムウェルの突然の没落の様子、イングランド国内で行われた王への貸付金、議会での動きも報告している。マリヤックの駐英はカール五世とフランソワ一世との第四回目の戦争に至る緊張した時期であり、シャピュイもマリヤックもヘンリ八世との同盟締結に必死になっていた。しかしシャピュイと比較した場合、マリヤックはすぐに同盟交渉には進まず、初めはイングランドの軍事状況を探るのに夢中であったし、またイングランドとスコットランドとの関係に非常に注目していたことが理解される。シャピュイもマリヤックも共に相手の行動、特に相手の大使とイングランド王や顧問官との接触には非常に神経を尖らせていた。一五四二年六月にシャピュイがイングランドからの要請を受け、イングランド側に不利な航海条令撤廃のためネーデルラントに出発したときなど、マリヤックはこれを非常に苦々しく思い、次のようにフランソワ一世に伝えている。「フランドルに旅した皇帝大使〔シャピュイ〕のやり方について話させてください。普通の大使が王の家に住み、密かに夜、宮中の紳士数人に付き添われて王の輿に乗って出発し、イングランド船に伴われて海を渡り、上陸し、体は使わずただ口舌のみを使い、通常の急使のようにイングランドにとんぼ返りしたのです。これはまるで皇帝が派遣した最重要人物のような扱いだと、どこでも受け止められています」(12)。このようにマリヤックはイングランド側とシャピュイとの関係を非常に警戒している。この一五四二年には一五二九年時のように両大使が会談するようなことは全くありえず、相手に関する情報を得ることに夢中であった。この一五四二年は、大使たちの国が比較的平和な関係にあった一五二九年とは大きく異なっていた。この時期にイングランドに派遣された常駐大使マリヤックは狡猾ともいわれる人物で、特にライバル心旺盛な行動的な大使であったようである。

以上シャピュイ駐英中のフランス大使たちの書簡を見てきたが、これらの書簡から言えることは、フランス大使たちの関心はフランスの利害と直接結びつくものが中心であり、シャピュイのようにイングランド内の政治状況や議会での出来事、宗教上の変化に特に注目してそれを重要問題として報告していたわけではないということである。

ベネチア大使に関していえば、シャピュイ駐英中三人の大使が駐イングランド大使を勤めた。シャピュイが赴任したときの大使は、ロドヴィーコ・ファリエール Lodovico Falier であり、ファリエールは一五二九年二月から一五三一年三月まで駐英した。ファリエールの書簡には、枢機卿ウルジーの没落のほか王の離婚問題解決のため開かれた議会に関する記述が多く残されている(13)。ファリエールの後任はカルロ・カペッロであり、カペッロは一五三一年三月から一五三五年四月まで駐英し、カペッロの後はジロラモ・ズッカート Girolamo Zuccato が一五三五年四月から一五四四年九月まで駐イングランド大使を勤めた。三人の大使の書簡は、ベネチア総督宛に送付されており、三人ともベネチアの「十人委員会」(14)から派遣されてイングランドに遣わされた常駐大使であった。三人の大使の書簡を比べると、ベネチアの外交文書を編纂した *Ven. cal.* の中に一番多く残されているのはカルロ・カペッロの書簡であり、ジロラモ・ズッカートの書簡は、何故かほとんど残されてはいない。シャピュイ在任中、ベネチアはイングランドと比較的良好な関係にあった。ヘンリ八世やイングランドの顧問官たちがベネチア大使と関わりを持ったのは、主にガレー船交易による商業活動について協議する時(15)、ヘンリ八世の離婚についてパドワ大学の賛意を得るようベネチア総督の協力を求める時、一五三二年四月に行われたイングランド王とフランス王とのブーローニュ会談に関する情報をイングランド側がベネチア大使に与えた時、一五三三年六月のアン王妃（アン・ブーリン）の結婚祝賀会にヘンリ八世がベネチア大使を招いた時等である。ベネチア大使がイングランド側に対し積極的に外交活動を行っている様子は見られない。シャピュイも、ベネチア大使はイングランドであまり重んじられてはいなかったと記している(16)。

ベネチア大使たちの書簡から言えることは、第一に大使の本国に送る書簡にはイングランド内の通常の出来事に関する報告も多く含まれているということである。特にカペッロの報告を見ると、その中にはイングランド国内で生じた出来事が詳しく語られているのに驚かされる。確かにシャピュイと同じようにカペッロもヘンリ八世の離婚に関する動きやイングランドで議会が開かれたこと、議会で王の離婚に関する法が制定されたこと、トマス・モアが大法官職を辞したこと等を報告している。またカペッロ駐英中に上訴禁止法が制定されたが、すでに述べたようにカペッロは議会に提出された上訴禁止法案のことをシャピュイと同じ一五三三年三月三一日にベネチア総督に伝えている(17)。カペッロは上訴禁止法案に関して、イングランド内では教皇への上訴が禁止され、教皇の権威が奪われようとしていること、教皇がイングランド王の離婚に同意しないのならば、イングランド人は教皇への従順を捨て、この問題を自分たちで解決するだろうと記している。カペッロがイングランド王の離婚問題に相当注目していたことは、確かである。そしてまたヘンリ八世がドーバーを視察し、ロンドン塔の防備を強化してイングランド防衛に精力を注いでいること(18)、イングランドとスコットランドとの国境地帯での紛争が断続的に続いていること(19)も、シャピュイと同様、カペッロは詳細に記述している。それに加えて、カペッロの書簡にはそのほかにロンドンでペストが非常に流行していたこと、異端的な修道士が生きながら焚刑に処されたこと(20)、彗星が現れたり人の頭ほどの大きな火の玉が天から降ってきたり超巨大な魚がテムズ川から引き揚げられたりして、人々がそれらを不吉なことととして恐れたこと(21)等も書かれている。シャピュイの書簡にはこのようなイングランド内における日常的な出来事はほとんど見られない。カペッロは政治や宗教や軍事問題のみならず、イングランドの人々の間で話題になった出来事にも深い関心を寄せ、それをベネチア総督に報告していたことが理解される。ヘンリ王の離婚問題というイングランドの大問題に常に携わっていたシャピュイとは異なり、カペッロはイングランドの一般の人々が抱いた関心にまで目を向けられる余裕があったとも考えられる。

ベネチア大使の書簡のもう一つの特徴は、イングランドの国際関係に注目し、しかも極めて客観的な立場でそれを記述しているということである。カペッロの書簡を見ると、イングランド王女のオルレアン公との結婚問題、反ハプスブルク同盟結成の動き、フランスから特使が渡英したこと、イングランドのスコットランドとの外交交渉、イングランドに宗教改革者メランヒトンが到着したこと、ダンツィヒ(22)の人々が武装してスコットランドと同盟を結ぼうとしていること等がイングランド関連情報として記されている。シャピュイの書簡にもイングランドの外国との交渉は詳しく書かれているが、当時イングランドとそれほど深い関りを持たなかったベネチア大使の書簡はより冷静な立場でそれを捉えていると判断される。またベネチア大使の書簡をフランス大使のそれと比べた時、ベネチア大使の方が概してイングランドの外交面により注目していると言えよう。そしてベネチア大使の書簡の中には、ベネチア大使がフランス大使と接触して情報を得たことがしばしば記述されているが、シャピュイとの関わりについての記載はほとんど見当たらない。当時ベネチアがフランスと良好な関係にあったことが大使の書簡から見て取れる。

シャピュイ駐英中のミラノ大使はアウグスティーノ・スカルピネッロ Augustino Scarpinello 一人である。スカルピネッロは一五二五年から駐英し、一五三二年には帰国して彼の後任は補充されなかったため、ミラノ大使が君主ミラノ公フランチェスコ・スフォルツァ二世に宛てた書簡はスペイン、フランス、ベネチア大使たちの書簡と比べて非常に少ない。またミラノ大使がノーフォーク公や他の顧問官たちに接したことはスカルピネッロの書簡の中で記されてはいるものの、彼がイングランド王に謁見したという記述は見当たらない。シャピュイによると、ミラノ大使もイングランドではあまり重んじられてはいなかったようである(23)。スカルピネッロは彼の書簡の中でヘンリ八世の離婚問題や枢機卿ウルジーの没落、王女メアリが成長した状態また聖職者への五〇万クラウンの課税についての噂等にも言及しているが、特に彼は一五三〇年や一五三一年のイングランド議会に注目してミラノ公に報告している。スカルピネッロは一五三一年の議会に関して、以下のことを伝えている。既に議会を通過した法でも公にされていない法もあるということ、特に教会の問題に関しては、イングランド王は法を公にすることよりも法として制定すること自体の方に利があるとして、その制定に満足しているだろうと考えられるということ、離婚に関する議論が議会でなされた時、不誠実な好色的な動機で王は離婚を求めたのではないかという王に悪意を抱く者の意見をロンドン司教（ジョン・ストークスリー）とリンカーン司教（ジョン・ロングランド）が論駁したこと、そしてこれら二人の司教たちは、王は正直で正当かつ清い動機でこの問題を進めており、キリスト教世界で教会法とローマ市民法を学んだほとんどすべての人々によってこのことは認められているのだと主張したということである(24)。

シャピュイの一五三一年の議会に関する報告を見ると、彼は、王妃キャサリンがこの議会で自分の離婚問題が審議されることを非常に恐れていたこと、王側が王妃を擁護する者に対して工作をしている恐れがあること、また聖職者に対してヘンリ八世を「イングランド教会の首長である」と認めさせる法律が議会で制定されたこと等を伝えている。ミラノ大使のように議会で制定された法が公にされていない疑いがあるということ、議会で実際にどのような議論がなされたかということに関する情報をシャピュイは提供していない。ミラノ大使は、議会での動きをも含めて伝えており、彼がイングランド議会に深い関心を寄せていたことが窺える。ミラノは当時カール五世と良好な関係にあり、ミラノ大使も、カール五世の叔母とイングランド王との離婚問題の進展に重要な役割を担っていたイングランド議会の動きに大きな関心を抱いており、しかもシャピュイよりも距離を置いてそれを眺めていたと考えられる。ただ、スカルピネッロは一五三二年に帰国しているため、一五三三年の上訴禁止法制定に関しては何も語ってはいない。

以上、シャピュイと同時期にイングランドに駐在したフランス、ベネチア、ミラノ大使の書簡を検討してきたが、それぞれの大使が伝えるイングランド情報はその国の置かれた状況により多様なことが、これらの書簡の比較から明らかである。シャピュイの書簡は当然カール五世の利益に関わる情報が主であるが、これらの大使たちの書簡を見てみると、大使の君主たちがその時期、イングランドのどこに注目していたのか、イングランドに対して何を求めていたのかを探ることができる。また大使たちが自分の君主に対してどのような働きをしていたのかもこれらの書簡から推測することもできると考えるのである。

第二節　結　論

本書では十六世紀前半、ヘンリ八世期にカール五世の駐イングランド大使ウスタシュ・シャピュイがイングランドと外交を行う中で、イングランドのどこに注目したのか、シャピュイの報告を受けたカール五世はイングランドに対する外交をいかに推進したかを考察してきた。そのため本書では、イングランドがヘンリ八世の離婚問題を契機にローマ教皇庁から離反することを宣言し、実際に離反し、その後カール五世と同盟を結んで対仏戦を行った全過程を、シャピュイの目を通して眺めた。シャピュイの視点の影響を探るために、シャピュイを遣わしたカール五世のイングランドに対する要求をも合わせて探った。またシャピュイの視点に関する考察を深めるため、イングランド内の事情をイギリスに残された史料や駐イングランドフランス、ベネチア、ミラノ大使の書簡から検討することも行った。

第一章では、イタリア戦争後西ヨーロッパの国々が常駐外交使節制度を採用する過程、カール五世の常駐大使と外交制度の整備についての概要を示した。カール五世にとって、近代国家に向けての制度を整えることと常駐外交使節制度の確立とは一体となっていた。第二章では、シャピュイの駐イングランド大使としての活動を考察するために、十五世紀末から一五二九年までのイングランドとハプスブルク宮廷との関係、シャピュイまでのカール五世のイングランド常駐大使、シャピュイの経歴、使命と活動、情報源、書簡について記した。イングランドとハプスブルク宮廷との良好な関係は一五二六年のマドリード条約以後崩れ、ヘンリ八世の離婚問題が生じてからはカール五世との対立が深まった。カール五世から与えられたシャピュイの使命はイングランドとの関係を維持しながらキャサリンの権利を守ることであった。このように考察の前提となる事実を確認したうえで、第三章では、一五三三年春にイングランドで制定された上訴禁止法に対してシャピュイがどのような観点から眺め、カール五世に報告したか、また報告を受けたカール五世がどのように受け止めたのかを考察した。その結果、シャピュイはこの法をあくまでも王妃キャサリンの問題との関連で取り上げられており、またこの時期のカール五世による対イングランド外交政策は、キャサリンの離婚訴訟に対する関心、経済的問題、教皇やカール五世の威信維持のみを軸として展開されている。しばしばイギリス史研究で指摘されてきたように、この法がイングランドの国制を大きく変える画期的なものであるという認識は、少なくとも当事者の一方であるカール五世側にはほとんどなかったといえよう。またこの時期に駐英したベネチア大使やフランス大使の書簡を見ても、この上訴禁止法はあくまでもヘンリ八世の離婚問題の展開やフランス王と教皇とのニース会談開催との関連のもとで捉えられていた。

第四章では、国王至上法制定後の一五三六年から一五三八年までのカール五世とフランソワ一世との第三戦期を扱った。対仏戦を開始したこの時期、カール五世のイングランドに対する最大の関心事はヘンリ八世との和解であり、対仏同盟を結ぶことであった。カール五世はイングランド外交において、宗教問題を棚上げにしてもイングランドとの連携を進めたいと次第に考えるようになった。シャピュイの書簡に見られるイングランド側が抱いた主な関心事は、第一にイングランド独自の宗教体制を築き、それを国際社会に認めてもらうことであり、第二にその実現のための外交カードとして中立政策をとることであり、第三に王女メアリをイングランドの法と王に服従させ、メアリを外交カードに用いようとしたことである。このように一五三六年から一五三八年にかけてのシャピュイの書簡からは、今までのイングランド史研究では取り上げられることのなかった注目されるべき新事実が明らかとなった。これらシャピュイの書簡が明らかにした事実は、イングランドが独自の宗教体制から後戻りすることは決してないという主張を繰り返し表明し、国際社会にもそれを認めてもらうこと、そしてカール五世と対等な立場で交渉するという強気の立場をとることにより、主権国家としての伸長を目指していることを意味していた。第五章では、一五四三年二月のカール五世とイングランドとの対仏同盟に向けてのシャピュイとイングランド側との交渉を、史料の検討により考察した。カール五世によるイングランドとの同盟交渉は、教皇はじめカトリック勢力の意向に最大の配慮を払い、臣民のカトリック信仰維持を強調しながら、対仏戦に向けてイングランドと同盟を結ぶことを目指したものであった。イングランド側の事情に関しては、継続中の対スコットランド戦において一五四三年一月からスコットランドに援助を与え始めたフランスに対し攻撃を加える必要があった上に、かつて壊滅的被害を受けたことのあるアントウェルペン市場を守るため、急遽譲歩してでもカール五世と同盟を結ぶことを選んだ。この交渉においてシャピュイは、カール五世が一番重視する宗教問題に関しては、イングランド側の同意を得たのであるが、イングランド側が用いた「イングランド教会の首長」という王の称号問題を黙認し、条約締結文に調印している。このことは、シャピュイが相手の意向を尊重し、同盟締結を実現させたいと強く願っていたことを意味している。シャピュイ自身はこの称号を用いることを拒否したが、イングランド側もそれに反対せず、互いに別々の称号で条約締結が行われたことが、シャピュイの書簡には示されている。今回のこの同盟がお互いの宗教問題を棚上げにして、妥協することにより締結されたことは明らかである。なお注目すべき事実として、イングランドがこの条約締結直後の議会で王の称号に関する法を制定し、ヘンリ八世の称号は正式に「ヘンリ八世、神の加護により、イングランド、フランス、アイルランドの王、信仰の擁護者、イングランド教会およびアイルランド教会の地上における至上の長（首長）」(25)となったことがあげられる。

以上みてきたように、本書の研究は、イングランド駐在大使の書簡を丹念に読み分析することで新事実を明らかにするとともに、イギリス史における通説に対し、同時代における外国からの視点を導入することでいくつかの修正を提示するという意義を持っていると考える。それをあらためて述べるとすれば、以下のようになろう。イギリス史において、イングランドの主権主張を初めて明白な形で示すものとして注目されてきた一五三三年の上訴禁止法は、外国人のシャピュイにはイングランドの国制を変えるという画期的なものとしては受け止められず、擁護する王妃キャサリンの権利維持との関係で捉えられていた。更にイングランド教会のローマ教会からの分離、独立は、一五三四年の国王至上法の制定で確定したというイギリス史研究者の主張に対し、一五三六年の時点でも国際社会はイングランドが反カトリック国になったという認識はそれほど持っていなかったことをシャピュイの書簡は明らかにしている。一五三六年のカール五世とヘンリ八世との関係回復に向けての交渉に関しては、イギリス史研究者が、この時期カトリック世界からの反撃を恐れていたというイングランドの防衛的態度を強調するのに対し、シャピュイの書簡からは、ローマ教会を拒絶するという姿勢を保ちつつ、単に防衛的態度を示していたのではなく、主権を主張する外交をイングランドが展開していたことが明らかとなった。国際社会でのイングランドの宗教的立場という観点からすると、むしろ一五三六年から一五三八年までの期間こそ、周辺国からの数度の勧告にもかかわらずローマ教会への帰順を拒絶することにより、イングランドが国際社会における自らの宗教的立場を確たるものとした、極めて重要な時期であったといえよう。さらに一五四三年の対仏同盟締結にあたっては、イングランドが継続中の対スコットランド戦への影響とアントウェルペン市場の防衛という経済的要素を重視して譲歩し、急遽同盟締結に動いたことが明らかとなった。イングランド側の同盟条約文書における「イングランド教会の首長」という称号利用をシャピュイが黙認したことが、その後すぐの会期におけるイングランド議会で王の称号を正式に制定することにつながったと考えられる。

ここで、本書全体を通じて明らかになったイングランドとスペインの外交姿勢や両国関係についてまとめてみたい。宗教改革期におけるヘンリ八世によるイングランド外交の主眼は、ハプスブルクとヴァロワというヨーロッパの二大勢力の争いを利用しつつ、自身の離婚問題に端を発したイングランド国制の変化を国際的にも認めさせ、国際社会での主権の主張を目指すことにあった。上訴禁止法に関する議論で今まで考えられてきたように、イングランドはヘンリ八世の離婚前から主権国家として力強く歩み出していたというよりも、主権国家の兆しを示し始めているものの、あくまでも二大勢力のどちらかとの提携、もしくは両勢力との間で均衡を保ち、ヘンリ八世の離婚後、徐々に主権を主張しはじめたのである。プロテスタント勢力という第三勢力への接近も見られたが、この当時のイングランドにとっては二大勢力との連携がイングランド外交の基本であった。

カール五世による対イングランド外交の主眼は、イングランドとのこれまでの関係を維持し、できれば対仏同盟を結ぶことにあった。カール五世にとってイングランドとの関係は決して最重大な案件とはいえず、イングランドがカトリックであった間は、キャサリンや王女メアリという自分の親族の処遇と権利を守ることに主眼を置いたが、イングランドのローマ教会からの離反後、特に対仏戦争開始後は、イングランドとの関係を重視するようになり、教皇との関係や自分の臣民のカトリック信仰維持に重点を移した。その間イングランドとの通商の維持は、重要な目的であり続けた。ここからすると、カール五世はイングランドを第一にフランスとの関係で見ていたのではないだろうか。フランスとの関係が保てた一五三〇年代初めはキャサリンを擁護しているものの、対仏戦争が生じた一五三六年からは自分の親族の処遇問題以上にイングランドとの対仏同盟を求め、一五四二年からは王女メアリの問題は影をひそめてイングランドとの同盟を何よりも願うようになった。しかしその一方で、カール五世が王女メアリをポルトガルの王子と結婚させることによりイングランドをカトリックに戻そうとしたことには、カール五世のイングランドに対する別の意図もあったと考えられる。自分の親族をイングランドの王位につけることにより、将来自分や自分の家門の覇権をイングランドに及ぼすことを願っていたのであろう。その上カール五世は、イングランドをカトリックに戻すことにより教皇の愛顧を得たいと願うとともに、カトリックの擁護者である神聖ローマ皇帝としての自分の権威を高めたかったのであろう。カール五世は自分の権力拡大構想の中でイングランドを捉えていたと考えられる。

イングランドとハプスブルク宮廷とは十五世紀以来関係が深かったが、ヘンリ八世の離婚問題で対立が激しくなった。だがその後両者は自らの宗教的立場を維持しつつ、また自らと信仰を同じくする者たちとの関係に最大の配慮をしつつ、共通の敵フランスと戦うため、一五四三年には同盟関係を結び、従来の関係を回復したのであった。この時期のイングランド外交は、カール五世とフランソワ一世との間を行き来するが、基本的にはカール五世との提携を重視し、フランスに対抗することにおいてカール五世と一致していたと考えられる。それには、フランスとの同盟関係を維持し、イングランドの敵対関係を続けるスコットランドの問題が極めて大きな要素であったことは間違いない。またネーデルラント貿易が、イングランドとスペインとの関係にとって極めて重要な課題であった。

以上のようにシャピュイの書簡をもとに両国の外交姿勢や外交関係をまとめてみると、十六世紀前半のイングランドに対する見方の再考が今後必要なのではないだろうか。イングランドに対する見方は、当時のイングランド内とイングランド外とでは捉え方が異なっていた。そうだとすれば、イギリス史研究者によるこの時代の理解に関しても、改めて問い直す必要があるのではないだろうか。エルトンに代表されるイギリス史研究者の主張するヘンリ八世の宗教改革時代のイングランドの姿は、イングランドがヘンリ八世の離婚以前から主権国家を宣言し、主権国家実現に向けて力強く歩み出したというものであった。しかし、当時の大国スペインからみたイングランドはそれとは別のものであると、シャピュイの書簡は語っている。国外から見ると、ヨーロッパの二大勢力が覇権を争う時期、イングランドは生き残りをかけて外交を展開していたと考えられる。ローマ教会からの独立を目指す幼弱な王国(26)イングランドは、持てる限りの外交技術を用いて、王女メアリの処遇や正嫡の問題またフランスとの提携を外交のカードにして、大国スペインと外交交渉を行い、自国の主権を主張しようとしていたのであった。ヘンリ八世の顧問官たちは一五三〇年に教皇大使に対し「イングランド王はこの国（主権国家エンパイア）の主（皇帝）Emperor であり、教皇 Pope である」と主張し、一五三一年にもノーフォーク公は「イングランド王は Emperor であり、君主 Monarch である」という発言をしたと、シャピュイの書簡には書かれている。これはイングランドがローマ教皇庁に挑み、王の離婚問題をイングランド国内問題として解決しようとしていたことを示すものであろう。自国の主権を認めてもらうことをねらって、イングランドは Emperor という語をあえて用いたと考えられる(27)。そもそも Empire の語源である Imperium は、ローマ帝国時代に帝国としての領土的空間に対する究極の完全不可分の権威を意味するようになったが、近世ヨーロッパにおける Imperium の要求は、外部勢力に対してであろうと、内部の競争者に対してであろうと、独立を主張することであったと、アーミテイジは言う(28)。また中世後期と近世の為政者たちが求めた Imperium は、優越性をめぐって皇帝あるいは教皇と争う意図を示したのではなく、外部干渉からの独立と、内部の競争者に対する優位を要求した(29)と、彼は述べる。この主張に従うならば、イングランドの顧問官たちは、まさに外部干渉からの独立を目指していたことになる。しかしすでに述べたように、フランスでは十四世紀からそしてスコットランドでも十五世紀からこの Emperor という語が自国の王を示す言葉として用いられていることをカール五世側も知っていたとみられることから、イングランド国以外で Emperor という語の与える影響力は薄いと考えられる。

一五三六年には、既に駐イングランドフランス大使が発した「皇帝は普遍君主国をめざしている」という言葉をヘンリ八世は特に取り上げてカール五世に揺さぶりをかけ、自筆の手紙を求め、「イングランド教会の首長」という王の称号をシャピュイに示すなどカール五世に対し高圧的な態度を示して、スペイン側を牽制しようとした。そのように相手の譲歩を引き出すことにより、ローマ教会への帰順を拒み続けるイングランドは、国際社会における生き残りを図ったとみられる。そして宗教改革政策の遂行が一段落し、国内の統一へと目を向けはじめた一五四三年には、スコットランドを支援するフランスに対抗し、ヘンリ八世はカール五世と同盟締結をした。イングランドは王の称号問題を一時棚上げにしてでも、対仏戦への道を選んだ。このようにローマ教会に対抗し、ローマからの独立を実現し、自国の主権を維持するために幼弱な王国イングランドが決死の覚悟で臨んだ姿を、カール五世の大使シャピュイの目は捉えた。シャピュイ大使の伝えるイングランドは、幼弱な王国イングランドがその生き残りを求めて、そして国際社会における極端な孤立を避けようとして、大国スペインとの提携を模索する姿を示しているといえよう。シャピュイの書簡に示されたイングランドは、虚勢を張ったり、相手国を揺さぶったりしながら、十六世紀前半のめまぐるしく変化する国際情勢の中で、自国の宗教体制を変え、主権を主張し、国際社会に自国の新体制を認めてもらいたい弱小国の姿を明らかにしていると考える(30)。そして弱小国ながらも主権国家としての道を歩もうとするイングランドの姿を、スペインの外交官シャピュイの目は捉えていたのである。

この考察の結果、ヘンリ八世の宗教改革期はイングランドにとっては重要な変化の過程であるが、国外から見ると、上訴禁止法に示されたEmpireの主張の根拠は薄いと考える。エルトンに続く研究者たちはエルトンのEmpireという一点のみを取り上げているが、エルトンの真意をすべてくみ取ったのではなく、一部のみに注目しているのではないかと思われる。本書の検討をふまえてエルトンの解釈について理解を加えるとするならば、次のように考えられる。「イングランド王は（イングランド王国内では）Emperorである」という主張は、教皇による離婚問題への介入を防ぐ論理として、イングランドでは一五三三年以前から、少なくとも一五三〇年から用いられており、カール五世もそのことをシャピュイの書簡を通じて承知していた。イングランドは、まず国内向けに、議会を通しての上訴禁止法により、イギリスの国制として王権の至上性を明確にし、一五三六年の条約交渉やそれにつぐ一五四三年の秘密条約という形ではあるものの、「イングランド教会の首長」という王の称号により対外的にもその主張を公的に明文化して示すことで、「主権国家」としての確立を図ったのではないだろうか。

第三節　課題と展望

本書ではシャピュイやカール五世、ヘンリ八世の書簡を中心に、以上のような考察を行った。十六世紀前半のイングランドに対する外からの視点の考察をさらに深めるためには、今後次のような論点が有効であると考える。

第一に、シャピュイの見るイングランドとスコットランドとの関係である。本書では大陸から派遣された人間がイングランドをどのように見ていたのかという視点を取り上げたが、シャピュイの書簡にはスコットランドに関する情報も多く載せられている。特に第五章の同盟問題では、イングランドがスコットランド問題に専念していたことをシャピュイは捉えていたのである。特に近年、十六世紀の「三王国論」（イングランド、スコットランド、アイルランドの三王国関係論）がイギリス史研究において注目されており、イングランドとスコットランドとの関係に注目せずにこの時期のイングランドを考察することはできないと考える。シャピュイがスコットランドとの比較でイングランドをどのように捉えていたのか、スコットランドをどのように見ていたのかということを考えることは、この時期のイングランドが目指すイングランド主導の国家形成への大陸側の視点を考察するときの大きな鍵になると思われる。

第二に、君主と国の宗教に関する問題である。カール五世のシャピュイ宛の書簡には、カール五世が数度にわたってヘンリ八世にカトリックに帰順することを勧告していることが記されているが、カール五世はヘンリがカトリックに帰順すれば、イングランドはカトリック国に復帰すると考えていたのであろうか。本書でイングランド宗教改革の要因に関する学説史を述べる際、「宗教的要因」としてイングランドではヘンリ八世の離婚問題が生じる以前から、人々の間で反カトリック感情、反聖職者感情が強く、それがイングランドのローマ教会からの離反の主な原因になったと説く研究者の意見を示した。この「下からの改革」問題に対し、君主と宗教の関係はどのように考えられるのであろうか。一五五五年のアウクスブルクの帝国議会では、「一人の支配者のいるところ、一つの宗教」として、その領邦の宗教はその領邦君主の宗教によって規定されることが決められたが、カール五世の書簡を背景としてイングランド宗教改革の過程を眺めることが今後必要ではないだろうか。

更にイングランドが深く関わったこの十六世紀前半の国際社会を理解するために、以下の課題が残されていると考える。

第一に、十六世紀前半の神聖ローマ皇帝の皇帝概念に関するものである。本書第三章で、皇帝顧問会議において「イングランド王妃キャサリンに関することは皇帝の私的な問題である」という意見が出されたが、この時期の皇帝には公的な面と私的な面がどのように関わっていたのであろうか、という問題が残る。カール五世が実際に直面していたことは公的な問題と私的な問題に区別されるのであろうか。カール五世のこの時期の政策を考察する上で、この皇帝という概念を再考する必要があると考える。

第二にカール五世の駐ローマ大使や駐ポルトガル大使にはどのような人物が起用されたのかを調査し、分析することである。既に駐イングランド大使や駐フランス大使に関しては、資料一、資料二で示したが、駐ローマ大使や駐ポルトガル大使に関しても、このように赴任期間や出自、前職、次職、出身地、日給の面からプロソポグラフィカルに示すことにより、カール五世の常駐大使に関する考察を深めることができると考える。

以上のような研究課題に取り組むことにより、十六世紀の歴史に対する理解がより深められることになると考えるのである。

［注］

（1）「百合の花 fleur de lis」はフランス王家またブルゴーニュ家に伝わる宝石であるが、マクシミリアン一世がイングランドに対する借金の担保としてイングランドに渡していた。カンブレーの和約によりフランス王はマクシミリアン一世がイングランド王に負っていた負債をイングランドに払うことをカール五世に約し、その負債は支払われたが、イングランド王は fleur de lis を担保としてまだ所有していた。結局この宝石はカール五世に返却されることになった。

（2）*L. & P.*, vol. iv, part iii, nos. 5983, 6030.

（3）*Spa. cal.*, vol. iv, part i, nos. 135, 211, 216, 224.

（4）*Spa. cal.*, vol. iv, part i, no. 182.　本書資料三（表）参照。

（5）*L. & P.*, vol.v, no.150. オーセル司教フランソワ・ド・ディントヴィルは一五三一年当時ローマ駐在フランス大使を勤めていた。

（6）ジャン・ド・ディントヴィルはフランソワ・ド・ディントヴィルの弟で、ホルバイン Hans Holbein der Jüngere 作の肖像画「大使たち」（一五三三年）にラヴァール司教ジョルジュ・ド・セルヴ George de Selve と共に描かれている。

（7）Nicholas Camusat, *Meslanges historiques*, Tome II, 1644, f. 128.
（8）*Spa. cal.*, vol. iv, part i, nos. 584, 590, 615, 619, 635, 897, 899, 907, 915, 922, 951, 1043, 1056, 1057, 1058.
（9）*L. & P.*, vol. xi, no. 146, MSS., 2997, f. 42, Bibl. Nat.,Paris ; *L. & P.*, vol. xi , no. 435, MSS., 2997, f. 44, Bibl. Nat., Paris,
（10）*L. & P.*, vol. xii, part ii, no. 1285, ***Kaulek***, no. 9 ; *L. & P.*, vol. xii, part ii, no.1293 , ***Kaulek***, 13.
（11）一五五三年にイングランドに赴任したのは、ノアイユ伯アントワーヌ Antoine, 1st comte de Noailles である。
（12）マリヤックからフランソワ一世に宛てた書簡、一五四二年七月一六日付（*L. & P.*, vol. xvii, no. 500, ***Kaulek***, 432）。
（13）例えば、ロゴヴィーコ・ファリエールから総督に宛てた書簡、一五三〇年五月九日付「議会の会合が六月六日まで延期されました。そしてもしそれまでの期間にローマで離婚の判定がなされなければ、王は議会でその問題を手早く処理させるという方法を選択されるでしょう」。*Ven. cal.*, vol. iv, no. 576. また一五三〇年五月一二日付「王は議会を招集されました。その議会で、王は自分の妻との離婚を議論させ、そして議会の決議を実行されるつもりでおられます」。*Ven. cal.*, vol. iv , no. 577, Sanuto Diaries, vol. liii, p. 152.
（14）「十人委員会」Consiglio dei Dieci はベネチア共和国の統治機関であった。十人委員会の委員の投票により、外国に派遣される大使が決定された。
（15）ガレー船をイングランドに送る許可を得る特権をイングランドに確認してほしいと、一五三二年一一月二六日にカペッロは記している。*Ven. cal.*, vol. iv, no. 831, Sanuto Diaries, vol. lvii, p. 330.
（16）*Spa. cal.*, vol. iv, part i, no. 160.
（17）*Ven. cal.*, vol. iv, no. 867, Sanuto Diaries, vol. lviii, p. 45. 本書第三章参照。
（18）*Ven. cal.*, vol. iv, no. 806, Sanuto Diaries, vol. lvii, p. 160.
（19）*Ven. cal.*, vol. iv, no. 792, Sanuto Diaries, vol. lvi, p. 461.
（20）*Ven. cal.*, vol. iv, no. 763, Sanuto Diaries, vol. lvi, p. 167.
（21）*Ven. cal.*, vol. iv, no. 816, Sanuto Diaries, vol. lvii, p. 243 ; *Ven. cal.*, vol. iv, no. 846, Sanuto Diaries, vol. lvii, p. 405.
（22）ダンツィヒ Dunzig は十三世紀にハンザ同盟に加盟した貿易港で、十五～十六世紀にはポーランドで最も豊かな都市として繁栄していた。現在はグダニスク市という。
（23）*Spa. cal.*, vol. iv, part i , no. 160.
（24）*Ven. cal.*, vol. iv, no. 664, Sforza Archives, Milan.

(25) 35Henry Ⅷ, c. 3. 本書第四章では、ヘンリ八世は一五三五年に枢密院で、今後自分（ヘンリ八世）の称号は「ヘンリ八世、神の加護によりイングランド王並びにフランス王、信仰の擁護者、アイルランド太守そして地上におけるイングランド教会の首長」とするように定めたことを述べた。その後イングランドでは、一五四三年に改めて国王称号が制定された。なおヘンリ八世が一五四一年の「イングランド王をアイルランドの王と定める法」をふまえてアイルランド王をとなえたことにより、イングランドは一五四三年には「アイルランド王」を国王称号の中に含ませた。近藤和彦編『長い十八世紀のイギリス　その政治社会』、二八頁参照。

(26) 近藤和彦『イギリス史一〇講』岩波新書、二〇一三年、八四頁。

(27) 一五三四年の王位継承法（25Henry Ⅷ, c. 22）にも、「この王国の法に基づく王であり、エンペラー emperor」という表現が見られ、また同年一一月の国王至上法（26 Henry Ⅷ, c. 1）にも、「教会に関する司法権……は、現在の議会によって、永遠にこの王国のインペリアルな冠 imperial crown と一つとなり、結合される」と記されている。イングランドは、インペリアルあるいはエンパイアという語をあえて上訴禁止法の前文に用いたと考えられるが、これら二つの他の法文に示されているインペリアルあるいはエンペラーという語についても、シャピュイはふれてはいない。

(28) デイヴィッド・アーミテイジ、前掲書、四二頁。

(29) 同、四三頁。

(30) 近藤和彦『長い十八世紀のイギリス　その政治社会』、二六〜二七頁、また同『イギリス史一〇講』、八四〜八五頁参照。

あとがき

本書は、筆者が二〇一四年度にお茶の水女子大学大学院人間文化創成科学研究科に提出した課程博士学位申請論文「十六世紀前半スペインの対イングランド外交交渉―ウスタシュ・シャピュイ大使を中心に―」をもとに加筆・修正をしたものである。本書の各部の初出は、以下の通りである。

序　章　書き下ろし
第一章　書き下ろし
第二章　書き下ろし
第三章「神聖ローマ帝国大使の見たヘンリー八世の離婚問題」『お茶の水史学』第四九号、二〇〇五年、三七～七五頁
第四章　書き下ろし
第五章「一五四三年のカール五世とヘンリ八世の対仏同盟交渉過程」、お茶の水女子大学大学院人間文化創成科学研究科『人間文化創成科学論叢』第一四巻、二〇一一年、九七～一〇六頁
終　章　書き下ろし

筆者が十六世紀前半のイングランド史に興味を抱いたのは、ロンドン在住中である。一九九四年六月夫の転勤に伴い渡英した筆者は、ほどなくイギリス北東部にあるダラム大聖堂を訪れる機会を得た。ダラム大聖堂は十世紀末に聖カスバートの聖廟として建てられた教会が基になった壮大な聖堂であるが、一五四一年の再編以来英国国教会の大聖堂となっている。ヨーロッパ中世の歴史教説に関する研究に携わったことのある筆者は、この七世紀のカトリックの聖人を祀り、今も彼の墓所の天蓋に聖カスバートが大きく描かれている中世以来の聖所が英国国教会の大聖堂へと変わったことにイングランド宗教改革という歴史的現実をはっきりと認識させられた。その後イギリス国内に廃墟となって残る修道院跡を目にするにつれ、ヘンリ八世時代の修道院解散に強く印象付けられ、十六世紀前半のイングランドのローマ・カトリック教会からの離反問題に関心を深めたのであった。しかし筆者をヘンリ八世期の研究へと向かう決意をさせたのは、帰国後図書館で出会った越智武臣著『近代英国の起源』であった。

既に述べたようにヘンリ八世時代の宗教改革に関する研究は数多くなされてきたが、イングランド国外の人物、特に王妃キャサリンを擁護するカール五世側が具体的にどのように関わったかについての研究が進んでいないことに気が付いた。思い返せば、この問題はその昔、世界史の授業でイングランド宗教改革について教わった際に筆者が疑問を抱いたことに遡る。ヘンリ八世の時代はイギリス史研究で注目されることが多かったが、この時代をヨーロッパ全体の視野のもとに捉え直すことが宗教改革も含めた当時のイングランドを考察するにあたり必須のように思えた。他国が眺めた時にヘンリ八世時代はどのように映ったのか、筆者はこうした視座から研究したいと思うようになった。試行錯誤するうちに、ヘンリ八世期に一五年以上駐英し、イングランド事情を詳細に記述して皇帝カール五世に送付した神聖ローマ皇帝大使シャピュイの膨大な量の公文書が、この研究には最適と思われた。

周知のように二〇一六年六月二三日、国民投票によりイギリスはＥＵから離脱することを決意したが、その約四八〇年前に、イングランドはヨーロッパ普遍教会であるローマ・カトリック教会から離脱したのであった。教皇と対立し、カトリック世界と決別した状況とEUからの離脱を決定した現代のイギリスとは宗教と政治という違いはあるにせよ、一面では符合が見てとれる。本書が十六世紀前半のイングランド史研究に多少とも貢献することができたら大変幸いであるが、併せてヨーロッパから見た現在のイギリスを考察する際に少しでも参考になれば、更に有難い。

本書を執筆する上で多くの先生方に大変お世話になった。とりわけ新井由紀夫先生には、筆者が二〇〇一年お茶の水女子大学大学院修士課程に入学して以来長きに亘って、指導教官としてご指導頂き、常に有益な助言と励ましを与えて頂いた。新井先生からは歴史史料に対する姿勢をはじめ、本当に多くのことを学ばせて頂いた。新井先生がおられなければ、本書が刊行されることがなかったことは間違いない。また「全体像を考えるように」と常におっしゃっていた山本秀行先生には、歴史研究する際の心構えを教えて頂いた。ともすれば細部にこだわり、全体が見えなくなり、研究に行き詰ってしまう筆者には、この言葉は非常に貴重で重いものであった。山本先生にはゼミでのご指導ばかりでなく、大学学長の職にあって大変お忙しい中で、博士論文の審査も務めて頂いた。また筆者が大学院修士課程に入学して以来お世話になっている十八世紀フランス史専攻の安成英樹先生には、近世史研究や外交史研究についての多くの助言を頂いた。安成先生は多年にわたる研究のブランクを抱える筆者に現在の歴史研究法をご指導して下さり、論文の核心に迫る貴重なご指摘をして下さった。中国近世史がご専門でいらっしゃる岸本美緒先生にも博士論文の核心に迫る鋭い大変貴重なご指摘をして頂いた。十六世紀イギリス文学ご専門の清水徹郎先生には十六世紀の史料の扱い方や英語の表記に関してご助言頂いた。ただ筆者の力量不足のため、博士論文審査の過程で諸先生方から賜ったご指導やご助言に本書がどこまで応えられたのかと危惧するばかりである。

また本書を刊行するにあたり、十六世紀テューダー朝の行財政史専門の井内太郎先生には大変お忙しい中、原稿を読んで頂き、非常に貴重で鋭いご指摘を頂いた。筆者がイギリス史研究を続けてこられたのにはそのほかの先生方の励ましもあった。イギリス十八世紀史ご専門の近藤和彦先生は、授業でイギリス近世近代史研究をする際の基礎を教えて下さった。十六世紀イギリス史研究者でいらっしゃる指昭博先生からは、宗教問題はじめテューダー朝の研究に関して多くのご教示を頂いた。そして岩井淳先生及び山本信太郎先生をはじめとするイギリス革命史研究会の諸先生方、近世イギリス史研究会の諸先生方、宗教改革史研究会の森田安一先生から受けた学問的刺激や山王綾乃さん、吉田藍さん、近藤佳代さん、三好皐月さん、大橋絵梨香さん等新井院ゼミの院生の方々からの協力や助言がなければ、この本を出版する勇気は持てなかったと思う。シャピュイの肖像画のコピーを進んで提供し、掲載を快く許可し、本書の出版を望んで下さったフランスのアヌシー城博物館に深く感謝する。

本書の刊行にあたり、独立行政法人日本学術振興会平成三〇年度科学研究費補助金（研究成果公開促進費）の交付を受けた。出版に不慣れな筆者に実に丁寧にアドヴァイスを与え、励まして下さった刀水書房の中村文江社長には感謝の言葉もない。心から御礼申し上げたい。

最後に筆者に歴史に対する興味を与えてくれた亡父竹井眞や歴史研究を応援してくれた亡母竹井千鶴枝、そして筆者が研究を行う上で協力を惜しまなかった夫や二人の娘たちに感謝したい。

二〇一九年二月

髙梨久美子

索　引

I．人名索引

ア　行

カ　行

サ　行

タ　行

ナ　行

ハ 行

マ 行

ヤ　行

ラ　行

ワ　行

Ⅱ．事項索引（地名も含む）

ア　行

カ 行

サ　行

タ 行

ナ　行

ハ　行

マ 行

文献目録

一次史料

British Library, Additional MSS., 25114, f.14b, f.137, f.157, f.176, f.193, f.196, f.206, f.208, f.293.
British Library, Additional MSS., 25115, f.13, f.44.
British Library, Additional MS., 28585, f.264.
British Library, Additional MSS., 28588, f.29, f.185, f.220, f.223, f.232, f.253, f.286, f.295.
British Library, Additional MS., 28589, f. 6.
British Library, Additional MSS., 28590, f.27, f.80.
British Library, Cott.MS., Cleop, E.v.213.
British Library, Cott.MS., Galba, B.x.137.
British Library, Cott.MS., Otho, C.x.172.
British Library, Harl.MSS., 282, f.7, f.31.
British Library, Harl.MSS., 288, f.27, f.31.
K.u.K.Haus- Hof- u.Staats Arch., England, Karton 3, Konvolut 3, fols.1- 6.
K.u.K.Haus- Hof- u.Staats Arch., England, Karton 9, fols.94 -100.
K.u.K.Haus- Hof- u.Staats Arch., Belgien, PA21 1, fols.386 -388r.
(Margarete an Karl, 1530.10.4, Mecheln.)
K.u.K.Haus- Hof- u.Staats Arch., Frankreich Weisungen10, Konv, 8, fols.3r -4v.
(Karl an Marnoz, 1542.2.14, Valladolid.)
K.u.K.Haus- Hof- u.Staats Arch., Wien, Rep.P., Fasc., c.225, no.16.
K.u.K.Haus- Hof- u.Staats Arch., Wien, Rep.P., Fasc., c.228, nos.18-33.
TNA, Public Record Office, Rymer Transcripts, vol.125, no.5.

刊行史料

Acts of the Privy Council of England, vol.1, *A.D.1542-1547,* ed.by Dasent, J.R., London, 1890.
Anglica, Historia ed.by Vergil, Polydore, London, 1555 (1972).
Calendar of Letters and Papers, Foreign and Domestic, of the Reign of Henry VIII:Preserved in the Public Record Office, the British Museum, and Elsewhere in England, 21 vols, eds.by Brewer, J.S., Brodie, R.H., Gardiner, J., London, 1882-1932.
Calendar of Letters, Dispatches, and State Papers relating to the Negotiations between England and Spain : Preserved in the Archives at Simancas and Elsewhere, eds.by Bergenroth, G .A., Gayangos, P.de, London, 1864-1947.
Calendar of State Papers and Manuscripts existing in the Archives and Collections of Milan,

ed.by Hinds, A .R., London, 1912.

Calendar of State Papers and Manuscripts relating to English Affairs in Venice and other Libraries in Northern Italy, eds.by Browne, R., Bentinck, C., etc., London, 1864 -1898.

Calendar of State Papers and Manuscripts, relating to English Affairs, preserved in the Archives of Venice, ed.by Brawne, R., London, 1864-1882.

Calendar of the Manuscripts of the Most Hon.the Marquis of Salisbury, K.G.,Historical Manuscripts Commission, London, 1883.

Charles Wriothesley Chronicles of England during the Reigns of the Tudors, ed.by Hamilton, W.D., Camden Society, London, 1875-1877.

Corps universel diplomatique du droit des gens, vol.iv, part ii, ed.by du Mont, J., Amsterdam and Den Haag, 1726.

Correspondance de Marguérite d 'Autriche et de ses ambassadeurs à la cour de France concernant l'exécution du traité de Cambrai (1529 -1530), ed.by Boom, G., Bruxelles, 1935.

Correspondance politique de M.M.de Castillon et de Marillac, ed.by Kaulek, J., Paris,1885.

Correspondence of the Emperor CharlesV and his Ambassadors at the Courts of England and France, ed.by Bradford, W., London, 1850 (1971).

Corpus Documental de CarlosV, Ⅰ & Ⅱ , ed.by Álvarez,M.F., Salamanca, 1973-1975.

Documents of the English Reformation, ed.by Bray, G., London, 1994.

Further Supplement to Letters, Dispatches, and State Papers relating to the Negotia-tions between England and Spain : Preserved in the Archives at Viennna and Elsewhere, ed.by Mattingly, G., London, 1940.

Hall's Chronicle : the History of England, during the Reign of Henry the Fourth and the Succeeding Monarchs, ed.by Hall, E., New York, 1809.

Journals of the House of Commons, vol.i, by Vardon, T., London, 1852.

King Henry Ⅷ, ed.by Foakes, R.A., London, 1957.

Korrespondenz des Kaisers KarlV, ed.by Lanz, K., Leipzig, 1844-46.

La correspondance du Cardinal Jean du Bellay, ed.by Scheurer,R., Societé de l'histoire de France, 2vols., Paris, 1969 -74.

Mémoires de Martin et Guillaume Du Bellay, eds.by Bourrilly, V.L., and Vindry, F., Paris,tome Ⅰ, 1908 -1919.

Meslanges historiques, ed.by Camusat, N., Paris, Tome Ⅱ, 1644.

Original Letters, Illustrative of English History, ed.by Henry, E., London, 1970.

Papiers d'étas du Cardinal de Granvelle d'après les manuscripts de la bibliothèque de Besençon, publies sous la direction de Weiss, C.H., Impr.royale, Paris, 1841-1846.

Proceedings and Ordinances of the Privy Council of England, 1386 -1542, ed.by Nicolas, N.H., London, 1834 - 1837.

Quellen zur Geschichte KarlsV, ed.by Kohler, A., Darmstadt, 1990.

Quellen zur Verfassungsentwicklung des Heiligen Romischen Reiches Deutscher Nation 1495

-1806 , ed.by Durchhardt, H., Darmstadt, 1983.

Records of the Reformation: The Divorce 1527 -1533 , vols.i& ii, ed.by Pocock, N.,Oxford, 1870.

Romische Dokumente zur Geschichte der Ehescheidung Heinrichs VIII von England, ed.by Ehses S., Paderborn, 1945.

Staatspapiere zur Geschichte des Kaisers Karl V, ed.by Lanz, K., Stuttgart, 1845.

State Papers during the Reign of Henry VIII, published under the Authority of His Majesty's Commission, vols. I &II, ed.by Her Majesty' Stationary Office, 1825 (1830).

Statutes of the Realm, printed by command of His Majesty King George the Third, originally published in London, 1810 - 1828, Williams S. Hein & Co., New York, 1993.

The Annales or Generall Chronicle of England, eds.by Stow, J., Howes, E., London,1615.

The Letters of King Henry VIII, ed.by Byrne, M.St.Clare, London, 1936.

The Letters of Stephen Gardiner, ed.by Muller, J.A., Cambridge, 1933.

Tudor Economic Documents, eds.by Tawney, B.A., Power, E., vol.2, London, 1924.

Tudor Tracts 1532 -1588, ed.by Pollard, A.F., Westminster, 1902.

辞書・事典

A Dictionary of Diplomacy, ed.by Berridge, G.R., James, A., 2001.

A Handlist of British Diplomatic Representatives 1509 -1633, ed.by Bell, G.M., Offices of the Royal Historical Society, 1990.

A Handlist of Dates, eds.by Cheney, C.R., Jones, M., the Royal Historical Society, 2000.

Handbook of British Chronology, eds.by Fryde, E.B., Greenway, D.E., Porter, S., Roy, I., the Royal Historical Society, 1986.

New Catholic Encyclopedia, eds.by Carson, E., Cerrito, J., vols.1-15, Gale, 2003.

Oxford Companion to British History, ed.by Cannon, J., 2002.

Oxford Dictionary of National Biography, Oxford, 2004.

Oxford English Dictionary, Oxford, 1989.

『岩波ケンブリッジ世界人名辞典』岩波書店，1997 年

『岩波西洋人名辞典』岩波書店，1956（1988）年

『カトリック教会法典』有斐閣，1962 年

『キリスト教大事典』教文館，1963（1984）年

『キリスト教用語辞典』東京堂出版，1953 年

『国際政治事典』猪口孝・田中明彦・恒川惠市・薬師寺泰蔵・山内昌之編，弘文堂，2005 年

『コンサイス外国地名事典（第三版）』，三省堂，2005 年

『新カトリック大事典』上智学院新カトリック大事典編纂委員会編，研究社，1996 年

『歴史学事典』第 7 巻（戦争と外交），弘文堂，1998 年

資料集

『カトリック教会文書資料集』デンツィンガー，H.・シェーンメッツァ，A.，／浜寛五郎訳，エンデルレ書店，1974 年
『公会議公文書全集』南山大学監修，中央出版社，昭和 44 年

二次文献

Álvarez, M.F., *CarlosV,* Madrid, 1970.
———*Politica Mundial de Carlos V y Felipe II*, Madrid, 1966.
Anderson, M, S., *The Rise of Modern Diplomacy, 1450 -1919,* London, 1993.
———*The Origins of the Modern European State System, 1494 -1613*, London,1998.
Allen, E.J., *Post and Courier Service in the Diplomacy of Early Modern Europe,* The Hague, 1972.
Armitage, D., *The Ideological Origins of the British Empire*, Cambridge, 2000.
Armstrong, M.A., *The Emperor CharlesV,* London, 1910.
Aveiling, J.C.H., Loads, D.M., *Rome and the Anglicans*, Berlin, 1982.
Bèrenger, J.*, A History of the Habsburg Empire 1273 -1700*, trans.by Simpson, C. A., London, 1990.
Bindoff, S.T., *The House of Commons 1509 - 1558,* London, 1982.
Black, J., *The Origins of War in Early Modern Europe*, Edinburgh, 1987.
Blockmans, W., (translated by van den Hoven-Vardon, Isola) *Emperor CharlesV 1500 -1558,* London, 2002.
———ed., *Charles V 1500 - 1558 and his Time*, Antwerp, 1999.
Bonner, E., "Auld Alliance with France, 1295 -1560", *History*, vol.84, no.273 (1999).
Bonney, R., *The European Dynastic States*, Oxford, 1991.
Bosbach, F.*, Religion und Politik in Deutschland und Grobritannien*, München, 2001.
Bostick, T., English Foreign Policy 1528-1534, Ph.D.thesis, Univ.of Illinois, 1967.
Brandi, K., *Kaiser KarlV : Werden und Schicksal einer Personlichkeit und eines Weltreiches,* 2 Bde., München, 1937 (1941).
———*The Emperor CharlesV,* trans.by Wedgewood, C.V., London, 1939(1980).
Bradshow, B ., Morrill, J.*, The British Problem,* Basingstoke, 1996.
Brewer, J.S., *The Reign of Henry* Ⅷ*,* vol. Ⅰ & Ⅱ , London, 1884.
Brun, M .A.O., *Historia de la Diplomacia Espanõla*, vol.v, Madrid, 1999.
——— "Die Diplomatie KarlsV in der Diplomatie der Renaissance", in *KarlV 1500- 1558*, ed.by Kohler, A., Wien, 2002, pp.181-196.
Bush, M.L., *The Pilgrimage of Grace : A Study of the Rebel Armies of October 1536,* Manchester, 1996.
Carande, R., *Carlos V y sus banqueros*, Madrid, 1943 -1967.
Carter, C., *The Western European Powers, 1500-1700,* New York, 1971.

Castiglione, B., *The Book of the Courtier*, London, 1967.

Checa, F., *Carolus*, Museo de Santa Cruz, Toledo, 2000.

Cooper, J.P., "A Revolution in Tudor History", *Past and Present*, vol.26 (1963), pp.110-112.

Davids,C.S.L., Roy de France et roy d'Angleterre : The English claims to France, 1453 - 1558, *Centre européen d'études Bourguignonnes (XIVe -XVIe siècles.)*, no.35 (1995), pp.84-88.

———Eustache Chapuys, in *Oxford Dictionary of National Biography,* vol.11, 2004,pp.84-88.

Dickens, A.J., *Thomas Cromwell and the English Reformation,* London, 1959.

Doran, S., *England and Europe 1485 - 1603,* London, 1986 (1996).

Doran, S., Richardson, G., *Tudor England and its Neighbours,* Hampshire, 2005.

Elton, G.R., *Studies in Tudor and Stuart Politics and Government, Papers and Reviews,*Cambridge, 1946 (1972).

———" The Evolution of a Reformation Statute ", *English Historical Review,* vol.64,no.251(1949), pp.174- 197.

———*Tudor Revolution in Government : Administrative Change in the Reign of Henry VIII,* Cambridge, 1953.

———"King or Minister? : The Man behind the Henrician Reformation", *History,* vol.34 (1954), pp.216-232.

———*The Tudor Constitution : Documents and Commentary,* Cambridge,1960 (1999).

———" The Tudor Revolution : A Reply ", *Past and Present*, no.29, 1964, pp.26 - 49.

———*The Sources of History : Studies in the Uses of Historical Evidence, England 1200-1640,* Cambridge, 1969.

———*Policy and Police : the Enforcement of the Reformation in the Age of Thomas Cromwell,* Cambridge, 1972.

———*Reform and Renewal : Thomas Cromwell and the Commonweal,* Cambridge, 1973.

———*England under the Tudors*, London, 1974.

———*The Practice of History,* London, 1987.

———*The Parliament of England 1559 - 1581,* Cambridge, 1989.

———" The Reformation in England", in *The New Cambridge Modern History*, ed.by Elton, G.R., vol.2, Cambridge, 1990, pp.262-287.

Fisher,F., "Commercial Trends and Policy in Sixteenth-Century England", *The Economic History Review,* Second Series, vol.10, no.2 (1940), pp.95 -117.

Fletcher,C., *The Divorce of Henry VIII*, London, 2013.

Fox,A., Guy, J., *Reassessing the Henrician Age : Humanism, Politics and Reform 1500 - 1550,* Oxford, 1986.

Froude, J.A., *The Divorce of Catherine of Aragon*, London, 1891(1970).

Fueter, E., *Geschichte des Europäischen Staatensystems von 1492 - 1559,* München, 1919.

Gammon, S.R., *Statesman and Schémer, William, First Lord Paget Tudor Minister*, Hamden,

1973.

Gilley, S., Sheils, W.J., *A History of the Religion in England*, Oxford, 1994.

Glay, M.le, *Negociations diplomatiques entre la France et l'Austriche*, tome I, II, Paris, 1845.

Gómara, F.López de, *Annals of the Emperor CharlesV,* Oxford, 1912.

Greengrass, M., *The European Reformation c.1550 - 1618,* Harlow, 1998.

Gunn, S., Linpley, O.G., *Cardinal Wolsey : Church, State and Art*, Cambridge, 1991.

Gunn, S., Grummitt, D., Cools, H., *War, State, and Society in England and the Netherlands 1477 -1559,* Oxford, 2007.

Guy, J.N., *Tudor England*, Oxford, 1988.

Haigh, C., *The English Reformations*, Cambridge, 1983 (1993).

———*The English Reformation Revised*, Cambridge, 1987.

———"Henry Ⅷ, and the German Reformation", in *Religion und Politik in Deutschland* und Grossbritannien, eds.by Bonney, R., Bosbach, F., Brockmann, T., München, 2001, pp.31- 42.

Hamilton, K., Longhorne, R., *The Practice of Diplomacy : Its Evolution, Theory and Administration,* London, 1995.

Head, D.M., *The Ebbs and Flows of Fortune: The Life of Thomas Howard, Third Duke of Norfolk*, London, 1995.

Headley, J.M., *Germany, The Emperor and his Chancellor : A Study of the Imperial Chancellery under Gattinara,* Cambridge, 1983.

Hoyle, R.W., The Pilgrimage of Grace and the Politics of the 1530s, Oxford, 2001.

Hughes, P., *The Reformation in England*, NewYork, 1954.

Keniston,H., " Peace Negotiations between Charles Ⅴ and Francis Ⅰ(1537-1538) ", *The Proceedings of the American Philosophical Society*, vol.102, no.2 (1958), pp.142 -147.

———*Francisco de los Cobos,* Pittsburgh, 1980.

Kenney, L.A., The Censorship Edicts of Emperor Charles V in the Low Countries, Ph.D.thesis, Univ.of Maryland, 1960.

Kenny, M.R., *Sixteenth- Century Europe : Expansion and a Conflict*, Basingstoke, 1993.

Kisby, F., "When the King Goeth a Procession : Chapel Ceremonies and Services, the Ritual Year, and Religious Reforms at the Early Tudor Court, 1485-1547", *Journal of British Studies,* 40 (2001), pp.44 -67.

Knecht, R.J., *FrancisI,* Cambridge, 1982.

———*The Rise and Fall of Renaissance France 1483 -1610*, Oxford, 1988.

———*Renaissance Warrior and Patron: the Reign of FrancisI,* London,1994.

———*The French Renaissance Court 1483 -1589*, London, 2008.

Knowles, D.D., *The Religious Orders in England*, vol.3, Cambridge, 1971.

Koenigsberger, H.G., Mosse, G.L., Bowler, G.P., *Europe in the Sixteenth Century,* London, 1968(1989).

Koenigsberger, H.G., "The Empire of CharlesV in Europe", in *The New Cambridge Modern History*, ed.by Elton, G.R., vol.2, Cambridge, 1990, pp.339-376.

———*Early Modern Empire 1500 - 1789* , Cambridge, 2005.

———*Monarchies, States Generals and Parliaments : The Netherlands in the Fifteenth and Sixteenth Centuries*, Cambridge, 2001.

Kohler, A., *Quellen zur Geschichte KarlsV,* Darmstadt, 1990.

———*KarlV* 1500 -1558, München, 1999.

——— "Die Englische Reformation aus der Sicht KarlsV und seines Hofes", in *Religion und Politik in Deutschland und Grossbritannien,* by Bonney, R., Bosbach, F., Brockmann, T., München, 2001, pp.43-49.

Lawrence, C.H., *The English Church and the Papacy in the Middle Ages,* London, 1965.

Lloyd, T.H., *England and the German Hanse, 1157 -1611,* Cambridge, 1991.

Loades, D., *Politics and the Nation 1450 - 1660,* London, 1972(1992).

———*The Tudor Court,* London, 1986.

———*Paper in Tudor England,* British Studies Series, London, 1997.

Loach, J., *Parliament under the Tudors,* Oxford, 1991.

Lundell, R.E., The Mask of Dissimulation : Eustache Chapuys and Modern Diplomatic Technique, 1536 -1545, Ph.D.thesis, Univ.of Illinois at Urbana-Champaign, 2000.

——"Renaissance Diplomacy and the Limits of Europe : Eustache Chapuys, Habs-Burg Imperiarisms, and Dissimulation as Method", in *The Limits of Empire:European Imperial Formations in Early ModernWorld History,* eds.by Andrade, T.Reger, W.Farnham, 2012, pp.205 - 222.

Lunitz, M., Diplomatie und Diplomaten im 16.Jahrhundert, Studien zu den ständigen Gesandten Kaiser KarlsV in Frankreich, Ph.D.thesis, Univ.of Konstnz, 1987.

———"Die ständigen Gesandten KarlsV in Frankreich, zum Strukturwandel des Gesandtshaftswesen im 16.Jahrhundert", in *KarlV Politik und politisches System, Berichte und Studien aus der Arbeit an der Politischen Korrespondenz des Kaiser,* ed.by Rabe, H., Konstanz, 1996,

Lynch, J., *Spain under the Habsburgs,* vol.1, Oxford, 1964 (1981).

Mackay, L., *Inside the Tudor Court,* Stroud, 2014.

Mackie, J.D., *The Earlier Tudors 1485 - 1558,* Oxford, 1951(1994).

MacCulloch, D., ed., *The Reign of Henry VIII,* London, 1995.

———*The Reformation,* London, 2005.

MacMahon, L., The Ambassador of Henry Ⅷ, Ph.D.thesis, Univ.of Kent, 1999.

Mathew, D., *The Courtiers of Henry VIII,* London, 1970.

Mattingly, G., "A Humanist Ambassador", *Journal of Modern History,* vol.4 (1932), pp.175-185.

———Eustache Chapuys and Spanish Diplomacy in England(1488 -1536) : A Study in the development of Resident Embassies, Ph.D.thesis, Univ.of Harvard, 1935.

———*Renaissance Diplomacy*, London, 1955.

———*Catherine of Aragon*, NewYork, 1960.

Merriman, J.G., *Oxford Annals of the Emperor CharlesV,* Oxford, 1912.

Merriman, R.B., *Life and Letters of Thomas Cromwell,* Oxford, 1902 .

Miller, H., *Henry VIII and English Nobility,* Oxford,1989.

Morrill,J., *Oxford Illustrated History of Tudor and Stuard Britain,* Oxford, 2000.

Muir, K., *Life and Letters of Sir Thomas Wyatt,* Liverpool, 1963.

Muller, J.A., *The Letters of Stephen Gardiner,* Cambridge, 1933.

Nicolson, H., *Diplomacy,* Washington, D.C., 1939 (1988).

———*The Evolution of Diplomatic Method,* London, 1954.

O'day, R., *The Debate on the English Reformation*, London, 1986.

———*The Tudor Age,* Edinburgh, 1995.

Parry, J.H., *The Spanish Theory of Empire in the Sixteenth Century,* New York, 1974.

Paul, J.E., *Catherine of Aragon and her Friends,* London, 1966.

Pickthorn, K., *Early Tudor Government : Henry VIII*, Cambridge, 1951(1967).

Pollard, A.F., *Henry VIII*, London, 1902(1951).

———*Thomas Cranmer*, London, 1965.

Potter, D., Diplomacy in the mid16th Century : England and France, 1536 -1550, Ph. D.thesis, Univ., of Cambridge, 1973.

———"Foreign Policy", in *The Reign of Henry VIII*, ed.by MacCulloch, D., London, 1995.

———*War and Government in the French Provinces Picardy 1470 -1560,* Cambridge, 2003.

Prescott,W.H., *History of the Reign of the Emperor Charles the Fifth,* Honolulu, 1976.

Rabe, H., *KarlV, Politik und politisches System*, Konstanz, 1996.

Rassow, P., *Die Kaiser-Idee KarlsV dargestellt an der Politik der Jahre 1528 -1540* , Berlin, 1932.

——— *KarlV : Der Kaiser und seine Zeit,* Köln, 1960.

Richardson, G., *Renaissance Monarchy : The Reign of Henry VIII, Francis I and CharlesV,* London, 2002.

———"Eternal Peace, Occasional War : Anglo-French Relations under Henry VIII", in *Tudor England and its Neighbours,* ed. by Doran, S., Richardson, G., Hampshire, 2005, pp.44-73.

Ridley, J., *Henry VIII,* London, 1983(1992).

Ritz, J.-G., "Le Savoyard Eustache Chapuis 1486-1556 : un ambassadeur de Charles-Quint à la cour d'Henri VIII", *Cahier d'Histoire*, vol.11(1966), pp.163-175.

Russel, C.R., *The Crises of Parliaments : English History 1509 -1660*, Oxford, 1971.

Russel, J.C., *The Field of Cloth of Gold : Men and Manners in 1520,* London, 1969.

———*Peacemaking in theRenaissance,* London, 1986.

———*Diplomat at Work*, London,1992.

Salgado, R.M.J., *The Changing Face of Empire*, Cambridge, 1988.
———"The Habsburg - Valois wars", in *The New Cambridge Modern History*, ed.by Elton, G.R., vol.2, Cambridge, 1990, pp.377 - 400.
———"Good Brothers and Perpetual Allies : Charles V and Henry Ⅷ", in *KarlV 1500-1558*, ed.byKohler, A., Wien, 2002, pp.611- 653.
Scarisbrick, J.J., *Henry Ⅷ*, London, 1968.
———*The Reformation and the English People*, Oxford, 1984.
Shakespeare,W., *King Henry the Eighth* , ed.by Wilson, J.D., Cambridge, 2009.
Shirley, T.F, *Thomas Thirlby*, London, 1964.
Starkey, D., *Henry Ⅷ: A European Court in England,* Greenwich,1991.
Starkey, D., Doran, S., eds., *Henry Ⅷ : Man and Monarch*, London, 2009.
Strayer, J.R., *On the Medieval Origins of the Modern State,* Princeton, 1970 (2005).
Tawney, R.H., Power, E., *Tudor Economic Documents*, London,1924.
Thompson,T.L., *Marriage and its Dissolution in Early Modern England*, London, 2005.
Tracy, J.D., *Holland under Habsburg Rule 1506 -1566,* Oxford, 1990.
———*Emperor Charles V, Impresario of War, Campaign Strategy, International Finance, and Domestic Politics,* Cambridge, 2002.
Tjernagel, N.S., *Henry Ⅷ and the Lutherans,* Saint Louis, 1965.
Tyler, R., *The Emperor Charles the Fifth*, London, 1956.
Warner, J.C., *Henry Ⅷ's Divorce, Literature and the Politics of the Printing Press,* Woodbridge, 1998.
Wee, H van der, *The Growth of the Antwarp Market and the European Economy,* the Hague, 1963.
Wernham, R.B., *Before the Armada,* New York, 1966.
Wilkie, W., *The Cardinal Protectors of England*, Cambridge, 1974.
Williama, N., *Henry Ⅷ and his Court,* London, 1971.
Williams, P., and Harriss, G.L., "A Revolution in Tudor History", *Past and Present*, no.25 (1963), pp.3 -7.
Williams, P., "Debates: A Revolution in Tudor History", *Past and Present*, no.31(1965), pp.87- 96.
Wilson, E.M.C., Coleman, O., *England's Export Trade 1275 -1547*, Oxford, 1963.
Wilson, E.M.C., *England and Europe in the Sixteenth Century*, London, 1999.

研究文献（邦語）

青山吉信『イギリス史研究入門』，山川出版社，1973 年
アーミテイジ・デイヴィッド , 平田雅博・岩井淳・大西晴樹・井藤早織訳『帝国の誕生 ── ブリテン帝国のイデオロギー的起源 ── 』日本経済評論社，2005 年
新井由紀夫『ジェントリから見た中世後期イギリス社会』刀水書房，2005 年

有賀貞『国際関係史』東京大学出版会，2010 年
井内太郎「エルトンとテューダー朝史研究」『広島大学大学院文学研究科論集』61 巻，2001 年
同　　　『十六世紀イングランド行財政史研究』広島大学出版会，2006 年
今井宏編『世界歴史体系　イギリス史　2』山川出版社，1990 年
岩井淳・指昭博編『イギリス史の新潮流　修正主義の近世史』彩流社，2000 年
岩井淳編著『複合国家イギリスの宗教と社会──ブリテン国家の創出──』ミネルヴァ書房，2012 年
ヴィラール，ピエール／藤田一成訳『スペイン史』白水社，1992（2005）年
ウィルスン，ピーター，H.／山本文彦訳『神聖ローマ帝国 1495-1806』岩波書店，2005 年
植村雅彦「イングランド国教会成立に関する一考察」『史林』43 冊 3 号，1960 年，1 ～ 32 頁
ウォーラーステイン，I.／川北稔訳『近代世界システムⅠ・Ⅱ』岩波書店，2006 年
江村洋『ハプスブルク家』講談社現代新書，1990（2004）年
同　　　『カール五世　中世ヨーロッパ最後の栄光』東京書籍，1992 年
エリオット，J.H.／藤田一成訳『スペイン帝国の興亡 1469-1716』岩波書店，1982 年
エルトン，G.R.／越智武臣訳『宗教改革の時代』みすず書房，1973 年
大津留厚『ハプスブルク帝国』山川出版社，1996 年
大津留厚他編『ハプスブルク史研究入門』昭和堂，2013 年
大野真弓「イギリス宗教改革と絶対主義──ヘンリー八世の国王至上法」『横浜市立大学論叢人文科学』10 巻 2 号，1962 年，1 ～ 31 頁
同　　　『イギリス絶対主義の権力構造』東京大学出版会，1977 年
大野真弓編『イギリス史』山川出版社，1965（1978）年
小嶋潤『イギリス教会史』刀水書房，1988 年
越智武臣『近代英国の起源』ミネルヴァ書房，1966 年
同　　　「ヨーロッパ経済の変動」『岩波講座　世界歴史 14』岩波書店，1969 年，107 ～ 172 頁
同　　　『イギリス絶対主義の成立過程』比叡書房，1978 年
加来奈々「ブルゴーニュ・ハプスブルク期のネーデルランド使節──1529 年「カンブレの和」実現に向けての活動を中心に──」『寧楽史苑』53 号，2008 年，17 ～ 34 頁
同　　　「近世初頭ネーデルラントとイングランドの同盟」『奈良女子大学人間文化研究科年報』第 24 号，2009 年，51 ～ 63 頁
樺山紘一『世界の歴史 16　ルネサンスと地中海』中央公論社，1996 年
神川彦松『近代国際政治史』原書房，1898 年
川本宏夫「イギリス宗教改革における『六ケ条令』制定について」『関西学院史学』7 号，1961 年，143 ～ 152 頁
同　　　「十六世紀イギリス宗教改革における上訴禁止法について」『関西学院大学人文論究』12 号，1961・1962 年，78 ～ 93 頁

同　　「テューダー朝における王権の伸長」磯見辰典他監修『ヨーロッパキリスト教史４』中央出版社，1972 年，69 ～ 96 頁
菊池良生『神聖ローマ帝国』講談社現代新書，2003（2009）年
同　　『ハプスブルク帝国の情報メディア革命 ── 近代郵便制度の誕生』集英社新書，2008 年
清末尊大『ジャン・ボダンと危機の時代のフランス』木鐸社，1989 年
熊田淳美「「恩寵の巡礼」の宗教的要素について」『西洋史学』42 号，1959 年，1 ～ 20 頁
同　　「イギリス初期絶対王政下の議会と官僚」『西洋史学』57 号，1963 年，19 ～ 42 頁
クリスタン，オリヴィエ／佐伯晴郎訳『宗教改革』創文社，1998（2006）年
栗山義信「上訴禁止法に関する一考察」『岐阜大学研究報告人文科学』11 巻 1 号，1962 年，60 ～ 66 頁
同　　「初期テューダー財政研究 ── 王室増加収入裁判所 ── 」『岐阜大学研究報告人文科学』13 号，1964 年，46 ～ 56 頁
同　　「テューダー革命論争」『史林』49-3 号，1966 年，119 ～ 138 頁
同　　「1530 年代のイギリス外交」『岐阜大学教養部研究報告』2 巻，1966 年，23 ～ 32 頁
同　　「イギリス宗教改革とトマス・クロムウェル」『岐阜大学教養部研究報告』3 号，1967 年，122 ～ 132 頁
同　　「「エンパイヤ」と「コモンウェルス」── トマス・クロムウェルとその思想 ── 」『待兼山論叢』4 号，1971 年，169 ～ 192 頁
同　　「1530 年代の二つの『国王指令』」『岐阜大学研究報告人文科学』22 号，1973 年，1 ～ 13 頁
同　　「ヘンリ 8 世と議会」澤田昭夫　田村秀夫 ミルワード．P 編『トマス・モアとその時代』研究社，1978 年，338 ～ 355 頁
ケイメン，ヘンリー／立石博高訳『スペインの黄金時代』岩波書店，2009 年
ケニヨン，J.，今井宏・大久保桂子訳『近代イギリスの歴史家たち』ミネルヴァ書房，1988 年
ケネディ，ポール／鈴木主税訳『大国の興亡』上下，草思社，1988 年
小泉徹「「イギリス絶対王政」再考」『武蔵大学人文学会雑誌』27 巻 2 号，1996 年，78 ～ 106 頁
同　　『宗教改革とその時代』山川出版社，1996 年
河野淳『ハプスブルクとオスマン帝国』講談社，2010 年
小林一宏「スペイン王国の成立とその宗教的側面」磯見辰典他監修『ヨーロッパキリスト教史 4』中央出版社，1972 年，41 ～ 88 頁
コリンソン，P. 編／井内太郎監訳『オックスフォードブリテン諸島の歴史 6』，慶應義塾大学出版会，2010 年
近藤和彦『長い十八世紀のイギリス　その政治社会』山川出版社，2002 年

同　　　『イギリス史10講』岩波新書，2013年
近藤和彦編『岩波講座　世界歴史16　主権国家と啓蒙』岩波書店，1999年
同　　　『西洋世界の歴史』山川出版社，1999年
同　　　『イギリス史研究入門』山川出版社，2010年
斎藤孝「西欧国際体系の形成」有賀貞他編『講座国際政治』Ⅰ巻，東京大学出版会，1989年，13～50頁
指昭博「イングランド宗教改革期の教区聖職者」『史林』，71巻1号，1988年，94～125頁
同　　　「トマス・ワイアットの乱――「宗教」の問題をめぐって――」『西洋史学』154号，1989年，82～96頁
同　　　『イギリス宗教改革の光と影――メアリとエリザベスの時代――』ミネルヴァ書房，2010年
指昭博編『「イギリス」であること――アイデンティティ探求の歴史』刀水書房，1999年
同　　　『王はいかに受け入れられたか――政治文化のイギリス史』刀水書房，2007年
同　　　『ヘンリ8世の迷宮』昭和堂，2012年
佐藤哲典「「テューダー革命 Tudor Revolution」論におけるイングランド宗教改革の位相－ Elton,G.R., England under the Tudor　をめぐって」『立教高等学校研究紀要』，9号，1978年，187～211頁
同　　　「ヘンリー八世治下におけるイングランド国教会の成立過程とその特質について(1)」『立教高等学校研究紀要』14号、1983年，149～80頁，(2) 同16号，1985年，83～125頁
同　　　「聖職者に対する請願」『キリスト教学』立教大学，25号，1983年，99～105頁
同　　　「1529年段階における「聖職者に対する請願」について」『キリスト教学』立教大学，26号，1984年，163～172頁
佐藤弘幸「イギリス毛織物工業の展開とネーデルラント」(1)『東京外国語大学論集』48号，1993年，163～183頁，(2) 同49号，1994年，249～269頁
澤田昭夫「マントヴァの教会会議とヘンリー8世の『教会会議論』」磯見辰典他監修，『ヨーロッパキリスト教史4』中央出版社，1972年，323～341頁
澤田昭夫・田村秀夫・ミルワード・P『トマス・モアとその時代』研究社，1978年
澤田昭夫他『宗教改革著作集』第13巻，教文館，1984年
シオヴァロ，F.・ベシエール，G.／鈴木宣明監修『ローマ教皇』創元社，1997（2000）年
柴田三千雄編『世界歴史体系　フランス史2』山川出版社，1996年
シュタットミラー，ゲオルク／丹後杏一訳『ハプスブルク帝国史――中世から1918年まで』刀水書房，1989年
杉原高嶺他『現代国際法講義』第三版 有斐閣，1992年
ストレイヤー，ジョセフ／鷲見誠一訳『近代国家の起源』岩波書店，1975年

高澤紀恵『主権国家体制の成立』山川出版社，1997 年
髙梨久美子「神聖ローマ帝国大使の見たヘンリー八世の離婚問題」『お茶の水史学』第 49 号，2005 年，37 ～ 75 頁
同　　「1543 年のカール 5 世とヘンリ 8 世の対仏同盟交渉過程」お茶の水女子大学大学院人間文化創成科学研究科『人間文化創成科学論叢』第 14 巻，2011 年，97 ～ 106 頁
同　　「外交」指昭博編『ヘンリ 8 世の迷宮』昭和堂，2012 年，152 ～ 167 頁
塚田理『イギリスの宗教』聖公会出版，1980 年
出村彰・徳善義和・成瀬治他『宗教改革著作集』第十五巻　教文館，1998 年
デュモン社，アンリ／村上直久訳『ベルギー史』白水社，1997 年
トレヴェリアン社，G．M．／大野真弓監訳『イギリス史』Ⅱ みすず書房，1974（1993）年
成瀬治「国際政治の展開」『岩波講座　世界歴史 14』岩波書店，1969 年，27 ～ 106 頁
ニコルソン，H.／斉藤眞　深谷満雄訳『外交』東京大学出版会，1949（1964）年
ニコルソン，H.／広井大三訳『外交方式の変遷』時事通信社，1967 年
二宮素子『宮廷文化と民衆文化』山川出版社，1999 年
ノウルズ，M.D. 他／上智大学中世思想研究所編訳 監修『信仰分裂の時代』キリスト教史 5，講談社，1991 年
長谷川輝夫・大久保桂子・土肥恒之『ヨーロッパ近世の開花』世界の歴史 17，中央公論社，1997 年
浜林正夫『イギリス宗教史』大月書房，1987 年
半田元夫「イギリス宗教改革の発端」『西洋史学』63 号，1964 年，21 ～ 41 頁
同　　「十信条の成立をめぐって」『キリスト教学』第 6 号，1964 年，35 ～ 58 頁
同　　「イギリス国教会の成立」『歴史教育』15 巻，7 号，1967 年，40 ～ 45 頁
古川勝弘「イギリス国教会制度とイギリス絶対主義」『京都大学教養学部政法論』1 号，1967 年，5 ～ 23 頁
バーク，ピーター／亀長洋子訳『ルネサンス』岩波書店，2005 年
フィッシャー ,F.G.／浅田実訳『十六・七世紀の英国経済』未来社，1971 年
福井憲彦『近代ヨーロッパの覇権』興亡の世界史　3 号，講談社，2008 年
ブローデル，フェルナン／浜名優美監訳『ブローデル歴史集成：地中海を巡って』藤原書店，2004 年
ペレ，ジョセフ／塚本哲也監修／遠藤ゆかり訳『カール 5 世とハプスブルク帝国』創元社 2002 年
ペン，トマス／陶山昌平訳『冬の王――ヘンリー七世と黎明のテューダー王朝』彩流社，2016 年
前川和也編著『コミュニケーションの社会史』ミネルヴァ書房，2001 年
マルティモール，エメ，ジョルジュ／ 朝倉剛・羽賀賢二共訳『ガリカニスム』白水社，1987 年

水井万里子『図説テューダー朝の歴史』河出書房新書，2011年
村岡健次・川北稔編著『イギリス近代史』ミネルヴァ書房，1986（1998）年
モリス，クリストファー／平井正樹訳『宗教改革時代のイギリスの政治思想』刀水書房，1981年
森田安一『ルターの首引き猫――木版画で読む宗教改革』山川出版社，1993年
同　　『木版画を読む――占星術，「死の舞踏」そして宗教改革』山川出版社，2013年
森田安一編『スイス・ベネルクス史』山川出版社，1998年
同　　『ヨーロッパ宗教改革の連携と断絶』教文館，2009年

八代崇『イギリス宗教改革史研究』創文社，1979年
八代崇他『宗教改革著作集』第11・12巻，教文館，1984年
同　　『イングランド宗教改革史研究』聖公会出版，1993年
山影進編著『主権国家体系の生成』ミネルヴァ書房，2012年
山本信太郎『イングランド宗教改革の社会史　ミッド・テューダー期の教区教会』立教大学出版会，2009年
山本文彦『近世ドイツ国制史研究』 北海道大学図書刊行会，1995年
山本有造『帝国の研究』名古屋大学出版会，2003年
ラペール，アンリ／染田秀藤訳『カール5世』白水社，1975 (1996) 年

付録

資料一　カール5世のイングランド大使（常駐大使と特使）

名前	学位	赴任期間	年数	前職	次職	出身地	貴族	日給
Bernardino de Mesa	?	1514～1522	8	Elna 司教	Badajos 司教	Spain	○	5ダカット
Louis de Praët	学士	1522～1525	3	Ghent 代官	フランス大使	Flanders	○	10リーブル
Jehan le Sauch	学士	1525		内務評議員	内務評議員	Flanders		60ソル
Jehan Jonglet	?	1525～1526		内務評議員	内務評議員	Flanders		8リーブル
George Themseke	法学博士	1526～1527		内務評議員	内務評議員	Flanders		?
Don Inigo de Mendoza	?	1526～1529	3	Coria 司教	Burgos 司教	Spain	○	?
Eustace Chapuys	法学博士	1529～1545	16	皇帝評議員	大学で研究	Savoy		10リーブル*
Philippe Maioris	?	1539～1540		Cambrai 首席司祭？		Flanders		?
Van der Delft	学士	1544～1550	6	?	1550年死去	Flanders		10リーブル
Jehan Scheyfve	法学博士	1550～1553	3	内務評議員	内務評議員	Flanders		6リーブル
Simon Renard	法学博士	1553～1555	2	国事評議員	国事評議員	Franche-Comté		10グルテン

＊ルーニッツによると、シャピュイの日給は大使就任当初は4エキュで，1532年1月1日からは10リーブルになったが、それ以外に1536年からは500リーブルの年毎の支払い金が支給されていたということである。M.Lunitz, *Diplomatie und Diplomaten,* p.251

年数無記名者は特使を示す
貴族とは爵位のある者をここでは示す
出身地は英語表記した
M.Lunitz, *Diplomatie und Diplomaten.* および M.A.O.Brun, *Historia de la Diplomacia Espanõla.* より筆者作成

資料二　カール５世のフランス大使（常駐大使と特使）

名前	学位	赴任期間	年数	前職	次職	出身地	貴族	日給
Philibert Naturel	法学博士	1517～1521	4	外交使節	内務評議員	Franche-Comté		14 リーブル
Louis de Praët	学士	1525～1526	1	外交使節	国事評議員	Flanders	○	7 ダカット
Nicolas Perrenot	法学博士	1526～1527	1	内務評議員	国事評議員	Franche-Comté		10 フラン
Philippe de Lalaing	?	1529～1530	1	執事	?	Flanders		6 リーブル
François Bonvalot	法学博士	1530～1532	2	高等法院	?	Franche-Comté		7 リーブル 16 ソル
Jean Hannart	?	1532～1536	4	国事評議員	国事評議員	Brabant		?
Cornille de Schepper	法学博士	1538		内務評議員	国事評議員	Flanders	○	11 リーブル 5 ソル
François Bonvalot	法学博士	1538～1540	2	高等法院	高等法院	Brabant		?
Nicolas de Gilley	?	1541～1542	1	外交使節	?	Franche-Comté		8 ダカット
Jean de Saint-Mauris	法学博士	1549～1551	2	内務評議員	国事評議員	Franche-Comté		8 ダカット
Simon Renard	法学博士	1549～1551	2	内務評議員	国事評議員	Franche-Comté		8 ダカット

年数無記名者は特使を示す
貴族とは爵位のある者をここでは示す
出身地は英語表記した
M.Lunitz, *Diplomatie und Diplomaten.* および M.A.O.Brun, *Historia de la Diplomacia Espanõla.* より筆者作成

資料三　シャピュイの1529年の主な書簡（*Spa. cal.,* vol. iv, part i より）

＊事項の日付、場所が空白の場合は、不明もしくは記載不要

書簡の日付	事項の日付	場　所	書簡の内容
9／1			・イングランド王に謁見することはかなわず。王が狩に出かけたため。 ・枢機卿ウルジーとの会見は王の許可が得られず無理。フランス特使ド・ランジェ氏 M.de Langes も枢機卿に会えず。 ・ド・ランジェ氏の来英目的は①イングランド内に保管されているマクシミリアン帝の宝石を取り戻すこと。②カンブレーの和約で決定したフランス王子たちの身代金の援助のためといわれている。 ・皇帝に派遣されるイングランド特使はカリュー卿 Sir Nichlas Carew とサンプソン博士であろうが、長い滞在は見込めず。第三の人物が常駐大使となるだろう。アン・ブーリンの兄弟ジョージ・ブーリンがフランス大使になる模様。
9／4		ロンドン	・王の気に入りの廷臣はサフォーク公、ノーフォーク公、ロッチフォード卿（アン・ブーリンの父）であるようだ。ウルジーは宮廷から遠ざけられている様子。ウルジーの問題（王の離婚問題未解決への責任問題）は悪い展開になっているようだ。10月2日にウルジーの裁判が行われるようだ。 ・シャピュイの受けた第一の使命であるキャサリン王妃の権利維持の問題は現状維持のままであるようだ。前任者の帰国後新しいことは起こっていない。アン・ブーリンへの王の愛情は募るばかり。 ・駐ローマイングランド大使カサール卿 Sir Gregory Casale は自らの訴訟問題で王から帰国を命じられている。 ・カンブレーの和約宣言はロンドンでは大きな喜びを持って受け取められている。しかし、皇帝とイングランド王との和解の文書の内容だけが報告されている。 ・イングランドにはベネチア共和国、フェラーラ公、ミラノ公からの大使もいるが、重んじられている様子はない。
9／21			・王に謁見を申し込む。 ・王妃に部下を送りシャピュイの到着したこと、シャピュイの受けた使命を伝え、王妃との会見を申し込むが、王の許可なく会うことはできないという返事をもらう。
	9／19	王の宮廷	・王に謁見する事が許され、王からの使いの者と共にロンドンを発ち、指定された所から3マイルのところに到着。 ・王に謁見する。9時に到着し、ラッセル卿 Sir John Russell に迎えられる。王に皇帝からの手紙を渡すが、王は信任状と思い、開封せず。王は皇帝とイングランド王との友情と同盟

書簡の日付	事項の日付	場　所	書簡の内容
9／21			が保たれるようシャピュイに期待すると述べる。厳かな儀式とともに信任状奉呈式が行われ、シャピュイは演説したのち、信任状を王に奉呈する。その後王との会談に入る。 ①王は、スペインで発見された教皇ユリウス２世による（王の結婚の）特免状のオリジナルを自分に渡してほしいと懇願する。シャピュイは送付中の危険性を主張して拒否。 ②王は自分の離婚訴訟をイングランドで行いたいと主張。 ③王は駐スペインイングランド大使リー博士 Dr.Lee を召還し、他の者を送ると述べる。 シャピュイは王妃と会見することを願い出て、王に許可される。王は今後皇帝からのニュースを王に伝えるようシャピュイに要請。
			・ロッチフォード氏や他のジェントルマンと食事をし、その際シャピュイは皇帝の様子を聞かれる。
		王妃の住まい	・王妃に皇帝からの手紙とシャピュイの信任状を見せ、来英目的を話す。王妃は皇帝の様子を尋ねる。帰国間近の教皇特使カンペッジョを訪問するようにシャピュイに要請。シャピュイは王妃から、ウルジーを訪ねる必要はないといわれる。
			・11月２日に議会が開かれる様子。この国の財政に関わる全ての行為を中止し、会計を調べるのが主な目的と報告されている。
			・イングランドにはルター派の異端が入る門が開かれていると、シャピュイは思わざるを得ない。
	9／20	シャピュイの住まい	・王妃からの使いの博士が来て、シャピュイが来英後に見たり聞いたりしたこと全てを皇帝に報告してほしいと頼む。
			・シャピュイがロンドン到着時、ノーフォーク公は不在だったので、皇帝からの手紙をブリアン・テューク氏 Brian Tuke に渡しておいた。彼はシャピュイに対し非常に親切で、信頼の置ける人物に見えた。 **（他史料よりの情報）** 10/4　①イングランド王は枢機卿ウルジーから国璽をとりあげたそうだ。(*L.&P.*) ②王はフランス王に150,000ダカットの価値のある宝石を送ったそうだ。（ギュスティニアン Sebastian Giustinian による。 *Ven.cal.*）
			・フランスへの特使としてカリュー氏 Nicholas Carew、ジョージ・ブーリン氏、ストークスリー博士 Dr. Stokesley（王の離婚の最大の支持者）が選ばれる。
10／8			・王は最近ローマの教皇評議会の監査役 Auditor of the Apostolic Chamber のもとにギヌッチ氏 Ghinucci を送った。王の結婚問題について監査役と協議するためであろう。ギヌッチ氏は今後王の大使としてまた教皇への使節として働くだ

書簡の日付	事項の日付	場　所	書簡の内容
10／8			ろう。シャピュイはこのギヌッチ氏をよく見張るよう、駐ローマ皇帝大使マイ氏 Micer Mai に手紙を送った。
		カンペジョッツの宿泊所	・王の離婚訴訟に関して王に十分報告したかどうかを聞き、またこの問題がロンドンでよく議論されたかどうかを聞くためにシャピュイは王妃の要請でカンペッジョを訪れる。カンペッジョは、王は自分を疑っており、自分は王妃に語りかけることも、王妃にいとまごいをすることも許されていないと答える。
	10／7		・カンペッジョは王から高額なプレゼントをもらって、ローマに帰国する。
			・王妃は、まもなく開かれる議会の宣言を恐れているようである。シャピュイは、イングランドの人々は皇帝や王妃を非常に支持しているので、心配はないと、王妃を励ます。王の離婚訴訟がローマへ移管されることは皇帝や王妃にとって有利と思われるので、シャピュイは移管を主張するようにと、ローマのマイ氏に手紙を送った。
			・ウルジーが顧問会議からのメッセージとして、明日８時に顧問会議に出席するようにシャピュイに要請した。
		シャピュイの住まい	・フランス大使がシャピュイの住まいに立ち寄ったが、ウルジーからの使いを見て立ち去る。その後使いの者をよこし、シャピュイと話がしたいと告げた。フランス大使はこの２日間王の顧問官たちとフランス王の宝石（フランス王そしてその後マクシミリアン帝がイングランドへの借金の担保としてイングランドに預けていたフランス王家の紋章を象った宝石「百合の花」fleur de lis）を巡り、議論したそうだ。 大使によると①フランス王は出来るだけ早くその宝石を取り戻したい、②フランス王はそのお礼を皇帝にする、③イングランド王の顧問官たちは皇帝の意見を聞くために、シャピュイを顧問会議に呼んだということである。
			・フランス大使からの二度目のメッセージが届き、シャピュイに顧問会議出席を延期するように要請。シャピュイはアポイントメント済みなのでそれを断る。
	10／8	枢密院室	・顧問会議にはほとんどのイングランド貴族が出席していた。ノーフォーク公、サフォーク公、ウルジーと話す。その内容は、「百合の花」に関することである。カンブレーの和約によりフランス王は、マクシミリアン帝がイングランド王に負っていた負債をイングランドに払うことを皇帝（カール）に約束し、その負債は支払われたが、イングランド王は「百合の花」を担保として現在まだ所有しており、それを返却する必要があるかどうかということである。皇帝の意見を聞きたいとシャピュイは言われる。シャピュイはそれに関して皇帝からの指示は受けていないと答える。

書簡の日付	事項の日付	場　所	書簡の内容
10／8	10／8	仏大使の館	・顧問会議からの帰路、シャピュイはフランス大使を訪れ、顧問会議で話されたことを報告する。 ・王は盲目的にアン・ブーリンを愛している様子である。また王はアンの勧めで王女メアリとノーフォーク公（アンの叔父）の息子との結婚に同意したようだ。ネーデルラント総督（マルガレーテ）からの手紙によると、9月25日にカンブレーの和約の批准書がブリュッセルで厳かに受け取られたということだ。シャピュイは皇帝からこの批准書に王のサインをもらう指令を受けている。王はサインを受諾し、サインの日時と方法は特使カリューとサンプソン博士に任せていると答える。 ・皇帝からの手紙を受け取ったので、ウィンザーの宮廷に使いを送り、そのことを王に伝えさせる。 **(他史料よりの情報)** 10/22　ウルジーは屋敷と全財産を王に返却させられた。(ロンドンに派遣されたデュ・ベレ氏　du Bellay からフランス 提督モンモランシーへの書簡 *L.&P.*)
10／25	10／18		・ウルジーは聖ルカの祝日（10/18）に大法官職と枢密院の席を取り上げられた。
		ノーフォーク公の館	・ノーフォーク公の館を訪ねる。トルコ問題について話したあと、ノーフォーク公はカンブレーの和約が結ばれることをイングランドで反対する者はいないと述べる。ノーフォーク公はウルジーの没落についての意見を聞くが、シャピュイははっきりとは答えず。またノーフォーク公は、イングランドの国家の問題は王一人によるのではなく、顧問会議での決定によると述べる。
	10／22	ウィンザーの宮廷	・シャピュイは王を訪ねる。ノーフォーク公やサフォーク公に迎えられる。王はシャピュイに皇帝からのニュースを聞く。シャピュイは、皇帝がいつも気にかけていることは、自分の大使たちを通して皇帝が関わっていることをできるだけ早く王に知らせることであると述べ、王に皇帝からの手紙を見せる。王は、皇帝は教皇に手紙を書くだろうと述べ、シャピュイに皇帝がイタリアに行く理由や動機を尋ねた。シャピュイはイタリアの平和と団結のためと答え、皇帝のボローニャ Bologne 入場に参列するため、ローマ駐在のイングランド大使に特別の指令を出すように、また対トルコ戦への援助を与えるように要請した。王は、自分の王国は小さく、貧しい国であると説明する。王は王妃の問題には一言もふれなかった。私掠船や海賊を一掃してほしいというネーデルラント総督からの要請には、王はそれらの存在を否定した。ロージンボーイ氏 Mr. de Rozymboy（ネーデルラントの大蔵大臣）が皇帝から派遣されて来英することを告げると、王は了解した。

書簡の日付	事項の日付	場　所	書簡の内容
10／25	10／24		・王は没収する予定のウルジーの館を視察するため、ウィンザーを出発する。ウルジーの大法官としての国璽は取り上げられ、ノーフォーク公が預かり、トマス・モアに渡されるらしい。 ・ザクセン公 the Duke of Saxony から二人の使者が来英した。彼らはルター派ではないらしい。 ・王妃の問題に特に変わりはない。ストークスリー博士はパリ大学の学者から王の離婚に同意する意見を得るために渡仏するらしい。 **（他史料よりの情報）** 10/25　国璽が王の手でウルジーから取り上げられ、トマス・モアへ渡された　（*L.&P.*）
11／8	11／3	ロンドン	・議会がロンドンで開かれた。大法官トマス・モアは、王がいかにこの国の商業の発展と繁栄のために尽くしているかを説明した。王は議会出席者にこの王国の福祉、利益、平和、そして特に司法の改革のためのアドヴァイスを求める。大法官はまたウルジー枢機卿がいかに王に害を与えたか、王は枢機卿の問題に関して罪はないこと、またイングランドでの教会改革の必要について説明し、諸身分に二日以内に議会の議長を選ぶように告げた。
	11／4	ロンドン	・諸身分が議会に集合。カンタベリー大司教（ウォーラム）が議長に選ばれたが、教会人であることと年寄りであることのため、王の賛同が得られず。王は別の者を選ぶ。
	11／5	ロンドン	・王は自ら議員を召集し、審議を再開した。議長（オードリー）が宣誓をした。審議中の問題が再審議されるはず。
	11／6		・今日イングランドの通商が再開されるはずである。 ・王女メアリがノーフォーク公の息子と、そしてアン・ブーリンがバッキンガム公 the Duke of Backingham と結婚するといわれている。 ・シャピュイが思うに、この王国の聖職者は罰を与えられ、そして教会改革されるだろう。 ・対トルコ戦に対する援助金をイングランドの人々に要請することは、容易いことではないだろう。諸身分は以前王に貸した多額の借金を返済するよう王に迫っている。王は諸身分に借金の減免を要請している。ウルジーが教皇特使として授与した聖職者の任命はすべてキャンセルされ、教会財産は没収されるといわれる。これは王の利益になることであろう。 ・ノーフォーク公が大法官の国璽を受け取り、王国の式武官の役をロッチフォード氏に与えるらしい。ノーフォーク公は今最も王に信頼されているらしい。 ・ロージンボーイ氏はまだ英仏海峡を越えてはいない。この

書簡の日付	事項の日付	場　所	書簡の内容
11／8			国で恭しく迎えられるようだ。
	11／6	グリニッジ	・王妃は最近ずっとグリニッジにいるが、そこでペストによる死者が出たため、この日（11月6日）リッチモンド Richimond に移されるといわれている。王女はウィンザーにいるが、母がそばにいないことを悲しんでいる。 ・最近王妃は王妃の顧問団のメンバーである秘書二人をシャピュイのもとに遣わし、王妃を擁護して書かれた一枚の紙を示した。それは非常によく書かれており、大陸に送るため、今翻訳されているところである。 **(他史料よりの情報)** 11/3　議会がロンドンのドミニコ会修道院で開催された。初日の今日、王が出席する。(*L.&P.*) 11/4　庶民院は議長としてトマス・オードリーを王に推す。(*L.&P.*)
11／17	11／13		・ミンゴヴァル氏 Mr.de Mingoval が皇帝からの手紙を持って到着した。シャピュイは王に謁見を申し込むため、使者を王のもとに送り、すぐに承諾される。顧問会議開催の午後2時に王に謁見し、皇帝からの手紙を見せ、ミンゴヴァル氏の皇帝からの委託について話す。対トルコ戦のため、ハンガリーに援軍を送ってほしいという皇帝からの要請について王と話す。王はそれに対して否定的な考えを示す。（①ハンガリーは遠い。②皇帝がハンガリーに援軍を送る役に最もふさわしい。③トルコは既にウィーンを包囲しているといわれるので、短時間に援助を送ることは困難。）王はその援助問題を顧問会議で話すと答える。
		ノーフォーク公の館	・対トルコ戦に参加するよう王に促がしてほしいとノーフォーク公に頼む。公は最善を尽くすと約束。また自分と連絡をとるときは使いの者を遣すように要請する。その後、公に対トルコ戦への参加を再び促がす。公は①忙しくて王に伝えていない。②フランス大使からの手紙によると、トルコは既に撤退したらしい。③今日その問題を調査する予定。次の土曜日に返答する。④この撤退を祝い、王は国中で行列や花火をして祝うつもりであると答える。
	11／15	シャピュイの大使館	・フランス大使のもとにトルコについての情報が届く。フランス大使は王や顧問官との話の後、シャピュイの大使館に寄る。フランス大使は①2日前、ミンゴヴァル氏が到着したこと、②ミンゴヴァル氏の使命、③フランス王が対トルコ戦に参加する意志があるということを喜んでいること、④フランス大使はまだ宝石「百合の花」を取り戻していないことを話す。 ・ネーデルラント総督は、イングランドを皇帝側に加わらせるよう尽力してほしいと自分に要請してきたが、シャピュイ

書簡の日付	事項の日付	場　所	書簡の内容
11／17			はできる限り努力をするつもりだ。 ・ウルジーはまだ判決時の住まいに住んでいる。特に変化はなし。 （他史料よりの情報）11/18　王座裁判所の法廷で枢機卿ウルジーは王の保護下に置かれる判決が出された。王と王国の法に反したため（*Ven.cal.*）
	11／13		・ウルジーが教皇特使として教会の聖職禄を与えた僧に対する評決が下った。 ・教会改革と減税の審議のため、この議会でもウルジー問題の結論は出されず。 ・ザクセン公の代理人がヘンリ王のご機嫌を伺うためにイングランドに来た。彼は度々来ているようだ。代理人はよい馬と犬を確保するためにも来英した。 ・ロージンボーイ氏はまだ到着せず。
12／6			・ミンゴヴァル氏の申し出に対する返答はまだ得られず。彼はまもなくイングランドを去るつもり。 ・王と王妃との食事中、王は他のキリスト教君主たちが対トルコ戦に援助をするなら、自分もするつもりであると言ったそうだ。しかし、金銭の援助という皇帝の呼びかけには応じられないとのことである。
	11／23		・ロージンボーイ氏とソーチ氏 Mr. de Sauch が到着して迎えられた。
		宮廷	・ロージンボーイ氏とソーチ氏が宮廷に呼ばれた。シャピュイも同席し、既にカンブレーの和約が二国（ネーデルラントとフランス）で二人の夫人（ネーデルラント総督とフランス王の母后）によって別々に批准されたことを王に告げる。また相互の船舶や商品の交換取引に関する弊害を除去するため、イングランド王もブルッへやフランドルの他の都市に委員を派遣してほしいと要請する。対トルコ戦への援助を再び要請した。そのためハンガリー王（カール５世の弟フェルディナンド）がネーデルラント総督に宛てた手紙の要約を王に見せた。 　王は援助を拒否する。その理由は ①援助金が別の用途に使われる恐れがある。 ②ハンガリー王に関わる問題のためにキリスト教君主が援助する必要はない。 ③現在援助のための金はない。国内の聖職者たちは教皇に annates（初年度収入税）の形で対トルコ防衛に貢献しており、教皇が支払うべきである。 また通商に関しては、大法官とロンドン司教に任せていると王は答える。
	11／24	トマス・モアの住まい	・シャピュイはソーチ氏とともにトマス・モアの住まいに呼ばれ、ロンドン司教や王の秘書とカンブレーの和約の批准に

書簡の日付	事項の日付	場　所	書簡の内容
12／6			ついて討論する。イングランド側は批准の内容ではなく、形式に異議を唱える。通商問題に関しては、イングランド側は現状維持を主張。
	11／28	グリニッジ	・イングランド王によるカンブレーの和約の批准が厳かに行われた。皇帝側からはロージンボーイ氏とソーチ氏とシャピュイが呼ばれた。その後フランス大使や教皇特使とともに王と会食する。王はシャピュイに皇帝からのニュース、特に皇帝のボローニャ入場について聞く。皇帝の父フィリップへの賛辞、対トルコ問題、フランスの王子がスペインで罹った病気についての話題のあと、教皇や枢機卿たちへの非難、教皇の特免状への疑問が続く。王はルターに対して若干の理解も示す。王国内で教会改革が進んでいると述べ、皇帝も同様のことをすべきであると勧める。 **(他史料よりの情報)** 11/26　国璽がトマス・モアに渡された (*Ven.cal.*) 11/30　イングランド王から皇帝に派遣された特使達（カリュー氏、サンプソン氏）への王の指令が下される。(昨日王は両国間の和平を誓い、批准したことを皇帝に伝えるように) (*L.&P.*)
	11／28	王妃の住まい	・ロージンボーイ氏が王妃の住まいを訪れる許可を王に申し出、許可される。皇帝側の三人が王妃に面会。王妃は悲惨な状態。皇帝からの手紙を差し出し、王妃を励ます。王妃は後日、使いの者を遣わすと述べる。
	11／29		・王妃は王妃の医師であるヴィクトリア Fernando Victoria にシャピュイへの手紙を持たせる。王の王妃に対する行動は変わらず、そのことを皇帝に伝えてほしいという。王妃の訴訟はまもなく終わるだろう、教皇が王妃の味方についているから心配しないようにと、シャピュイは王妃に伝えさせる。
	11／30		・王は先日王妃に、自分の離婚の正当性をパリ大学の学者たちに説明させ、その説明の内容を教皇に送るつもりである、もし教皇が反対したら、人々をして教皇を異端と宣言させると言ったそうだ。王妃が教皇以外に自分の審判者はいないと答えると、王は非常に混乱し、アン・ブーリンの住まいに行く。スペインから帰英し、王に仕えていたリー博士 は王に、皇帝がいなければ、スペインでは誰も王妃の離婚に異議は唱えないと言ったそうだ。
	12／5	王宮	・ロージンボーイ氏とソーチ氏がイングランドを去るため、シャピュイとともに王に離任の挨拶に行く。王が語ったことは、王国内で聖職者の改革の命令を出した、王国では王のみの権威を認めるようにした、王が初年度収入税を引き受ける、聖職者の兼任を禁止したということであり、この王国では皇帝とネーデルラント総督が一緒に協力したら処理できない問題はないと王は繰り返した。ロージンボーイ氏とソーチ氏は

書簡の日付	事項の日付	場　所	書簡の内容
12／6			皇帝にそれを伝えると答える。
	12／5		・教皇からの外交使節が到着。王への謁見の帰り、通りでシャピュイに会う。使節の来英目的はわからず。 ・議会がイースターまで延期されることになる。聖職者全員に法が課せられることや王が諸身分に借りていた金を返却するという法案が通過した。ウルジーは現在住んでいるところに留まること、彼の息子は1,000ダカット以上の聖職録を没収されることが決定された。
12／9	12／8		・ロージンボーイ氏とソーチ氏はロンドンを離れ、フランドルに出発。
	12／8	シャピュイの館	・ノーフォーク公からの使いがシャピュイの自宅を訪れ、公主催のディナーに呼ばれる。都合が悪かったが①そこに同席する政府の他のメンバーに敬意を払うため、②フランス大使とともにイングランド商人が与えた損害と悪事に文句を言うために出席する。
	12／8	シャピュイの館に近い家	・シャピュイの住まいの近くの家で、教皇大使にイタリアからのニュースを尋ねる。大使は皇帝が皇帝とイングランド王との友好のため自分を派遣したと答えるが、大使はシャピュイ宛の手紙を持たず、また皇帝がそのようなことを教皇に頼むわけがないので大使の発言は信じられない。
	12／8	ノーフォーク公の館	・ノーフォーク公と話をする。フランス大使や数人の外国人商人も同席を希望。 ①議会でロージンボーイ氏からの要請（対トルコ戦への援助）が通過されようとしているが、ノーフォーク公は反対。大法官はまだその問題を顧問会議に提出していない。 ②シャピュイが不満を述べたイングランド商人の窃盗罪阻止に関しては、外国人商人の受けた不利益よりもイングランド商人の不利益の方が多いだろうと、公は述べる。公はここでフランス大使に退席を要求する。 ・ノーフォーク公はシャピュイにイングランドを去ったフランドルの特使（ロージンボーイ氏とソーチ氏）に王がプレゼントをしたが、イングランドでは帰国する大使にのみプレゼントを渡す習慣があると述べた。それに対しシャピュイは、自分にとっての最高のプレゼントは自分の主人皇帝に対しイングランド王が抱く愛と友情であると答える。ノーフォーク公は皇帝から二つの特権（1,000ダカットの年毎の支払金と帝国海軍の総司令官 captain-general への任命）を与えられているので、自分は皇帝に奉仕する義務があると述べる。ノーフォーク公がシャピュイに打ち明けたところでは、王は皇帝に自分の離婚を許してほしいと願っているということである。シャピュイを家まで送るとき、公は、自分の息子は勉学においても人間性においても立派に成長しており、リッチモ

書簡の日付	事項の日付	場　所	書簡の内容
12／9			ンド公（王の庶子）の　教師の任を任されている、また王は自分（ノーフォーク公）の娘とリッチモンド公とを結婚させるつもりであると話す。メアリ王女とノーフォーク公の息子の結婚に関するシャピュイの質問には、否定する答えを返す。
12／13			・王妃の問題は相変わらず悲惨な状態。王はアン・ブーリンに盲目的である。この問題は議会で話されることであろう。議会の大部分のメンバーは王から賄賂を受け取っており、王の要求に応えるといわれている。王はローマでの裁判の結果に関わりなく議会の同意が得られれば、すべての者から正当化されたと思うだろう。シャピュイは、すべてを知っているカンペッジョがローマに帰国しているので、最上の方法は教皇がボローニャやローマにおいて教皇の面前で神学者や博士たちに自由に討論させることであろうと思う。またスペインやルーヴァンでも同じことができれば心強いので、シャピュイはネーデルラント総督に手紙を書く予定である。シャピュイは王がこれほどアンに盲目的であるとは思っていなかった。 ・王は三人を伯爵に昇進させた。アン・ブーリンの父も含まれている。 ・王女は相変わらずウィンザーにおり、その生まれと身分にふさわしい扱いを受けてはいない。 ・最近王妃からは何もニュースが届かず。日中王妃の住まいを訪れることは王妃や皇帝にとって不利になるだろう。 ・ノーフォーク公からの密かな情報によると、王の賛意なくウルジーによって認められた外国人の帰化が議会で却下されたそうである。この国では金が不足しているらしく、イングランド人が出国する時、金や銀を持ち出すのを禁止する法を作ろうとしているらしい。 ・困窮している王妃を助けるため、できる限りのことをするようにという皇帝からの手紙を受け取ったが、王妃は日に日に王への不満を募らせている。王はアンに執着。皇帝が介入しない限り、改善されないだろう。ノーフォーク公はかつてシャピュイに、もし皇帝が王の離婚と新しい結婚に同意してくれたら、王は皇帝にすべてを与え、皇帝の奴隷になっても良いと言っていると話した。 ・最近アンの親族が数人伯爵に昇格した。皆ノーフォーク公の血縁の者である。ロッチフォード卿は二重の伯爵の称号を持つ。アン・ブーリンは王妃待遇をされている。王妃は7マイル離れたところで寂しく暮らしている。アンがウルジーの破滅の原因であるとシャピュイには思われる。 ・聖職者の改革には色々な原因が考えられるが、部分的には

書簡の日付	事項の日付	場　所	書簡の内容
12／13			教皇が王の離婚問題をローマに移管したことへのイングランドの人々の怒りによると、シャピュイは思う。この改革はできる限り早く行われるだろう。教会財産の売却により多額の財産を得られるから、またほとんどの人々が僧侶を憎んでいるからである。王側の者たちは人々に繰り返しこの（アンとの）結婚に賛成するように働きかけるであろう。この状態が続けば、この国の者はドイツにおいてと同様に教皇に対する従順を失うであろう。 先日ノーフォーク公ははっきりと言った。教皇自身が王の（王妃との）結婚の非正当性を認めており、それを公言していたのに、皇帝と同盟を結んでから教皇は皇帝の権力下に入り、今や皇帝の望むようにその訴訟を審理し、判決を出そうとしていると。シャピュイは、王は、皇帝がハンガリーに出発し、イタリア不在の間に教皇を喜ばせることを行おうとしていると思ってしまう。議会に提出されようとしている離婚訴訟の問題に関して、王妃は議会の行動を弱めようか、またはできるだけ議会を延期させようかと思案している。 シャピュイは、一度提案されたことがあるカンブレーにこの問題を移管するのが良いと考えている。教皇に対するイングランドの人々の不信感が強いからである。シャピュイは（皇帝のではなく）自分の権限で、ノーフォーク公に公の息子と王女との結婚に対するシャピュイの支援を示すことにより、ノーフォーク公をシャピュイの側につける試みを考えているが、王妃に気づかれると阻止されてしまうだろう。 ・王は、「皇帝は、王の離婚は王の良心の解放のためだろうと確信している」と聞いたそうで、大変喜んだ。 ・最近1、2人の説教者が買収されて、「教皇は結婚の特免状を与える力はない。現在の結婚は神法に違反する」と公に説教している。しかし、シャピュイは最も学識のある高位聖職者は王妃寄りであろうと思う。 ・王は王が皇帝に派遣した特使たちの到着が遅れていることに苛立っている。王は彼らが一刻も早く皇帝の宮廷に到着し、王の名で宣誓し、皇帝のボローニャ入場に参加し、トルコ進入阻止に関しての審議に出席し、他の事柄についても交渉を行うことを願っている。 ・政府のメンバーに関しては、ノーフォーク公の力と影響力が日に日に高まっている。ノーフォーク公は文書によるのであれ、口頭によるのであれ、シャピュイを大いに喜ばせ、フランス商人よりもスペインやフランドルの商人を厚遇している。ノーフォーク公はフランス人を遠ざけている。
	12／12		・ウルジーは国璽を取り上げられた時の家にまだ住んでいる。彼は改悛の日々を送っている。王はウルジーに司教区を一つ

書簡の日付	事項の日付	場　所	書簡の内容
12／13			所有することを許している。 ・宝石「百合の花」に関しては、できる限り尽力している。その高価な宝石が、フランスに渡るよりもイングランドに保管されている方を皇帝は望むだろうという、シャピュイの考えを常々述べてきた。しかし、今後皇帝の考えを聞いた上で、それをイングランドの人々に伝えるつもりである。イングランドの人々は皇帝に関係ある人々の手を通して、それがフランスに戻ることをより望んでいると思う。戻る時は専門家の手で運ばれることをシャピュイは自分の目で確かめるつもりである。今その宝石は磨かれている。 ・この二週間で議会の会期が終了し、来年の2月まで延期される予定であった。しかしそれはまだ達成されていない。昨日は会期中最も忙しい日であり、議会は真夜中まで続いた。前回の（皇帝への）報告後、新しい法案が通過されたかどうかはわからない。今は主に通商の手段が議論されているところである。ロンドンの商人たちはすべての外国の商品に重い税金が課せられること、またイングランド生まれでない貿易商が国外に出ることを願っている。王が二つのこと、つまり聖職者から搾り取ることと離婚問題に関するパリ大学の意見を議員たちの前に示すことをしなければ、王は望む融資を既に議会から取り付けたのであるから、この会期はまもなく終わるだろう。
12／31	12／15	シャピュイの大使館	・来英していた教皇大使ポール・カサール氏 Messire Paul Casale がローマへ帰国した。その前日、大使はフランス大使とベネチア大使に帰国を告げた。帰国の日、大使の秘書のフィレンツェ人が主人の急な出国を告げるため、シャピュイの大使館に寄った。王ができる限り早く大使に出国するように望んでいるとのことである。大使と彼の兄弟グレゴリー・カサールはイングランドの司教区を所有しており、王の離婚を成功させたら更に富裕な司教区を手に入れることが出来るが、失敗すれば報酬はないと思われる。それはカンペッジョの場合と同じである。
	12／22頃	シャピュイの大使館	・フランス大使がル・ショー氏 Messire Le Chaux とギョーム・デ・バール氏 Messire Guillaume des Barres からの手紙を持ってきた。それには、イングランド到着後シャピュイが収監される恐れがあるということが書かれていた。手紙の趣旨は「百合の花」に関することであり、皇帝からの指示と同じであった。フランス大使はその宝石を自分が帰国する時フランス王のもとに運びたがっていたが、シャピュイは危険性も考えてイングランド王に運び人を選定してもらうように提案する。フランス大使は皇帝のボローニャ入場について語る。

書簡の日付	事項の日付	場　所	書簡の内容
12／31			・王妃は、自分が望むことを駐ローマイングランド大使たちが果すことはできないので、離婚阻止に同意するよう皇帝を説得するしかないと考えている。王はローマ駐在の大使たちのアドヴァイスを重んじるだろう。王妃は王が理性を取り戻すことを信じていたが、最近王妃は、皇帝の精神的援助、好意、権威がなければこの訴訟で勝利する見込みが得られないと意気消沈している。王はこの王国内で自分の願望を果すつもりであると王妃にはっきりと述べた。
			・この王国内の高位聖職者や学者は王妃に味方する書物を書いているが、王に味方している聖職者はストークスリー博士以外にはいない。彼はパリ大学でイングランド王に味方する出版物を得、帰国の際それを持参した。王は議員たちを味方にして、目的を果そうとしている。
	12／25		・皇帝に派遣され、今教皇のもとにいるイングランド特使からの急使が到着。12月13日の皇帝による暖かい歓迎、和平の宣言、皇帝との会食についてのニュースを伝える。その会食中に皇帝の第二子誕生のニュースが入り、幸の運び手として皇帝は特使の到着をことのほか喜んだという。特使からの情報は、ロンドン中を沸かせ、人々を大喜びさせた。
	12／26	グリニッジ	・現在宮廷があるグリニッジにフランス特使ランジェ氏が出かけ、翌日の午後5時ごろまで帰らず。
	12／31		・王に謁見することはかなわず。
			(他史料よりの情報) 12/26　皇帝は教皇にイングランド王の訴訟が遅滞していることに対する不満を述べた。(*L.&P.*)

書簡史料集

史料　1

Act in Restraint of Appeals **24 Henry Ⅷ, c. 12. 1533.**

(*Statute of the Realm* に記載されている原文のまま記載した。本書第三章 90 ~ 112 頁参照)

An Acte that the Appeles in suche Cases as have ben used to be pursued to the See of Rome shall not be from hensforth had ne used but wythin this Realme.

Where by dyvers sundrie olde autentike histories and cronicles it is manifestly declared and expressed that this Realm of Englond is an Impire, and so hath ben accepted in the worlde, governed by oon Supreme heede and King having the Dignite and Roiall Estate of the Imperiall Crowne of the same, unto whome a Body politike compact of all sortes and degrees of people, devided in termes and by names of Spiritualtie and Temporaltie, ben bounden and owen to bere nexte to God a natural and humble obedience: he beyng also institute and furnysshed by the goodnes and sufferaunce of Almyghtie God with plenarie hoole and intiere power preemynence auctoritie prerogatyve and jurisdiccion to rendre and yelde Justice and finall determynacion to all manner of folke reseauntes or Subjectes within this his realme, in all causes maters debates and contencions happenyng to occurr insurge or begyne within the limittes therof without restraynt or provocation to any foreyn Princes or Potentates of the World: The Body Spirituall wherof having power whan any cause of the Lawe devine happened to come in question or of spirituall lernyng, [then] it was declared interprete and shewed by that parte of the said bodye politike called the Sprítualtie nowe beyng usually called the Englishe Churche, which alwaies hath ben reputed and also founde of that sorte that bothe for knowlege integritie and sufficiencie of nombre it hath ben alwaies thought and it also at this houre sufficiente and mete of it selffe, without the intermedlyng of any exterior personne or personnes, to declare and determyne all suche dubtes and to administre all suche offices and dueties as to their roomes spirituall doth apperteyne; For the due admynystracion wherof and to kepe them frome corrupcion and synystre affection the Kinges moost noble progenitours, and the antecessours of the Nobles of this Realme, have sufficiently endowed the said Churche both with honour and possessions: And the Lawes Temporall for triall of proprietie of Landes and Goodes, and for the conservacion of the people of this Realme in unitie and peace without ravyn or spoill, was and yet is administred adjudged and executed by sondry Judges and Administers of the other parte of the said body polotike called the Temporaltie, and bothe their auctorities and jurisdictions do conjoyne together in the due administracion of Justice the one to helpe

the other: And where as the Kinge his mooste noble pregenitours and the Nobilitie and Commons of this said Realme at dyvers and sondry parliamentes as well in the tyme of King Edwarde the firste, Edwarde the thirde, Richard the seconde, Henry the fourth, and other noble Kinges of this Realme made sondrye ordenaunces lawes statutes and provisions for the entier and sure conservacion of the prerogatyves liberties and premynences of the said Imperiall Crowne of this Realme, and of the jurisdictions spirituall and temporall of the same, to kepe it frome the anoyaunce aswell of the See of Rome as fromme the auctoritie of other foreyne potentates attemptyng the diminucion or violacion therof as often and frome tyme to tyme as any suche annoyaunce or attempte myght be knowen or espied: And notwithstanding the said good estatutes and ordynaunces made in the tyme of the Kyng's most noble pregenytours in preservacyon of the auctoritie and prerogatyff of the said Imperyall Crowne as is aforesayd, yet nevertheles sythen the makyng of the sayd good statutes and ordenaunces dyvers and sondry inconveniences and daungers not provided for playnly by the said formar Actes, Statutes and Ordynances have risen and spronge by reason of appeales sued oute of this Realme to the See of Rome, in causes testamentarie, causes of matrimony and dyvorces, right of tithes, oblacions and obvencions, not onlie to the greate inquietacion, vexacion, trouble, costes and charges of the Kinges Highnesse and many of his Subjectes and reseauntes in this his Realme, but also to the greate delaye and lette to the trewe and spedy determynacion of the said Causes, for so moche as the parties appeling to the said Courte of Rome moost comonly do the same for the delaye of Justice: And forasmoche as the greate distaunce of waye is so farr out of this Realme, so that the necessarie proves nor the true knowlege of the cause can nether there be so well knowen ne the Witnesses there so well examined as within this Realme, so that the parties greved by meanes of the said appeales be moost tymes without remedye: In consideracion wherof the Kinges Highnesse his Nobles and Commons considering the greate enormities daungers longe delayes and hurtes that aswell to his Highnesse as to his said Nobles Subjectes Commons and Reseauntes of this his Realme in the said Causes testamentarie, Causes of Matrimonye & Devorces, Tithes, Oblacions and Obvencions, doo dailie ensue, dothe therefore by his Roiall Assente and by the Assente of the Lordes Spirituall and Temporall and the Commons in this presente Parliament assembled and by auctoritie of the same, enacte establisshe and ordeyne that all Causes testamentarie, Causes of Matrimony and Divorces, rightes of Tithes, Oblacions and Obvercions, the Knowlege wherof by the goodnesse of Princes of this Realme and by the Lawes and Customes of the same apperteyneth to the Spirituall Jurisdiction of this Realme allredy commensed moved depending beyng happenyng or hereafter commyng in contencion debate or question within this Realme or within any the Kinges Dominions or Marches of the same or els where, whether they concerne the King our Soveraigne Lorde his heires or successours or any other Subjectes or Reseauntes within the same of what Degree so ever they be,

shalbe frome hensforth harde examined discussed clerely finally and diffinityvely adjudged and determyned within the Kinges Jurisdiccion and Auctoritie and not elleswhere, in such Courtes Spirituall and Temporall of the same as the natures condicions and qualities of the causes and mattiers aforesaid in contencion or hereafter happenyng in contencion shall require, without having any respecte to any custome use or sufferaunce in hynderaunce lette or prejudice of the same or to any other thinge used or suffered to the contrarie therof by any other manner personne or personnes in any manner of wise; any foreyne inhibicions appeales sentences sommons citacions suspencions interdiccions excommunicacions restrayntes judgementes, or any other processe or impedymentes of what natures names qualities or condicions so ever they be, frome the See of Rome or any other foreyne Courtes or Potentates of the Worlde, or frome and oute of this Realme or any other the Kinges Dominions or Marches of the same to the See of Rome or to any other foreyn Courtes or Potentates, to the lette or impedyment therof in any wyse notwithstonding.

And that it shalbe lefull to the King oure Soveraigne Lorde and to his heires and successours, and to all other Subjectes or Resiauntes within this Realme or within any the Kinges Dominions or Marches of the same, notwithstaundyng that hereafter it shuld happen any excommengemente excommunicacions interdiccions citacions or any other censures or foreyne processe oute of any outwarde parties, to be fulmynate provulged declared or putt in execucion within the said Realme or in any other place or places for any of the causes before rehersed, in prejudice dirrogacion or contempte of this said acte and the verrie true meanyng and execucion therof, may and shall neverthelesse as well pursue execute have and enjoye the effectes profittes benefittes and commodities of all suche processes sentences judgementes and determynacions, don or hereafter to be don in any the said Courtes Spirituall or Temporall as the Cases shall require, within the limittes power and auctoritie of this the Kinges said Realme and Domonions and Marches of the same, and those only and none other to take place and to be firmely observed and obeied within the same:

As also that all the Spirituall Prelates Pasto's Ministers and Curates within this Realme and the Dominions of the same shall and may use ministre execute and doo or cause to be used ministred executed and don all Sacramentes Sacramentals Dyvine services and all other thinges within the said Realme and Dominions unto all the Subjectes of the same as Catholik and Cristen men owen to do; Any foreyn Citacions Processes Inhibicions Suspencions Interdiccions Excommunicacions or Appeles for or touching any of Causes aforesaid frome or to the See of Rome or any other foreyne Prince or foreyne Courtes to the lette or contrarye therof in any wise notwithstanding. And if any of the said Spirituall personnes, by the occacion of the said fulminacions of any the same interdiccions censures inhibicions excommunicacions appeals suspensions summons or other foreyne Citacions for the Causes beforesaid or for any of them, do at any tyme hereafter refuse to ministre or

to cause to be ministred the said Sacramentes and Sacramentals and other Divine services in forme as is aforesaid, shall for every suche tyme or tymes that they or any or theym do refuse so to doo or to cause to be done, have one yeres imprisonment and to make fyne and raunsome at the Kinges pleasoure.

And it is further enacted by the Auctoritie aforesaid, that if any personne or personnes, inhabiting or resiaunte within this Realme or within any the Kinges saide Dominions or Marches of the same, or any other personne or personnes of whate estate condicion or degree so ever he or they be, at any tyme herafter for or in any the causes aforesaid doo attempte move purchease or procure frome or to the See of Rome or frome or to any other foreyn Courte or Coutes oute of this Realme any maner foreyn processe inhibicions appelles sentences sommons citacions suspencions interdiccions excommunicacions restrayntes or judgementes of what nature kynde or qualitie so ever they be, or execute any of the same processe or do any Acte or Actes to the lette impediment hynderaunce or dirrogacion of any processe sentence judgement or determynacion hadd made done or herafter to be had done or made in any Courtes of this Realme or the Kynges said Dominions or Marches of the same for any of the Causes aforesaid, contrarye to the true meanyng of this presente acte and execucion of the same, that then every suche personne or personnes so doyng and their fautours comfortours abbettours procurers executers & cousaillours and every of them beyng convicte of the same for every suche defaulte shall incurre and ronne in the same peynes [penalitees] and forfaitours ordeyned and provided by the Statute of provision and premunire, made in the xvi yere of the reigne of the right noble Prince Kyng Richard the Seconde ageynst suche as attempte procure or make provision to the See of Rome or ells where for any thing or thinges to the dirrogacion or contrarye to the prerogatyve or jurisdiccion of the Crowne and Dignitie of this Realme.

AND FURTHERMORE in eschuyng the said greate enormyties inquietacions delaies charges and expenses herafter to be susteyned in pursewyng of suche Appelles and foreyne processe for and concernymg the causes aforesaid or any of theym, doo therefore by auctorite aforesaid ordeyne and enacte that in suche Cases where heretofore any of the Kinges Subjectes or Resiauntes have used to pursue provoke or procure any appele to the See of Rome, and in all other cases of Appelles in or for any of the causes aforesaid, they may and shall fromehensforth take have and use their appeles within this Realme and not elles where in maner and forme as hereafter ensueth, and not otherwise; that is to saye, Firste frome the Archedeacone or his officiall if the matter or cause be there begune to the Busshoppe Diocesan or his Commissarie frome the Byshope Diocesan or his Commisarie within fiftene dayes nexte ensuyng the judgement or sentence therof there yoven to the Archebysshope of the provynce of Caunturburye yff it be within his provynce,

And if it be within the provynce of Yorke [then] to the Archebishopp of Yorke; and so likewise to all other Archebishopps in other the Kynges Dominions as the case by the order of Justice shall require; and there to be diffinityvely and finally ordered decreed and adjudged according to Justice without any other appellation or provacacion to any other persone or personnes Courte or Courtes: And if the mattier or contencion for any of the causes aforesaid be or shelbe commensed by any of the Kynges Subgittes or Reseauntes before the Archedecone of any Archebusshoppe or his Commissarie, then the partie greved shall or maye take his appeale witjin fyvetene dayes nexte after judgemente or sentence there yoven to the Courte of the Arches or Audyence of the same archebisshopp (or) Archebusshoppes, and frome the said Courte of the Arches or Audience within fyftene daies [then] nexte ensuynge after judgement or sentence there yeven to the Archebusshoppe of the same provynce, there to be diffinityvely and finally determyned without any other or furder processe or appeale theruppon to be hadd or sued.

And it is further enacted by the auctoritie aforesaid that all and every mattier, cause & contencion now dependyng or that hereafter shalbe commensed by any of the Kynges Subjectes or Resiauntes for any of the Causes aforesaid before any of the said Archebushopps, that [then] the same matter or matters contencion or contencions shalbe before the same Archebusshopp where the said Matter Cause or Processe shalbe so commensed deffinityvely determined decreed or adjudged, without any other appele provocacion or any other foreyne processe oute of this Realme to be sued to the lette or dirrogacion of the said Judgement, Sentence, or Decree otherwise than is by this Acte lymyted and appoynted.

Saving alwaies the prorogatyve of the Archebysshoppe and Churche of Caunterburye in all the forsaide Cases of Appeales to hym and to his Successours to be sued within this Realme in suche and like wise as they have ben accustomed and used to have heretofore: And in case any cause mattier or contencion nowe depending for the Causes before rehersed or any of theym or that hereafter shall comme in contencion for any of the same Causes in any of the forsaid Courtes, which hath dothe shall or may touche the King his heires or successours Kynges of this Realme, that in all and every suche case or cases the partie greved as before is said shall or may appellee, frome any of the said Courtes of this Realme where the said mattier nowe beyng in contencion or hereafter shall come in contencion touching the King his Heires or Successours as is aforesaid shall happen to be ventilate commensed or begunne, to the Spiritualle Prelates and other Abbottes and Priours of the upper House assembled and convocate by the Kinges Writte in the Convocacion beyng or nexte ensuyng within the province or provynces where the same matter of Contencion is or shalbe begunne; So that every suche Appeale be taken by the partie greved within xv.daies nexte after the judgement or Sentence theruppon yoven or to

be yoven. And that what soever be done or shalbe done and affirmed determyned decreed and adjudged by the forsaid Prelates Abbottes and Priours of the upper House of the said Convocacion as is aforesaid, apperteynyng concernyng or belonging to the Kyng his heirs & successours in any of these forsaide Causes of Appeles, shall stonde and be taken for a finall decree sentence judgemente diffinicion and determynacion, & the same mattier so determyned never after to comme in question and debate to be examined in any other Courte or Courtes: And if it shall happen any person or personnes hereafter to pursue or provoke any appele contrarie to the effecte of this Acte or refuse to obeye execute and observe all thinges comprised within the same, concernyng the said appeales provocacions and other foreyne processes to be sued oute of this Realme for any the Causes aforesaid, that then every suche persone and persones so doyng refusing or offending contrarie to the true meanyng of this Acte, their procurers fautours advocates counsaillours and abbettours and every of them shall incurre into the peynes forfaitures and penalities ordeyned and provided in the said Statute made in the said xvi yere of King Richard the Seconde, and with like processe to be made ayenst the said offendors as in the same Statute made in the said xvi yere more pleynly apperythe.

史料１　Act in Restraint of Appeals（上訴禁止法）　私訳

ローマの司教座に提訴されてきた訴訟の上訴は以後禁じられ，上訴は本王国内に限定されるとする法令

そもそも，種々さまざまな古い権威ある歴史書や年代記によって明らかに宣言され，表明されていることであるが，このイングランド王国はインパイア〔エンパイア〕であり，かくなるものとして世界の中で受容されてきたのである。このインパイアは，至上の長である国王によって統治され，その国王は帝冠の尊厳と王の威容を有するものである。そして聖職界と世俗界それぞれの定義，名称によって分かたれているあらゆる種類と身分の人民の契約で構成される政体は，その国王に対して神の次に当然かつ謙虚に従順なる忠誠を尽くす義務を負う。またこの国王は全能の神の慈悲と許しによってその位に任ぜられ，王国内で生じるあらゆる訴訟，問題，論争，係争に於いて，世界中のいかなる外国の君主や権力者を制約したりまた〔君主たちを〕挑発したりすることなく，王国内のあらゆる身分の人民，そして臣民に正義と最終的な裁定をもたらすべく絶対的，全面的かつ完璧なる権力，優越性，権威，大権，司法権を付与されているのである。神の法または宗教上の学問について問題が生じた場合，それに関する権力は，宗教界の団体が保有する。すなわち，それは，前述の政体を構成する部分であり，現在は一般にイングランド教会と呼ばれている部分により宣言され，解釈され，示されてきた。この宗教団体が高潔な知識及び数の上でも十分であり，現在も十分であり自立していること，また外部のいかなる人間による干渉も受けずに，教会法や神学に関するあらゆる疑義を解決し，聖職者としての職務や義務を十分に遂行してきたと評価されてきたところである。そして聖職者がその義務を遂行できるように，また彼らを腐敗堕落や邪悪から守るため

に，至高なる国王と本王国の貴族の先祖たちは，イングランド教会に対して十分なる名誉と財産を与えてきたのである。

また土地と財産の所有に関する審理を行い，強奪や略奪のない統一と平和を本王国の人民に保証するために，世俗法は俗界と呼ばれる前述の政体を構成するもう一つの部分の様々な裁判官や行政官によって，今まで執行され裁定されてきたし，現在もされている。そして宗教界と俗界の両方の権威と司法権は，相互に連携しあい，補完しあって正しい司法が遂行されてきたのである。

そもそも王と崇高なる先祖たち並びにこの国の貴族院と庶民院は，多様かつ数多くの議会に於いて，またエドワード一世，エドワード三世，リチャード二世，ヘンリ四世そしてその他の高貴なる王たちと同様，本王国の前述の王の治世に於いてこの国の帝冠の大権と卓越性の完全かつ確実な維持及びこの国の宗教と世俗の領域の裁判権の確保のためにローマの司教座や他の外国の君主がこれらの権利を矮小化あるいは妨害するような，ありがちな干渉の企てを行わないようにさまざまな法律，法令，布告を作成してきたのである。

言うまでもなく前述の帝冠の権威とその大権を保持するためのこうした優れた制定法や布告が，王のいと高貴なる先祖たちの時代に定められてきたけれども，それにもかかわらず遺言の訴訟，結婚や離婚の訴訟，十分の一税権や奉納そして献金に関する訴訟に関してはそれらの法律，制定法，布告に明確な規定がなかったゆえに，この王国から国外のローマの司教座に上告されてさまざまな不都合や危険が生じ，そのためそれが本王国の王ならびに王国の多くの臣民や居住民の大いなる不安や苛立ち，多大な負担や重荷になっているだけではなく，上訴している当事者の多くは裁判の判決の遅れに対して同じ対応をしており，前述の訴訟の正しい迅速な決定への大きな障害になっている。

というのはローマの法廷は本王国から遠く隔たっているので，訴訟についての正しい解明のための必要な証拠も申し立てについての知識もそれほどなく，証人もまた本王国のようにはきちんと審問されることがないので，上訴によって損害を蒙った当事者も，大抵の場合救済措置を講じられないのである。

こうした非道，危険，長きに渡る遅滞，損害に鑑み，国王陛下，前述の貴族院，庶民院は，日々生じてくる前述の遺言，結婚，離婚，十分の一税，寄進，献金の申し立てに於いて前述の貴族達，臣民達，庶民達，そして本王国の居住者達に対して王と，現在開かれている議会の聖俗貴族及び臣民の同意と権威によって，以下のことを立法し，制定し，規定する。即ち，本王国の諸侯達の良識と前述の法と慣習に照らして，本王国の教会司法権に属すると認識されている遺言，結婚，離婚，十分の一税，寄進，献金に関するすべての訴訟は，それが本王国の領域内もしくは王の支配する領域内および境界領域内において既に開始され未決であり係争中であるか，または今後審理あるいは審問が行われるかの状況に従い，それがわれわれの最高の首長である王やその相続人である後継者に関するものであれ，他のいかなる身分の臣民達や住民達に関するものであれ，今後は王の司法権と権威の範囲内に属する教会裁判所もしくは世俗の裁判所に於いてのみ明確かつ最終的に判断され，決定されるものとする。これらの教会裁判所または世俗裁判

所は，その案件の妨害や権利侵害となるような慣行や黙認行為またはいかなる方法によるいかなる他の人物による反対をも考慮せず，事柄の性質と申し立ての特質および審理の過程で言及され，または今後言及される事柄のみに立脚して判断しなければならない。即ちそれがいかなるローマの司教座ならびに外国の君主や法廷といった本王国外，王の支配する領土と境界領域の外から発せられる外国の訴訟進行停止令，上訴，宣告，召集，召喚，聖務執行禁止令，破門，拘束，審判，他の令状またその他いかなる性質や条件の妨害や侵害であろうが，それにもかかわらず上のことを優先すべし。

そして以下に述べることはわれわれの最高の君主である王とその後継者ならびにその全臣民と本王国の全ての居住者，王の支配するこの全ての領土と境界領域のすべての者に対して効力を持つものである。即ち，上述の領域内または陳述以前の訴訟の行われるいかなる場所においても，この法令とその真の意味と執行を害し，制約し侮辱することとなる教会からの追放，破門，聖務執行禁止令，召喚，その他いかなる懲戒罰もしくは国外からの召集令状で外部から痛烈な非難を宣言され，あるいは強制執行をされるようなことが今後起こったとしても，それにもかかわらずその案件が必要とする前述の教会裁判所また世俗の裁判所において下される宣告，判定，裁定とそれに伴う効能，利益，恩恵，利権を求めることができ，また求めなければならない。但し，その効力は王が支配する領域と境界領域内に限定されるのであって，他の何ものでもなくそれ〔国内の裁判の結果〕のみが執行され，堅固に厳格に従わなければならない。

本王国内の全ての高位聖職者，主任司祭，助任司祭はカトリック教徒でキリスト者としての当然なすべき務めとして，本王国内に於ける全ての臣民に対して，秘蹟，準秘蹟，礼拝その他の務めを執り行うべきであるし，また行ってさしつかえない。ローマからのあるいはそれへの，また他の諸外国の君主や法廷からのあるいはそれへの，外国への召喚命令，訴訟手続禁止，聖職停止，聖務執行禁止令，破門あるいは前述の訴訟に関連する上訴といった妨害や障害は全て無効とすべし。

そして今後いかなる時においても前述の聖務執行禁止令，懲戒罰，訴訟手続禁止，破門，上訴，聖職停止，国外法廷への召喚，その他外部からの何らかの干渉を機に，従来通り秘蹟，準秘蹟，その他の礼拝を執行し聖職を務めることを拒む聖職者は，その都度王意として一年間の禁固と罰金，身代金を課されるものとする。

更に上述の権威主体は次の通り制定する。即ち，本王国あるいは国王の支配するすべての領土と境界領域に居住しあるいは住居を有するすべての者について，それがいかなる地位，身分のものであろうとも，また今後何時にても，上述の訴訟のいずれかについて，ローマからのあるいはそれへの，また本王国の外にある諸外国の法廷からのあるいはそれへの訴訟手続禁止，上訴，判決，召喚，出廷通告，聖職停止，聖務執行禁止令，破門，拘束，裁判であれ，例えそれがいかなる性質，種類，内容のものであっても，それらを取得あるいは調達しようとする企て，あるいはそのような令状の執行を求めようとする企て，さらには本法の趣旨とその執行に反して，王の統治下にある本王国内と境界領域内の法廷が既に下しそして今後下される令状，判決や決定を非難，妨害，侵害することとなるような法令を制定する企ての本人およびその支持者，幇助者，煽動者，斡旋人，

加担者，助言者と認定された者はすべて，かの高潔なる王リチャード二世の治世第一六年に，本王国の王の主権と尊厳の下にある国王大権と司法権を害しこれに反対するためにローマの司教座その他の動きを求める企てに対抗して制定された「聖職者叙任無効法」「教皇尊信罪法」によって定められた罰則規定に則って罰則および罰金が科せられねばならない。

そして更に上述の訴訟についての国外への上訴や国外の訴訟手続きを求めることによって生ずる上述の大禍，不安，遅滞，負担金，出費を回避するために，前述の権威主体は以下のことを規定し，制定する。即ちこれまで王の臣民や本王国の居住民がローマの司教座に上訴してきた案件および上述の訴訟に関するその他の上訴案件のすべては，今後以下に示す形式と方法によって本王国内に於いて上訴がなされるものとし，それ以外の形式と方法による上訴や国外への上訴は今後一切禁止される。即ち，助祭長の法廷で最初の審理が開始された訴訟や事件は，当事者に不服がある場合にはその司教区の司教に上訴するものとする。同様に教区司教または司教代理の元に提起された訴訟は，当事者に不服がある場合には，そこでの判決，宣告の確定後一五日以内にもしカンタベリー管区ならその大司教に，ヨーク管区ならその大司教に，その他王の統治下にある各管区に於いても同様に案件ごとに道理の命ずるところに従い，その管区の大司教に上訴するものとする。そしてそこで下された指示，宣告，判決は公正なる最終決定であってそれ以上いかなる人物や法廷にも上訴，控訴することはできない。

そして前述の訴訟に関する問題や論争で，王の臣民や本王国の居住者が，大司教もしくは司教代理のもとに訴えた場合には，不服のある当事者は大司教による判決，宣告の一五日以内にアーチ裁判所または聴聞裁判所に上訴するものとする。さらに当事者に不服のある場合には，アーチ裁判所または聴聞裁判所における判決，宣告の確定後一五日以内にその管区の大司教に上訴するものとする。そしてそこで下された決定が最終的なものであって，それ以上の上訴，控訴はありえないものとする。

更に前述の権威主体は以下のことを定める。王の臣民や本王国の居住者が訴えた前述の訴訟に関する問題，訴訟，論争は現在係争中のものも今後提訴されるものも全て，その管区の大司教が審理を開始したものは，その大司教によって最終的な決定，宣告，判決が下されるものとする。その審理においては本法の規定し指示するところによって出される決定，宣告，判決その他を非難し妨害することとなるようないかなる上訴の挑発あるいは本王国外の手続きによる訴えも無用である。なお，従来本王国に於いて行われ，慣行となっているような前述の上訴案件についてのすべてのカンタベリー大司教およびその後継者の大権は引き続き維持される。

そして再審前の訴訟で現在問題となっている論点又は前述の諸法廷における訴訟に向けて今後問題となる論点が，現在の国王又はその後継者あるいは後任の王に関わりあるいは関わる可能性のあるものについては次のように定める。即ち，これらすべての案件について不服のある当事者は，現国王とその後継者又は後任の王に関わる可能性のある論点の生じたまたはこれから生ずるこの国のいかなる法廷からも上訴することができ，その論点が発生した管区の聖職者会議において王が勅令によって招集した上院の高位聖

職者，大修道院長，小修道院長の議に付するものとする。この上訴は不服のある当事者が判決，宣告の確定後一五日以内に行うものとする。そして現王とその後継者に関わる訴訟について高位聖職者，大修道院長，小修道院長がこの聖職者会議の上院において下した決定，宣告，判決はその訴訟に関する最終的な宣告，判決，判定，定義，決定であって，そこで決定された問題については，以後いかなる法廷に於いても論議，審理を行ってはならないものとする。

そしてもし本法の効力に反対の意思を表明するもの，前述の訴訟に関して本王国外に上訴，控訴を求めることについて本法が定めるすべての規定に服し，それを遵守，履行することを拒む者があれば，その者に対して以下のように定める。本法の趣旨に反対しそれを拒む者，本法の実施を妨害する者，あるいはそのような企ての支持者，先導者，助言者はすべて，リチャード二世の治世第一六年に制定された前記の制定法がこうした犯罪者に対して明確に定めた罰則規定に従って，刑罰と罰金が科せられるものとする。

史料　2

Spa. cal., vol. iv, part ii, no. 1072. Eustace Chapuys to the Emperor 10 May 1533
(私訳は本文第三章第二節五の史料中 107 ~ 117 頁に記した。＊イタリックは暗号文で書かれていることを示す。)

五－一
Since my last of the 27th ult0 I have received Your Majesty's letter of the 8th, the contents of which I failed not to communicate to the Queen immediately. She was wonderfully pleased and comforted not only at hearing of the affectionate care Your Majesty takes of her wretched affairs, but likewise at the prosperous condition of yours, upon which her own peace of mind as well as the welfare of all Christendom chiefly depend.
The Queen, considering that it is not legal (loysible) for her to appeal, claim, protest, or present petitions(provisions)to the archbishop of Canterbury, as such acts would place her under pain of rebellion and the crime of "laesae Majestatis" according to the last Act of Parliament, and that anything that might be said, produced, or alleged in her favour could not stay or delay the resolution taken by the said Archbishop, which is to pronounce the sentence of the divorce on the day after Ascension Day…… has decided not to appear, but to disregard entirely the Archbishop's summons.……

五－二
As far as I can guess this king *will be very glad at the Queen's contravening in any way the ordinances of Parliament, not only that he may thereby have some ground for ill-treating her, but also that he may oblige the nobles of his kingdom, who in similar cases are to be judges, to condemn the Queen and decide that she has incurred the penalties established by the said ordinance and constitution.*……These reasons and considerations have no doubt led the Queen to request that *I should not interfere in the said judgement.*……

五－三
I summarily declared the contents of my letter, and explained to them the nature and purport of the Papal briefs excommunicating the King and them all.
Hearing this the said Vulchier (earl of Wiltshire) got up and said as a man who is at once vexed and surprised (marry et estonne) that the letter was a most strange one, and of such a nature that had it been written by a man of this kingdom, however great and distinguished, he would certainly have had his property confiscated and himself cast in prison for setting at defiance the statutes, laws, and ordinances lately passed in Parliament. He (the Earl) had been commanded by the king to draw my attention to the said ordinances. ……

五－四

And I proceed to prove to them by arguments innumerable and the truce of that assertion. I then went on to say that the statute which they alleged was null and void for various reasons, which I pointed out to them, for even supposing the statute to be legal (bon), the Queen could not, and ought not, to be made amenable to it for several reasons which would take me too much time to explain. ……

五－五

After several replies and objections, and on my insisting on *my former purpose, which* I said I was about to execute regardless of the consequences—thus fulfilling the duties imposed upon me by the said powers—the Councillors in a body again begged and entreated me to forbear, so as to avoid the inconveniences and dangers above alluded to. Finally perceiving that the two judges had only attended the Council for the purpose of solemnly warning me not to transgress the statute—the copy of which in a long paper roll the earl of Wiltshire kept all the time in his hand, ……I said to them that as a proof that my only wish was to bring matters to a good end , and prevent their being made worce, I was wiling to suspend all proceedings for two or three days.……

史料　3

Spa. cal., vol. v, part ii, no. 83. The Emperor to King Henry Ⅷ 11 August 1536

（私訳は本文第四章第三節十三の史料中 177 ～ 178 頁に記した）

Most high, &c. Two days ago your ambassador delivered to Us your letter of the 22nd ult., exhorting and trying to persuade Us to make peace with the French king. Our ambassador at your court (Eustace Chapuys)must have fully explained to you how We have of late received all manner of provocations from king Francis, and how, notwithstanding most honourable conditions offered by Us, he has wilfully commenced war. We are sorry, therefore, not to be able to do your pleasure in this instance; yet should you at any time feel inclined to help Us against the said king of France — as the old treaties existing between you and Us, treaties of much older date than those which bind you to France, seem to recommend — We shall feel most grateful; that being, in Our opinion, the only way in which you can effectually interfere in the present quarrel, since king Francis, to judge from his words and deeds, will not listen to any other arguments. — Written in our camp before Farioux(Frejus) in Provence, xi …… August 1536.

史料　4

L. & P., vol. xvii, no. 144.　Henry Ⅷ. and Charles Ⅴ.　**11 Feb 1543**

（私訳は本文第五章第四節 269 ～ 273 頁に記した）

Treaty negotiated between Henry Ⅷ. and the Emperor by Eustace Chapuys, LL.D., master of requests to the Emperor, with Stephen bp. of Winchester and Sir Thos. Wriothesley, one of the two first-secretaries(alter primorum secretariorum) of Henry Ⅷ.. Consisting of twenty-five articles (not numbered) as follows: ――
(1)No complains of the violation of former treaties shall impair the friendship hereby established. (2)Peace and free intercourse between their subjects ecclesiastical and secular. (3) Neither prince to favor any attempt against the other; or (4) give passage to enemies so attempting; or (5) receive his rebels or fugitives; but deliver them up within a month when demanded. (6) If invasion be made upon England and Ireland, the isles of Wight, Jersey, Guernsey and Man, Guisnes or the towns and marches of Calais and Berwick, or upon Spain, Brabant, Franders, Holland, Zealand, Hainault, Artois, Lembourg, Luxemburg, Namur, Friesland, " patriarum Duressell" (Over Yssel), Utrecht and Mechlin, the authors and supporters of such invasion shall be reputed common enemies and the subjects of either prince shall be forbidden intercourse with them. (7) If invasion be made with 10,000 men upon the above countries (Ireland and Spain except), at the request and expense of the prince invaded and within 40 days, the other shall aid him with men or money (detailed with regard to the places to be invaded) but shall not be bound to do so for more than four months in one year. Provision for cases in which aid is required for more than four months or for more than one invasion or for false alarm; with proviso that in the time of the common invasion of France the aid for defence shall cease. In the case of invasion of Spain and Ireland either prince shall, at the charges of the requirant, furnish men, ships, munition, &C., as he conveniently may, the state of his own affairs considered. (8) Infringements of this peace not to annul it. (9) No letters of reprisal, mark or countermark to be given by either prince against subjects of the other. (10) As heretical books are translated in outward parts, where the heresy is not detected for lack of knowledge of the tongue in which they are, no books in English are to be printed in the Emperor's dominions or in German in England. (11)The treaty of intercourse of 11 April 1520 to endure as confirmed by that of Cambray 5 Sept.1529. (12) Wrongs done by subjects to be settled by diets of arbitration. (13) Truce with enemies not to be taken but by mutual consent, unless in cases of extreme danger and then not for over two months. (14) Henceforth neither prince shall treat with the French king, or with any other price, potentate or person whatsoever, to the prejudice of this treaty; but rather it shall be preferred before any treaties they have already. (15) Whereas former treaties have comprehended contrahents, confederates and friends;

none shall by this be comprehended except by consent and neither prince shall have as his confederate any against whom the other has enmity, controversy, quarrel or claim, other treaties notwithstandng. (16) Order of confirmation of this treaty, and (17) its interpretation. (18)As soon as may be, the princes shall, by their ambassaadors now with the French king and by others to be specially sent, require the French king to forbear intelligence with the Turk, satisfy Christendom of all detriments suffered by the Turk at his solicitation, restore Maran to the king of Romans, satisfy the Emperor's expenses by the loss of Castel Novo which the Turk won by help of 12 French galleys, cease war with the Emperor, satisfy to the Germans their losses in resisting the Turks, pay the arrears he owes to the King of England and give lands in pledge for payment of the perpetual pension. If either prince has anything further to ask it may be done, if agreed upon before the ratification of this treaty. (19)If the French king desire to treat of peace, the princes shall treat with him separately but communicate to each other his proposals and their anawers, and no agreement shall be made until the claims of both are satisfied, viz., to the king of England the arrears paid and (in pledge for the perpetual pension) the county of Ponthieu with the towns of Boulogne, and the territory, Mounstrell, Terouenne and Arde and the towns and villages bordering upon Ponthieu and the territories of Boulogne delivered, free of fee or condition other than that the yearly profit of them shall be considered full payment of the pension; and to the Emperor delivered the dukedom of Burgundy and the things described in last article. (20) If the French king will not agree to these covenants within ten days, the princes shall jointly intimate war to him, the king of England challenging the realm of France and duchy of Normandy, Acquitaine and Guienne, and the Emperor challenging Burgundy, and the towns and territories of Abbeville, Amyens, Corby, Braye Peronne and St.Quintyn. (21) To keep the seas each prince shall within a month after the intimation of war send out and maintain as many ships as will receive 2,000 men(or if necessary 3,000), to hover upon the coasts of the common enemy. (22) the princes shall, within two years, by themselves or by lieutenanats, make a joint invasion of France, each with 20,000 foot and 5,000 horse, the invasion to last at least four months. (23) The Emperor shall prepare 2,000 lance knights and 2,000 horsemen to join the king's army immediately upon its transportation. (24)The king's army may have free passage through the Emperor's countries; and the King may hire subjects of the Emperor to serve him. (25)This treaty to be ratified by the princes within 15days after they shall be thereunto required.

Commissions of Charles V. and Henry Ⅷ. cited at the end, the former dated Valladolid, 2 May 1542, the latter London, 11Feb.,1542.

《著者紹介》

高梨久美子（たかなし くみこ）

1951年　東京都に生まれる

1975年　慶應義塾大学大学院文学研究科修士課程（西洋史）修了

1978～1981年　フィリピン共和国マニラ市在住

1994～1996年　連合王国（イギリス）ロンドン市在住

2015年　お茶の水女子大学大学院人間文化創成科学研究科博士後期課程修了
　博士（人文科学）

現在，お茶の水女子大学基幹研究院研究員

［主な研究］

「神聖ローマ帝国大使の見たヘンリー八世の離婚問題――Eustache Chapuysの書簡を用いて――」『お茶の水史学』第49号2005年，「1543年のカール5世とヘンリ8世との対仏同盟交渉過程」『人間文化創成科学論叢』（お茶の水女子大学大学院）第14巻2011年，「外交」指昭博編『ヘンリ8世の迷宮』昭和堂，2012年

駐英大使の見たヘンリ8世時代
神聖ローマ皇帝大使シャピュイの書簡を中心に

2019年2月28日　初版1刷発行

著　者　髙梨久美子

発行者　中村文江

発行所　株式会社　刀水書房
〒101-0065　東京都千代田区西神田2-4-1　東方学会本館
TEL 03-3261-6190　FAX 3261-2234　振替　00110-9-75805

組版　株式会社富士デザイン
印刷　亜細亜印刷株式会社
製本　株式会社ブロケード

　ISBN978-4-88708-448-3　C3022